Eberhard Schwerdtner / Verzug im Sachenrecht

Schriften zum Bürgerlichen Recht

Band 8

Verzug im Sachenrecht

Eine rechtssystematische und rechtsdogmatische Untersuchung über die Anwendbarkeit der schuldrechtlichen Verzugsvorschriften auf dingliche Ansprüche

Von

Dr. Eberhard Schwerdtner

DUNCKER & HUMBLOT / BERLIN

Gedruckt 1973 bei Richard Schröter, Berlin 61
Printed in Germany

ISBN 3 428 02782 5

Meinen Eltern

Vorwort

Die Unterscheidung zwischen schuldrechtlichen oder — wie *Windscheid* sie nennt — obligatorischen und dinglichen Ansprüchen ist im BGB streng durchgeführt. Aus diesem Grunde hat weder die Rechtslehre noch die Praxis über die Frage, welche Vorschriften des allgemeinen Teils des Schuldrechts auf außerschuldrechtliche, insbesondere dingliche Anspruchsbeziehungen zu übertragen sind und welche nicht, volle Gewißheit erlangt. Genauere Aussagen als solche, daß bei jeder Vorschrift zu prüfen sei, ob nicht sachenrechtliche Grundsätze entgegenstehen, und daß immer die spezifische Interessenbewertung des sachenrechtlichen Verhältnisses zu beachten sei, finden sich im tonangebenden Schrifttum nicht. Wie sehr sich der vorliegende Fragenkomplex jeglichen inhaltlichen Verallgemeinerungen entzieht, beobachten wir vor allem auch an dem ausgiebig erörterten — im Rahmen dieser Untersuchung jedoch durch die Beschränkung auf die Verzugshaftung ausgeklammerten — Problem der Anwendbarkeit des § 281 BGB auf die Vindikation.

Die sich hier auftuenden Fragen sind auch ohne eine grundsätzliche Neubesinnung zum Verhältnis zwischen Sachenrecht und Schuldrecht gar nicht zu beantworten. Die Untersuchung der schuldrechtlichen und dinglichen Ansprüche wird zeigen, daß das Verhältnis zwischen beiden Anspruchsarten viel enger ist, als die herkömmliche scharfe systematische Trennung zwischen Schuldrecht und Sachenrecht vermuten läßt, und daß diese Trennung für die Rechtsanwendung eher hinderlich als förderlich ist. Einen Beitrag zur Lösung dieser dogmatisch-konstruktiven Schwierigkeiten für den Bereich der Verzugshaftung zu leisten, ist Hauptaufgabe der vorliegenden Schrift.

Die Untersuchung hat im Wintersemester 1971/72 der Juristischen Fakultät der Ludwig-Maximilians-Universität München als Dissertation vorgelegen. Sie wurde im wesentlichen im August 1971 abgeschlossen; bis etwa Februar 1972 erschienene Literatur und Rechtsprechung konnte noch in den Fußnoten berücksichtigt werden.

Meinem verehrten Lehrer, Herrn Prof. Dr. Wolfgang Fikentscher, bin ich für die Betreuung der Arbeit zu großem Dank verpflichtet. Herrn Bundesrichter a. D. Prof. Dr. Erhard Bökelmann habe ich herzlich dafür zu danken, daß er mir als seinem Assistenten großzügig die Zeit gewährt hat, die für die vorliegende Arbeit notwendig war. Beim Lesen der Korrekturfahnen haben meine Eltern mich tatkräftig unterstützt. Dafür sei ihnen herzlich gedankt. Die Schrift ist ihnen auch gewidmet als geringes Zeichen der Anerkennung für die zahlreichen Mühen und Opfer, unter denen sie meinen Ausbildungsgang unterstützt haben. Nicht zuletzt schulde ich Herrn Ministerialrat a. D. Dr. Johannes Broermann Dank für die Aufnahme der Arbeit in sein Verlagsprogramm.

Bochum, im September 1972

Eberhard Schwerdtner

Inhaltsverzeichnis

Erster Abschnitt

Einführung in die Problemstellung

Zweiter Abschnitt

Sachenrecht und Schuldrecht obligatorischer und dinglicher Anspruch

Abkürzungsverzeichnis

a. A.	anderer Ansicht
a.a.O.	am angegebenen Ort
ABGB	(Österreichisches) Allgemeines bürgerliches Gesetzbuch vom 1. 6. 1811
abl.	ablehnend
Abs.	Absatz
abw.	abweichend
AcP	Archiv für civilistische Praxis (Band, Seite)
a. E.	am Ende
allg. M.	allgemeine Meinung
ALR oder PrALR	Allgemeines Landrecht für die Preußischen Staaten von 1794
a. M.	anderer Meinung
Anm.	Anmerkung
AöR	Archiv des öffentlichen Rechts (Band, Seite)
ArchBürgR	Archiv für bürgerliches Recht (Band, Seite)
arg.	argumentum
ARSP	Archiv für Rechts- und Sozialphilosophie (Jahr, Seite)
Art., Artt.	Artikel
Bay, bay	Bayern, bayerisch
BayOBLG	Bayerisches Oberstes Landesgericht
BayObLGZ	Sammlung von Entscheidungen des Bayerischen Obersten Landesgerichts in Zivilsachen (Band, Seite)
BB	Der Betriebsberater (Jahr, Seite)
Bd.	Band
Begr.	Begründung
Beitr.	Beiträge
Bem.	Bemerkung
Bespr.	Besprechung
bestr.	bestritten
betr.	betreffend, betreffs
bez.	bezüglich
BGB	Bürgerliches Gesetzbuch vom 18. 8. 1896
BGH	Bundesgerichtshof
BGHSt	Entscheidungen des Bundesgerichtshofs in Strafsachen (Band, Seite)
BGHZ	Entscheidungen des Bundesgerichtshofs in Zivilsachen (Band, Seite)
BRAnwO	Bundesrechtsanwaltsordnung vom 1. 8. 1959
BRD	Bundesrepublik Deutschland

BritZ	Britische Besatzungszone
BVerfG	Bundesverfassungsgericht
BVerwG	Bundesverwaltungsgericht
bzw.	beziehungsweise
D	Digesten
DB	Der Betrieb (Jahr, Seite)
DDR	Deutsche Demokratische Republik
ders.	derselbe
dgl.	dergleichen
DGWR	Deutsches Gemein- und Wirtschaftsrecht (Jahr, Seite)
d. h.	das heißt
d. i.	das ist
Diss.	Dissertation
DJZ	Deutsche Juristen-Zeitung (bis 8. 1903: Jahr, Seite; dann Jahr, Spalte)
DNotZ	Deutsche Notar-Zeitschrift (Jahr, Seite)
DOG	Deutsches Obergericht für das Vereinigte Wirtschaftsgebiet, zugleich Entscheidungen des Deutschen Obergerichts für das Vereinigte Wirtschaftsgebiet (Seite)
DR	Deutsches Recht (Jahr, Seite)
DRiZ	Deutsche Richterzeitung (Jahr, Seite)
DRW	Deutsche Rechtswissenschaft (Jahr, Seite)
DRZ	Deutsche Rechts-Zeitschrift (Jahr, Seite)
dt., Dt.	deutsch
DVBl.	Deutsches Verwaltungsblatt (Jahr, Seite)
E	Entscheidungen
E I, II	Entwurf eines bürgerlichen Gesetzbuches für das Deutsche Reich, 1888 (Entwurf I); ebenso, 2. Lesung 1895 (Entwurf II)
Einl.	Einleitung
ErbbauVO	Verordnung über das Erbbaurecht vom 15. 1. 1919
Erl.	Erläuterung
ESJ	Entscheidungssammlung für junge Juristen
EVRO	Entwurf einer Verwaltungsrechtsordnung für Württemberg von 1931
FamRZ	Zeitschrift für das gesamte Familienrecht. Ehe und Familie im privaten und öffentlichen Recht (Jahr, Seite)
f., ff.	folgend(e)
FN	Fußnote
Gaii Inst.	Institutionen des Gaius
GBO	Grundbuchordnung i. d. F. v. 5. 8. 1935
gem.	gemäß
GG	Grundgesetz für die Bundesrepublik Deutschland vom 23. 5. 1949
ggf.	gegebenenfalls
Gruch	Beiträge zur Erläuterung des (bis 15. 1871: preußischen) Deutschen Rechts (Band, Seite)

GRUR	Gewerblicher Rechtsschutz und Urheberrecht (Jahr, Seite)
GSZ	Großer Senat in Zivilsachen
HansRGZ	Hanseatische Rechts- und Gerichtszeitschrift Abt. A und B (Jahr A oder B Spalte)
HansRZ	Hanseatische Rechtszeitschrift für Handel, Schiffahrt und Versicherung, Kolonial- und Auslandsbeziehungen sowie für Hansestädtisches Recht (Jahr, Spalte)
HdwbdRWiss.	Handwörterbuch der Rechtswissenschaft, hrsgb. von F. Stier-Somlo und A. Elster, Bd. I—VIII (1926—1937) (Stichwort)
HEZ	Höchstrichterliche Entscheidungen, Sammlungen von Entscheidungen der Oberlandesgerichte und der Obersten Gerichte in Zivilsachen (Band, Seite)
hins.	hinsichtlich
h. L.	herrschende Lehre
h. M.	herrschende Meinung
Hambg., hambg.	Hamburg, hamburgisch
HRR	Juristische Rundschau II. Bd.: Die Rechtsprechung (1. 1925—3. 1927; dann:) Höchstrichterliche Rechtsprechung (Jahr, Nummer)
hrsgb.	herausgegeben
i. a.	im allgemeinen
i. d. F.	in der Fassung
i. d. R.	in der Regel
i. e. S.	im engeren Sinne
(IherDogJb)	s. JherDogJb
insbes.	insbesondere
Inst.	Institutionen Justinians
i. S.	im Sinne
i. V. m.	in Verbindung mit
i. w. S.	im weiteren Sinne
i. Zw.	im Zweifel
Jg.	Jahrgang
JherDogJb	Jahrbücher für die Dogmatik des heutigen römischen Rechts und deutschen Privatrechts (ab Folge II 1. [= 37] 1897: Jherings Jahrbücher der Dogmatik des bürgerlichen Rechts [Band, Seite])
JurJB	Juristen-Jahrbuch (Jahr, Seite)
JR	Juristische Rrundschau (I. Bd. Aufsätze 1. 1925 — 3. 1927) (Jahr, Spalte; II. Bd. s. HRR) (ab 4. 1928 Jahr, Seite)
JuS	Juristische Schulung, Zeitschrift für Studium und Ausbildung (Jahr, Seite)
JW	Juristische Wochenschrift (Jahr, Seite)
JZ	Juristenzeitung (Jahr, Seite)
KG	Kammergericht

KO	Konkursordnung vom 10. 2. 1877 i. d. F. v. 20. 5. 1898
Kom.	Kommission
KrVjschr.	Kritische Vierteljahresschrift für Gesetzgebung und Rechtswissenschaft (Band, Jahr, Seite)
KStZ	Kommunale Steuer-Zeitschrift (Jahr, Seite)
LG	Landgericht (mit Ortsnamen)
lib.	librum
Lit.	Literatur
LM	Nachschlagewerk des Bundesgerichtshofes, Leitsätze mit Entscheidungen und Anmerkungen, hrsgb. von Lindenmaier und Möhring (LM BGB § ... Nr. ...)
LZ	Leipziger Zeitschrift für Deutsches Recht (bis 7. 1913: für Handels-, Konkurs- und Versicherungsrecht) (Jahr, Spalte)
m. a. W.	mit anderen Worten
m. abl. Anm.	mit ablehnender Anmerkung
MDR	Monatsschrift des Deutschen Rechts (Jahr, Seite)
m. E.	meines Erachtens
m. w. N.	mit weiteren Nachweisen
m. z. N.	mit zahlreichen Nachweisen
m. zust. Anm.	mit zustimmender Anmerkung
N.F.	Neue Folge
NJ	Neue Justiz (Jahr, Seite)
NJW	Neue Juristische Wochenschrift (Jahr, Seite)
Nr.	Nummer
OGH	Oberster Gerichtshof für die Britische Zone
o. Gr.	ohne Gründe
OLG	Oberlandesgericht (mit Ortsnamen)
OLGE	Die Rechtsprechung der Oberlandesgerichte auf dem Gebiet des Zivilrechts (Band, Seite)
OLGZ	Entscheidungen der Oberlandesgerichte in Zivilsachen einschließlich der freiwilligen Gerichtsbarkeit (Jahr,
OVG	Oberverwaltungsgericht (mit Ortsnamen)
PosMSchr.	Juristische Monatsschrift für Posen, West- und Ostpreußen und Pommern (Jahr, Seite)
Pr., pr.	Preußen, preußisch
(PrALR)	s. ALR
RdL	Recht der Landwirtschaft (Jahr, Seite)
RdNr.	Randnummer
Recht	Das Recht (mit wechselndem Untertitel) (bis 1905 und 1925—1930, Jahr, Spalte; Entscheidungen: Jahr, Nummer)
RG	Reichsgericht
RGBl	Reichsgesetzblatt (1871—1921) (Jahr, Seite)
RGBl. I	Reichsgesetzblatt, Teil I (1922—1945) (Jahr, Teil, Seite)
RGBl. II	Reichsgesetzblatt, Teil II (1922—1945) (Jahr, Teil, Seite)

RGSt	Entscheidungen des Reichsgerichts in Strafsachen (Band, Seite)
RGZ	Entscheidungen des Reichsgerichts in Zivilsachen (Band, Seite)
Rspr.	Rechtsprechung
SAE	Sammlung arbeitsrechtlicher Entscheidungen (Jahr, Nummer)
SBZ	Sowjetische Besatzungszone
SeuffArch.	Seufferts Archiv für Entscheidungen der obersten Gerichte in den deutschen Staaten (Band, Nummer)
SeuffBl.	Seufferts Blätter für Rechtsanwendung (Band, Seite)
SJZ	Süddeutsche Juristen-Zeitung (1946 Jahr, Seite; dann Jahr, Spalte)
SoergRspr.	Soergel(s) Rechtsprechung zum BGB, EGBGB, ZPO, KO, GBO und RFG (ab 7. 1906: zum gesamten Zivil-, Handels- und Prozeßrecht; ab 19. 1918: Jahrbuch der Rechtsprechung und Rechtslehre zum gesamten ...; 20. 1919: Jahrbuch des Zivilrechts; ab 33. 1932: Jahrbuch des Zivil-, Handels- und Prozeßrechts) (Jahr, §, Nummer)
sog.	sogenannt(e)
Sp.	Spalte
st.	ständig
StGB	Strafgesetzbuch vom 15. Mai 1871
str.	streitig
stRspr.	ständige Rechtsprechung
StuR	Staat und Recht, Ost-Berlin (Jahr, Seite)
u. a.	unter anderem, und andere
u. ä.	und ähnliche
umstr.	umstritten
unstr.	unstreitig
u. U.	unter Umständen
v.	vom, von
VerwArch.	Verwaltungsarchiv (Band, Seite)
vgl.	vergleiche
Vorbem.	Vorbemerkung
WarnRspr.	Die Rechtsprechung des Reichsgerichts auf dem Gebiete des Zivil-, Handels- und Prozeßrechts, soweit sie nicht in der amtlichen Sammlung der Entscheidungen des Reichsgerichts abgedruckt ist (Jahr, Nummer)
WM	Wertpapier-Mitteilungen (Jahr, Seite)
Württ., württ.	Württemberg, württembergisch
z. B.	zum Beispiel
ZFA	Zeitschrift für Arbeitsrecht (Jahr, Seite)
ZGB	Schweizerisches Zivilgesetzbuch vom 10. 12. 1907
ZgesStW	Zeitschrift für die gesamte Staatswissenschaft (Band, Seite)

ZHR	Zeitschrift für das Gesamte Handelsrecht und Konkursrecht (Band, Seite)
zit.	zitiert
ZPO	Zivilprozeßordnung vom 30. 1. 1877 i. d. F. d. Bek. v. 12. 9. 1950
ZRP	Zeitschrift für Rechtspolitik (Jahr, Seite)
ZSSt	Zeitschrift der Savigny-Stiftung für Rechtsgeschichte (Band, Seite) (wo nichts anderes vermerkt ist, handelt es sich um deren romanistischen Teil)
z. T.	zum Teil
zust.	zustimmend
zutr.	zutreffend
ZZP	Zeitschrift für (bis 52. 1942: Deutschen) Zivilprozeß (Band, Seite)
z. Z.	zur Zeit

Erster Abschnitt

Einführung in die Problemstellung

I. Einleitung, Problemstellung, Übersicht

Eine Abhandlung, die grundsätzliche Aussagen zur Frage der Anwendbarkeit der Normen des Schuldrechts im Sachenrecht verspricht, begegnet sicher nicht nur Interesse, sondern auch Skepsis. Es handelt sich dabei um ein so wichtiges und von der Rechtsprechung so häufig angesprochenes Problem, daß man leicht geneigt sein möchte, anzunehmen, jede diesbezügliche Untersuchung beschreite ausgetretene Pfade. Ein Blick in die Entscheidungssammlungen sowie die einschlägige Lehrbuch- und Kommentarliteratur zeigt indes rasch, daß eine solche Annahme allzu optimistisch und verfehlt wäre.

Wer den Atlas der juristischen Disziplinen nach weißen Flecken mustern will, gerät bei genauerer Betrachtung des Sachenrechts recht bald auf dieses in den letzten hundert Jahren viel bereiste, aber immer noch nicht gänzlich erschlossene Feld der Lückenfüllung des Sachenrechts durch schuldrechtliche Normen. Weder hat die Rechtslehre die erwünschten allgemeinen Grundsätze entwickelt[1] noch die Praxis volle Gewißheit darüber erlangt, welche Vorschriften auf dingliche Anspruchsbeziehungen zu übertragen sind und welche nicht. Trotz der negativen Ergebnisse[2] hat diese in vielen Farben schillernde, zum magischen Auge des Sachenrechts gewordene Streitfrage immer wieder Juristen angelockt, das ungebärdige Roß zu besteigen, von dem niemand weiß, wohin es seinen Reiter tragen und wo es ihn schließlich abwerfen wird.

Als Beispielsfall sei eine Entscheidung des Bundesgerichtshofs vom 19. Januar 1968[3] dargestellt:

---

[1] Den letzten breit angelegten Versuch (mit negativem Ergebnis) unternahm *Horstmann*, Untersuchungen über die Anwendbarkeit schuldrechtlicher Normen auf dingliche Ansprüche, 1938.

[2] Diese Ansicht wird von *Köbl*, S. 84, nicht geteilt. Sie meint, daß nach den zum Teil recht lebhaften Auseinandersetzungen um Einzelfragen ein *ungefährer* Konsensus über die grundsätzliche Anwendbarkeit der §§ 241—432 BGB auf außerschuldrechtliche Rechtsverhältnisse herrsche.

[3] BGH, Urteil vom 19. Januar 1968 — V ZR 190/64 (München) —, BGHZ 49, 263 ff. = NJW 1968, 788 ff. m. krit. Anm. v. *D. Reinicke* = MDR 1968, 395 = BB 1968, 272 = LM BGB § 888 Nr. 2 m. Anm. v. *Mattern*.

Unklarheiten hinsichtlich der Verfügungsmöglichkeit im Hinblick auf die Vermögenskontrolle führten in der ersten Nachkriegszeit dazu, daß eine Firma B. ihr Grundstück zuerst an den Kläger verkaufte. Für diesen wurde eine Auflassungsvormerkung eingetragen. Da die Verkäuferin den Kaufvertrag für unwirksam hielt, veräußerte sie das Grundstück später an die Beklagten, auf die es umgeschrieben wurde. Die Parteien prozessierten alsdann. Die Beklagte verlangte vom Kläger, er solle die Vormerkung löschen lassen; der Kläger, dem die Firma B. das Grundstück aufgelassen hatte, forderte von der Beklagten die Zustimmung zu seiner Eintragung in das Grundbuch. Der Kläger obsiegte. Er wurde als Eigentümer eingetragen und erhielt den Besitz des Grundstücks.

Der Kläger begehrte nunmehr von der Beklagten Ersatz seines Verzugsschadens. Der Bundesgerichtshof hat die Klage abgewiesen[4]. Er hat offengelassen, ob die Beklagte schuldhaft gehandelt habe. Selbst wenn dies der Fall gewesen sei, sei die Beklagte nicht schadensersatzpflichtig, da die Vorschriften über den Verzug §§ 284 ff.[5]) nicht auf die Verpflichtung des vormerkungswidrig eingetragenen Eigentümers, der Eintragung des Vormerkungsberechtigten als Eigentümer zuzustimmen (§ 888), angewandt werden könnten. Zwar bejaht der BGH in Übereinstimmung mit den Motiven[6] in Fortführung seiner früheren Rechtsprechung, sowie in Anknüpfung an die Auffassung des Reichsgerichts „grundsätzlich die Anwendung des Schuldrechts auf dem Gebiet des Sachenrechts"[7]. Dieser Grundsatz werde jedoch dahin eingeschränkt, daß für jeden Anspruch auf dem Gebiet des Sachenrechts gesondert zu prüfen sei, ob Vorschriften des allgemeinen Teils des Schuldrechts auf ihn angewendet werden könnten. Der BGH verneint dies für den vorliegenden Fall. § 888 begründe nur, so der BGH, einen unselbständigen sachenrechtlichen Hilfsanspruch mit bloß verfahrensrechtlicher Bedeutung. Daher sei es aus jedem der Gesichtspunkte, die für die Einschränkung der Anwendung der allgemeinen Vorschriften des Schuldrechts auf sachenrechtliche Ansprüche in Betracht kommen, gerechtfertigt, die Verzugsvorsriften des Schuldrechts auf den in § 888 normierten Zustimmungsanspruch des Vormerkungsberechtigten nicht anzuwenden.

Die vorstehende Entscheidung vermag kaum zu befriedigen. Das Unbehagen, das sie beim Leser hinterläßt, rührt weniger vom Ergebnis als von den Gründen her, mit denen sie der V. Zivilsenat versehen hat[8].

Mit Recht hat bereits *Dietrich Reinicke*[9] darauf hingewiesen, daß eine Schlußfolgerung wie die des Bundesgerichtshofs dem Vorwurf des Begrifflichen ausgesetzt sei und Rudimente einer überholten formali-

---

[4] Ansprüche nach den §§ 987 ff. BGB und im besonderen des § 990 Abs. 2 BGB schieden als Nebenfolgen des Herausgabeanspruchs nach § 985 BGB deshalb aus, weil der Kläger in der fraglichen Zeit noch nicht Eigentümer war.

[5] §§ ohne Gesetzesangabe sind solche des BGB.

[6] *Motive* Teil II S. 4 und *Motive* Teil III S. 398.

[7] So BGHZ 49, 263 ff., 265.

[8] Vgl. auch *Weitnauer*. DNotZ 1968, 706 ff., 708; *Baur*, ESJ — Sachenrecht — S. 42 ff., 45; *Derselbe*, Sachenrecht, § 20 IV 1 b; *Medicus*, Bürgerliches Recht, § 19 III 2 b cc, S. 180; *Palandt-Degenhart*, Anm. 4 e zu § 888; *Soergel-Siebert-Mühl*, RdNr. 7 vor § 985, die nicht nur die Gründe, sondern auch das Ergebnis kritisch würdigen.

[9] Anmerkung zu BGHZ 49, 263 ff., in NJW 1968, 788 ff.

stischen Betrachtungsweise in sich trage. *Allein* der Umstand, daß der Anspruch aus § 888 ein dinglicher ist, vermag m. E. die Nichtanwendung schuldrechtlicher Vorschriften, hier der Verzugsregeln, nicht zu begründen[10]. Die Charakterisierung eines Anspruchs als dinglich oder obligatorisch erfolgt in solchen Fällen zumeist, und das ist auch in dieser Entscheidung unterschwellig spürbar, um die Anwendbarkeit oder die Nicht-Anwendbarkeit der allgemein schuldrechtlichen Normen auf diese Ansprüche zu rechtfertigen[11]. Sie erfolgt also im Hinblick auf bestimmte rechtliche Folgen, die der dingliche Charakter haben soll. Ein derartiges Verfahren ist jedoch fragwürdig, wobei insbesondere gar nicht sicher ist, ob das BGB den Eintritt bestimmter Rechtsfolgen vom „dinglichen" oder „obligatorischen" Charakter der Ansprüche abhängig machen will. Näher liegt vielmehr, daß der dingliche oder obligatorische Charakter im allgemeinen nicht ausreicht, um den Eintritt bestimmter Rechtsfolgen zu rechtfertigen[12]. Die Klassifizierung eines Anspruchs als dinglich oder obligatorisch besagt aus diesem Grunde nichts für die Anwendung schuldrechtlicher Normen[13].

---

[10] So auch die in FN 8 Genannten.

[11] Das tritt klar bei *Fröhner* (Das Recht 1920, Sp. 141) hervor, der den Anspruch des § 985 in einen Schadensersatzanspruch (ohne Verschulden) umdeutet, um den § 254 darauf anwenden zu können. Vgl. dazu die zutreffende Kritik von *Dimopoulos-Vosikis*, S. 34 ff.

[12] Ein instruktives Beispiel dafür, daß die Dinglichkeit allein kein zuverlässiges und ausreichendes Kriterium darstellt, sondern daß stets eine gesonderte Interessenabwägung durchzuführen ist, bieten die Berücksichtigung *des Mitverschuldens* (§ 254) beim Eigentumsstörungsanspruch nach § 1004 (h. M.: *Soergel-Siebert-Mühl*, RdNr. 83 zu § 1004 BGB; *Offtermatt*, S. 127 ff.; RGZ 138, 327; BGH WM 1964, 1104 ohne abschließende Stellungnahme; LG Frankenthal NJW 1955, 263 m. abl. Anm. v. *Larenz*) und die Nichtberücksichtigung bei der Vindikation. Auf welch leichtsinnige Weise auch immer der Eigentümer das Abhandenkommen der Sache aus seinem *eigenen Besitz* mitverursacht haben mag, ein solches Verhalten kann der Vindikation nicht etwa in Form eines „Ablösungsrechts" vom herausgabepflichtigen Besitzer entgegengehalten werden. Der durch die §§ 932 ff./985 ff. verwirklichte Schutz des Eigentümers bei *unfreiwilligem Besitzverlust* erfährt durch § 254 — bislang — keine Einschränkung (h. M.: vgl. statt vieler *Horstmann*, S. 32 ff.; *Fröhner*, Recht 1920, Sp. 141; a. A. wohl *Westermann*, § 31 IV 2).

[13] Aus den gleichen rechtlichen Erwägungen hat der Bundesgerichtshof in einem Urteil vom 25. November 1964 — V ZR 185/62 — in BGHZ 42, 374 ff., 380 die Anwendbarkeit von § 278 auf das „nachbarschaftliche Gemeinschaftsverhältnis" abgelehnt. Dieses sei, so der Bundesgerichtshof, weder ein gesetzliches Schuldverhältnis noch ein sonstiger die Anwendbarkeit des § 278 rechtfertigender vertragsähnlicher Zustand, sondern die Rechte und Pflichten aus dieser Sonderverbindung seien dinglicher Natur. Dieses Ergebnis überzeugt aus zweierlei Gründen nicht. Auch hier vermag allein der Umstand, daß es sich um eine *sachenrechtliche* Sondervereinbarung handelt, die Nicht-Anwendbarkeit des § 278 *nicht* zu begründen. Im übrigen setzt § 278 auch keine vertragliche, sondern nur eine rechtliche Sondervereinbarung voraus. Vgl. dazu *Medicus*, Bürgerliches Recht, § 30 IV 1 b, S. 308 ff.

Es ist jedoch nicht nur die methodische Bewältigung des Problems der Lückenausfüllung des Sachenrechts durch schuldrechtliche Normen zu kritisieren. Vielmehr haben die methodischen Unklarheiten auch im Ergebnis zu fehlerhaften Entscheidungen geführt. Es geht nicht an, so wie der Bundesgerichtshof *ohne die Herausarbeitung gewisser Grundsätze* von Fall zu Fall zu entscheiden, ob die Anwendbarkeit der einen oder anderen Vorschrift des Schuldrechts auf sachenrechtliche Ansprüche geboten ist oder nicht. Bei einem derartigen Vorgehen würde man Gefahr laufen, in eine reine Billigkeits- und Falljurisprudenz abzugleiten. Gerade diese punktuelle, die Einzelfragen häufig isolierende Argumentation dürfte ein wesentlicher Grund dafür sein, daß seine Ergebnisse immer wieder auf heftige Kritik stoßen. Eine befriedigende Lösung dieses Problems kann vielmehr nur eine Abwägung der verschiedenen Interessenlagen und Interessenbewertungen bringen. Dies hat zuletzt *Raiser* in seiner Schrift über dingliche Anwartschaften[14] mit unmißverständlicher Deutlichkeit zum Ausdruck gebracht, wenn er darauf aufmerksam macht, „daß Begriffe und Systeme im Recht nicht nur die Funktion haben, dem Lernenden das Verständnis, dem geschulten Juristen durch eine Art von Abkürzungssprache die Übersicht über den Rechtsstoff und die Verständigung mit seinesgleichen zu erleichtern". Vielmehr beruhe das Rechtssystem, so gut wie die Entscheidung individueller oder typischer Interessenkonflikte, auf Wertentscheidungen, die bewußt oder unbewußt getroffen würden, jedenfalls aber auch dem System normativen Gehalt gäben[15]. Das Recht soll nicht ein „logisches Begriffsgebäude", sondern ein „Stück Leben und Lebensordnung" sein[16]. Diese Konsequenz folgt aus der Stellung des Begriffes in dem System der Rechtswissenschaft: Begriffe werden — wie in jeder Wissenschaft — auch in der Rechtswissenschaft *teleologisch* gebildet. Sie erhalten ihren spezifischen Sinn aus der Ausrichtung auf einen bestimmten Kontext und auf ein bestimmtes Ziel hin. „Rechtsdogmatik und Rechtstheorie haben", wie *Jürgen Schmitt* zu Recht bemerkt[17], im Gegensatz zur Soziologie „die Aufgabe, die Kategorien eines aus rechtlichen Gesichtspunkten konzipierten Systems zu entfalten". Damit ist zugleich die Grenze aufgezeigt, die einer Untersuchung der Frage nach der Anwendbarkeit der Verzugsregeln auf die dinglichen Ansprüche[18] nach dem

---

[14] a.a.O. S. 45 ff.

[15] Zur Kritik „einer nur noch sich selbst genügenden Billigkeitsjustiz" vgl. auch *Gernhuber*, FamRZ 1960, 326 f.

[16] So *Westermann*, S. V.

[17] Die Funktion des Rechts in der modernen Gesellschaft, S. 300.

[18] Der Begriff des „dinglichen Anspruchs" ist keineswegs klar. Nicht alle Ansprüche, die aus der Verletzung eines dinglichen Rechts erwachsen, sind als „dinglich" anzusehen. So ist der Anspruch auf Ersatz des durch eine Eigentumsverletzung entstandenen Schadens (§ 823 Abs. 1) ein rein schuldrechtlicher Anspruch, obwohl die Verletzung des dinglichen Rechts zu seinem

anderen Extrem hin gezogen ist: Es kann nicht — wie es häufig das Bestreben der älteren Literatur war — darauf ankommen, einen schönklingenden Grundsatz zu entwickeln, aus dem keinerlei praktische Folgerungen abgeleitet werden können; vielmehr werden die Erwägungen immer unter dem Leitstern der Anwendbarkeit der schuldrechtlichen Normen auf die dinglichen Ansprüche stehen müssen. Der Beantwortung dieser Frage soll auch der Abschnitt über die geschichtliche Entwicklung des Schuldrechts und des Sachenrechts dienen.

Das damit angesprochene Problem soll im folgenden — in Anknüpfung an die vom Bundesgerichtshof[19] entschiedene Fallgestaltung, aber nicht nur unter Beschränkung auf sie — näher untersucht werden. Mit anderen Worten: Es ist Sinn der vorliegenden Untersuchung, einmal der Frage nachzugehen, welche Regeln des Verzugsrechts auf dem Gebiet des Sachenrechts anwendbar sind. Hierbei wird sich zeigen, daß in diesem Zusammenhang keineswegs ausschließlich oder auch nur vorrangig terminologische Fragen angesprochen werden. Vielmehr schließt diese Frage einen vielschichtigen Problemkreis ein.

Die Frage nach der Anwendbarkeit des allgemeinen Teils des Schuldrechts auf dem Gebiet des Sachenrechts ist nicht neu[20]. Während die

---

Entstehungstatbestand gehört. Als „dinglich" sind mithin nur die Ansprüche anzusehen, die unmittelbar der Durchführung des dinglichen Rechts dienen und seinen Bestand als solchen sichern sollen. Der Begriff des „dinglichen Anspruchs" hat also keinen anderen Inhalt als sachenrechtlicher Anspruch. Das ist um so unbedenklicher, als das BGB selbst in § 221 den aus einem Recht an einer Sache entstehenden Anspruch als „dinglichen Anspruch" bezeichnet. Die hier vorgenommene Inhaltsbestimmung des „dinglichen Anspruchs" wird zwar in der genannten Vorschrift selbst nicht ausdrücklich ausgesprochen, diese entspricht aber der Entstehungsgeschichte der Vorschrift (vgl. dazu im einzelnen *Stälin*, S. 1 ff.) und der in der Literatur und Rechtsprechung absolut herrschenden Meinung (vgl. statt vieler *Enneccerus-Nipperdey*, § 223 I 2; *Medicus*, Bürgerliches Recht, § 19 I, S. 176). Damit wird „dinglich" hier im üblichen Sinn verwendet und nicht in jenem von *Fabricius*, AcP 162, 456 ff., 470 ff. Nach ihm sind auch Forderungsrechte dingliche Rechte in dem Sinn, daß das Interesse an der Leistungsverpflichtung des Schuldners dem Gläubiger unmittelbar zugeordnet ist. Diese Unmittelbarkeit sei das wesentliche Merkmal der Dinglichkeit. Wenn *Fabricius* diesen Begriff so weit ausdehnt, führt dies indes nur zu einer terminologischen Verwirrung, ist aber in keiner Weise förderlich. Dies erkennt auch *Fabricius*, wenn er auf S. 474 sagt, daß diese Auffassung eine scharfe Trennung zwischen Sachenrecht und Schuldrecht nicht zu leisten vermag. Er stellt daher die Frage, ob man die Einteilung der Rechte nach anderen Gesichtspunkten vornehmen solle, etwa danach, ob ein Recht an einem verkörperten Rechtsgut besteht oder nicht. Damit käme er aber nach meiner Ansicht wieder zu jenem Begriff der Dinglichkeit, der der herrschenden Lehre zugrundeliegt. Wozu dann aber dieser Umweg?

19 BGHZ 49, 263 ff.

20 Theoretische Erörterungen über das Verhältnis von Schuldrecht und Sachenrecht findet man bereits bei den Pandektisten in deren Untersuchungen über die Gleichstellung von ‚obligatio' und ‚actio', die in Richtung der in dieser Arbeit zu behandelnden Thematik liegen. Die Begriffe des absoluten

Mehrzahl der Pandektisten noch die romanistisch strenge[21] Trennung zwischen Schuldrecht und Sachenrecht vertraten, schreibt bereits *Rudolf von Ihering* in seinem Werk: „Geist des römischen Rechts[22]": „Der Gedanke der Verpflichtung beschränkt seine Herrschaft keineswegs auf dasjenige Gebiet, in dem er seinen eigentlichen Sitz und seine feste Ausprägung und Verkörperung gefunden hat: das Obligationenrecht; als unsichtbares, individuell nicht ausgeprägtes, unkörperliches Element durchdringt er die ganze Rechtswelt, alle Verhältnisse belebend und erhaltend, gleich dem Sauerstoff in der atmosphärischen Luft[23]." Damit

---

und relativen Rechts sind in jenem Spätstadium der ‚Begriffshimmeljurisprudenz' entstanden. Praktische Folgerungen wurden aus diesen Untersuchungen jedoch nicht gezogen, ihr Ziel war lediglich die begriffliche Klärung beider Anspruchsarten. So auch *Horstmann*, S. 7.

21 Die Frage, ob die mit den Begriffspaaren ‚absolut-relativ', ‚dinglich-persönlich' oder ‚Herrschaftsrecht-Forderungsrecht' gekennzeichnete prinzipielle Zweiteilung subjektiver Privatrechte römischrechtlichen Ursprungs sei, ist bisher von gleich berufenen Autoren ebensooft bejaht wie verneint worden.

Diese Frage zu stellen und sie auch zu bejahen, dazu zwingt jedoch insbesondere eine Betrachtungsweise des römischen Rechts, die in den Fragen der Systematik und der allgemeinen Rechtslehre ihren Ausgang von jenem Systemgedanken nimmt, den das römische Recht selbst hervorgebracht hat: die Trichotomie des gaianischen Institutionensystems. Nachdem dieser Systemgedanke — „omne autem ius, quo utimur, vel ad personas pertinet, vel ad res, vel ad actiones" (Gaii Inst. I, 8) — jahrhundertelang mißverstanden worden und deshalb ständigem Tadel ausgesetzt gewesen ist, wird er heute wieder zu Recht als „unsterblich" gepriesen: *Wieacker* erblickt im Gaiussystem den Grundriß einer axiomatischen Anthropologie des Rechts, der dazu ermutige, die Rechtswelt als Schauplatz des rechtlichen Handelns von Rechtssubjekten an Rechtsobjekten zu denken, so wie die Welt des Menschen ein Gefüge von Personen, Dingen und Taten sei" (so *Wieacker*, ZSSt 70, 93 ff., 125). Nach dem System des Gaius diente die ‚actio in rem' in erster Linie zur Geltendmachung von Sachenrechten, daneben aber auch — sicher jedenfalls bis in die klassische Zeit (vgl. *Jörs-Kunkel-Wenger*, S. 689) — zur Geltendmachung von Personenrechten, so z. B. zur Erwirkung der Herausgabe eines Kindes („vindicatio patriae potestatis"). Dagegen hatte die ‚actio in personam' Vermögensrechte, nämlich Forderungsrechte, zum Gegenstand (vgl. Gaii Inst. IV, 1) (näher *Jörs-Kunkel-Wenger*, S. 81 unter Hinweis auf D. 44, 7, 51). Die scharfe Scheidung zwischen Herrschafts- und Forderungsrecht, die das römische Recht nach Gaius zu keiner Zeit mehr erreicht hat, ist eine „der wichtigsten Errungenschaften des römischen Rechts" (so *Jörs-Kunkel-Wenger*, S. 61). In diesem Sinne auch *Kaser*, JuS 1967, 339; *Derselbe*, Studienbuch, S. 26. Demgegenüber ist *Dubischar*, Schulsystematische Zweiteilung, S. 8 ff., der Ansicht, daß die Einteilung der Rechte in dingliche und persönliche eine dem römischen Recht fremde gewesen sei. In diesem Sinne auch *Puchta*, Verhältnis, S. 290; *Thibaut*, Versuche, S. 28 und *Affolter*, Institutionensystem, S. 147 ff.

22 III. Teil 1. Halbbd., § 54, S. 183.

23 Das von Rudolf von *Ihering* gebrauchte Bild der Körper kann das Entstehen und Erlöschen, sowie manche Eigenschaften der Rechte zwar anschaulich darstellen, verleitet jedoch auch leicht zu falschen Schlüssen. Es liegt im Gegensatz zu der Ansicht von *Ihering* im Sinne einer beweglichen Gestaltung des bürgerlichen Rechts, die rechtlichen Erscheinungen nicht als Körper, sondern als Ergebnis einer Kräftewirkung zu sehen.

wollte *Ihering* nicht nur zum Ausdruck bringen, daß es in allen Rechtsgebieten schuldrechtliche Beziehungsverhältnisse gibt; vielmehr erkannte er, daß die schuldrechtlichen Normen ebenso in nicht schuldrechtlichen Rechtsverhältnissen als „bloßer Obligationsstoff" Anwendung finden, ohne daß diese Rechtsverhältnisse den Charakter obligatorischer Ansprüche annehmen[24]. Durch dieses Bildnis sollte die „Wandelbarkeit des Kräftespiels" zwischen Schuldrecht und anderen Rechtsgebieten, insbesondere aber dem Sachenrecht, dargestellt und der „Relativität seines" — des Schuldrechts — „Wirkens" Rechnung getragen werden[25]. Nach *Iherings* Auffassung führen die allgemeinen Regeln des Schuldrechts in einem entwickelten Recht das „Regiment", es gäbe kein Gebiet, keinen noch so verborgenen Winkel, wohin diese flüchtige Substanz nicht dränge[26]. Damit hatte *Ihering* als einer der ersten die Scheuklappen des pandektistischen Denkens von der strengen systematischen Trennung der einzelnen Rechtsgebiete abgelegt. Die Erkenntnis der Wechselwirkung zwischen den einzelnen bürgerlichrechtlichen Rechtsgebieten ist einer der wichtigsten Fortschritte, den das Zivilrecht unter der Herrschaft des neuen Rechts zu verzeichnen hatte.

Die Systematik des BGB mit seiner charakteristischen Trennung von Schuldrecht und Sachenrecht drängt ebensosehr zu einem Vergleich dieser beiden Rechtsgebiete unter Herausstellung ihrer Wesensunterschiede, wie zu einer Untersuchung ihrer gemeinsamen Wesenszüge und der daraus folgenden wechselseitigen Beziehungen. Die Rechtslehre und die Rechtsprechung haben sich daher gerade mit der Ergänzung des Sachenrechts durch das Schuldrecht auseinandersetzen müssen und die hier aufgetauchten Fragen haben dann zu ausgedehnten theoretischen Erörterungen und Diskussionen geführt, wobei sich die Praxis nicht immer gradlinig und widerspruchslos entwickelt hat. Die Auseinandersetzung wurde zunächst sehr lebhaft geführt, im Laufe der vergangenen zwei Jahrzehnte jedoch unerledigt ad acta gelegt. Bei dieser Frage zeigt es sich, daß das Bürgerliche Recht auf weiten Gebieten petrifiziert ist. Die Literatur beschränkt sich weitgehend auf eine Ausbreitung der Kasuistik, ohne sie dogmatisch aufzuarbeiten. Auch die Entwicklung der Judikatur ist bis heute noch nicht endgültig zum Stillstand gekommen. Verschiedene materiellrechtliche Fragen bleiben nach wie vor umstritten. Man begnügt sich in der Regel bei der Lösung der Frage, die zu den schwierigsten und streitigsten des Bürgerlichen Rechts gehört[27], mit Feststellungen und einer kurzen, oft nicht viel mehr als schlagwort-

---

[24] *Ihering*, Geist des römischen Rechts, III. Teil 1. Halbbd., § 54, S. 183.
[25] So auch *Wilburg*, S. 5.
[26] *Ihering*, Geist des römischen Rechts, III. Teil 1. Halbbd., § 54, S. 183.
[27] So *Westermann*, § 2 III 2.

artigen Begründung unter Verwendung derselben begriffsjuristischen Argumente, die schon vor einem halben Jahrhundert die Gegenseite nicht zu überzeugen vermochte. Ansonsten werden in der spärlichen und weniger ergiebigen Literatur zu dieser Frage Einzelfälle mehr oder minder kurz behandelt[28]. Eine Ausnahme bildet insoweit nur *Horstmann*, der diesem Problembereich durch seine, wenn auch knappe Abhandlung über Anwendbarkeit schuldrechtlicher Normen auf dingliche Ansprüche größeren Raum gewidmet hat[29]. Dadurch, daß dieser die Anwendbarkeit schuldrechtlicher Normen auf dingliche Ansprüche schlechthin untersucht hat, mußten die sich an den „Allgemeinen Teil" anschließenden Einzeluntersuchungen, auf die es entscheidend ankommt[30], natürlich zu kurz kommen, insbesondere fehlt in diesen Einzelabschnitten eine genügende Differenzierung der jeweiligen dinglichen Ansprüche[31].

Diese Frage wird in Übereinstimmung mit den *Motiven* zum BGB[32] dahingehend beantwortet, daß überwiegend die Anwendbarkeit der allgemeinen Vorschriften des Schuldrechts im Sachenrecht bejaht wird[33, 34, 35]. Dieser Grundsatz wird jedoch in verschiedener Weise, ins-

---

28 Es wurde in diesem Zusammenhang vor allem immer wieder die Frage der Anwendbarkeit schuldrechtlicher Normen, insbesondere des § 281, auf die rei vindicatio untersucht.

29 Vgl. S. 1 FN 1.

30 Das ist das Ergebnis von *Horstmann*, S. 84.

31 Es ist selbstverständlich, daß auch im Rahmen dieser Arbeit nicht sämtliche dinglichen Ansprüche einer einzelnen Prüfung unterworfen werden können. Deshalb sollen verschiedene Gruppen von dinglichen Ansprüchen gebildet werden, wie z. B. Herausgabeansprüche, Störungsansprüche, Befriedigungsrechte etc. Im Rahmen dieser Fallgruppen wird dann die Frage zu prüfen sein, inwieweit die Verzugsregeln anwendbar sind.

32 Vgl. *Motive* Teil II S. 4 und Teil III S. 398.

33 Zur Anwendung schuldrechtlicher Normen im Sachenrecht haben sich ganz allgemein, jedoch mit freilich nicht unerheblichen Unterschieden im einzelnen, ausgesprochen: *Ballerstedt*, SJZ 1948, Sp. 388 ff., 390; *Endemann*, Bd. II Teil 1 S. 6; *Enneccerus-Lehmann*, § 1 III 2; *Erman-Sirp*, Anm. 5 zu Einl. § 241; *Esser*, Schuldrecht AT, § 1 II 1; *Fröhner*, Das Recht 1920, Sp. 141; *Julius von Gierke*, ZHR 111, 39; *Derselbe*, Sachenrecht, S. 7; *Heck*, Schuldrecht § 42 d; *Horstmann*, a.a.O.; *Windscheid-Kipp*, Teil II, S. 251; *Medicus*, Bürgerliches Recht, § 19 III 2 S. 178; *Palandt-Heinrichs*, Anm. 6 zu Einl. vor § 241; *Pohle*, JZ 1956, 53; *Soergl-Siebert-Reimer Schmidt*, RdNr. 15 vor § 241; *Westermann*, § 2 III 4; *Wolff-Raiser*, § 1 III 1; vgl. weiter *Staudinger-Weber*, Bd. II Teil 1 a, Einleitung, RdNr. 85/86 m. w. N.

34 Mißverständlich *Baur*, Sachenrecht, § 5 II 2, S. 34, der unter Hinweis auf BGHZ 49, 263, 264 ff. der Ansicht ist, daß die Regeln des Schuldrechts *grundsätzlich* im Sachenrecht nicht anwendbar sind. Der Bundesgerichtshof läßt indes in der von *Baur* angezogenen Entscheidung die Frage offen, welche der dort angeführten Meinungen rechtlich zutreffend ist, da er aus anderen Gründen zur Ablehnung der Anwendbarkeit der Verzugsregeln auf den Anspruch aus § 888 kommt.

35 Dieser Grundsatz zeigt, auch wenn *Casjen Peters* (AcP 153, 454 ff., 455) anderer Ansicht zu sein scheint, daß die Bejahung eines dinglichen Anspruchs als Gegensatz zum obligatorischen Anspruch nicht dazu geführt hat, daß

besondere dahingehend eingeschränkt, „daß die Anwendung mit Vorsicht zu erfolgen habe[36], daß die jeweiligen Sonderheiten gewahrt werden müßten[37], daß die schuldrechtlichen Vorschriften nur nach Einzelprüfungen von Gesetzeszweck und Interessenlage, wenn nicht unmittelbar, so doch entsprechend anzuwenden seien[38], und daß der Grundsatz nur dann gelte, wenn sich nicht aus der Natur des dinglichen Anspruchs und den mit Rücksicht hierauf gegebenen besonderen Vorschriften eine Abweichung ergebe[39], wenn das Sachenrecht das betreffende Rechtsverhältnis nicht erschöpfend regle und die Anwendung der allgemeinen Vorschriften des Schuldrechts nicht mit der Natur dieses Rechtsverhältnisses unvereinbar sei[40] oder wenn diese Anwendung durch Sonderbestimmungen oder die Eigenart der sachenrechtlichen Beziehungen ausgeschlossen sei“[41, 42]. Wie ein erratischer Block hat sich bis heute dieser Grundsatz inmitten eines aufgewühlten Privatrechts erhalten, an seiner Richtigkeit kann es auch kaum Zweifel geben. Dennoch sind die bisherigen Lösungsversuche nicht befriedigend, weil einer derartigen Leerformel nur plakativer Charakter zukommt. Sie kann insbesondere keine normativ abgrenzende Funktion übernehmen; dafür ist sie zu kontur- und grenzenlos. Es läßt sich kaum ein Grundsatz finden, der weniger faßbar, „nebuloser“ und der „freien Auslegung“ zugänglicher wäre als dieser. Für die Rechtsanwendung wird dadurch nichts oder nicht viel gewonnen, da dieser Satz für jede der einander entgegenstehenden Positionen verwendbar ist. In diesem Nebel der judikativen Tatbestandserforschung hat jene ehrfurchtsheischende Leerformel im Laufe der Geschichte wie ein infallibles Dogma als Scheinargument zur Rechtfertigung aller nur denkbaren Entscheidungen gedient[43]. So konnte es geschehen, daß das Reichsgericht in einem Urteil vom 26. Juni 1922[44] gestützt auf diesen Grundsatz, die Frage der Anwendbarkeit des § 281 auf den dinglichen Anspruch — es handelte sich um einen Herausgabeanspruch nach § 985 — bejahte und in zwei Ent-

---

es im Vermögensrecht eine Gruppe von Ansprüchen gibt, die außerhalb des allgemeinen Schuldrechts stehen.

[36] So *Palandt-Heinrichs*, Anm. 6 zu Einl. vor § 241; *Enneccerus-Lehmann*, § 1 II 2.

[37] So *Palandt-Heinrichs*, Anm. 6 zu Einl. vor § 241.

[38] So *Soergel-Siebert-Reimer Schmidt*, RdNr. 15 vor § 241.

[39] So BGB-RGRK-*Nastelski*, RdNr. 2 vor § 241.

[40] So *Planck-Strecker*, Vorbem. I 5 a vor § 854.

[41] So *Baur*, Sachenrecht, § 5 II 2.

[42] So BGHZ, 49, 263 ff., 265.

[43] Vgl. dazu allgemein *Topitsch*, S. 33.

[44] RGZ 105, 84 ff.

scheidungen vom 28. Oktober 1926[45] und vom 1. Februar 1938[46] mit demselben Leersatz die Verneinung begründete[47, 48].

Die angedeuteten Schwierigkeiten bei der Lösung der Frage, inwieweit die Vorschriften des allgemeinen Teils des Schuldrechts auf dingliche Ansprüche anwendbar sind, deren „Prüfung und Begrenzung" der Gesetzgeber der Wissenschaft überlassen hat[49, 50], sind ein ziemlich sicheres Zeichen dafür, daß es der Theorie und Praxis bisher nicht gelungen ist, die aufgetretenen Probleme juristisch in den Griff zu bekommen. Wohl wurden die in diesem Zusammenhang auftauchenden Fragen aufgeworfen, verbindliche Antworten sind aber noch keineswegs gefunden worden[51]. Die vorliegende Arbeit nimmt daher den Problemkreis, nämlich das Wesen des dinglichen Rechts im allgemeinen und der dinglichen Ansprüche im besonderen, wieder auf. Angesichts der bereits geäußerten Bedenken gegenüber den bisherigen Lösungsversuchen der herrschenden Meinung ist es m. E. richtiger, neben den Fragen nach dem Entstehungsgrund und dem Wesen der dinglichen Ansprüche der davon getrennte Frage nachzugehen, ob bestimmte *konkrete* Vorschriften, die sich auf obligatorische Ansprüche beziehen, auf die *einzelnen* dinglichen Ansprüche anwendbar sind. Dabei kann es nicht Ziel dieser Arbeit sein,

---

45 RGZ 115, 31 ff.

46 RGZ 157, 40 ff., 44.

47 In der die Anwendung des § 281 auf dingliche Ansprüche verneinenden Entscheidung hat das Reichsgericht aus der systematischen Stellung des § 281 im Schuldrecht die Folgerung gezogen, diese Bestimmung könne im Bereich des Sachenrechts und daher mit Bezug auf die Ansprüche des Eigentümers gegen den (nicht zum Besitz berechtigten) Besitzer (vgl. §§ 987 ff.) nicht angewandt werden. Diese Argumentation ist jedoch äußerst anfechtbar, verweist doch das Gesetz selbst in diesem Zusammenhang (vgl. § 990 Abs. 2, 1146) auf schuldrechtliche Vorschriften. Bei dieser, sich an eine Äußerlichkeit haftende Argumentationsweise des Reichsgerichts wird von der eigentlichen Sachproblematik noch nichts sichtbar, wenn auch das Ergebnis aus sachlichen Gründen zu billigen sein mag. In diesem Sinne auch *Larenz*, Methodenlehre, S. 307; vgl. dazu *Canaris*, Systemdenken, S. 93 f.

48 Siehe dazu auch *Horstmann*, S. 2.

49 Vgl. *Motive* Teil III, S. 397 ff.

50 Ein derartiges gesetzgeberisches Verhalten ist ohne Zweifel ein Ärgernis, aber ebenso zweifellos ist es legitim. Form und Farbe kann diesem Problem daher erst die Rechtsprechung geben. Tatsächlich sind die Gerichte aber bei der Prüfung und Begrenzung der Anwendbarkeit schuldrechtlicher Normen auf das Sachenrecht nahezu überfordert. Dieses gesetzgeberische „Kuckucksei" auszubrüten, ohne eine heillose Rechtsunsicherheit heraufzubeschwören oder aber den Willen des Gesetzgebers im Ergebnis (unbewußt) so abzuschwächen, daß er fast ins Gegenteil verkehrt wird, das ist fast unmöglich. Dabei stellt sich auch die Frage, ob es nicht ein Armutszeugnis der Lehre ist, dem Richter aufzubürden, was der Gesetzgeber durchzubilden sich selbst zu schwach befand.

51 a. A. wohl *Köbl*, S. 84, die der Ansicht ist, daß über diese Frage ein „ungefährer Konsensus" herrsche.

der vermeindlich überwundenen Begriffs- und Konstruktionsjurisprudenz zu neuer Blüte zu verhelfen. Vielmehr soll gerade versucht werden, die Relikte dieser verfehlten Methode durch eine Argumentation zu ersetzen, die unserer heutigen Methode der aus der Interessenjurisprudenz[52]

[52] Ihre eigentlich wissenschaftliche Prägung empfing die Interessenjurisprudenz durch *Gustav* und *Max Rümelin, Philipp Heck* und *Heinrich Stoll* (sog. Tübinger Schule); vgl. dazu *Heck,* Begriffsbildung und Interessenjurisprudenz, 1932; *Derselbe,* Das Problem der Rechtsgewinnung, 2. Aufl., 1932; *Derselbe,* Die Interessenjurisprudenz und ihre neuen Gegner, 1936; *Derselbe* Gesetzesauslegung und Interessenjurisprudenz, Acp 112, 1 ff.; *Derselbe,* Rechtsphilosophie und Interessenjurisprudenz, AcP 143, 129 ff.; vgl. ferner die bei *Boehmer,* Grundlagen Bd. II Teil 1 S. 190 f. Genannten. Die Interessenjurisprudenz geht von den widerstreitenden „Begehrungsdispositionen" aus, die in den Geboten des Rechts ausgeglichen worden sind. Es wird also primär nicht nach den konkreten Interessen der Parteien des zu entscheidenden Rechtsstreits gefragt, sondern nach den abstrakten typischen, die der Normierung eines Rechtsinstituts zugrundeliegen. Der Richter ist daher an die Werturteile gebunden, die dem Gesetz zugrundeliegen. Er betreibt „historische Interessenforschung". Die Gegner dieser Richtung waren der Ansicht, daß damit die Lehre vom Analogieschluß neu entdeckt worden sei; dieser Streit kann jedoch im Rahmen dieser Arbeit einer näheren Betrachtung nicht unterzogen oder gar entschieden werden. Nach der Interessenjurisprudenz soll mithin, wenn das Gesetz keinen Anhaltspunkt ergibt, der Richter die Interessenlage so entscheiden, wie er als Gesetzgeber es tun würde. Vgl. dazu *Wesenberg-Wegener,* S. 178. Im Ergebnis ähnlich wie die Interessenjurisprudenz *Wilburg,* S. 5, der das Recht jedoch aus „seinen kausalen Kräften" gestalten will. Die Interessenjurisprudenz unterscheidet sich von dieser Lehre dadurch, daß sie die bewegenden Kräfte nicht nur als präjuristische Ursachen behandelt, sondern in den Normen selbst und in die Tatbestände verlegt. Aus der Sicht der Topiker (vgl. u. a. *Viehweg,* S. 64 f.) ist das Auftauchen des Interessebegriffs im vorigen Jahrhundert ein topischer Vorgang. Nachdem *Rudolf von Ihering* die vordem ungebräuchliche Kategorie in die Rechtswissenschaft eingeführt hatte, „konnte sie eine große Anzahl neuer juristischer Argumente liefern, und erwies sich genau als das, was *Cicero* unter einem Topos verstanden hatte: nämlich als Gemeinplatz, aus dem sich neue Gesichtspunkte ergeben („sedes, e quibus argumenta promuntur") ". So *Cicero,* Topica II 7; siehe dazu *Viehweg,* S. 65 und S. 10 ff. In diesem Zusammenhang drängt sich jedoch die Frage auf, ob sich darin wirklich der dogmengeschichtliche Gehalt der Interessenjurisprudenz erschöpft. Das muß man m. E. verneinen. Betrachtet man die Interessentheorie in ihrer reifsten Ausgestaltung als Wertungsjurisprudenz, so läßt sich deutlich nachweisen, daß die verschiedenen, sich aus der Interessenbewertung ergebenden Rechtsbegriffe und Rechtssätze keinesfalls in einem zufälligen Nebeneinander stellen, sondern innerlich aufeinander bezogen werden. Nicht zuletzt in dem Suchen nach einem solchen inneren Sinn, nach den hinter allen Dingen stehenden und sie erfassenden letzten und höchsten Werten, kam man zur Wertungs- oder Bewertungsjurisprudenz (vgl. dazu *Sponer,* S. 44; *Pawlowski,* NJW 1958, 1561 ff.), ohne allerdings nun deshalb die Interessenjurisprudenz in ihrer Grundkonzeption völlig aufzugeben. Man bemüht sich danach nicht mehr ein logisch geschlossenes Begriffssystem zu entwickeln, wie es das ältere Naturrecht noch tat, sondern beginnt „die gestaltenden sittlichen Werte aufzuweisen und aus ihnen die Einzelregelungen als Ordnung bestimmter sozialer Situationen aus jenen Werten heraus begreiflich zu machen" (*Coing,* SJZ 1947, 146, zitiert bei *Sponer,* S. 45). Es gilt also das natürliche, in der Natur der Sache vorgebildete System aufzuzeigen, das als notwendige Grundlage

fortentwickelten Wertungsjurisprudenz[53] entspricht[54]. Im Rahmen dieser Arbeit wird aus diesem Grunde untersucht, nach welchen Wertungsgesichtspunkten die Interessenkonflikte zu lösen sind, und ob es möglich ist, einen *Ergänzungssatz* aufzustellen, der darauf Antwort gibt, *wann* die dingliche Natur der sachenrechtlichen Ansprüche der Anwendung der allgemeinen Verzugsvorschriften entgegensteht. In diesen größeren Zusammenhang muß dieses Problem gestellt werden, nicht nur weil ohne solche Bestimmung alle Dogmatik in Begriffstechnik oder im Pragmatismus zu versanden droht, sondern auch weil man meines Erachtens nur so einer echt fundierten Lösung näher kommt. Um unzulässiger Begriffsjurisprudenz zu entgehen, bedarf es jedoch zuvor, so seltsam es klingt, der begrifflichen Analyse des schuldrechtlichen und des dinglichen Anspruchs, da nur diese die Grenze zwischen der formalen Seite dieser Begriffe und deren rechtsinhaltlicher Aussage aufzeigen kann. Indem im folgenden gezeigt wird, daß herkömmliche privatrechtliche Vorstellungsweisen nicht kraft logisch formaler Notwendigkeit den ihnen zukommenden Gehalt haben, sondern aus der Überlieferung, und daß normologisch auch andere Lösungen möglich wären, haben die hier angestellten Untersuchungen „anti-begriffsjuristische Auswirkungen“[55]. Auch hat die wissenschaftliche Erkenntnis des Entstehungsgrundes und des Wesens der dinglichen Ansprüche den weiteren Sinn, die vorhandenen Zusammenhänge aufzuzeigen, damit, wenn das BGB gerade und zwar nur auf diese Zusammenhänge abstellt, der entsprechende Gesetzeswille verwirklicht werden kann. Um den Ergänzungssatz finden zu können, muß daher nach dem Gesagten zunächst der Rechtscharakter schuldrechtlicher und dinglicher Ansprüche bewußt gemacht werden. Danach kann der Weg nur über Einzeluntersuchungen führen, die das Gebiet der Anwendungsmöglichkeiten schuldrechtlicher Verzugsvorschriften auf dingliche Ansprüche abzugrenzen versuchen. Unter diesem

---

jeder Dogmatik verstanden sein will. Dabei geht man auf die obersten Rechtsgrundsätze zurück, wobei das Gerechtigkeitsprinzip als der sittliche Grundwert des Rechts anerkannt wird. So zutreffend *Sponer*, S. 44; *Diederichsen*, NJW 1966, 697, 698; in diesem Sinne auch *Reinhardt-König*, S. 17 ff.; *Westermann*, Person und Persönlichkeit, S. 52; vgl. auch *Derselbe*, Wesen und Grenzen der richterlichen Streitentscheidung im Zivilrecht; *Maas*, S. 7 ff.

[53] Die Wertungsjurisprudenz betrachtet das Interesse nur als Bewertungsgegenstand, von dem die Bewertungsmaßstäbe getrennt gehalten werden müssen. Für die Rechtsfindung ist es danach entscheidend, die auf die jeweilige Interessenlage zutreffende Wertung zu finden. Vgl. dazu *Georgiades*, S. 7; *Henkel*, S. 230.

[54] Es ist im Rahmen dieser Arbeit nicht der Ort, auf den Methodenstreit im einzelnen einzugehen. Ein kurzer instruktiver Abriß dazu findet sich bei *Georgiades*, S. 5 ff.; vgl. dazu auch *Edelmann*, Die Entwicklung der Interessenjurisprudenz, insbes. S. 26 ff.

[55] Zu diesem Begriff siehe *Bucher*, Subjektive Rechte, S. 11.

Aspekt die Anwendbarkeit der Verzugsregeln auf die dinglichen Ansprüche zu prüfen, ist Sinn und Aufgabe dieser Arbeit.

Die Arbeit wird nach all dem in zwei Teile zerfallen. In dem ersten Teil erscheint eine Gegenüberstellung des dinglichen und des schuldrechtlichen Anspruchs. Im Rahmen dieser Gegenüberstellung müssen die beiden Anspruchsarten voneinander abgegrenzt werden. Sollte sich dabei ergeben, daß zwischen beiden Anspruchsarten ein Gegensatz besteht, so ist zu untersuchen, worin die Wesensverschiedenheit liegt. Im zweiten Teil der Arbeit wird dann geprüft, inwieweit sich die einzelnen schuldrechtlichen Normen zur Ergänzung der dinglichen Ansprüche eignen.

II. Nähere Abgrenzung der Aufgabe

Aus der Problemstellung ergibt sich, daß im Rahmen dieser Arbeit nicht sämtliche, im dritten Buch des Bürgerlichen Gesetzbuches behandelten Rechtsverhältnisse untersucht werden sollen.

In dieser Arbeit sollen nur die dinglichen Ansprüche näher erörtert werden. Das sind die Ansprüche, die auf ein dingliches Recht bezogen sind und kein eigenes, von diesem getrenntes Dasein führen[1]. Sie werden daher auch im Gegensatz zu selbständigen Ansprüchen[2] als unselbständig bezeichnet. Ihre Hauptfunktion liegt darin, dem primären Recht zur

---

[1] Das war und ist für die Mehrzahl der hier zu untersuchenden Ansprüche umstritten. Die hier angeschnittenen Probleme der Abtretbarkeit dinglicher Ansprüche wurde schon häufig erörtert, vor allem bei dem dinglichen Herausgabeanspruch und dem Grundbuchberichtigungsanspruch. Für eine selbständige Abtretbarkeit *Enneccerus-Nipperdey*, Teil II, § 222 FN 14 und die dort Genannten. Die Behauptung von *Nipperdey*, die Abtretbarkeit sei die herrschende Lehre, ist jedoch in Anbetracht der gegenteiligen Stellungnahmen aller Lehrbücher des Sachenrechts heute nicht mehr zutreffend. Wie hier *Baur*, Sachenrecht, § 11 C I 3, a; *Lent-Schwab*, § 44 IV; *Westermann*, § 30 I 3; *Wolff-Raiser*, § 84 VI, 3; *Ennecerus-Lehmann*, § 1 II 2; ferner *Larenz*, Allgemeiner Teil, § 20 I; *Georgiades*, S. 135; *Medicus*, Bürgerliches Recht, § 19, III, S. 177 f.; *von Tuhr*, Bd. I § 15, IX zu Anm. 108; zum Streitstand sei auf die Tübinger Dissertation von *Stösser*, Zur Frage der Abtretbarkeit des dinglichen Herausgabeanspruchs, 1966, verwiesen. Hinsichtlich einzelner Ansprüche sei auf folgende Entscheidungen hingewiesen: Herausgabeanspruch nach § 985, RG JW 1932, 1206 (jedenfalls, falls der Anspruch sich gegen einen unbestimmten Besitzer richtet); vgl. auch BGH WM 1964, 426; Berichtigungsanspruch nach § 894, RG JW 1936, 3047; RGZ 112, 260, 265; RGZ 78, 87; OLG Königsberg OLGE 29, 327; anders früher RGZ 46, 225; RG Gruch 45, 942; Zustimmungsanspruch nach § 888, RG JW 1927, 1413, 1414.

[2] Darunter fallen z. B. der Anspruch aus § 823 Abs. 1 wegen Verletzung des Eigentums oder die Ansprüche des Eigentümers aus §§ 987 ff., 989, 990. Der selbständige Anspruch hat im Gegensatz zum unselbständigen Anspruch einen eigenen Platz und ein eigenes Schicksal. Er führt ein getrenntes Dasein,

Wirksamkeit zu verhelfen. Sie dienen nicht nur dem Schutz, sondern auch der Verwirklichung des dinglichen Rechts. Hier kommt es nicht auf die Zuweisung der Rechtsgüter, sondern nur darauf an, den Bestand des dinglichen Rechts als solchen zu sichern, dem Primärrecht also unmittelbar Geltung zu verschaffen[3]. Die dinglichen Ansprüche haben mithin als unselbständige Ansprüche eine dienende Funktion[4].

Man kann diese Ansprüche nach ihrem Ziel und zugleich nach ihrem Grund wie folgt gliedern:

1. Ansprüche auf *Herausgabe*:
   a) Aus einem Recht zum Besitz (petirorische Ansprüche), §§ 985, 1065, 1227, 2018 BGB, § 11 ErbbVO.
   b) aus dem Besitz selbt (possessorische Ansprüche), §§ 861, 1007[5].

2. Ansprüche auf *Beseitigung* von Störungsfolgen oder (bei Wiederholungsgefahr) auf *Unterlassung* weiterer Störungen:
   a) Aus einem Recht, §§ 1004, 1027, 1065, 1090 Abs. 2, 1134 Abs. 1, 1192 Abs. 1, 1227 BGB, § 11 ErbbVO.
   b) § 894.

3. Das Recht zur *Befriedigung aus einem Pfandgegenstand*: §§ 1113 Abs. 1, 1199 Abs. 1, 1204 Abs. 1.

4. Dingliche Ansprüche *anderen Inhalts*: §§ 1047 ff., 1051.

5. *Anhang*: Im Rahmen dieser Arbeit soll auch der Anspruch aus § 888 untersucht werden. Zwar handelt es sich, wie die h. M. zu Recht meint, bei dem Recht der Vormerkung nach § 883 ff. um *kein* dingliches Recht, sondern um ein Sicherungsmittel eigener Art, das dem Schutz des persönlichen Anspruchs dient und in einzelnen Richtungen dingliche Wirkungen hat, also einem dinglichen Recht nur angenähert

---

unabhängig von dem subjektiven Recht, dessen Ausfluß sie möglicherweise sind. Näher *Georgiades*, S. 135; ungenau *Raiser*, JZ 1961, 465 ff., 466, der den Anspruch schlechthin als nur sekundäres Recht im Gegensatz zu den primären Rechten sieht.

[3] So *Georgiades*, S. 135.

[4] So *Larenz*, Allgemeiner Teil, § 20, I, S. 255.

[5] § 1007 nimmt eine Zwitterstellung ein. Er wird meist den petitorischen Ansprüchen zugerechnet, weil er im Gegensatz zu § 861 den Besitz zwischen den Parteien endgültig ordnet.

ist[6, 7]. Bei dem Anspruch auf Zustimmung nach § 888, der eine notwendige Ergänzung zu der in § 883 Abs. 2 angeordneten relativen Unwirksamkeit der Verfügung darstellt, handelt es sich jedoch um einen Ausfluß des Rechts, zu dessen Durchsetzung es dient. Der Sache nach handelt es sich bei diesem Anspruch um einen Durchsetzungsanspruch ähnlich § 1004[8]. Daher soll er in der vorliegenden Arbeit auch einer näheren Prüfung unterzogen werden.

Nicht untersucht werden sollen die sogenannten Verbietungsrechte[9], da es sich insoweit um „Ansprüche gegen jedermann" handelt, die nach unserer Rechtsordnung unzulässig sind[10, 11]. Im Rahmen dieser

---

6 Das Wesen der Vormerkung ist sehr umstritten. Die Meinungsskala reicht vom „dinglichen Recht" (*Heck*, Sachenrecht, § 47 IV; *Kempf*, JuS 1961, 22 ff.; *Wunner*, NJW 1969, 113 ff.) über die „obligatio in rem scripta" (*Oberneck*, Bd. I, S. 450), das „ius ad rem" (*Dernburg*, Sachenrecht, § 51 Anm. 1, § 63; *Wieacker*, Bodenrecht, § 19 IV 2; *Hedemann*, § 13 III b), das „negative Herrschaftsrecht" (*Wolff-Raiser*, § 48 VII 2), die „Anwartschaft auf die dingliche Rechtstellung" (*Crome*, Sachenrecht, III, S. 376; *Endemann*, Sachenrecht, § 65) und ein „dingliches Sicherungsmittel eigener Art" (RGZ 151, 389 ff., 392; *Staudinger-Seufert*, RdNr. 39 zu § 883; *Planck-Strecker*, Erl. 2 zu § 883; *Westermann*, § 84 I; *Palandt-Degenhart*, Anm. 2 zu § 883; *Soergl-Siebert-Baur*, RdNr. 2 zu § 883) bis hin zu einem bloßen Grundbuchvermerk ohne Rechtscharakter (*Biermann*, Widerspruch und Vormerkung, S. 184; *Philipsen*, S. 46 ff.). Siehe auch *Rimmelspacher*, S. 134.

7 BGHZ 25, 16, 23; a. A. *Wunner*, NJW 1969, 113, 114, 116, 118.

8 Wie hier *Rimmelspacher*, S. 136.

9 Verbietungsrechte sind die Rechte, durch die der Eigentümer die Eingriffe anderer in seinen Herrschaftsbereich in den Grenzen seines schutzwürdigen Interesses verbieten kann (sog. negativer Kern des Eigentums). Darunter fallen u. a. das Verbietungsrecht gegen Immissionen (§ 906), das Recht, Wurzeln abzuschlagen (§ 910 Abs. 2), das Wegnahmerecht (§ 997 Abs. 2). Näher *Baur*, Sachenrecht, § 25 IV, S. 209 ff.

10 a. A. *Konrad Hellwig*, Anspruch, S. 3 und S. 26; *Langenheineken*, S. 8 ff.; *Lehmann*, Unterlassungspflicht, S. 109 ff.; *Windscheid-Kipp*, Bd. 1 § 43 S. 184. Die Anhänger dieser Ansicht meinen, daß im Falle der Nichtanerkennung des „Anspruchs gegen jedermann" die Verbietungsrechte inhaltsleere Rechte seien. Diese Meinung ist m. E. jedoch nicht zutreffend, denn ein Eigentümer (oder sonstig dinglich Berechtigter) kann jedem die betreffende Handlung aus seinem Eigentum verbieten; nur nennt man dieses Verbietungsrecht, solange es nicht aktuell wird und sich nicht gegen eine bestimmte Person richtet, nicht einen „Anspruch". Gewiß kann der Eigentümer gemäß § 903 mit seinem Eigentum nach Belieben verfahren und andere von jeder Einwirkung ausschließen. Das heißt aber nicht, daß er gegen jeden anderen Rechtsgenossen auf der Welt einen Anspruch hat. Insoweit wendet sich auch *Lehmann* (S. 109) gegen den Anspruch wider jedermann. Er meint aber, dieser Begriff verliere alles Schreckhafte, wenn man ihn als Anspruchsbündel gegen die bestimmte (?) Vielheit von Personen auffasse, welche mit dem für den Berechtigten abgegrenzten Machtbereich tatsächlich in Berührung stehe. Gegen diese Lehrmeinung, und zwar auch in der eingeschränkten Form, spricht, daß alle diejenigen Vorschriften, die nach dem BGB für Ansprüche gelten, nicht auf den „Anspruch gegen jedermann" zugeschnitten sind: so kann dieser z. B. nicht zediert werden und unterliegt

nicht der Verjährung (vgl. dazu *von Tuhr,* Bd. I S. 243). Auch würde der Unterschied zwischen den gegen jedermann wirkenden absoluten Rechten und den gegen eine bestimmte Person gerichteten relativen Rechten wie dem Anspruch verwischt werden. Im übrigen verkennt diese Ansicht, daß der Anspruch nach den Personen der Beteiligten und seinem Inhalt konkretisiert sein muß (so auch *Baur,* JZ 1966, 381, 383; *Zeuner,* Festschrift für Dölle, Bd. 1, S. 295 ff.). Aus diesem Grunde ist auch die bekannte *Windscheidsche* Theorie abzulehnen, wonach das Eigentum von einer Vielheit von Unterlassungs*ansprüchen* gegen jedermann gebildet wird. Zwar könnte diese Theorie auch auf andere dingliche Rechte ausgedehnt werden. Aber dann müßte konsequent das Eigentum (oder die sonstigen dinglichen Rechte) eine Vielheit von subjektiven Rechten sein, und diese Konsequenz ist mit dem BGB nicht vereinbar. Andernfalls wäre die Auflösung „in ein subjektives Chaos", „ein Bündel uferlos gedachter und damit ein Kampf aller gegen alle auslösenden Individualrechte" zu befürchten (so zutreffend *Rupp,* S. 175). Das dingliche Recht besteht daher, wie noch zu zeigen sein wird, zunächst ohne Anspruch. Erst die Verletzung des Rechts hat Ansprüche zur Folge. In diesem Sinne *Baur,* JZ 1966, 381, 383; *Papier,* S. 22 f.; RGZ 155, 158 für das Privatrecht; *Bachof,* S. 294; *Rupp,* S. 175 für das öffentliche Recht; vgl. aber *Bucher,* Subjektive Rechte, S. 84 ff., der die hier vertretene Ansicht als einen Rückschritt gegenüber der *Windscheidschen* Auffassung ansieht; sie stelle einen Rückfall in die sich am Aktionsmodell orientierende Betrachtungsweise dar; a. A. auch *Weyreuther,* Gutachten, S. 81 f.; siehe dazu noch BGHZ 28, 110; BGHZ 28, 225; ferner RGZ 159, 68; BGH MDR 1951, 726; BGH NJW 1964, 1321; BGHZ 38, 61; überzeugend gegen *Bernhard Windscheid* auch schon *Thon,* S. 157. Der Anspruch „eines jeden gegen jeden" löst die Schrecken, die er offenbar verbreitet, jedoch nur dann aus, wenn man mit dem Wort „verlangen" (§ 194 Abs. 1) unbesehen das Geltendmachen verbindet. Darauf bezogen kann das Unterlassen — gleichsam: ausdrücklich — nicht verlangt werden und wird auch ernstlich von niemandem verlangt werden, solange nichts für eine bevorstehende Verletzungshandlung spricht. Aber das Verlangen-Können hat auch die vom Geltendmachen ganz abgerückte Bedeutung, daß etwas *zusteht.* Legt man diese Bedeutung zugrunde, die von keiner Seite bestritten wird (vgl. für das Privatrecht etwa *Larenz,* NJW 1955, 263, für das öffentliche Recht *Rupp,* S. 162, 164, 264), so führt *Kipp* (Windscheid-Kipp, Bd. 1 § 43, S. 184 FN 3) zu Recht aus, daß es sich bei den Ansprüchen „gegen jedermann" nur um einen anderen Namen für das dingliche Recht selbst handelt.

[11] Damit entfallen auch die interessanten Fragen, die sich aus dem sogenannten nachbarschaftlichen Gemeinschaftsverhältnis ergeben. In der Literatur wird die Annahme eines derartigen nachbarschaftlichen Gemeinschaftsverhältnisses überwiegend abgelehnt. Die Ergebnisse, zu denen jedoch die Rechtsprechung gelangt (vgl. BGHZ 42, 63 ff.), werden aber durchweg gebilligt (vgl. dazu *Wolff-Raiser,* § 53 FN 1; *Baur,* Sachenrecht, § 25 IV 2 3 cc, S. 216 f.). Soweit man ein derartiges Gemeinschaftsverhältnis anerkennt, ist die dogmatische Fundierung noch nicht gelungen. *Westermann* (§ 63 I 2) sieht schon in der Tatsache der räumlichen Nachbarschaft (Gemeinschaft) ein zur Rücksichtnahme verpflichtendes Rechtsverhältnis, ohne den Umschlag des Faktums in der Normativität näher zu begründen. So zutreffend *Peter Schwerdtner,* Fürsorgetheorie, S. 57 FN 225; vgl. auch LG Essen MDR 1970, 505 f. Im übrigen hat *Pleyer* (JZ 1959, 305 ff.) bereits überzeugend nachgewiesen, daß der Umweg über das nachbarschaftliche Gemeinschaftsverhältnis nicht erforderlich ist. Auch *Baur* (a.a.O.) weist darauf hin, daß sich die von der Rechtsprechung unter Heranziehung des nachbarschaftlichen Gemeinschaftsverhältnisses entschiedenen Fälle auch unter entsprechender Anwendung der §§ 906, 26 GewO und bei einer vorsichtigen Ausdehnung des Störerbegriffs hätten entscheiden lassen. Vgl. auch *Medicus,* Bürgerliches Recht, § 30 IV 1, S. 308 ff.; *Scherer,* DRiZ 1963, 49 ff.; eingehend *Glaser-Dröschel,* S. 97 ff.; *Mühl,* NJW 1956, 1657 ff.

Untersuchung scheiden ferner sämtliche rein schuldrechtlichen Ansprüche aus[12]. Außerhalb des Rahmens dieser Arbeit bleiben weiter die Rechte an Rechten[13], da sie von außen nicht in derselben Weise verletzt werden können, wie Rechte an Sachen[14].

III. Die Regelung des Verzugs im Schuldrecht

Schuldverhältnisse sind als Leistungsbeziehungen stets darauf gerichtet, einen bestimmten Zustand entweder herbeizuführen (sog. Handlungspflichten) oder aber zu erhalten (sog. Unterlassungspflichten). In jedem Falle wird dem Schuldner eine durch das Rechtsverhältnis konkretisierte Verhaltenspflicht auferlegt, deren Durchsetzung der jeweilige Gläubiger — notfalls unter Zuhilfenahme staatlicher Machtmittel — betreiben kann. Wird die von dem Verpflichteten geschuldete Leistung im beiderseitigen Einverständnis über den Charakter der Tilgung erbracht, so erlischt das Schuldverhältnis (§ 362). Erlöschensgrund ist hier die Erfüllung[1].

---

[12] Außer den rein dinglichen Ansprüchen finden sich im dritten Buch des BGB viele Rechtsverhältnisse, die zwar auf einem dinglichen Recht beruhen, aber rein obligatorischer Natur sind. Das ist mit wenigen Differenzierungen allgemein anerkannt. Wie der Gesetzgeber aus Gründen des Sachzusammenhangs im Schuldrecht z. B. das Pfandrecht des Vermieters (§ 559), des Werkunternehmers (§ 647) und des Gastwirts (§ 704) geregelt hat, so hat er auch viele schuldrechtliche Verpflichtungen deshalb in das Sachenrecht verwiesen, weil sie in unmittelbarem Zusammenhang mit dinglichen Rechten stehen. Dabei handelt es sich um die in §§ 987 ff., 1021, 1022, 1104 ff. und 1108 genannten Pflichten. Ihre Unterstellung unter das allgemeine Schuldrecht ist problemlos. Es sind eben rein schuldrechtliche Ansprüche, die der Gesetzgeber auch nur um des Zusammenhangs willen in das Sachenrecht verwiesen hat. Daher wird schon in den *Motiven* (Teil II, S. 4) festgestellt, daß die allgemeinen Rechtsnormen des II. Buches auch für diejenigen Obligationen gelten, welche sachenrechtlichen Verhältnissen entspringen und im Sachenrecht geregelt sind. So bereits *Stälin*, S. 30; vgl. auch *Soergel-Siebert-Reimer Schmidt*, RdNr. 15 zu § 241; *Helm*, AcP 168, 71, 74; im einzelnen siehe auch *Timm*, S. 10 ff.

[13] Man könnte sogar der Ansicht sein, daß diese Rechte zu Unrecht im Sachenrecht angesiedelt sind, da „die zumeist belasteten Rechte selbst ihren Standort an einem anderen Ort des ‚Rechtsgebäudes' haben (die Forderung im Schuldrecht, das Aktienrecht im Aktiengesetz, das Urheberrecht im Urheberrechtsgesetz)". So *Baur*, Sachenrecht, § 60 I 2, S. 578; in diesem Sinne auch *Dernburg*, Sachenrecht, S. 177; vgl. eingehend *Dulckeit*, S. 53 ff.

[14] So bereits *Horstmann*, S. 11.

[1] Die Rechtsnatur der Erfüllung gehört zu den umstrittensten Gebieten des Schuldrechts überhaupt. Dabei stehen sich die Vertragstheorie, die Theorie der realen Leistungsbewirkung und die beschränkte Vertragstheorie gegenüber. Zu den Einzelheiten vgl. *Larenz*, Schuldrecht, AT, S. 172 ff.

Neben diese ordnungsgemäße Abwicklung der Schuldverhältnisse treten die Fälle, in denen sich eine Störung einstellt mit der Folge, daß eine zeitlich oder gegenständlich der Verpflichtung gemäße Leistung verhindert wird. Hier ist dann von „Leistungsstörungen" zu sprechen, ohne daß damit bereits eine Umschreibung ihrer Voraussetzungen und Rechtsfolgen gegeben wäre. Das Schuldverhältnis kann dadurch gestört sein, daß der Schuldner nicht in der Lage ist, dem Gläubiger die geschuldete Leistung zu erbringen (Unmöglichkeit der Leistung). Erbringt der Schuldner die Leistung zwar rechtzeitig, aber fehlerhaft, so können dadurch dem Gläubiger Schäden entstehen (Positive Forderungsverletzung). Störend wirkt es sich für den Gläubiger auch aus, wenn der Schuldner verspätet leistet (Schuldnerverzug). Nimmt dagegen der Gläubiger die ordnungsgemäße Leistung nicht an, darf diese Weigerung sich nicht zum Nachteil des Schuldners auswirken (Gläubigerverzug)[2]. Im folgenden sollen nur die letztgenannten Fälle einer genaueren Untersuchung unterzogen werden. Deshalb soll ein Überblick über die gesetzliche Regelung des Verzugs im Schuldrecht vermittelt werden. Wird die geschuldete Leistung nicht rechtzeitig aus einem vom Schuldner zu vertretenden Grunde erbracht, oder beruht eine Verzögerung der Erfüllung der Leistungspflicht darauf, daß der Gläubiger ihm obliegende Mitwirkungshandlungen unterläßt, so liegt ein Verzug vor, der sich einmal als Schuldnerverzug, zum anderen als Gläubigerverzug darstellt. Im Falle des Schuldnerverzugs tritt neben die primäre Leistungspflicht eine Verpflichtung zum Ausgleich des Verzugsschadens, bei Wegfall des Gläubigerinteresses an der Leistung kann unter Ablehnung derselben Schadenersatz wegen Nichterfüllung verlangt werden (§ 286 Abs. 2). Eine Haftungserweiterung (§ 287) und die Pflicht zur Zahlung von Verzugszinsen (§ 288) sind weitere Folgen des Verzugs. Der Gläubigerverzug hat demgegenüber im wesentlichen lediglich eine Haftungserleichterung für den Schuldner (§ 300 Abs. 1), einen Übergang der Leistungsgefahr (§ 300 Abs. 2) und eine Verpflichtung des Gläubigers zum Ersatz der durch das erfolglose Angebot bedingten Mehraufwendungen (§ 304) zur Folge.

---

[2] Zu den Einzelheiten vgl. auch *Stoll-Felgentraeger*, S. 159 f.; *Fikentscher*, Schuldrecht § 45 und § 46, S. 212 ff.

Zweiter Abschnitt

Sachenrecht und Schuldrecht obligatorischer und dinglicher Anspruch

Erster Teil

Die bisherigen Lösungsversuche und ihre Kritik

I. Die bisherige Behandlung des Problems

Die dinglichen Ansprüche sind im III. Buch des BGB — im Sachenrecht — geregelt; die Vorschriften über die schuldrechtlichen Ansprüche finden sich im II. Buch — dem Recht der Schuldverhältnisse —. Bei der Schaffung des BGB wurde somit das Sachenrecht begrifflich und systematisch vom Schuldrecht abgetrennt; jedes stellt für sich eine „juristische Größenordnung“[1] dar.

Wenn man der Ansicht folgen sollte, daß der Gesetzgeber sachlich Zusammengehöriges auch zusammenhängend geregelt hat und daß er dort, wo er schon durch die Einteilung des Gesetzes und durch die Überschriften sowie durch eine bestimmte Terminologie Unterschiede gemacht hat, eine verschiedene rechtliche Behandlung auch gewollt hat, könnte man annehmen, daß die Vorschriften des II. Buches nur bei Schuldverhältnissen, die des III. Buches nur im Sachenrecht Anwendung finden sollen, hätte man doch sonst die Vorschriften, die über das Schuldrecht hinaus gelten sollen, in den Allgemeinen Teil des Bürgerlichen Gesetzbuches gestellt[2]. Doch darf die Bedeutung der äußeren Systematik des Gesetzes nicht überschätzt werden[3, 4]. Wichtiger ist der

---

[1] Diesen Begriff hat *Otto Schreiber*, IherDogJb 60, 106 ff., 167, aufgestellt.

[2] *Rudolf Leonhard*, ZZP 15, 327 ff., 332, hält deshalb den ganzen sogenannten allgemeinen Teil des Obligationenrechts tatsächlich für einen systematischen Fehler. Das ganze Schuldrecht sei in vielem selbst ein ‚Allgemeiner Teil‘ allen Rechts: Es bringe grundlegende Regelungen für alle Erscheinungsformen des Schuldens, ob es sich nun um Geld-, Dienst- oder Sachleistungen handle, von denen der Gesetzgeber genau gewußt habe, daß sie auch für dingliche Ansprüche gelten würden. Ähnlich *Esser*, Schuldrecht, AT, § 1 II, S. 2 f.

[3] Anders noch das Reichstgericht in der bereits zitierten Entscheidung in der amtlichen Entscheidungssammlung im 115. Band, S. 31 ff.; OLG Hamburg OLGE 26, 124 f.

[4] Daß die Stellung von Vorschriften *allein* für ihre Rechtsnatur nicht von allzu großer Bedeutung ist, zeigt sich insbesondere darin, daß das Sachenrecht genügend Schuldverhältnisse und umgekehrt das Schuldrecht sachenrechtliche Bestimmungen enthält. Näher *Horstmann*, S. 6.

innere Bedeutungszusammenhang, das „Zusammenspiel" der Vorschriften zu einer in sich sinnvollen Regelung[5]. Die Auslegung hat sich somit am „Regelungsziel und Zusammenhang" der auszulegenden Bestimmungen zu orientieren. Mit anderen Worten: Es ist der innere Zusammenhang der dinglichen Ansprüche mit den schuldrechtlichen Ansprüchen sowie ihre Stellung innerhalb der geltenden Rechtsordnung ganz allgemein zu erforschen und zu berücksichtigen. Dabei darf jedoch nicht übersehen werden, daß auch die teleologische Auslegung auf die systematische Interpretation angewiesen ist, da sie in der Regel nur auf diesem Wege den von ihr zu verwirklichenden Zweck einer Norm erschließen kann[6], wobei diese das Ziel hat, die einen Wirklichkeitsausschnitt beherrschenden Rechtssätze zu einem möglichst widerspruchsfreien, kohärenten Sinnganzen zusammenzufügen[7]. Es kann aber von dem Grundsatz ausgegangen werden, daß die Aufnahme der Vorschriften in verschiedenen Abschnitten des BGB für die Frage der Anwendbarkeit schuldrechtlicher Normen auf dingliche Ansprüche nicht entscheidend sein kann[8].

Im übrigen geht die Bedeutung der §§ 241—432 schon notgedrungen weit über das II. Buch des BGB hinaus. Denn obwohl auch die anderen vier Bücher Anspruchsgrundlagen normieren, enthält das BGB mit Ausnahme der Verjährungsvorschriften der §§ 194—225 kein *allgemeines Anspruchsrecht*. Für die Ansprüche des Allgemeinen Teils, des Sachen-, Familien- und Erbrechts fehlt es meist an Bestimmungen über Erfüllung und Erlöschen, über die Folgen von Leistungsstörungen, über Surrogation, Abtretbarkeit, Zurückbehaltungsrechte, die Verantwortlichkeit für das Handeln Dritter und über vieles andere, womit sich die §§ 241—432 befassen.

Die Verfasser des BGB waren sich dieser „Lücke", sofern man es überhaupt als solche bezeichnen will, auch bewußt. Ihre Absicht ging daher auch dahin, den Lehren des Schuldrechts ähnlich dem französischen oder schweizerischen Obligationenrecht eine allgemeinere Bedeutung einzuräumen[9]. In den *Motiven*[10] heißt es aus diesem Grunde wörtlich:

---

[5] So *Larenz*, Methodenlehre, S. 307.

[6] Es ist nicht möglich, an dieser Stelle auf diese Frage weiter einzugehen, da die Unterschiedlichkeit der Inhalte und Ansprüche dieser Interpretationsmethode zuvor eine Analyse dessen, was an ihr fragwürdig und was zu bejahen ist, erfordert.

[7] Vgl. dazu *Betti*, Festschrift für Rabel, Bd. II, S. 79 ff.; *Säcker*, DB 1967, 2027, 2029; *Heck*, Gesetzesauslegung, S. 179; *Engisch*, Einführung, S. 79 und S. 83; kritisch zur systematischen Auslegung *Herschel*, BB 1966, 791 ff.

[8] So auch *Westermann*, § 2 III 3.

[9] Das ist eine Folge davon, daß die Schöpfer des schweizerischen Zivilgesetzbuchs und des französischen Code civil auf einen allgemeinen Teil verzichtet haben.

[10] *Motive*, Teil II, S. 4.

„Die allgemeinen Rechtsnormen des II. Buches gelten im allgemeinen auch für diejenigen Obligationen, welche in sachenrechtlichen, familienrechtlichen, erbrechtlichen Verhältnissen entspringen und im Sachenrechte, Familienrechte und Erbrechte geregelt sind. *Sie finden aber auch im allgemeinen Anwendung auf solche Ansprüche auf eine Leistung, welche lediglich auf einem dinglichen Rechte beruhen und einem dinglichen Berechtigten als solches zustehen*[11] ... Sofern die dinglichen Ansprüche gegen eine bestimmte Person sich richten und von dieser eine Leistung verlangen, nehmen sie einen obligationsähnlichen Charakter an. Diese Ähnlichkeit rechtfertigt die Anwendung der allgemeinen Vorschriften des Obligationsrechts auf die gegen eine bestimmte Person sich richtenden dinglichen Ansprüche. Der Entwurf geht von der inneren Berechtigung dieser analogen Anwendung aus, ohne welche eine fühlbare Lücke sich ergeben würde ...“ Die Aufnahme einer Bestimmung über eine entsprechende Anwendbarkeit der allgemeinen Vorschriften des Schuldrechts wurde jedoch mit der Begründung nicht für angemessen erachtet, daß es sich „mehr um eine der weiteren Prüfung und Begrenzung durch die Wissenschaft zu überlassende Rechtswahrheit als um einen positiven Rechtssatz“ handle[12, 13].

Wenn man der herrschenden Meinung folgen würde, wonach der Wille des Gesetzgebers bei der Suche nach der „richtigen“ Gesetzesauslegung nur ein „verhältnismäßig schwaches“ Argument unter anderen ist, würde diesen in den *Motiven* zum Ausdruck gekommenen gesetzgeberischen Wertvorstellungen heute jedoch keine ausschlaggebende Bedeutung mehr zugemessen werden[14, 15]. Gesetzesauslegung und Gesetzesanwendung hat danach den „objektivierten Willen des Gesetzgebers“ zu erforschen. Auszugehen ist nach dieser Ansicht von den Werturteilen der bei der Entscheidung, nicht bei der Setzung herrschen-

---

[11] Das Folgende nach *Motive* Teil III, S. 398 f.

[12] *Motive* Teil III, S. 399.

[13] Insofern muß man das Fehlen solcher Vorschriften außerhalb des Schuldrechts zumindest als „planmäßige Lücke oder Unvollständigkeit“ bezeichnen. So zu Recht *Köbl*, S. 83.

[14] Ebenso verweist auch die allgemeine Hermeneutik auf den Lebens- und Aktualitätsbezug allen Verstehenwollens, und sie benützt die juristische Interpretation als Beispiel dafür, daß Texte so verstanden werden wollen, daß sie ihre „Rechtsgeltung“ oder (in der Theologie) ihre „Heilswirkung“ erlangen. Das heißt aber, daß ein Text „in jedem Augenblick, d. h. in jeder konkreten Situation, neu anders verstanden werden muß“. So zutreffend *Gadamer*, S. 292.

[15] Welche *Bedeutung* der *Entstehungsgeschichte* bei der Auslegung einer Gesetzesvorschrift *im allgemeinen zukommt*, scheint in der höchstrichterlichen Rechtsprechung nach den dort wiederholt als grundsätzlich formulierten Sätzen allerdings widersprüchlich beurteilt zu werden. Oft ist der Entstehungsgeschichte nur ein bedingter Wert oder überhaupt kein Wert für die Auslegung einer Norm beigemessen worden. Vgl. z. B. BGHSt 1, 74, 76;

den Kulturschicht. Die Auslegung hat danach stets „gegenwartsbezogen" zu sein. Vornehmlich diese Konsequenz hat der „objektiven" Theorie viele Anhänger gewonnen[16].

Ziel *jeder* juristischen Interpretation muß aber die Ermittlung der gesetzgeberischen Wertentscheidung sein, die einen bestimmten Interessenkonflikt regelt. Diese Wertentscheidung ist ein Willensakt, d. h. eine Dezision des Normurhebers. Im Ansatz richtiger ist m. E. demnach die sogenannte „subjektive" Auslegungstheorie, die nach dem realen Willen des Normurhebers fragt[16a].

Aber auch ein gegenwartsbezogenes Normverständnis muß bei einer Analyse des historischen Normentstehungssachverhalts ansetzen[17]. Soweit die von diesem getroffenen Dezisionen reichen, ist dem Rechtsanwendenden in jedem Fall durch Art. 20 GG eine autonome Problem-

---

BGHSt 10, 157, 159 f.; BGHSt 12, 42, 43; BGHSt 13, 5, 8. In einer der ersten Entscheidungen des Bundesverfassungsgerichts heißt es, der Entstehungsgeschichte einer Vorschrift komme für deren Auslegung „nur" insofern Bedeutung zu, als sie die Richtigkeit einer nach den angegebenen Grundsätzen ermittelten Auslegung bestätige oder Zweifel behebe, die auf dem angegebenen Weg allein nicht ausgeräumt werden könnten. Vgl. BVerfG 1, 299 f., 312; ebenso BGHZ 33, 321, 330. In späteren Entscheidungen des Bundesverfassungsgerichts dagegen wird die Auslegung einer Norm aus den Gesetzesmaterialien und der Entstehungsgeschichte als durchaus gleichwertig neben anderen Auslegungsmethoden genannt. (vgl. BVerfGE 11, 126 ff., 130) und der frühere Satz dahin abgewandelt, daß die Entstehungsgeschichte „vor allem" zur Bestätigung der sonstigen Ergebnisse der Auslegung herangezogen werden könne. Vgl. BVerfGE 8, 274 ff., 307; BVerfGE 19, 354 ff., 362; ebenso BGHZ 36, 370 ff., 377. Gelegentlich wird sogar schlechtweg von „dem aus der Entstehungsgeschichte zu erschließenden Willen des Gesetzgebers" gesprochen. So BVerfGE 19, 248 ff., 253.

Trotz mancher gegenteilig klingenden Sätze hat die höchstrichterliche Rechtsprechung denn auch in der Tat die Entstehungsgeschichte immer wieder dann maßgeblich herangezogen, wenn aus ihr — und vor allem, wenn nur aus ihr — Wesentliches für die Auslegung einer Gesetzesvorschrift zu entnehmen war. Vgl. dazu BGHZ 46, 74 ff., 80 mit zahlreichen Nachweisen, BGHZ 55, 45, 50, und *Roth-Stielow*, NJW 1970, 2057 f. Dabei ist wiederholt darauf hingewiesen worden, daß die Gesetzesmaterialien, vor allem die im Gesetzgebungsverfahren erfolgten Äußerungen der an dem Gesetzeswerk beteiligten Verfassungsorgane, die die mit der getroffenen Regelung verfolgten gesetzgeberischen Zwecke und die für sie maßgebenden Beweggründe hervortreten lassen, oft einen wertvollen Anhaltspunkt, ja gerade einen Beweis dafür erbringen, worin der Rechtfertigungsgrund für eine Vorschrift liegt, welchen Zweck man mit ihr verfolgt hat und welche Zweckvorstellungen auch heute noch die Auslegung bestimmen müssen. Vgl. BGHSt 2, 99, 103/104.

16 Vgl. *Bartholomeyczik*, S. 46; *Larenz*, Methodenlehre, S. 34 m. w. N. in FN 1.

16a *Säcker*, ZRP 1971, 145, 146.

17 Das folgt schon daraus, daß dann, wenn der Gesetzestext schweigt, dem Richter gar nichts anderes übrig bleibt, als dieses Schweigen durch Überprüfen der notwendig historischen Materialien zu deuten.

beurteilung, ein „finales“ Subsumieren durch volitiven Übergriff in den kognitiven Bereich der Subsumtion versagt[18]. Denn der Rechtsanwendende darf die Regelungszwecke des historischen Gesetzgebers keinesfalls „durchkreuzen“, er muß vielmehr ganz im Sinne der gesetzgeberischen Intentionen entscheiden und zu deren Erhellung etwa auch die Gesetzesmaterialien heranziehen. Insoweit ist die „historische“ oder „subjektive“ Auslegung auch heute jedem, der Recht anzuwenden hat, zur Pflicht gemacht. Um es anders zu formulieren: Um den Willen des Gesetzes zu bestimmen, ist auch der Wille des Gesetzgebers zu analysieren, wobei zur Ermittlung des Willens die Gesetzesmaterialien von Bedeutung sind[19]. Das ist u. a. einer der Gründe, daß auch die heute üblicherweise verwendete Formel vom Streben nach Erkenntnis des „objektivierten“ Willens des Gesetzgebers, wenn man die höchstrichterliche Rechtsprechung näher analysiert[20], in Wirklichkeit gleichfalls auf die Ermittlung des im Gesetz und den Gesetzesmaterialien zum Ausdruck gelangten realen Willens des historischen Gesetzgebers abstellt. Trotz der Schwierigkeiten, die bei der Frage nach dem Willen des Gesetzgebers bei einer Vielzahl von an der Normsetzung beteiligten

---

18 *Scheuerle,* AcP 167, 305 ff.

19 So auch *Roth-Stielow,* NJW 1970, 2057 f.

20 Ähnlich *Enneccerus-Nipperdey,* § 54 II; *Siebert,* Methode, S. 85 ff., m. w. N., S. 211 ff. Anm. 95 a ff.; *Keller,* S. 88 ff. Für die objektive Auslegungstheorie wird unter Berufung auf BVerfGE 1, 312 (ebenso BVerfGE 8, 307; BVerf 10, 244; BVerfGE 11, 130; BVerfGE 19, 362; BGHZ 33, 330; BGHZ 36, 377; BGHZ 37, 60; BGHSt 17, 23; BGHSt 20, 107) gern die Rechtsprechung des BVerfG in Anspruch genommen. In der ganz überwiegenden Zahl seiner Entscheidungen liefert indes die Argumentation aus der Entstehungsgeschichte und aus den Gesetzgebungsmaterialien den entscheidenden Gesichtspunkt für die Problemlösung. Bei unbefangener Diagnose kann, worauf auch *Menger-Erichsen* hinweisen (VerwArch 1966, 175; vgl. auch die entsprechenden Hinweise bei *Rüthers,* der Staat, 101 ff., 107; *Vogel,* S. 376 f. FN 88; *Ehmke,* VVDStRL 20, 53 ff., 57; *Häberle,* JuS 1967, 70), kein Zweifel daran bestehen, daß das BVerfG in praxi nach der subjektiven Auslegungsmethode vorgeht. Die heute herrschende, jedoch den Rechtsquellencharakter der richterlichen Rechtsforbildung bei gesetzlich nicht oder nicht klar geregelten Sachverhaltstypen erkenntnistheoretisch nicht erfassende Interpretationstheorie wird trefflich durch die Worte *Gadamers* (S. 309 f.) repräsentiert: Der normative Gehalt des Gesetzes ist „auf den gegebenen Fall hin zu bestimmen, auf den es angewandt werden soll. Um diesen genau zu ermitteln, bedarf es historischer Erkenntnis des ursprünglichen Sinnes, und nur um dessentwillen zieht der juristische Ausleger den historischen Stellenwert mit ein, der dem Gesetz durch den Akt der Gesetzgebung zukommt. Nur kann er sich aber nicht an das binden, was ihn etwa die parlamentarischen Protokolle über die Intentionen derer lehren, die das Gesetz ausgearbeitet haben. Er hat sich vielmehr den eingetretenen Wandel der Verhältnisse einzugestehen und hat daher die normative Funktion des Gesetzes neu zu bestimmen“. Vgl. dazu auch *Säcker,* DB 1967, 2027, 2028 f.

Personen bestehen[21], verdient daher die auf den realen Willen[22] des Normenautors abstellende Auslegungsmethode (und zwar insoweit auf ihn abstellende Methode, als dieser klar erkennbar ist) den Vorzug vor einer sogenannten objektivierten Interpretationsmethode, die in Wahrheit in Anspruch nehmen kann, die subjektive genannt zu werden[23].

Aus diesem Grunde steht man in der Literatur und der Rechtsprechung nahezu einhellig auf dem Standpunkt, daß die Regeln des Schuldrechts den dinglichen Anspruch ergänzen. Im einzelnen aber gehen die Ansichten weit auseinander, soweit eine Übernahme der Regeln des allgemeinen Teils des Schuldrechts in das Sachenrecht in Frage steht. Soweit eine uneingeschränkte Anwendung der Regeln des Schuldrechts im Sachenrecht bejaht wird, können im wesentlichen zwei Gruppen von Meinungen unterschieden werden: die Befürwortung einer unmittelbaren Anwendung der Vorschriften des allgemeinen Teils des Schuldrechts, hier also der Vorschriften über Verzug, auf die dinglichen

---

[21] Vgl. dazu *Carl Schmitt*, S. 30 ff.; *Heck*, Gesetzesauslegung, S. 98 ff., S. 111 ff.; *Enneccerus-Nipperdey*, a.a.O. § 55 II; *Lüderitz*, S. 52 ff.; *Liver*, 1954; *Eberhard Schmidt*, MDR 1950, 624.

[22] Die Berufung auf den hypothetischen Willen des Gesetzgebers („Was hätte dieser gewollt, wenn er das Problem gesehen hätte?") dient dagegen der Verheimlichung der Einführung subjektiver Metanormen durch den „Interpreten". Sie kann daher in eine Entwicklung münden, die nichts mehr mit dem hypothetischen Willen des Gesetzgebers gemein hat. Siehe im einzelnen dazu *Säcker*, DB 1967, 2027, 2028 f. FN 18 m. w. N.; *Derselbe*, ZRP 1971, 145, 146.

[23] So zutreffend *Säcker*, Koalitionsfreiheit, S. 109 FN 251, wobei jedoch Wandlungen der Auslegung dann nicht ausgeschlossen sind, wenn sie den Veränderungen der Lebensverhältnisse folgen. So auch *Säcker*, DB 1967, 2027; *Westermann*, Person und Persönlichkeit, S. 52. Ein Schulbeispiel einer derartigen vorbildlich ändernden Rechtsfortbildung sind m. E. die Entscheidungen des BGH (BGHZ 42, 210 und BGHZ 50, 325 ff. = SAE 1969, S. 107 m. zust. Anm. v. *Fabricius;* ablehnend gegenüber dieser Rechtsprechung *Hirsch*, JR 1966, 334 ff., 335; kritisch auch *Kübler*, Rechtsfähigkeit und Verbandsverfassung, Berlin—New York 1971, mit weiteren Literaturnachweisen insbesondere auf S. 10 FN 22 und 23) zur aktiven Parteifähigkeit der Gewerkschaften. Allerdings ist es eine Entscheidung entgegen § 50 ZPO als Einzelnorm. „Diese ist aber", wie *Flume*, S. 26, zutreffend bemerkt, „hinsichtlich der Gewerkschaften geändert durch die Gesamtrechtsordnung und die durch sie begründete Rechtstellung der Gewerkschaften", wobei im Rahmen dieser Arbeit dahingestellt bleiben muß, ob es sich bei dieser Normauslegung um eine „interpretatio contra legem", nicht aber „contra ius" handelt (so *Larenz*, NJW 1965, 1 ff., 6) oder ob in einem solchen Fall unter „lex" nicht nur isoliert eine Norm in Betracht gezogen werden darf, sondern es vielmehr entscheidend auf die gesamte gesetzliche Rechtsgestaltung ankommt (so *Menger-Erichsen*, VerwArch 60, 82 ff., 91). Vgl. dazu auch den Jahresbericht 1968/69 für den BGH, in NJW 1970, 1304 f.; im einzelnen vgl. *Flume*, S. 1 ff., S. 20 ff.; *Fischer*, Die Weiterbildung des Rechts durch die Rechtsprechung, Karlsruhe 1971; *Säcker*, ZRP 1971, 145 ff.; siehe auch zu den prozessualen Zweckmäßigkeitserwägungen *Manfred Wolf*, S. 1 ff., insbes. S. 3 ff.

Ansprüche[24, 25] und die Befürwortung einer analogen Anwendung des allgemeinen Schuldrechts zur Ausfüllung der Lücken im Sachenrecht[26, 27, 28]. Dabei muß jedoch beachtet werden, daß auch innerhalb der einzelnen Richtungen nicht unerhebliche Unterschiede bestehen mit der Folge, daß sich von einheitlichen Linien in den zum Problem der Übernahme des Schuldrechts in das Sachenrecht vertretenen Lehren nicht ohne weiteres sprechen läßt[29].

Als einzige haben *Kohler*[30] und *Meyer*[31] den Gegensatz zwischen Schuldrecht und Sachenrecht streng durchgeführt[32]. *Kohler* findet zwar zwischen beiden eine gewisse Verwandtschaft, aber der dingliche Anspruch dürfte „wegen seiner unmittelbaren Beziehung" vom Sachenrecht nicht getrennt werden. Dieser Anspruch folge anderen Regeln als die Forderung, er unterliege auch einer anderen Technik. Aus *Kohlers* Ausführungen ist zu folgern, daß die Normen des allgemeinen Teils des Schuldrechts auf den dinglichen Anspruch überhaupt nicht anwendbar

---

[24] Die Befürworter der unmittelbaren Anwendung verneinen einen Wesensunterschied zwischen schuldrechtlichen und dinglichen Ansprüchen: die beiden Anspruchsarten sollen identisch und wesensgleich sein. Mit dieser Annahme ergibt sich die Anwendbarkeit der schuldrechtlichen Normen auf die dinglichen Ansprüche von selbst. So dann auch insbes. *Casjen Peters*, AcP 153, 454 ff., 461; a. A. *Horstmann*, S. 9.

[25] So die h. M.; vgl. u. a. *Siber*, Rechtszwang, S. 139; *Planck*, Bd. II, Teil 1, Vorbem. II, S. 14 ff.; *Staudinger-Werner*, Teil 1 a Einleitung RdNr. R 85 m. w. N.

[26] Die Befürworter der analogen Anwendung halten streng an einem begrifflichen Unterschied der beiden Ansprüche fest. In mannigfachen Abweichungen voneinander wird dieser Unterschied gesehen in Zweck, Begründung und Dauer der Ansprüche, im Fehlen der Haftung beim dinglichen Anspruch, in der Abhängigkeit des dinglichen Anspruchs von dem absoluten Recht, bzw. darin, daß dieser Anspruch ein Bestandteil des dinglichen Rechts sei (Nichtabtretbarkeit). Daneben wird auf die Tatbestandsverschiedenheit zwischen dinglichem und schuldrechtlichem Anspruch hingewiesen. Keines der für die allgemeinen schuldrechtlichen Bestimmungen entscheidenden Merkmale „Schuldverhältnis", „Schuldner", „Gläubiger" usw. würden auf die Parteien des dinglichen Anspruchs zutreffen. Daher könnten die Bestimmungen des allgemeinen Teils des Schuldrechts auf Anspruchsverletzungen des dinglichen Anspruchs auf keinen Fall *direkt* angewendet werden. Die Anwendbarkeit der schuldrechtlichen Bestimmungen wird von diesem Teil der Lehre teils als selbstverständlich (ohne Begründung) hingestellt, teils wird sie aus den gesetzlichen Bestimmungen gefolgert, und endlich mit dem obligationsähnlichen Charakter der dinglichen Ansprüche gerechtfertigt.

[27] So *Windscheid-Kipp*, § 251 I; *Endemann*, Bd. I § 86 FN 12 und Bd. II § 2 FN 6; *Langenheineken*, S. 25 und 50; *Enneccerus-Lehmann*, § 1 II 2; BGB-RGRK-*Nastelski*, Anm. 2 vor § 241; *Krause*, S. 39; *Georgiades*, S. 140; *Timm*, S. 1 ff.

[28] Vermittelnd *Soergel-Siebert-Reimer Schmidt*, RdNr. 15 vor § 241.

[29] Siehe Erster Abschnitt I FN 36—42.

[30] Bd. I § 58 S. 178 und Bd. II, Teil 2, § 88, 3, S. 253.

[31] NJW 1971, 1317.

[32] Für den Bereich der Forderungsverletzung ähnlich *Papier*, S. 28 f.

seien. Er kennt beim dinglichen Anspruch weder Gläubigerverzug, Erfüllung usw. Er geht in der Systematik seines Lehrbuchs sogar so weit, daß er die sich aus den §§ 987 ff. ergebenden schuldrechtlichen Beziehungen nicht im Sachenrecht behandelt.

Eine dritte, vermittelnde Ansicht will schuldrechtliche Vorschriften im Sachenrecht nur insoweit anwenden, als es sich um Leistungsverhältnisse handelt. Schuldrechtliche Vorschriften über die Forderung sollen danach im Sachenrecht nicht Geltung haben, wenn es sich um Rechtslagen handelt, die einen *absoluten* Charakter haben und keine Modifizierung vertragen. Diese letzteren würden so die Vertreter dieser Ansicht, vornehmlich als Zuordnung, als Zugehörigkeit von Gütern zum Vermögen eines Rechtssubjekts auftreten. Diese Lehrmeinung wird vor allem von *Westermann*[33], *Weber*[34] und *Mühl*[35] vertreten.

Für die hier aufgezeigte Fragestellung ergibt sich daraus, daß die Zuordnung eines Rechtsverhältnisses zum einen Bereich die Anwendung der Normen des anderen nicht ausschließt. Auf das sachenrechtliche Rechtsverhältnis können daher sehr wohl Vorschriften übertragen werden, die im Bereich des Schuldrechts ihren Entstehungsgrund haben, wobei jedoch in bezug auf den Umfang der Anwendbarkeit schuldrechtlicher Normen im Sachenrecht trotz intensiver Beschäftigung der Gerichte unterschiedliche Ansichten vertreten werden. Die Anwendung der Normen über Leistungsstörungen kann sonach in Übereinstimmung mit der herrschenden Lehre nicht allein mit dem Dogma des andersartigen Charakters des dinglichen Anspruchs abgelehnt werden. Vielmehr muß vorher das Kriterium gefunden werden, worin die besondere Natur des dinglichen Anspruchs gegenüber dem persönlichen oder — wie *Windscheid* ihn nennt — obligatorischen Anspruch liegt. Um seine besondere Natur nachzuweisen, muß man Wesen und Aussage kraft des Gegensatzes von absoluten und relativen Rechten aufdecken[36].

---

[33] § 2 III 2.

[34] *Staudinger-Weber*, Bd. 2 Teil 1 b RdNr. 29 zu § 242, der diese Einschränkung der Anwendbarkeit schuldrechtlicher Normen im Sachenrecht als kaum bestreitbar bezeichnet.

[35] *Soergel-Siebert-Mühl*, Bd. 4 Einl RdNr. 9.

[36] Die Einteilung in dingliche und obligatorische Rechte ist nur die wichtigste Untergruppe, aber nicht die einzige in bezug auf die subjektiven Rechte. Sie hat etwas mit der Funktion des subjektiven Rechts zu tun. Dagegen ist die Kategorie absolut-relativ eine *rein normative*, auf die Wirkungs*weise* des subjektiven Rechts abstellende, wie noch in der weiteren Untersuchung darzustellen sein wird.

II. Abgrenzung von Schuldrecht und Sachenrecht, von schuldrechtlichem und dinglichem Anspruch

Da die wesentliche Grundlage für den systematischen Aufbau wie für die dogmatische Durchbildung der Vermögensrechtsordnung naturgemäß die Frage des Verhältnisses des obligatorischen zum dinglichen Recht bildet, aus welcher sich auch die Antwort darauf ergeben kann, was das Wesen der Dinglichkeit ist, setzt eine Behandlung der Problematik der Anwendbarkeit der allgemeinen Verzugsregeln auf den dinglichen Anspruch zunächst die Klarstellung dieses Begriffs und dessen gleichzeitige Abgrenzung gegen ähnliche Entscheidungsformen des Bürgerlichen Rechts voraus. Die Einteilung in dingliche und obligatorische Rechte, die sich auf das Problem des subjektiven Rechts richtet, führt auf ein Gebiet, das zu den umstrittensten Teilen des Privatrechts zählt. Der Begriff des subjektiven Rechts ist, wie *von Tuhr* einmal sagte[1], „der zentrale Begriff des Privatrechts und zugleich die letzte Abstraktion aus der Vielgestaltigkeit des Rechtslebens". An ihm hat sich dann auch der Meinungsstreit der wissenschaftlichen Diskussion entzündet, und seit jeher sieht man hier einen der Schwerpunkte in der Frage nach dem Verhältnis von dinglichem und obligatorischem Recht.

Bei der Lösung dieser Streitfrage ist jedoch die Kenntnis der rechtsgeschichtlichen Entwicklung des Verhältnisses zwischen Schuldrecht und Sachenrecht zum richtigen Verständnis der heutigen Regelung unerläßlich. Das BGB bildet den vorläufigen Abschluß der Entwicklung des bürgerlichen Rechts in den Jahrhunderten, die vor uns gewesen sind. Es kann nur im Zusammenhang mit dieser Entwicklung tiefer erfaßt und verstanden werden. Gerade die Gegenüberstellung des früheren Rechtszustandes mit dem heutigen läßt die eingetretenen Wandlungen besser erkennen und richtiger einschätzen. Die *Motive* zum BGB offenbaren selbst auch mit aller Deutlichkeit[2], daß die überkommene geschichtliche Entwicklung einen nicht unwesentlichen Einfluß bei der Behandlung dieses Problems genommen hat. Auf dem Hintergrund des radikalen Zweifelns kann man darüber hinaus leichter die Frage stellen, welchen sachlichen Anliegen einer veränderten Rechtsordnung die überkommene Rechtsvorstellung zu dienen geeignet ist, um dann in gebotener Achtung vor der Rechtstradition und ihrem Eigenwert zu erwägen, ob die Rechtsvorstellung wegen fehlender Sachfunktion nach und nach aufgegeben oder wegen veränderter Sachfunktion umgeformt

---

1 Bd. 1 S. 53.
2 Teil III S. 397 f.

werden muß. Die so gekennzeichnete Frage läßt sich leichter stellen, wenn man nicht vom aktuellen Recht ausgeht, sondern einen gedanklichen Ansatzpunkt wählt, dessen zeitliche Distanz zum vertrauten geltenden Recht größere Unbefangenheit verspricht. Um eine sichere Ausgangsposition für die Betrachtung der sich hieraus ergebenden Probleme zu gewinnen, empfiehlt es sich daher, einen historischen Rückblick zu tun.

1. Historischer Rückblick

Die Verfasser des Bürgerlichen Gesetzbuches haben Schuldrecht und Sachenrecht scharf voneinander geschieden. Diese konsequente Trennung hat es nur mit dem um die gleiche Zeit entstandenen schweizerischen Zivilgesetzbuch (Obligationenrecht 1. Fassung 1881; Zivilgesetzbuch 1907) gemeinsam. Diese Unterscheidung ist, ebenso wie die Fünfgliederung des Bürgerlichen Gesetzbuches, das Ergebnis einer langen rechtsgeschichtlichen Entwicklung.

Unsere heutige Privatrechtsordnung ist ein komplexes Gebilde, das aus mehrfachen historischen Wurzeln zusammengewachsen ist. Es ist anzunehmen, daß wie andere Völker auf primitiver Kulturstufe auch die Germanen einstmals in Zuständen gelebt haben, in denen es nur Bargeschäfte gab. Diese Rechtsgeschäfte gehörten nicht dem Schuldrecht, sondern dem Sachenrecht an[3]. Gleichwohl kannte die germanische Zeit schon Schuldverpflichtungen. Diese ältesten Schuldverhältnisse waren Folgen von rechtswidrigem Verhalten. Jeder, der sich rechtswidrig verhielt, wurde mit den Mitteln des Strafrechts gezwungen, für die begangene Missetat[4] Sühne zu leisten; er wurde verklagt und verurteilt und, wenn er Klage oder Urteil mißachtete, schließlich für friedlos erklärt. So trat „alles Obligationenrecht von der Seite der Delikte in das Rechtsleben ein“[5]. In diesen Anfängen des Schuldrechts, die durch ausgesprochenes Haftungsrechts gekennzeichnet sind, bestand eine unmittelbare Objektsbeziehung von Person zu Person in der Form der Personalhaftung (Schuldknechtschaft) bzw. Personalbürgschaft. Allmählich entwikkelte sich jedoch neben dieser deliktischen Bußschuld die Vertragsschuld, die sich aus der Notwendigkeit ergab, zur Sicherung der Bußschuld einen Bürgen zu bestellen[6]. In diesem privatrechtlichen Schuldrecht bildete nicht mehr ausschließlich eine unerlaubte Handlung als solche, sondern daneben auch der freie Wille den Entstehungsgrund der rechtlichen Ver-

---

[3] Vgl. *Conrad*, Bd. I, S. 44.

[4] Die Missetat (ahd. missitat; malum factum) ist rechtswidrige Verursachung eines Schadens. Vgl. *Planitz-Eckhardt*, § 14 I, S. 60.

[5] So *Heusler*, Bd. 2, S. 231.

[6] Vgl. *Brunner*, Bd. II, S. 392 Anm. 50.

pflichtung. Erst diese Entwicklungsstufe schränkte die Haftung ein auf das Vermögen des verhafteten Schuldners. Die Forderung entfaltete jedoch im Gegensatz zum geltenden Recht absolute Wirkung, wie sie sonst nur absoluten Rechten eigen ist[7]. Freilich ist dieses Vertragsrecht zunächs noch jahrhundertelang im Verhältnis zum Sachenrecht dürftig gewesen[8, 9]. Das Rechtsleben war mithin bis tief in das Mittelalter hinein statisch[10]. Auf Sachenrecht war die Arbeitsordnung gegründet, der Handwerker Eigentümer seiner Produktionsmittel, der Grundherr kraft dinglichen Rechts Gebieter seiner Arbeitskräfte, seiner Grundholden,

---

[7] Vgl. dazu *Förster-Eccius*, Bd. I, S. 126.

[8] Schon in der Frühzeit war das Sachenrecht stark ausgebaut. Die Unterscheidung in unbewegliche und bewegliche Sachen gehört bereits dieser Zeit an. Unbewegliches und bewegliches Gut wurden bereits rechtlich verschieden behandelt. Eine eingehende Darstellung findet sich bei *Conrad*, Bd. I S. 44 f.

[9] Es ist hierfür bezeichnend, daß das deutsche Recht die Einteilung des römischen Aktionensystems in dingliche und persönliche Klagen gar nicht kannte. Das deutsche Recht kannte „Klagen um Gut" und „Klagen um Schuld". Vgl. z. B. Sachsenspiegel (Landrecht) I 70 §§ 1, 2: „Hevet he aver geklaget o gut to dren degedingen, ... Klaget men aver umme scult ..." Wie *Laband* (S. 137 f. und S. 154) zutreffend nachweist, handelt es sich bei der römisch-rechtlichen „actio in rem" (vgl. dazu Ersten Abschnitt, I FN 21) nicht um eine derartige deutschrechtliche „clage umme gut, umme varende have". Diese „Klage um Gut" umfaßt vielmehr sowohl obligatorische als auch dingliche Ansprüche. Vgl. auch *Justus Wilhelm Planck*, Bd. I, S. 359, S. 496 FN 17. Im Gegensatz dazu steht die Klage um Geld oder Schuld, die sich darauf bezieht, daß nur eine gattungsmäßig bestimmte Sache den Gegenstand des Klageantrags bildet. Wie *Laband* (S. 154 unten) weiter ausführt, ist das dingliche Recht ebensogut wie irgendein obligatorisches Recht nur ein Titel, um die Sache zu behalten. Für die Klage, die Prozeßverhandlungen, das Urteil oder die Vollstreckung besteht dagegen im Gegensatz zum römischen Recht (vgl. *Kaser*, Römischer Zivilprozeß, S. 253 ff.) zwischen dinglichen und obligatorischen Titeln auf den Besitz kein spezifischer Unterschied.

[10] Das Sachenrecht gilt auch heute noch allgemein als „statisch und konservativ", als ein Rechtsgebiet, „auf dem sich nicht viel tut". *Baur* (JurJB 8, 19) zieht neuerdings diese These zu Recht in Zweifel, wenn er ausführt, daß ein solches Urteil voreilig sei, daß auch im Sachenrecht eine Bewegung zu spüren sei und Entwicklungstendenzen deutlich würden, die sich zwar da und dort noch nicht exakt beschreiben lassen würden, sicher aber der gängigen Vorstellung von der Unbeweglichkeit dieses Rechtsgebiets widersprächen. Unter dem Stichwort „Umweltschutz" zeichnet sich eine Vielzahl von Problemen ab, die eine enger gewordene und mehr und mehr von der Technik bestimmte Welt mit sich gebracht hat. Besonders die Lärmflut und die Verschmutzung der Luft gaben auch für den Gesetzgeber und die Rechtslehre den Anstoß, Fragen der Immissionsabwehr verstärkte Aufmerksamkeit zu widmen. Man hat dabei begonnen zu prüfen, was das Nachbarrecht des BGB angesichts der gesellschaftlichen Wandlungen, der sich entfaltenden Technik und der wachsenden Bevölkerungsdichte derzeit noch zu leisten vermag, und ob es sich, etwa durch Aufnahme neuer Gedanken, den veränderten Gegebenheiten anpassen läßt. Vgl. dazu jüngst *Forkel*, Immissionsschutz und Persönlichkeitsrecht, Köln—Berlin—Bonn—München 1968, mit weiteren Schrifttumsnachweisen auf S. 15 FN 5.

seiner Leibeigenen, das Schuldverhältnis war nur der kurze Weg zum Sachenrecht, vom Produzenten unmittelbar zum Kunden[11]. Erst mit dem Aufblühen des Städtewesens trat hierin bereits im Hochmittelalter und lange vor der Rezeption des römischen Rechts in Deutschland ein durchgreifender Wandel ein[12]. Besonders war es der in den Städten sich festsetzende Handel, der überall einen lebhaften Verkehr und damit notwendig ein ihm Rechnung tragendes Verkehrsrecht ins Leben rief. Um so vollständiger war der Sieg, den mit der Rezeption das römische Recht überall dort errang, wo nicht die besondere Regelung moderner, der antiken Welt noch unbekannter Lebensverhältnisse, sondern die allgemeinen Grundregeln des Schuldrechts und insbesondere die grundsätzliche Gestaltung der typischen Vertragsformen in Betracht kamen. Daher war dann auch auf diesem Gebiet, wo der römische Rechtsgenius seine „großartigste und zugleich universellste" Leistung[13] vollbracht hatte, die Rezeption gründlicher und erfolgreicher als in irgendeinem anderen Teil des Privatrechts[14]. Die Rezeption des römischen Rechts

---

11 So *Radbruch-Zweigert*, S. 98.

12 Einen Überblick gibt *Conrad*, S. 163 ff. m. w. N.; *Staudinger-Werner*, Bd. II Teil 1 a, Einl. A RdNr. 1 ff.

13 So *Otto von Gierke* in Holtzendorff-Kohler, Bd. I, S. 177 ff., 265.

14 Die Rezeption hat nur den Stoff des Corpus iuris (in den damaligen Handschriften, z. B. ohne die griechischen Stücke), nicht auch die sonstigen Quellen erfaßt, und zwar in der Weiterbildung, die dieser Stoff in theoretischer Richtung durch die Bologneser Schule der Glossatoren (11./12. Jahrhundert), in praktischer durch die der Kommentatoren (sog. Postglossatoren; 13./14. Jahrhundert) erfahren hatte. Namentlich die zuletzt genannte Schule hatte den Quelleninhalt zur Anpassung an die zeitgenössischen Lebensbedürfnisse, die sich seit dem Zeitalter Justinians in vielen Dingen von Grund auf verändert hatten, erheblich umgedeutet. Vgl. dazu *Kunkel*, Studi in memoria di P. Koschaker, Bd. I S. 1 ff. Sowohl die Glossatoren als auch die Kommentatoren behielten jedoch die Einteilung des Rechts in „ius quod ad personas", „ius quod ad res" und „ius quod ad actiones pertinet" bei. Sie rückten aber die Obligation noch enger als bereits vor ihnen Justinian an das Recht der actio heran, so daß teilweise sogar „obligatio" und „actio" zu einer Einheit verschmolzen. So schreibt z. B. *Accursius* in seiner Glosse (zu Inst III 3, zitiert nach *Affolter*, Institutionensystem, S. 77): dictum est supra de personis lib. I, de rebus in II et III. usque huc; nunc de actionibus debet dicere". Um den Zusammenhang der obligatio mit der actio deutlich zu machen, fährt er danach fort: „vel *quia obligatio est mater actionis* ... ideo praemittit de his obligationibus." Ähnliche Wendungen finden sich bei *Azzo*, bei dem es heißt (Glosse zu Inst. III 13, zitiert bei *Affolter*, a.a.O.): supra in princ. I lib. diximus, omne ius quo utimur pertinere ad personas vel ad res ... vel ad actiones ...: sed quia actiones nascunter ex obligationibus, et de obligationibus tamquam de matribus earum primo loquamur." *Azzo* war es auch, dem eine Umschreibung des subjektiven „ius in rem" gelang, die folgendermaßen lautet (Glosse zu Inst III 13, zitiert bei *Affolter*, a.a.O.): „Explicuimus ius illud, quo quid fit nostrum: nunc praesequamar illud, quo quid fit nobis debitum." Die hier bereits angedeutete Ausscheidung der Obligation aus den „res" (Sachen) und damit die Verengung des „res"-Begriffs zum Begriff der körperlichen Sache (vgl. dazu *Wieacker*, System, S. 27) hat *Franz von Arezzo* vollzogen, indem er sagt (zu Inst. III 13, zitiert nach *Affolter*, a.a.O., S. 77): „usque huc tractavit de personis et rebus ...;

hat jedoch auch in Deutschland in mancher Beziehung nur das zum Abschluß gebracht, was bereits vor ihr selbständig sich abzuringen begonnen hatte[15, 16]. Als Folge davon blieb die Unterscheidung von dem dinglichen und persönlichen Recht bis in das Gemeine Recht „gegenständlich" im eigentlichen Wortsinn: Nur die „actio in personam" gewährte ein Recht gegen eine Person. Die „actio in rem" richtete sich gegen die Sache selbst, auf die der Berechtigte zugreifen durfte, wo immer er sie fand. Keineswegs sah man schon den Wesensunterschied darin, daß die „actio in personam" nur gegenüber bestimmten Personen gegeben sei, die „actio in rem" aber gegenüber jedermann. Für die Unterscheidung der Begriffe blieb die Grundlage der actio das Wesentliche, nämlich ob dem Rechtsinhaber eine Person verpflichtet war oder er die Herrschaft über eine Sache hatte. Die theoretische Systematisierung des Privatrechts war mit dem Ende des 18. Jahrhunderts zu abschließenden Ergebnissen gekommen[17]. Die

---

igitur aliam et tertiam partem faciemus de obligationibus et actionibus, et per consequens de tertia materia totius iuris civilis." Ähnlich wie *Azzo* handelte auch der Kommentator *Baldus* von subjektiven Rechten. Bei ihm findet sich schon die modern anmutende Formulierung: „illud est meum, quid vendicare possum", was bedeutet, daß die Sachenrechte veräußerlich seien. Jedoch rechnete er zu den veräußerlichen Rechten nicht die Forderung, da er weiter schreibt: „sed nomen vendicare non possum, quia personalis actio et realis distingunt." Daraus folgt, daß auch *Baldus* zwischen Rechten an körperlichen Sachen und der Forderung streng unterschied und den „res"-Begriff auf körperliche Sachen einengte. Die Erkenntnis von der gemeinsamen Rechtsnatur aller Vermögensrechte, die im System des römischen Rechts, insbesondere, wie bereits im Ersten Abschnitt, I FN 21 darzustellen versucht wurde, bei *Gaius*, deutlich zum Ausdruck kam, ging somit mehr und mehr verloren.

15 Siehe näher *Hübner*, S. 489 ff.

16 Die Rezeption des römischen Rechts in Deutschland (abgeschlossen etwa 1495 mit der Gründung des Reichskammergerichts) konnte das hochentwickelte deutsche Sachenrecht nicht gänzlich verdrängen. Das römische Recht hat stärker die dogmatischen Grundlagen bestimmt, das deutsche vor allem einzelne Institute eingebracht und die Lösung einzelner Fragen mitbestimmt. Daher ist das Sachenrecht derjenige Teil des Privatrechts, das in seiner heutigen Ausgestaltung am stärksten Prinzipien und Institute des römischen Rechts mit solchen des deutschen Rechts verbindet.

Auf dem Gebiet des Schuldrechts war der Sieg des römischen Rechts unvergleichlich vollständiger als auf dem Gebiet des Sachenrechts. Es mußte sich jedoch auch im Schuldrecht eine Umschmelzung und Ergänzung durch deutsch-rechtliche Gedanken gefallen lassen. So *Otto von Gierke* in Holtzendorff-Kohler, Bd. I, S. 177, 265; vgl. auch *Heinrich Lange*, Sachenrecht, § 1, S. 13.

17 Die humanistische Jurisprudenz des 15.—17. Jahrhunderts, die sich um die geschichtliche Erschließung der antiken römischen Quellen bemühte, hielt von diesem antiken Recht das nach der Rezeption geltende ‚heutige' römische Recht getrennt, trug aber durch ihre vertiefte historische Bildung auch zu einer Verfeinerung bei. Nur mit dem heutigen römischen Recht befaßte sich die praktisch orientierte Richtung des „usus modernus pandectarum", die die aus den römischen Quellen rezipierte römische Methode für die Rechtsanwendung des gegenwärtigen römischen und germanischen Rechts

klassisch scharfe Abgrenzung römischen Ursprungs von Herrschafts- und Forderungsrechten[18] und damit zwischen dinglichen und persönlichen Ansprüchen („actiones in rem" und „actiones in personam") drang nun, wenn auch von der Naturrechtsdokrin weitergebildet, in noch stärkerem Maße durch, als die durch die Schule des Vernunftsrechts gegangenen Juristen um die Wende zum 19. Jahrhundert die Pandekten erneut bearbeiteten. Auch *Savigny* formulierte das Wesen der „actio in rem"

---

nutzbar zu machen suchte. Dem ‚gemeinen' Recht, wie das rezipierte römische Recht im Gegensatz zu den zersplitterten Partikularrechten deutschen Ursprungs genannt wird, trat im 17./18. Jahrhundert die Naturrechtslehre gegenüber, die ein von den geschichtlichen Gegebenheiten losgelöstes, aus der menschlichen Vernunft abgeleitetes Recht anstrebte und damit den überlieferten Ordnungen vielfach kritisch gegenübertrat. Ihren Niederschlag fand die Naturrechtsdoktrin in der ersten Welle zivilrechtlicher Kodifikationen, in denen sich jedoch, was die stoffliche Substanz anbelangt, zu allermeist nur das überlieferte römische und deutsche Gedankengut verkörpert findet. Aus ihnen seien besonders das preußische ALR (1794), der Code civil (1804) und das österreichische allgemeine bürgerliche Gesetzbuch (ABGB, 1811) hervorgehoben, von denen die letzten beiden noch heute gelten. vgl. dazu *Kaser*, JuS 1967, 337, 338.

[18] Das klassische und das justinianische römische Recht kennen (anders als das germanische und vermutlich das altrömische Recht) kein ‚relatives' Eigentum, vermöge dessen jemand besser berechtigt sein kann, als alle übrigen, aber schlechter als ein bestimmter noch besser Berechtigter. Ein bloß relativ Besserberechtigter war nicht Eigentümer, sondern hatte nur als qualifizierter Besitzer die „actio Publiciana" (auf die § 1007 zurückgeht). Ebensowenig kennen das klassische und das justinianische Recht das „ius ad rem"; es geht auf germanische Ansätze zurück und findet sich noch in den Naturrechtskodifikationen. Die Kanonisten und Feudisten des Mittelalters hatten als Zwischenstufe zwischen Schuld- und Sachenrecht das „ius ad rem" entwickelt. Es gab dem Lehns- oder Pfründenerwerber schon vor der körperlichen Besitzerlangung eine feste Rechtsposition. Vgl. dazu *Sponer*, S. 28. Die Naturrechtskodifikationen, z. B. das pr. ALR, haben daraus die Folgerung gezogen, daß der Erstkäufer einer Sache sie vor dem Zweitkäufer, dem sie übergeben worden war, herausverlangen konnte, zumindest wenn der Zweitkäufer bösgläubig war. Das geltende Recht kennt das „ius ad rem" nicht mehr. Bereits in den *Motiven* (Teil III S. 3) wird das „ius ad rem" als Verkennung des Gegensatzes zwischen dinglichem und persönlichem Recht und als Verdunkelung des Gegensatzes zwischen Schuld- und Sachenrecht bezeichnet. Im Fall des Doppelverkaufs hilft die Rechtsprechung und Rechtslehre heute aber mit einem auf Herausgabe der Sache selbst gehenden Schadensersatzanspruch nach § 826. Vgl. dazu *Koziol*, S. 203 ff., 204, der den Einwand gegen das „ius ad rem" für wenig überzeugend hält, da es im geltenden Recht eine Reihe von Zwischengliedern zwischen Schuld- und Sachenrecht gibt, die durchaus geduldet werden. Eine ähnliche Wirkung erzielt im Liegenschaftsrecht die Vormerkung, durch die ein schuldrechtlicher Anspruch gegen Dritte durchsetzbar wird. Vgl. dazu *Mitteis-Lieberich*, S. 68; *Wieacker*, Privatrechtsgeschichte, S. 173, S. 184, S. 205; *Koziol*, S. 117 ff.; zum römischen Recht *Kaser*, Römisches Privatrecht, Bd. I, S. 632 FN 19 und Bd. II, S. 393 FN 36 f.; *Derselbe*, JuS 1967, 337, 341; neuerdings scheint *Dubischar* (JuS 1970, 6 ff.) wieder der Ansicht zu sein, daß die Lösung der Rechtsprechung beim Doppelverkauf wegen des Grundsatzes der Naturalrestitution eine Wiederbelebung des abzulehnenden „ius ad rem" bedeute. Vgl. dagegen *Koziol*, S. 203 f.; siehe auch *Fabricius*, ZFA 1972, S. 35 ff., insbes. S. 55 f.; *Manfred Löwisch*, S. 109 ff.

und „actio in personam“ noch dahin, daß im ersteren Falle „die Sache an sich, unabhängig von einer fremden Handlung schon Gegenstand unseres Rechts ist“, während im letzteren Falle „unser Recht unmittelbar nur auf eine fremde Handlung, als unserer Herrschaft unterworfenen Gegenstand, gerichtet ist, mag auch die Handlung zum Ziele haben, uns das Recht an einer Sache, oder den Genuß derselben, zu verschaffen“[19]; daß sich die dinglichen Rechte von den obligatorischen durch ihre allgemeine Wirksamkeit gegen alle unterscheiden, wollte *Savigny* nur als Regel, nicht aber als Unterscheidungsmerkmal gelten lassen[20]. Der schon um 1800 von *Thibaut* entwickelte Gedanke, die Unterscheidung gewissermaßen “technisch“ zu verstehen und demzufolge alle gegen jedermann gerichteten Rechte (neben den Sachenrechten bei *Thibaut* die “patria potestas“ und „die Zustände, von denen die natürliche und bürgerliche Rechtsfähigkeit abhängt“) als dingliche zu betrachten[21], fand bei *Savigny* so wenig wie bei anderen Widerhall. Bei ihm blieb das dingliche Recht die Herrschaft über die Natur, die Obligation die Herrschaft über die Handlung einer fremden Person[22, 23].

Das Werk „Grundriß eines Systems des gemeinen Civilrechts zum Behuf von Pandektenvorlesungen“ von *Arnold Heise*, das im Anschluß an vorangegangene Systembildungen, vor allem *Hugos* „Institutionen des heutigen Römischen Rechts“, die im Jahre 1789 erschienen sind, im

---

[19] System Bd. I, S. 373.

[20] System Bd. V, S. 23 ff.

[21] System Bd. I S. 44 ff.; ausführlich über dingliches und persönliches Recht *Derselbe*, Versuche Bd. 2, S. 23 ff.

[22] System Bd. I S. 338 f. Gegen *Thibaut* auch *von Vangerow*, Bd. I 1. Abt. S. 135.

[23] Das war das Ergebnis der Analyse des vorgefundenen geschichtlichen Rechtsstoffs unter dem Gesichtspunkt der in ihm zutage tretenden entwicklungsgeschichtlichen Tendenzen. Das aktuelle Recht wurde von der Historischen Rechtsschule *Savignys* als zwangsläufiges Ergebnis eines langen historischen Prozesses aufgefaßt, dessen Vertändnis für die Beherrschung der geltenden Rechtsordnung unerläßlich schien. Mit dieser juristischen Methode versuchte die Historische Rechtsschule zu einem geschlossenen, zusammenhängenden System des aktuellen Privatrechts zu gelangen. Damit wurde zum ersten Mal in der Rechtswissenschaft aus der geschichtlichen Relativität des Rechts eine Methode zu seiner dogmatischen Erkenntnis gemacht. Darin liegt auch die Bedeutung dieses wissenschaftlichen Versuchs. Daher wandte sich beinahe zwangsläufig die Historische Rechtsschule von den in der Gegenwart wirkenden Kräften ab und ignorierte ihren Einfluß auf die bestehende Rechtsordnung. Sie begnügte sich im wesentlichen damit, das gefundene historische Recht zu einer in sich ruhenden Ordnung des Privatrechts auszubauen und zementierte damit einen Rechtszustand, der in vielem dem Rechtsbewußtsein der Zeit nicht mehr entsprechen konnte. Nur deshalb erfuhr das von den Römern stammende aktionenrechtliche Denken eine durch nichts gerechtfertigte Wiederbelebung. Vgl. dazu hinsichtlich weiterer Einzelheiten *Hesselberger*, S. 39 ff., insbes. S. 94 f.

Jahr 1807 entstanden ist[24, 25], enthielt zum erstenmal die Einteilung des Privatrechts in fünf Bücher, die Einteilung in Allgemeine Lehren, Dingliche Rechte, Obligationsrecht, Jura potestatis (die „Gewaltverhältnisse des Familienrechts") und das Erbrecht[26, 27]. Diese Einteilung ist nach ersten Ansätzen im Code civil von 1804 und im österreichischen allgemeinen bürgerlichen Gesetzbuch (ABGB) von 1811[28] dann im Verlauf des 19. Jahrhunderts in allen partikularen Privatrechtskodi-

---

24 Vgl. dazu *Windscheid-Kipp*, Bd. I S. 63.

25 Diese Bestrebungen der deutschen Gemeinrechtslehre fallen zeitlich mit den Veränderungen der Sozial- und Wirtschaftsverfassung zusammen, insbesondere mit der Liberalisierung und Differenzierung von Gewerbe und Handel. Vgl. dazu *Esser*, Schuldrecht, AT, § 1 S. 1 f.

26 Die Gemeinsamkeit, die in den Systemen *Heises* und *Hugos* die Personenrechte und Sachenrechte, und zu deren Kennzeichnung beide das Kantische „auf dingliche Art" verwenden, ist keine andere, als jene, die ein zeitgenössischer Autor — *Hufeland* — bereits einige Jahre zuvor in den 1803 erschienenen ‚Institutionen' unter dem Begriff der Absolutheit zusammengefaßt hatte. Kritisch nimmt zu diesem System Stellung *Coing*, in Festschrift für Dölle, Bd. 1, S. 1 ff., 25 ff.

27 Dieses Schema ist, wie bereits darzustellen versucht worden ist (vgl. Ersten Abschnitt, I FN 21), schon in der römischen Institutionenliteratur vorgezeichnet. Es tritt uns zuerst in den Institutionen des Gaius entgegen. Die Systematisierung ist bei Gaius (und in den ihm folgenden Institutionen Justinians) noch ziemlich unbeholfen. Das vom Personenrecht handelnde Buch spricht nur von den Gewaltverhältnissen (Patriae potestas usw.) und vernachlässigt die Ehe (Eingehung, Auflösung, Güterrecht). Das Recht der „Gegenstände" (res) geht zwar von den Sachen und den Sachenrechten aus, findet aber den Weg zur Einbeziehung der übrigen Materien nur auf einem recht künstlichen Weg, nämlich durch die Einteilung in ‚res corporales' und ‚res incorporales', wobei zu den letzteren auch die Erbschaften und die Forderungsrechte zählen. An den Eigentumserwerb durch Einzelnachfolge schließt man die Erbfolge als Gesamtnachfolge an. Der Schutz der privaten Rechte (z. B. auch die „rei vindicatio") wird aus diesem Schema ausgeklammert und einem dritten Hauptteil „actiones" zugewiesen, der die Ansprüche, Einreden („exceptiones") usw. von der materiell- wie von der prozeßrechtlichen Seite betrachtet. — Die Abfolge: Personen-, Familien-, Sachen-, Erb-, Obligationenrecht wird im wesentlichen noch von den beiden wichtigsten Kodifikationen aus dem frühen 19. Jahrhundert, dem Code civil und dem ABGB, eingehalten. Aber auch die neuen Kodifikationen, darunter das BGB, weichen von diesem Schema nur durch Umstellungen und in gewissen Einzelzügen ab. Vgl. dazu *Kaser*, JuS 1967, 337, 339. Die Wissenschaft des deutschen Privatrechts hatte demgegenüber dieser 5-Bücher-Einteilung kein eigenes Konzept entgegenzustellen. So blieb es bei dem Zustand, den *Franz Beyerle* (S. 45) „die systematische Hörigkeit" des deutschen Privatrechts seit Eichhorns Tagen genannt hat. Zu den Gründen für diese Entwicklung siehe *Kruse*, JuS 1970, 313 ff., 318.

28 Die funktionelle Unterordnung des Schuldrechts unter das Sachenrecht zeigt sich jedoch noch deutlich in den Gesetzen dieser Zeit. Im österreichischen ABGB findet sich das Schuldrecht als ‚Persönliches Sachenrecht' zusammen mit dem Erbrecht im Sachenrecht; im französischen Code civil wird es unter der Rubrik „Des differentes manières dant on acquiert la propriété" behandelt. Vgl. die §§ 859 ff. österr. ABGB und die Art. 1101 ff. franz. CC. Siehe dazu *Esser*, Schuldrecht, AT, § 1 I, S. 1 f.

fikationen übernommen worden[29, 30]. Dem Bürgerlichen Gesetzbuch ist sie als beinahe selbstverständlich zugrundegelegt worden[31, 32]. Es ist fast niemandem eingefallen, an der getrennten Normierung von Schuldrecht und Sachenwert zu rütteln[33], die nach *Windscheid*[34], dem Accursius der Pandektistik, „die Grundlage einer jeden gesunden Jurisprudenz ist. Dieser Gegensatz ist im Bürgerlichen Gesetzbuch demgemäß auch streng durchgeführt worden[35, 36, 37].

---

[29] Einen bleibenden Platz sicherte sich der Systemgrundriß *Heises* eigentlich erst dadurch, daß *Savigny* seinen Pandektenvorlesungen den *Heise*'schen Grundriß zugrundegelegt hat. Vgl. *Stintzing-Landsberg*, S. 96.

[30] In der partikularen Gesetzgebung fanden diese Systemansätze erstmals Eingang durch den Entwurf eines Bayerischen BGB (1861), der neben dem sogenannten ‚Dresdener Entwurf eines Allgemeinen Deutschen Obligationenrechts' (1865) und neben in Kraft getretenen Gesetzen wie dem Sächsischen BGB (1863) dem heutigen Gesetzbuch als Vorbild diente. Siehe dazu *Esser*, Schuldrecht AT, § 1 I, S. 2.

[31] Seine heutige Lehr- und Gesetzeseinordnung erlangte das Schuldrecht jedoch erst mit dem Bürgerlichen Gesetzbuch. Im Pandektensystem folgte es, wie bereits dargestellt worden ist, als ‚Obligationenrecht' traditionsgemäß auf das Sachenrecht. Das beruhte, wie *Esser*, Schuldrecht AT, § 1 I, S. 1, zu Recht ausführt, auf einer Betrachtungsweise, die das Eigentum in den Vordergrund stellte und dabei die Schuldverhältnisse, nicht anders als etwa die erbrechtlichen Erwerbsgründe als Titel (hist. titulus) zum Zwecke des abgeleiteten Eigentumserwerbs verstand.

[32] Um Mißverständnisse auszuschließen, muß bemerkt werden, daß hier nur von dem äußeren System des Gesetzes und dem ihm zugrundeliegenden logischen System allgemein abstrakter Begriffe, nicht von dem inneren System des Rechts als dem Sinnzusammenhang seiner Grundgedanken und Prinzipien die Rede ist.

[33] Das ist einer der Gründe, warum in der Pandektenwissenschaft die Anwendbarkeit der Verzugsregeln auf das Gebiet des Obligationenrechts *beschränkt* geblieben ist und nicht auf die dinglichen Rechtsverhältnisse ausgedehnt wurde. Siehe dazu *Donellus* zu D. 22, 1 c. 5; 15 spp. (opp. 10, 1473); *Glück*, Bd. 8 S. 243 ff. Dabei geht diese Ansicht auf das römische Recht zurück. Wenn auch in den Schriften von *Gaius* bei „actiones in rem" „mora" (= Verzug) steht, ist es von diesem wohl untechnisch gemeint (vgl. Gai D. 6, 1, 17, 1; unecht in oed. 15, 3). Wie hier *Kaser*, Römisches Privatrecht, Teil III, 3. Bd., 1. Abschnitt, S. 429 f. FN 13. In der Zeit der Pandektistik wurde jedoch bereits die Anwendbarkeit der Verzugsregeln auf dingliche Rechtsverhältnisse als wünschenswertes Zukunftsrecht hingestellt. Allein *Pernice* (S. 78 ff.) stellte bereits für jene Rechtsepoche die Frage, warum das Verzugsrecht nicht auf die dinglichen Rechtsverhältnisse ausgedehnt werde, und bejaht eine derartige Ausdehnung.

[34] So *Windscheid*, Die Actio, S. 20; vgl. auch *Thon*, Rechtsnorm, S. 174; a. A. *Gustav Rümelin*, AcP 68, 151 ff., 186 ff.

[35] Näher *Horstmann*, S. 3 f.; *Enneccerus-Nipperdey*, §§ 11, 12, S. 42 ff.; *Heinrich Lange*, Boden, Ware und Geld, 1. Teil, Grundfragen, S. 18 ff., 22 ff.; *Plath*, S. 27 ff., 31 ff.

[36] Diese Scheidung ist völlig klar und logisch, aber künstlich und „shocking to common sense", weil sie durch die Geschäfte des täglichen Lebens mitten hindurchgeht. Doch ist sie Gemeingut der Dogmatik. Die herrschende Meinung abstrahiert hier nicht weiter als bis zu den Figuren des persönlichen und dinglichen Rechts. Insofern entspricht eine Verwischung zwischen ding-

2. Darstellung des geltenden Rechts

Als Folge des modernen Pandektensystems unterscheidet die neuere Zivilrechtsdogmatik die dichotomische Gliederung der subjektiven Privatrechte in sogenannte absolute und relative, dingliche und persönliche oder Herrschaftsrechte und Forderungsrechte[38, 39].

Die Lehre vom subjektiven Recht ist bereits seit langem ein Kernstück der deutschen Zivilrechtsdogmatik, wenngleich es in jüngster Zeit nicht an Stimmen fehlt, die ihm diese Bedeutung absprechen[39a]. Dieser Begriff nimmt dennoch auch heute noch einen zentralen Platz ein. Und dieser Platz ist nicht willkürlich gewählt, denn dahinter steht ausgesprochen oder unausgesprochen als oberster, von der Rechtsordnung zu verwirklichender Wert die Idee der freien, sittlich autonomen Persönlichkeit, deren Handlungsraum es zu sichern gilt[39b]. Seine Einführung als Bestimmungskriterium scheint die erwünschte Rechtssicherheit und Klarheit zu verheißen. Eine nähere Betrachtung zeigt indessen, daß

---

lichen und persönlichen Rechten, wie sie in jüngster Zeit von verschiedenen Autoren angestrebt wird, nicht den dogmatischen Grundlagen des geltenden Rechts.

[37] Eine Ausnahme findet sich jedoch für das Miet- und Pachtrecht in § 571 durch § 986, namentlich durch Abs. 2, der im Fahrnisrecht auch dem nur obligatorisch berechtigten Besitzer einen gewissen Sukzessionsschutz gewährt, und durch das Rechtsinstitut der Vormerkung im Liegenschaftsrecht. Dennoch kann man m. E. der Ansicht von *Wieacker* (Bodenrecht, § 36 I 1 a, S. 261) nicht folgen, daß das Mietrecht nach § 571 wie die Vormerkung zu den Rechtsformen gehöre, „die begrifflicher Einordnung in das Schema der obligatorischen und dinglichen Rechte spotten". Das Mietrecht ist ebenso wie die Vormerkung auch nicht, wie sein Vorläufer im pr. ALR, ein dingliches Recht, auch nicht ein „unvollkommenes, schwaches dingliches Recht" (so aber *Wieacker*, Bodenrecht, § 36 I 1 a, S. 261). Es handelt sich vielmehr um eine Ausnahme. Sowohl das Mietrecht nach § 571 als auch das Recht der Vormerkung nehmen eine Zwischenstellung zwischen dem obligatorischen und dem dinglichen Bereich ein. Sie stellen, ohne dingliches Recht zu sein, ein besonders geartetes Sicherungsmittel dar, das dem geschützten Recht in gewissem Umfang dingliche Wirkung verleiht. So die wohl h. M. Vgl. statt vieler bezüglich des Rechtsinstituts der Vormerkung RGZ 151, 392; BGHZ 34, 254; *Soergel-Siebert-Baur*, RdNr. 2 zu § 883; *Baur*, Sachenrecht, § 20, IV; *Westermann*, § 84, I, 2, S. 414/415; *Ulrich Weber*, Anwendung, insbes. S. 65 ff. Vgl. hinsichtlich des Rechts nach § 571 *Enneccerus-Lehmann*, § 133, 2, S. 338, FN 1; *Fikentscher*, Schuldrecht, § 74 V 2, S. 446 f.; *Larenz*, Schuldrecht, BT, § 40 IV m. w. N.

[38] Vgl. zu diesen Begriffen *Raiser*, JZ 1961, 465 ff,; *Manfred Löwisch*, S. 18.

[39] Inwieweit es sich bei dieser dichotomischen Gliederung um einen pandekten-wissenschaftlichen Irrweg handelt, untersucht *Dubischar* in der Tübinger Dissertation über die Grundlagen der schulsystematischen Zweiteilung der subjektiven Rechte, insbes. S. 128 ff.

[39a] *von Caemmerer*, Festschrift für F. von Hippel, S. 27, 39; vgl. dazu auch jüngst *Buchner*, S. 262.

[39b] Richtig *Larenz*, Methodenlehre, S. 484; *Hubmann*, S. 120 ff.

dieser Schein der Stabilität trügt. Der Begriff des subjektiven Privatrechts ist — wie manche andere Grundbegriffe unserer Rechtsordnung auch — äußerst vielschichtig.

Welches die wesensnotwendigen Merkmale des subjektiven Rechts sind, kann hier nicht allgemein untersucht werden. Im folgenden sollen nur einige Aspekte erörtert werden. Das subjektive Recht ist das Recht, das einer auf etwas hat, der Anspruch, die Forderung, die Berechtigung. Es ist „facultas agendi" oder rechtliches Vermögen. Das Privatrecht ist daher auch der Ort der Ansprüche. Demgemäß versteht *Savigny*[40] es als ein „Gebiet, worin der freie Wille einer Person herrscht", kurz als „Willensmacht". *Windscheid*[41] koppelt diese Willensmacht dergestalt an das objektive Recht zurück: Durch sie verwandelten sich die „Befehle" der Rechtsordnung in „Befehle" der einzelnen Rechtssubjekte, mittels derer sie von den jeweils Verpflichteten das ihnen Gebührende zu erlangen vermögen. Dieser ganzen Richtung hält *Ihering*[42] entgegen sie habe im Gefolge Hegels die Substanz des Rechts sowohl im objektiven als auch im subjektiven Sinn in den Willen gesetzt. In der Einseitigkeit seiner Verfolgung habe das Willensmoment aber vom rechten Weg abgelenkt und, wie der Begriff des Zwangs, mit einem reinen Formalismus des Rechtsbegriffs geendet. *Iherings* eigener Ansatzpunkt ist demgegenüber der „Anspruch, den jedes menschliche Wesen auf der Stirn trägt", ja das „Bedürfnis, das die tierische Natur des Menschen begründet und dessen Befriedigung in der gesicherten Form des Rechts einer der ersten Zwecke aller subjektiven Rechte ist". Demgemäß bemerkt *Ihering*, daß das Wollenkönnen allein als Bestimmung des subjektiven Rechts nicht ausreicht. *Ihering* wendet sich nicht nur gegen den Willen, weil er sich bei Unmündigen oder Entmündigten nicht findet, sondern weil er an sich inhaltslos ist. Wichtig ist allein der Inhalt des Willens, und diesen bestimmt *Ihering* genügend vermögensrechtlich als den des Interesses. So entsteht die Definition[43]: „Subjektive Rechte sind rechtliche geschützte Interessen." Der philosophische Ausgangspunkt im Idealismus Kantischer oder Hegelscher Prägung war damit verlassen. Es handelt sich fortan nur noch darum, eine mehr oder weniger vollständige Definition dieses Begriffs zu entwickeln, der zwar für die Dogmatik des geltenden Rechts grundlegend geblieben ist, aber durchaus rechtstechnisch verstanden wird.

---

40 System Bd. 1, §§ 4 und 52.

41 Pandekten, 7. Aufl. 1891, Bd. 1, § 37.

42 Geist des römischen Rechts, Teil III 1. Halbbd., §§ 60 ff.

43 *Ihering*, Geist des römischen Rechts, Teil III 1. Halbbd., § 61.

Da aber jedes dieser Rechte geltend gemacht werden muß, aktiv vorgebracht und angemeldet[44], sei es auch gegebenenfalls durch einen Vertreter, wurde durch *Georg Jellinek* die Definition des subjektiven Rechts dahin erweitert: Subjektives Recht ist „das durch Anerkennung menschlicher Willensmacht geschützte Interesse"[45, 46]. Andere kombinieren das Element der Macht mit dem Gedanken des Güter- und Interessenschutzes und sehen es als „eine, bestimmten Interessen durch das objektive Recht verliehene Macht"[47] oder „die Macht zur Befriedigung eines anerkannten Interesses"[48] an. Schon daran erkennt man, daß es sehr schwierig ist, den Begriff des subjektiven Rechts erschöpfend zu regeln[49]. Allgemein läßt sich jedoch sagen, daß das subjektive Recht *inhaltlich* ein mehr oder weniger großes Bündel rechtlich garantierter Befugnisse darstellt. Doch verleiht die Rechtsordnung diese Befugnisse nicht, um dem Inhaber ein Betätigungsfeld für seine Willkür zu eröffnen. Der *Zweck* des subjektiven Rechts ist vielmehr unbestritten der, das Interesse des Inhabers an bestimmten wirtschaftlichen oder ideellen Vorteilen zu befriedigen. So garantiert das Eigentum unter bestimmten Umständen eine finanzielle Einnahmequelle, sichert das Pfandrecht den wirtschaftlichen Wert einer Geldforderung und schützt das Recht auf Ehre vor übler Nachrede. Die Verleihung rechtlicher Befugnisse an den Inhaber des subjektiven Rechts ist somit nichts anderes als ein besonders geartetes *Mittel*, durch das die Rechtsordnung die von ihr als schutzwürdig anerkannten Interessen des einzelnen zu befriedigen versucht. Sie erzwingt die Befriedigung der Interessen nicht, sondern überläßt die Verantwortung dafür dem Inhaber, der nach seinem Gutdünken die Hilfe des Rechts in Anspruch nehmen oder auf sie verzichten kann[49a]. Heute bewegt man sich daher zumeist auf der Linie eines „milden Kompromisses"[50] zwischen den Definitionen *Windscheids* und *Iherings*. So läßt sich die Definition *Nipperdeys*[51] „Das subjektive Recht ist begrifflich eine Rechtsmacht, die dem einzelnen durch die Rechtsordnung verliehen ist, seinem Zweck nach ein Mittel zur Befriedigung menschlicher Interessen" ohne weiteres dahin zusammenfassen: das subjektive Recht ist eine bestimmten Zwecken dienende, dem einzelnen verliehene Rechtsmacht, wobei sich der aus dem subjek-

---

44 Darüber, daß sich das nicht immer von selbst versteht, vgl. z. B. *Enneccerus-Nipperdey*, § 72 FN 9.

45 *Georg Jellinek* zitiert bei *Bloch*, S. 238 f.

46 Dazu im einzelnen mit zahlreichen Nachweisen *Schluep*, S. 269 ff.

47 *Merkel* in Holtzendorffs Enzyklopädie § 21 zitiert bei *Müller-Freienfels*, S. 87 FN 28.

48 *Regelberger*, Bd. I, § 14.

49 So bereits *Olivecrona*, S 98.

49a *Müller-Freienfels*, S. 157 FN 5.

50 *Raiser*, JZ 1961, 465.

51 *Enneccerus-Nipperdey*, Teil I, § 72 II, S. 437 ff.

tiven Recht fließende Anspruch als eine Art Zuständigkeit oder Kompetenz und das subjektive Recht selbst damit als Bestandteil einer privaten Zuständigkeitsordnung darstellt[52]. In diesem Sinne betrachtet auch *Esser*[53] das subjektive Recht als ein „sozial gebundenes Bestimmungsrecht“ und sieht *Haesart*[54] den Inhalt des subjektiven Rechts ebenfalls in einem „Können“ des Berechtigten und einer „Gebundenheit“ des Verpflichteten[55]. Das subjektive Recht dient also dazu, die Rechtssphäre der Rechtssubjekte gegeneinander abzugrenzen und zu schützen. Sie verleihen dem einzelnen eine Rechtsmacht als Mittel zur Befriedigung seiner Interessen und zur Erfüllung seiner gesetzlichen Funktionen[56]. Gegenüber diesem Systemdenken tritt der Schutz rechtlicher Institutionen durch das Zivilrecht zurück[57]. Nicht die Erhaltung einer objektiven Ordnung — wenn auch mit der Unterstützung der Rechtsubjekte, die in der Erhaltung dieser Ordnung zugleich ihren Vorteil sehen —, sondern die Zuweisung von Befugnissen an die Rechtssubjekte ist der herrschende Systemgedanke des deutschen Privatrechts[58, 59, 60]. Die Schultradition konnte es ernstlich auch nicht er-

---

52 Ähnlich sind die Definitionen von *Heinrich Lange*, Allgemeiner Teil, § 11 II 1 c, S. 81; *Ernst Wolf*, § 1 A II a 1, S. 1; *Staudinger-Coing*, RdNr. 20 vor § 1; eingehend *Rimmelspacher*, S. 32 FN 80.

53 Einführung, S. 158; ähnlich *Wieacker*, DRW 1941, 49 ff., 61 ff.; *Lahtinen*, S. 192; *Nawiasky*, S. 161.

54 S. 416 ff.

55 Diese Frage näher zu erörtern, würde den Rahmen dieser Arbeit sprengen. Vgl. im einzelnen dazu *Müller-Freienfels*, S. 27 ff.

56 Verfehlt wäre es, das subjektive Recht aus einseitig prozessualer Sicht mit einem Anspruch oder Anspruchsbündel zu identifizieren; vgl. dazu die von *Dubischar* treffend analysierte Entwicklung der Dogmatik (Schulsystematische Zweiteilung, insbes. S. 128 ff.). *Larenz* (Allgemeiner Teil, § 18 II) nimmt Anstoß daran, das subjektive Recht als Machtverhältnis zu bezeichnen und stellt es als „Gut“ mit einem bestimmten Inhalt dar. Aber auch er muß letztlich das „Gut“ mit den von der Rechtsordnung zugeteilten Befugnissen identifizieren. Die These *Buchers* (Subjektive Rechte, S. 55 ff.), das subjektive Recht sei eine vom objektiven Recht verliehene Befugnis, in einem bestimmten Umfang Rechtsnormen zu setzen, muß in gleicher Weise eine Befugnis als Charakteristikum hervorheben. Nichts hindert uns, die Rechtsmacht ebenfalls als Befugnis, rechtliches Können oder Dürfen zu verstehen. Diese Erkenntnis können wir für unsere Zwecke als gesichert betrachten; die eigentlichen Probleme des subjektiven Rechts liegen auf anderen Gebieten.

57 Das Wechselverhältnis zwischen subjektivem und objektivem Recht hindert den beständigen Versuch nicht, das eine oder andere als primär zu bezeichnen. Vgl. im einzelnen dazu *Bloch*, S. 242 ff.; *Buchner*, S. 262 m. w. N.

58 So *Raiser*, Summum ius summa iniuria, S. 145, 152 ff.

59 Vgl. auch *Biedenkopf*, Festschrift für Franz Böhm, S. 113 ff., 115 ff.

60 Dagegen ist unter dem Einfluß der marxistischen Rechtslehre in den sozialistischen Staaten, unter anderem auch in der Rechtstheorie der DDR, eine Einführung des Begriffs des subjektiven Rechts in das marxistische Rechtsdenken von einigen Autoren für sinnlos erachtet worden, wobei jene jedoch klar bekennen, daß sie das objektive Element des Rechts nicht im Gesetz oder gar in seinem Wortlaut, sondern in den konkreten gesellschaftlichen Verhältnissen sehen, die das gesamte Rechtssystem gestalten würden.

schüttern, daß die zentrale Stellung des subjektiven Rechts für das Rechtssystem in der ersten Hälfte dieses Jahrhunderts von den verschiedensten Seiten stark angegriffen war. Die soziologisch bestimmte Theorie von *Léon Duguit*[61], die „Reine Rechtslehre" *Hans Kelsens*[62]

(Vgl. *Posch*, StuR 1961, 15, 26; *Oberländer*, NJ 1961, 13, 15; *Petr. I Stučka*, S. 156 ff., insbes. S. 162 f.; siehe auch die Hinweise bei *Hoffmann*, S. 4 FN 5.) Auch in einer marxistischen Gesellschaft müssen jedoch die dem Bürger zustehenden rechtlichen Möglichkeiten auf irgendeine Weise erfaßt werden. Das subjektive Recht als solches hat in *jedem* Rechtsgefüge besondere Funktionen. Vgl. etwa neuerdings Art. 19—46 der Verfassung der DDR vom 16. April 1968. Jede Rechtsordnung enthält Normen, die sich auf das Verhältnis der Rechtsgenossen zueinander beziehen; auch die Stellung der einzelnen zum Gemeinwesen, zur Gesamtheit ist zu fixieren. Eines der Mittel zur rechtlichen Ausformung dieser Verhältnisse ist das subjektive Recht. Auf das subjektive Recht als rechtstechnisches Gestaltungs- und Ordnungsmittel kann also im Grunde keine Rechtsordnung verzichten. (Vgl. dazu *Dahm*, S. 437 f.; *Bucher*, Subjektive Rechte, S. 2, 4, 21 mit dem einschränkenden Hinweis, daß auch das angelsächsische Recht „den Begriff des subjektiven Rechts nur andeutungsweise theoretisch herausgearbeitet" habe [a.a.O., S. 17]. Siehe auch *Hoffmann*, S. 4; a. A. *Heinrich Lange*, Allgemeiner Teil, S. 80, der der Meinung ist, daß eine Betrachtung, die im Rechtsleben die Gesamtheit in den Vordergrund stellt, dazu führe, „das subjektive Recht gänzlich zu leugnen ... oder im subjektiven Recht nur eine Reflexwirkung, eine unselbständige Erscheinungsweise des objektiven Rechts zu sehen".) Aus diesem Grunde gibt es auch in dieser individualfeindlichsten Gesellschaftsordnung ein nunmehr „sozialistisches" subjektives Recht (so *Posch*, Kaufrecht, S. 73; zu den Einzelheiten vgl. die sehr instruktive Darstellung bei *Markovits*, S. 80 ff.), wobei die sozialistische Zivilrechtstheorie damit vor der dogmatisch unlösbaren Aufgabe stand, ein Individualrecht zu entwerfen, das so wenig individualistisch wie möglich ist. Die im Zivilrecht geregelten Rechte des Bürgers sollten nicht die Zuweisung einer persönlichen Machtbefugnis wie in der bürgerlichen Gesellschaft sein. Sie sollten der Überwindung des Individualismus dienen, der Entwicklung der persönlichen Interessen auf die Höhe der gesellschaftlichen. Um dieses Ziel zu erreichen, sollte das subjektive Recht „unmittelbar an den Aufgaben der Gesellschaft" ausgerichtet werden (vgl. *Arlt*, StuR 1961, 987, 1008), soll also nicht durch den subjektiven Willen des Bürgers, sondern durch die objektiven Bedingungen der gesellschaftlichen Entwicklung bestimmt sein: „der einzelne hat sich so zu verhalten, wie es die Fortbewegung der Gesellschaft erfordert" (*Arlt*, StuR 1961, 987, 1009). Ein Ausfluß davon ist es, daß das *dingliche Recht* unter anderem der Zivilrechtslehre der DDR verdächtig ist, weil die ausschließliche Macht, die es verleiht, der Willkür des Rechtsinhabers zu großen Spielraum gibt. Statt den Eigentümer „mit der Sache nach Belieben verfahren zu lassen", möchte man seine Befugnisse zu gesellschaftlichem Nutzen steuern; ihm also zwar so viel Rechte gewähren, wie zur Ausnutzung des Eigentums als Konsumtionsobjekt notwendig ist, mehr aber nicht. Diese funktionale Begrenzung des absoluten Rechts äußert sich u. a. in den Vorschlägen, die dinglichen Rechte (entsprechend dem sowjetischen Vorbild, das nur ein dingliches Recht, das Eigentum, kennt) soweit wie möglich abzuschaffen. Im einzelnen dazu *Otto Wilhelm Jakobs*, S. 171 ff.

[61] *Léon Duguit*, L'Etat I und II, Paris 1902; *Derselbe*, Le droit social, le droit individuel et la transformation de l'Etat; 2 ème éd. 1911; *Derselbe*, Les transformations générales du droit privé depuis le Code Napoléon, 2 ème éd., Paris 1920; *Derselbe*, Lecons de Droit public général, Paris 1926; *Derselbe*, Traité de droit constitutionelle, Band I, 2ème éd., Paris 1927.

[62] *Hans Kelsen*, Reine Rechtslehre, S. 137 f.

oder gar der skeptische Realismus von *Anders Vilhelm Lundstedt*[63] und *Karl Olivecrona*[64] haben in der deutschen Rechtswissenschaft keinen Fuß gefaßt[65]. Auch die Thesen der Kieler Schule, nach denen das subjektive Privatrecht entthront werden sollte, waren Thesen ihrer Zeit, maßgeschneidert für den totalitären Staat, der die Einzelpersönlichkeit bedingungslos der Staatsgewalt unterordnete[66]. Es war deshalb unabänderlich, daß mit der nationalsozialistischen Epoche auch die Lehre der Kieler Schule starb[67, 68]. So konnte *Helmut Coing* wohl die allgemeine Überzeugung aussprechen, als er im Herbst des Jahres 1958 anläßlich eines Vortrages sagte[69]: „Der Gedanke des subjektiven Rechts hält die Auffassung lebendig, daß das Privatrecht und der Rechtsschutz, den es begründet, letztlich der Aufrechterhaltung der Freiheit des einzelnen in der Gesellschaft dient, daß die individuelle Freiheit eine der grundlegenden Ideen ist, um deretwillen das Privatrecht existiert. Denn im Gedanken des subjektiven Rechts kommt zum Ausdruck, daß das Privatrecht das Recht der voneinander unabhängigen, nach ihren eigenen Entschlüssen handelnden Rechtsgenossen ist."

Was die Figur des subjektiven Rechts seit ihrer Schöpfung in der auf dem Boden der idealistischen Philosophie stehenden Pandektistik zu schützen bestimmt war und bleibt, und was sie als ihr Grundgedanke ihre fundamentale Stellung in unserem Privatrecht hat voll behaupten lassen, nämlich die sittliche Selbstverwirklichung des Individuums, ist uns, vor allem von *Coing*[70], und *Raiser*[71], gerade in neuerer Zeit unter besonderer Betonung auch der Pflichtseite der Rechtsstellung[72] wiederholt deutlich ins Bewußtsein gerückt worden. Besonders anschaulich

---

[63] *Anders Vilhelm Lundstedt*, Die Unwissenschaftlichkeit der Rechtswissenschaft, Band I: Die falschen Vorstellungen vom objektiven Recht und subjektiven Rechten, Berlin-Grunewald 1932; vgl. auch *Louis Lachance*, Le concept de droit selon Aristote et saint Thomas, Montreal 1948.

[64] *Karl Olivecrona*, Gesetz und Staat.

[65] Es ist hier nicht der Ort, auf diese Fragen näher einzugehen. Vgl. dazu *Ost*, S. 18 f.; *Larenz*, Methodenlehre, S. 72 ff. m. w. N.; *Müller-Freienfels*, S. 86 ff.

[66] So auch *Raiser*, JZ 1961, 465.

[67] Vgl. zu den Thesen der Kieler Schule die Aufsätze von *Larenz*, DRW 1936, 31 ff.; *Siebert*, DRW 1936, 23 ff.; und *Würdinger*, DRW 1936, 15 ff.

[68] Diese Lehre war selbst in der nationalsozialistischen Zeit nicht unangefochten. Vgl. u. a. *Stoll*, DJZ 1935, 1163 und die bei *Ost*, S. 18 FN 44 Genannten.

[69] So *Coing*, Subjektives Recht, S. 7 ff., 23 f.

[70] Zur Geschichte des Privatrechtssystems, S. 23 ff., 46 ff., 50 ff.; Festschrift für Hans Dölle, Bd. 1, S. 1 ff., 25 ff., 26 ff., 38 f.

[71] JZ 1961, 465 ff.

[72] Zu dieser Pflichtinnenseite des subjektiven Rechts, die auch in der Begriffsbildung „Pflichtenrechte" hervortritt, namentlich *Raiser* (a.a.O., S.472 f.). Zum Einfluß des Verfassungsrechts im besonderen *Martin Wolff*, Festgabe für Wilhelm Kahl, S. 1 ff., S. 10 ff.; *Kübler*, AcP 159, 236 ff. Weitere Nachweise bei *Wiedemann*, S. 22 FN 1. Vgl. ferner auch *Bruns*, Festschrift für Nipperdey, Bd. 1, S. 3 ff.

hat *Raiser* von den beiden, sich gegenseitig bedingenden Aufgaben der Selbstbehauptung der Person gegenüber dem Staat und in der Gemeinschaft und des Dienstes an der Gemeinschaft gesprochen[73, 74]. Angesichts des allgemeinen Konsenses zur Denkfigur des subjektiven Privatrechts[75] wird im folgenden nur zu untersuchen sein, unter welchen Gesichtspunkten die subjektiven Rechte zu gruppieren sind. Diese Aufgabe betrifft keine beliebige Definitionsfrage, sondern berührt Grundprobleme der Rechtserkenntnis. Sie ist nicht nur von rechtstheoretischem Erkenntniswert, sondern auch von großer praktischer Tragweite, da ihr Ergebnis nicht nur im Hinblick auf die vorliegende Untersuchung, sondern auch in anderen Bereichen zur Revision zahlreicher rechtlicher Schlußfolgerungen zwingt, die aus der traditionellen Unterscheidung von absoluten und relativen Rechten gezogen werden[76]. In dieser Untersuchung werden daher die richtige Unterscheidung bzw. die Gemeinsamkeiten von absoluten und relativen Rechten eine erhebliche Rolle spielen.

a) Begriffsinhalt von Schuldrecht und Sachenrecht sowie der daraus fließenden Ansprüche

Unter dem ‚Schuldrecht' ist zu verstehen die rechtliche Verpflichtung einer oder mehrerer Personen, einer oder mehreren anderen Personen eine Leistung zu erbringen (§§ 194, 241). Es ist also ein sich an einzelne wendendes Recht, es ist relativ. Den Gegensatz dazu bilden die dinglichen Rechte, d. h. die gegen jedermann gerichteten, also — potentiell —

---

[73] a.a.O., S. 465, 467, 471, 473.

[74] Im einzelnen vgl. *Bälz*, S. 31 ff.; vgl. auch *Jürgen Schmitt*, Die Funktion des Rechts in der modernen Gesellschaft, S. 299, 300 ff., und ARSP 1971, 383 ff., der versucht zu klären, was aus soziologischer Sicht unter einem Begriff des subjektiven Rechts zu verstehen ist.

[75] Es ist hier nicht der Ort, auf eine neuere Tendenz in der Literatur einzugehen, die Diskussion um das subjektive Recht aus der rein begrifflichen Erörterung herauszuführen. Dieser Lehre geht es nicht mehr darum, welche Form „dem" subjektiven Recht an sich angemessen und mit welchem Inhalt es auszufüllen ist. Sie hat vielmehr die Überlegungen in den Vordergrund gerückt, welche Funktionen diesem zukommt und ob es in seiner bisherigen Ausgestaltung diesen Funktionen gerecht wird. Vgl. dazu *Baur*, JZ 1966, 381 ff., 382; *Coing*, Subjektives Recht, S. 157 ff.; *Kasper*, S. 157 ff.; *Bucher*, Subjektive Rechte, S. 55 ff.; *Fikentscher*, Schuldrecht, §§ 97 III 1 b und 2 a; 99 IV 1, 103 I; *Bälz*, S. 32 ff.

[76] Vgl. dazu auch *Kellmann*, Grundsätze der Gewinnhaftung, der die Auswirkung dieser Unterscheidung auf die Gewinnhaftung aufzeigt. Auch im Rahmen des § 823 Abs. 1 spielt diese Unterscheidung eine erhebliche Rolle, da zu den sonstigen Rechten nach traditioneller Ansicht nur solche Rechte zu zählen sind, die sich ähnlich wie das Eigentum gegen jedermann richten, also absolute Rechte sind (siehe bereits RGZ 57, 353, 356). Vgl. dazu im einzelnen *Manfred Löwisch*, Der Deliktschutz relativer Rechte.

jedermann in Pflicht nehmenden Rechte[77]. Sie wirken also absolut. Man pflegt die unterscheidenden Merkmale in folgendem zu sehen. Die Schuldrechte seien Rechte gegen Personen (‚ius in personam'), die dinglichen Rechte Rechte auf Sachen (‚ius in rem').

Unter praktischen Gesichtspunkten ist die Unterscheidung nicht zu beanstanden, unter kritischen ist sie irreführend und bedarf einer Erläuterung. Zwar gilt es seit langer Zeit „als ein über jeden Zweifel erhabenes Dogma"[78], daß das als Korrelat zum Subjekt des Rechts notwendige Objekt beim dinglichen Recht in der Sache zu finden ist. Gegen diese eindeutig herrschende Lehre[79] ist immer wieder angekämpft worden[80]. Die Vorstellung von Herrschaftsrechten „an" oder „über" Sachen oder sonstigen Gegenständen ist zumindest seit den Arbeiten *Kelsens* überholt[81]. Dieser hat zwingend nachgewiesen, daß das, was dem Inhaber der Berechtigung zugehört, also der Gegenstand, das Objekt des Rechts immer nur die Verpflichtung eines anderen sein kann. Bei (relativen) Forderungsrechten ist es auch seit jeher anerkannt, daß ihr Gegenstand das Verhaltensollen, die Leistungspflicht des Schuldners ist. Aber auch beim (absoluten) dinglichen Recht ist das Objekt des Rechts die Verhaltenspflicht anderer, hier nämlich die Pflicht aller, dieses Recht nicht zu stören. Die Sache selbst ist also nur „Tatbestandselement"[82] der Verhaltenspflicht der Normadressaten. Sie ist nur „Beziehungsgegenstand"[83]. Was von der herrschenden Lehre „Recht an

---

[77] So etwa *Enneccerus-Nipperdey*, § 72 I 3 S. 432 ff.; *Larenz;* Allgemeiner Teil § 19 II S. 240 f.; *Schulz-Schaeffer*, S. 112. Letzterer spricht in diesem Sinne von „Imperativpotenzen" und kommt damit den Vorstellungen *Buchers* nahe: Er verwendet für das subjektive Recht zunächst geradezu den Ausdruck „Imperativquelle" und münzt ihn nur deshalb in „Imperativpotenz" um, weil eigentliche Quelle ja immer die Rechtsordnung bleibe.

[78] *Oertmann*, IherDogJb 31, 415.

[79] So jüngst wieder *Jürgen Schmidt*, Aktionsberechtigung, insbes. S. 17 ff.; *Kurz*, S. 41 f., vgl. auch *Westermann*, § 28 I 2 und 3; *Derselbe*, Diss. S. 24 f.; *Eichler*, Gesetz und System, S. 107 f.; *Larenz*, Methodenlehre, S. 485; auch *Horst-Heinrich Jakobs* glaubt an die ausschließliche „Zuweisung" (S. 30) und das „berechtigende Element" des Eigentums (S. 114) und die „Legitimation des Eigentümers", dem es „unter Ausschluß aller anderen allein zusteht, solche Verwendung vorzunehmen" (S. 106); siehe dazu auch *Bälz*, S. 28 ff., und *Huber*, Rechtstheorie, Bd. 2 S. 246 ff., jeweils mit weiteren Nachweisen.

[80] Über den Stand der Polemik z. Z. des BGB-Entwurfs unterrichtet *Oertmann*, IherDogJb 31, 415, 416 ff.; vgl. auch *von Tuhr*, § 6, S. 134 und § 11, S. 204 FN 2.

[81] Reine Rechtslehre, S. 135 ff.; *Derselbe*, Hauptprobleme der Staatsrechtslehre, S. 571.

[82] *Nawiasky*, S. 205.

[83] Der Begriff stammt von *Otto von Gierke*, S. 258, und wird vor allem von *Goldschmidt*, Eigentum und Eigentumsteilrechte in ihrem Verhältnis zur Sozialisierung, 1920, S. 18 (zitiert bei *Dürig*, ZgesStW 109, 326, 347), wiederverwendet.

der Sache" genannt wird, ist eigentlich das gegenüber anderen bestehende Recht „in bezug auf die Sache"[84].

Man hat sich also dessen bewußt zu machen, daß das, was man unter dem dinglichen Recht versteht, lediglich einen durch die Summe im einzelnen festgelegter „Enthaltungspflichten" Dritter, bzw. genau bestimmter Abwehr- und Verteidigungsansprüche konstitutiv ausgebildeten rechtsfreien Dürfens bedeutet. Das schließt nicht aus, daß nach natürlicher Auffassung zum Beispiel das Recht des Eigentümers vor allem im *Sach*genuß besteht. Unbedingt Wert gelegt werden muß aber auf die weitgehend verlorengegangene Erkenntnis, daß das Objekt des dinglichen Rechts *zunächst* nichts anderes ist, als „beherrschter freier Wille" anderer Rechtsgenossen. Damit verliert notwendig die „Sache" die ihr imputierte Eigengesetzlichkeit und löst sich somit auf in ein Bündel normativer Rechtspflichten. Was als dingliches Recht bezeichnet wird, ist lediglich die brennpunktartige Bündelung von Rechtspflichten, die den Anschein erweckt, als sei der Gegenstand des Brennpunktes selbst die eigentliche Lichtquelle[85]. Das dingliche Recht richtet sich daher wie jedes andere (persönliche, relative oder obligatorische) Recht ausschließlich an Personen, und die Vorstellung eines „ius in rem" ist allenfalls eine Paraphrasierung der aus der Summe dieser Ansprüche resultierenden tatsächlichen Herrschaftsmacht[86]. Man steht hier unter dem Zwang des Axioms "ius et obligatio sunt correlata", wonach jedem subjektiven Recht eine korrespondierende Verbindlichkeit entspricht. Auch das dingliche Recht ist somit ein Recht gegen Personen, und es unterscheidet sich von den obligatorischen Rechten allein durch die Universalität seiner Gegnerschaft. Während die obligatorischen Rechte sich gegen einen, mehrere, viele Gegner, aber immer nur gegen einen Teil aller Rechtsindividuen richten, ist der aus dem dinglichen Recht fließende dingliche Anspruch ein Anspruch gegen die Gesamtheit der Rechtsgenossen. Es ist praktisch gesehen die ausschließende Herrschaft über die Sache, rechtstheoretisch aber das Recht, einem jeden anderen den Zugriff zu verwehren[87]. Die Herrschaft des einen ist rechtlich nur

---

[84] So zutreffend *Dürig*, ZgesStW 109, 326, 347; vgl. auch *Goldschmidt*, a.a.O., S. 20 (zitiert bei *Dürig*, ZgesStW 109, 326, 347), der zugibt, daß die herrschende Meinung einen Kunstgriff anwendet, wenn er ausführt: „*Logisch* sind Objekte des Rechts häufig Personen, mit welchen der Berechtigte in keinerlei Beziehungen steht. So richten sich die absoluten Rechte gegen alle Personen. Da ist es nur *natürlich*, daß nach einem näherliegenden Objekt *gesucht* wird. Objekt in diesem Sinne ist gleich dem Beziehungsgegenstand."

[85] So zutreffend *Rupp*, S. 224 f.; vgl. auch *Ernst Wolf*, § 1 A II b 5.

[86] So auch *Kellmann*, S. 49.

[87] Insoweit ist nach der oben gemachten Unterscheidung das „ius in rem" zumindest auch ein „ius in personam". So auch *Bruno von Büren*, S. 1 f.

der Reflex des Ausschlusses des anderen[88]. Mit Recht haben daher *Kelsen*[89] und *Schlossmann*[90] bereits darauf hingewiesen, daß das Eigentum (und jedes andere absolute Recht und damit auch jedes andere dingliche Recht) nichts weiter als ein Ausschließungsrecht ist. Es erlaubt mit anderen Worten kein „Haben der Sache selbst", sondern ist das Recht, andere von der Einwirkung auf die Sache auszuschließen. „Bloße Ausschlußrechte" im Sinne *Raisers*[91] sind also nicht eine seltene Kategorie, sondern eine ganz allgemeine Erscheinung[92]. Mit Eigentum etc. ist also nur eine unbestimmte Summe von (latenten) Unterlassungsansprüchen gegen eine je nach den Umständen mehr oder weniger große Anzahl potentieller Adressaten gemeint[93].

Daneben steht als weiterer Inhalt dieses Rechts die Verfügungsmacht über die Sache[94]. Ihr kommt zwar keine konstitutive Bedeutung für die Begriffsbestimmung des subjektiven Rechts zu[95]. Von Belang ist sie aber insofern, als sich nach ihr allein bestimmt, inwieweit man ein subjektives Recht eindeutig als „dingliches Recht" bezeichnen kann. Soweit die Verfügungsmacht über das Recht reicht, macht sie dieses

---

[88] So *Kelsen*, Reine Rechtslehre, S. 136; *Burckhardt*, S. 12; vgl. im einzelnen *Bälz*, S. 28 ff.

[89] Reine Rechtslehre, S. 135 f.; wie *Bucher* (Subjektive Rechte, S. 54) darlegt, sind erlaubende Normen nur als negative Begrenzung einer allgemeinen Verbotsnorm denkbar, die jedoch angesichts der Freiheitsvermutung undenkbar ist.

[90] IherDogJb 45, 289 ff.; kritisch *Westermann*, Diss. S. 24 f.

[91] JZ 1961, 465, 468.

[92] Was es nicht gibt, sind allein „totale Ausschlußrechte", denn die Rechtsordnung würde sich bei deren Anerkennung selbst aufheben. Da sie eine Gemeinschaftsordnung ist, *muß* jedes subjektive Recht durch die Erfordernisse des menschlichen Zusammenlebens begrenzt sein. Die Abwehrberechtigung besitzt somit nur eine bestimmte Effizienz. Wie der dinglich Berechtigte z. B. die Enteignung seitens des Staates dulden muß, so hat er auch gewisse Eingriffe Privater hinzunehmen. Insoweit spricht man besser nicht von Ausschlußrechten, sondern präziser von einem Ausschlußbereich. Vgl. *Dubischar*, Grundbegriffe § 15, S. 44, *Otto-Wilhelm Jakobs*, S. 107 ff.

[93] Latent sind diese Ansprüche deshalb zu nennen, weil die Entstehung eines jeden Anspruchs — sei er auf ein Handeln oder Unterlassen gerichtet — voraussetzt, daß ein im Gesetz abstrakt geregelter Tatbestand *in concreto* realisiert wird, der Anspruch also nach der Person der Beteiligten und seinem Inhalt konkretisiert sein muß. So auch *Baur*, JZ 1966, 381 ff., 383. Das verkennen die Anhänger der Lehre *Windscheids* (Pandekten Teil I 7. Aufl. S. 99 f.), der die Auffassung vertritt, daß man sich jedes dingliche Recht mit einer Unzahl von Unterlassungsansprüchen „gegen jedermann" bewehrt vorstellen müsse. Vgl. Ersten Abschnitt, II FN 10.

[94] Die Herrschaftsmacht ist Macht über den Gegenstand (die Sache) im Sinne des § 90, die Verfügungsmacht Macht über das Recht. Wo das Gesetz, wie in § 135 I, 185 I, 816 I, von der Verfügung über einen „Gegenstand" spricht, meint es das Recht. Dazu *Larenz*, Allgemeiner Teil, § 22 I und IV, der demgemäß Rechts- und Verfügunggegenstände als Gegenstände „erster" und „zweiter" Ordnung unterscheidet.

[95] So auch *Jürgen Schmidt*, Die Funktion des Rechts in der modernen Gesellschaft, S. 299 ff., 302.

Recht zu einem unabhängig von der Mitwirkung eines Dritten verfügbare „Ding“. Dingliche Rechte zeichnen somit die selbständige Verfügbarkeit aus. Auf der anderen Seite werden die Rechte, die man als relativ einordnet — das ist u. a. bei allen Schuldrechten der Fall — für *unfähig* angesehen, Wirkungen gegen jedermann zu äußern. *Eltzbacher* [96] hat das klassisch so formuliert: „Aber ein anderer als der Schuldner kann überhaupt mein Forderungsrecht nicht verletzen. Ein Recht kann nur von dem Verpflichteten verletzt werden, die Verletzung des Rechts ist ja nichts anderes als die Nichterfüllung der ihm entsprechenden Pflicht. Könnten die Forderungsrechte von jedermann verletzt werden, so wären sie Rechte gegen jedermann, nicht etwas, was gerade zu den Rechten gegen jedermann im Gegensatz steht!“ Das Reichsgericht[97] ist, sich gleichzeitig auf die Entstehungsgeschichte des BGB stützend, diesem Argument gefolgt. Es beruft sich darauf, daß § 241 formuliert: „Kraft des Schuldverhältnisses ist der Gläubiger berechtigt, von dem Schuldner eine Leistung zu fordern.“ Damit trete das Gesetz in einen gewissen Gegensatz zu § 206 des 1. Entwurfs, wo bestimmt war: „Gegenstand des Schuldverhältnisses kann ein Tun oder Unterlassen des Schuldners sein.“ Durch diese Änderung, so meint das Reichsgericht, sei nämlich scharf zum Ausdruck gebracht, „daß eine bestimmte Person (der Gläubiger) von einer anderen bestimmten Person (dem Schuldner) eine Leistung zu fordern berechtigt ist“. „Dadurch“, so fährt das Reichsgericht fort, *„unterscheidet* sich das Recht aus einem Schuldverhältnis von dem dinglichen Rechte, wie von jedem absoluten Rechte. Dieses wirkt gegen alle, jedermann hat es zu respektieren; jenes bindet nur eine Person; nur deren Willen ist gebunden; die Rechte des Gläubigers sind nur Rechte gegen den Vertragspartner und brauchen daher von einem Dritten nicht beachtet zu werden.“ Und auch der Bundesgerichtshof[98] ist nicht frei von dieser Vorstellung, wenn er in zwei, die Schadensersatzpflicht des Ehestörers betreffenden Urteilen meint, die durch Eingehung einer Ehe begründeten Pflichten seien dem Wesen der Ehe entsprechend persönliche Verpflichtungen der Ehegatten; ihre Beachtung, insbesondere die Wahrung der Treuepflicht obliege den Ehegatten persönlich; infolgedessen könnten diese persönlichen Verpflichtungen gegenüber dem anderen Ehegatten auch nur durch den Ehegatten selbst verletzt werden. Mit diesem Argument ist die Aussagekraft der Unterscheidung dinglich-persönlich jedoch überschätzt. Es geht daran vorbei, daß diese Unterscheidung eine rein *formale* Kategorie und als solche nicht geeignet ist, über die Anwend-

---

[96] S. 286.

[97] RGZ 57, 353 ff., 356.

[98] BGHZ 23, 279 ff., 281; BGHZ 26, 217 ff., 221; vgl. dazu auch *Jayme*, S. 223 ff.

barkeit oder Nichtanwendbarkeit gesetzlicher Vorschriften auf *konkrete* Sachverhalte, wie sie auch die unterschiedlichen subjektiven Rechte darstellen, zu entscheiden[99]. Die Erkenntnis, daß der Gegensatz von: Wirkung nur gegen einzelne und Wirkung gegen jedermann nichts über materiellen Gehalt und Schutzwürdigkeit eines Rechts aussagt, sondern mit den so gearteten Ansprüchen nur die formale Kategorie angibt, in der das Recht seine Verwirklichung findet, weist uns die nächste Aufgabe zu: Wir müssen hinter das Instrumentarium zu blicken und den *positiven* Gehalt der subjektiven Rechte zu fixieren suchen.

Das dingliche Recht wird als dem des obligatorischen überlegen betrachtet[100]. Das ist zutreffend. Diese Überlegenheit liegt jedoch *nicht* in einer gegenüber dem persönlichen oder obligatorischen Recht besonderen „Sachnähe“[101]. Der Mieter eines Sachgegenstandes ist nur obligatorisch berechtigt[102]. Gleichwohl ist er der Sache so nahe, wie wenn er Eigentümer wäre[103]. Denn das Recht zum Besitz des Mieters, Pächters, Verwahrers hat auch eine tatsächliche Herrschaftsmacht des Betreffenden zur Folge, nicht etwa „nur“ einen Anspruch oder eine Forderung[104]. Sie unterscheiden sich von den absoluten Rechten allein dadurch, daß sie einer Person nicht wie das Eigentum die volle Sachherrschaft oder wie bei beschränkt-dinglichen Rechten bestimmte Herrschaftsbefugnisse über ein bestimmtes Objekt im Verhältnis zu allen anderen, sondern einer Person eine inhaltlich und zeitlich beschränkte Sachherrschaft im Verhältnis *gerade* nur zu *einer* bestimmten anderen Person „zuweisen“. Insoweit handelt es sich dann um relative Herrschaftsverhältnisse[105].

Die Überlegenheit der dinglichen Rechte liegt vielmehr darin, daß sie, weil sie sich gegen die Universalität der Rechtsgenossen richten, einen stärkeren Schutz gewähren, als die obligatorischen[106]. Eine ältere

---

[99] Zu der Kritik im einzelnen vgl. *Manfred Löwisch*, S. 22 ff.; siehe auch *Diederichsen*, S. 46; *Boehmer*, Grundlagen II 1, S. 170 ff.

[100] So bereits *Heck*, Sachenrecht, § 1 Ziffer 4, S. 2.

[101] So aber *Heck*, Sachenrecht, § 1 Ziffer 4, S. 2; *Derselbe*, Schuldrecht § 1, S. 3; wie hier *Staudinger-Seuffert*, Einl. 2 a vor § 854.

[102] Anders war es noch im preußischen Recht. Nach dem pr. ALR I 2, 135, 21 2—4 erlangte jeder Mieter durch Besitzübergabe, der Grundstücksmieter auch durch Grundbucheintragung ein dingliches Recht.

[103] Ebenso unterscheidet sich das Pfandrecht von den obligatorischen Befriedigungsrechten nur dadurch, daß der Schutz ein absoluter ist.

[104] Vgl. dazu *Diederichsen*, S. 5, 37, 81 ff.; siehe aber jüngst *Berg*, JuS 1971, 522, der anderer Ansicht zu sein scheint.

[105] Vgl. dazu *Larenz*, Methodenlehre, S. 458.

[106] *Heck* (Schuldrecht § 1 Ziffer 3, S. 2) veranschaulicht diese Überlegenheit mit folgendem Gleichnis: „Das absolute Recht gleicht einer Ringschanze, die nach allen Richtungen Schutz gewährt, das obligatorische Recht einer Wegsperre, welche nur nach einer Richtung sichert, aber Eingriffe aus anderer Richtung nicht verhindert.“

aus dem prozeßrechtlichen Denken stammende, noch bis heute in verschiedenen Abwandlungen vertretene Theorie will daher das Wesen des dinglichen Rechts[107] nur in der unmittelbaren Beherrschung oder Beherrschbarkeit eines Vermögensobjekts sehen[108], nach außen trete sie in der Absolutheit oder in der Unabhängigkeit des Rechts von jeder persönlichen Relation zutage[109, 110]. Im Gegensatz dazu liegt das Wesen der dinglichen Rechte nach einer neueren Lehre[111] in der güterzuordnenden Wirkung dieser Rechte, d. h. das dingliche Recht weist die Rechtsobjekte den Rechtssubjekten derart zu, „daß alle anderen diese Zuteilung zu respektieren haben“[112, 113, 114]. Es findet also eine un-

---

[107] Es kann nicht das Ziel der nachfolgenden Untersuchung sein, einen idealen Dinglichkeitsbegriff zu gewinnen, obwohl das selbstverständlich auch ein echtes wissenschaftliches Anliegen wäre.

[108] Siehe *Dulckeit,* S. 7 m. w. N.; *Staudinger-Kober,* Bd. III Teil 1 Einl. RdNr. 2; vor allem *Fuchs,* Grundbegriffe, S. 21 ff., 25 ff.; *Derselbe,* Wesen und Dinglichkeit, S. 16 f.; vgl. ferner *Gustav Rümelin,* AcP 68, 151 ff., 200; *Oertmann,,* IherDogJb 31, 415 ff., 461; anders aber *Derselbe,* AcP 123, 129 ff.; *Schlossmann,* IherDogJb 45, 289 ff., 349 ff.; neuerdings wieder *Darmstaedter,* AcP 151, 311 ff.; *Casjen Peters,* AcP 153, 454 ff. Vgl. auch den sehr instruktiven Überblick bei *Manfred Löwisch,* S. 30 ff.; zweifelnd jüngst *Luhmann,* Die Funktion des Rechts in der modernen Gesellschaft, S. 321 ff.

[109] Ein näheres Eingehen vor allem auf die umfangreiche ältere Literatur zu dieser Frage erübrigt sich. Vgl. dazu *Diederichsen,* S. 38 FN 112. Über das Wesen der Dinglichkeit streiten viele Theorien (vgl. dazu *Eberhard Kühne,* AcP 140, 1 ff., 11 ff.). Alle kreisen im wesentlichen um die Frage, ob die Absolutheit der Rechtswirkungen der dinglichen Rechte oder die Unmittelbarkeit der Sachbeziehung oder beide zusammen die Dinglichkeit rechtlich näher charakterisieren.

[110] Die schärfste Formel liegt in dem Satz: „ubi rem meam invenio, ibi vindico.“

[111] In diesem Sinne *Wieacker,* DRW 1941, 49 ff., 61; *Westermann,* § 2 S. 6 ff.; vgl. auch *von Tuhr,* Bd. I S. 34; *Dernburg,* Bd. I § 18 Anm. 13; *Staub,* ArchBürgR 5, 12 ff.

[112] So *Wolff-Raiser,* § 2 I; vgl. dazu *Esser,* Grundbegriffe, S. 150, 153.

[113] Die Vorstellung einer „zuweisenden Kraft“ des dinglichen Rechts gehört in die Tradition des römisch-rechtlichen „dominium“ und „ius ad rem“ (vgl. *Savigny,* System, Teil I S. 367), beides Begriffe, die m. E. den Sachverhalt verfälschen, die jedoch gleichwohl noch heute unter den Namen von „Güterzuordnung“ (*Westermann,* § 2 II; *Larenz,* Schuldrecht BT, § 68 I S. 410; kritisch *Raiser,* JR 1955, 118 und *Isolde Kurz,* S. 38 ff.) und Herrschaftsrechten (*Lent-Schwab,* Sachenrecht, § 22 III 2; *Wolff-Raiser,* § 41 II; *Westermann,* § 28 I) oder „bestandssicheren Rechten“ (*Fikentscher,* Schuldrecht, § 99 IV 1) fortleben.

[114] Zum Zuordnungsgehalt des subjektiven Rechts vgl. *Kasper,* S. 138 ff. und die dort gegebenen Hinweise auf *Esser, Heck, v. Caemmerer, R. Reinhardt, Mestmäcker, Westermann, Wieacker* und *Müller-Freienfels,* denen *Dulckeit* (S. 50 f.) und *Larenz* (Methodenlehre, S. 484 f., und jetzt — besonders für den rechtsphilosophischen Hintergrund — noch § 5 des Allgemeinen Teils) sowie *Koziol* (S. 15 ff. und S. 140 ff. ebenfalls mit weiteren Nachweisen) hinzuzufügen wären. Nicht zutreffend ist jedoch, wenn *Manfred Löwisch* (S. 26) darauf hinweist, daß diese Lehre kaum Widerspruch erfahren habe. Vorbehaltlos stimmen ihr nur *Bärmann,* Einl. S. 143, und *Larenz,* Methodenlehre, S. 484 f., zu. *Kronstein* (FamRZ 1959, 171 f.), *Eichler* (Institutionen, Teil I, S. 10 und S. 138 ff.), *Baur* (JZ 1952, 58, 59), *Raiser* (JR 1955, 118), *Wolff-Raiser*

mittelbare Bindung der Sache an die Person statt; „auf das ‚Ding' konzentriert sich alles, die Mitmenschen scheiden aus"[115, 116]. *Staub*[117] formuliert das dingliche Recht daher als das „Recht, das Schicksal einer Sache zu bestimmen".

Bei genauerer Betrachtung dieser Streitfrage handelt es sich jedoch bei diesem Schulenstreit um ein „dogmatisches Glasperlenspiel"[118]. Denn der Zuordnungsgedanke sagt nicht mehr, als daß mit dem dinglichen Recht ein Rechtsgut dem einzelnen „zugewiesen" ist. Eine solche Güterzuordnung ist aber in *jedem* subjektiven Recht zu finden. Es ist ja gerade, wie bereits gezeigt worden ist, die Idee des subjektiven Rechts, dem einzelnen einen Bereich zu garantieren, der ihm als Persönlichkeit von Rechts wegen zukommt und die Möglichkeit eigener Entfaltung bietet. Diese Idee kann aber gar nicht anders verwirklicht werden als dadurch, daß die Rechtsordnung dem einzelnen die Mittel

---

(§ 1 I 4), *Soergel-Siebert-Mühl* (Bd. III, Einl. Anm. 8) und *Staudinger-Seufert* (Bd. III, Einl. RdNr. 7) betrachten den Begriff der Güterzuordnung mit großer Skepsis. Nach diesen Autoren müsse die systematische Betrachtung des BGB vom Unterschied zwischen Schuld- und Sachenrecht ausgehen, nicht von einer Einheit des Vermögensrechts. Kritische Bemerkungen zu der sich mehr und mehr durchsetzenden Zuordnungslehre finden sich auch bei *Fabricius*, AcP 162, 456 ff., 470 f. Nach diesem sind aus der Sicht der Logik „Dinglichkeit" und „güterzuordnende Funktion" Begriffe, die sich ausschließen. Während mit der Dinglichkeit die Gegenstandseigenschaft, also etwas Gegenständliches und Statisches angesprochen werde, sei dem Begriff der Funktion Bewegung, Tätigkeit, Veränderung, also etwas Dynamisches eigen. Indes ist die Zuordnungslehre jedoch von sachenrechtlichem Erkenntniswert. Vermag sie auch nicht den Begriff der dinglichen Rechte an der dogmatischen Wurzel zu ergreifen, so fördert sie doch die Einsicht in das Wesen des dinglichen Rechts, wobei *Fabricius* aber zu Recht kritisch an dieser Lehre bemerkt, daß sie etwas Verschiedenes, nämlich Zuordnung und Zuständigkeit identifiziert.

115 So *Diederichsen*, S. 38 f.; vgl. auch *Staudinger-Seufert*, Bd. IV Teil 1, Einl. RdNr. 2; *Enneccerus-Nipperdey*, Teil I, § 72 I; *Hedemann*, Schuldrecht, § 4 I e; *Raiser*, JZ 1961, 465 ff., 467; *Planck-Brodmann*, a.a.O. Bd. III 1. Hälfte Vorbem. S. 7.

116 Zuordnung im Sinne dieser Lehre bedeutet die Zugehörigkeit des betreffenden Gegenstandes zum Vermögen des Berechtigten. Diese allgemeine Zuordnung ist jedoch ein Problem der Rechtszuständigkeit, das nicht auf die dinglichen Rechte beschränkt ist. Damit ist nur das formale Moment der Zuordnung von Sachen zu einer Person angesprochen. Vgl. dazu *Kurz*, S. 13 ff. Nicht geklärt wird von dieser Lehre, welchen Inhalt die Sach-Beziehung hat. Gerade darin liegt aber der positive Gehalt des dinglichen Rechts, des subjektiven Rechts überhaupt.

117 ArchBürgR 5, 12 ff., 13, 29 und 52.

118 Im Ergebnis gleich *Bucher*, Rechtstheorie 1970, 23 ff., 32, 34, der den Streit darüber, welches der genannten Elemente das „Wesen" des dinglichen Rechts ausmache, auch als „offenkundig sinnlos" ansieht. Ob man das eine oder andere Element zum Begriffsmerkmal erheben will, steht nach seiner Ansicht im freien Belieben des Definierenden, und eine wissenschaftliche Diskussion über die Richtigkeit des einen oder anderen Merkmals entscheidet darüber, ob die geschaffene Begriffsumschreibung mehr teleologisch-praktisch anschaulich oder normologisch ausgerichtet sei.

zu seiner Entfaltung — und das sind eben die vorhandenen Rechtsgüter — zu eigener Disposition zur Verfügung stellt. Es erhält ja nicht nur der Eigentümer die Sache ganz, der beschränkt-dingliche Berechtigte sie teilweise „zugewiesen". Auch dem Inhaber des Immaterialgüterrechts ist dieses Gut, dem Inhaber der elterlichen Gewalt diese, den Mitgliedern die Mitgliedschaft und *auch* dem Forderungsinhaber eben die Forderung zugeordnet[119]. Welchen Inhalt dieses Gut hat, steht dahin.

Wenn die heutige Zivilrechtslehre ungeachtet der Tatsache, daß die Annahme von Beziehungen rechtlich relevanter Art zu einer Sache, wie bereits ausgeführt wurde[120], schlicht an ihrer denkgesetzlichen Unmöglichkeit scheitert, das dingliche Recht im Sinne der „Zuordnung" einer Sache an eine Person zur umfassendsten Herrschaftsausübung betrachtet, so beruht dies, wie neuerdings wieder *Kübler*[121] aufgedeckt hat, auf einer überraschenden Rechtsbetrachtung, die in ihren Grundzusammenhängen nicht das menschliche Individuum in den Mittelpunkt allen Rechts stellt, sondern die Sache selbst zum eigentlichen Pol und Sinnbild des dinglichen Rechts macht, sie nicht von einer Rechtsperson beherrscht sein läßt, sondern umgekehrt annimmt, die Sache nehme den jeweiligen Berechtigten im Wandel der Zeiten nur auf und wechsle ihn lediglich aus[122].

Erst aus diesem Gedankengang wird verständlich, daß die Sache selbst mit dem dinglichen Recht und dem Berechtigten gegenüber isoliert gedacht wird; daß die Sache in ihrer völlig unangreifbaren Verquickung mit dem dinglichen Recht sozusagen als erstarrter „Rechtsblock" erscheint, mit der GlorIole der „Ewigkeit" mystifiziert wird und insoweit die Annahme subjektiver Rechtsrelationen des Berechtigten gegenüber der Sache ermöglicht[123]. Dieses verzerrte Bild ist es, das schon Kant mit einer gewissen Ironie ad absurdum führt. Er meint[124]:

---

[119] Wie schon *Oertmann* (IherDogJb 66, 130 ff., 154 ff. und AcP 123, 129 ff., 144) gesehen hat, tritt die Zuordnung der Forderung besonders deutlich im „Prätendentenstreit" nach § 75 ZPO hervor; der Streit über die Berechtigung an der Forderung hat nichts mit dem Leistungsanspruch gegen den Schuldner zu tun (der nach Hinterlegung aus dem Prozeß entlassen wird), sondern ist ein Streit um die Rechtsträgerschaft, d. h. darum, wem die Forderung zugeordnet ist.

[120] Vgl. Zweiten Abschnitt, Ersten Teil, II 2 a.

[121] AcP 159, 236, 266 ff.

[122] In diesem Sinne ist wohl auch *Wieacker*, Wandlungen der Eigentumsverfassung, S. 46, zu verstehen; vgl. auch *Ernst Wolf*, § 1 A II b 5.

[123] Vgl. hierzu auch die allerdings viel behutsameren, in der Sache freilich dunklen Ausführungen von *Raiser* (Wolff-Raiser, § 1, § 2 FN 1 und § 51 II; Dingliche Anwartschaften, S. 56 ff.; JZ 1961, 465 ff., 472 f.), der entschieden der von der herrschenden Lehre vertretenen „Zuordnungstheorie" entgegentritt, gleichwohl aber keine Bedenken trägt, das dingliche Recht als sub-

„So müßte derjenige, welcher sein Recht nicht unmittelbar auf Personen, sondern auf Sachen bezogen denkt, es sich freilich (zwar nur auf dunkle Art) vorstellen: nämlich, weil dem Recht auf einer Seite eine Pflicht auf der anderen korrespondiert, daß die äußere Sache, ob sie zwar dem ersten Besitzer abhanden gekommen, diesem aber noch immer verpflichtet bleibe, d. i. sich jedem anmaßlichen anderen Besitzer weigere, weil sich jenem schon verbindlich ist, und so mein Recht, *gleich einem die Sache begleitenden und vor allem fremder Angriffe bewahrenden* Genius, den fremden Besitzer immer an mich weise[125]."

Die von der herrschenden Lehre beschriebene Sachherrschaft, welche durch die dinglichen Rechte verliehen werde, ist — genau betrachtet — kein normativer Sachverhalt, sondern liegt auf der Ebene des Faktischen; denn Sachen können weder Subjekte noch Adressaten von Rechtsnormen bilden und damit auch nicht an einem Rechtsverhältnis beteiligt sein. Diese Lehre übersieht jedoch, daß „verboten" und „erlaubt" einen kontradiktorischen Gegensatz bilden, und, nach dem Grundprinzip *jeder* Rechtsordnung, Verbote der besonderen Feststellung bedürfen (also material definiert sein müssen), Aussagen über „Erlaubtes" dagegen nur denkbar sind als Negation oder Aufhebung vorhergehender Verbote, und das Prinzip gilt: „Was nicht verboten ist, ist erlaubt." Die Möglichkeit der Sachbeherrschung ergibt sich also daraus, daß einerseits der dinglich Berechtigte im Umfang seines Rechts alle Dritten von der Sache ausschließen kann und andererseits keine Rechtsnormen bestehen, welche im Rahmen des Rechts die eigene Einwirkung auf die Sache untersagen würden[126]. Für die Definition der dinglichen Rechte ergibt sich daraus, daß diese „nur zwischen Person und Person, nicht zwischen Person und Sache" bestehen[126a].

Diese Persönlichkeitsbezogenheit der dinglichen Rechte rechtfertigt sich auch aus der bereits erwähnten Funktion der subjektiven Rechte, dem freien Menschen einen privaten, von keinem fremden Willen abhängigen Lebensraum zu sichern, wobei man allerdings nicht nur die Persönlichkeit des Berechtigten ins Auge fassen darf, vielmehr muß man auch dem Dritten gerecht zu werden trachten[126b].

---

jektives Recht „eigener Art" zu begreifen, weil, wie er meint, nur auf diese Weise sich der allen absoluten Rechten charakteristische positive Inhalt begreifen lasse.

[124] Metaphysik, S. 80, 81.

[125] Hervorhebung vom Verfasser.

[126] So auch *Bucher*, Subjektive Rechte, S. 53 f., 151 f., 187 f.; kritisch dazu *Huber*, Rechtstheorie, Bd. 2, S. 246 ff., 249 f.

[126a] So im 19. Jahrhundert u. a. schon *Windscheid*, Pandekten, 7. Aufl., § 38; vgl. auch *Savigny*, System Bd. 1, § 52, S. 333; *Thon*, S. 166 ff.; *Kant*, Metaphysik, S. 80 ff. Weitere Nachweise über die Vertreter dieser Lehre im 19. Jahrhundert bei *Dubischar*, Schulsystematische Zweiteilung, S. 102 ff.

[126b] So zutreffend *Arthur Meier-Hayoz*, Vom Wesen des Eigentums, in Festgabe für Karl Oftinger, Zürich 1969, S. 171 ff., insbes. S. 176 ff.

Geht man daher dogmatisch von einem Rechtsverhältnis nur zwischen Personen aus, so sind zunächst die Berechtigten und Verpflichteten die *Subjekte* dieses Rechtsverhältnisses. Ihre Rechte *und* Pflichten umschreiben rechtlich als *Bestandteile* des Rechtsverhältnisses die Summe aller erlaubten, gebotenen und untersagten Handlungen und Unterlassungen der Teilnehmer des Rechtsverhältnisses, welche damit dann den *Inhalt* des Rechtsverhältnisses bilden, den entweder das positive Recht unmittelbar vorschreibt oder privaten Bestimmungen überläßt. In diesem Inhalt des Rechtsverhältnisses wirken alle Unterschiede der positiven Rechtsordnungen, ihre Fundamentalprinzipien und der dahinterstehenden Gesellschafts- und Wirtschaftsordnungen in das einzelne Rechtsverhältnis mit hinein[126c]. *Objekt* eines Rechtsverhältnisses ist dagegen der jeweilige *unmittelbare gegenständlich-sachliche Beziehungspunkt* für die miteinander korrespondierenden Befugnisse und Pflichten, der die Bestandteile und den Inhalt eines Rechtsverhältnisses erst zu einem einheitlichen Organismus verbindet. Es sind dies die Rechtsgüter im einzelnen, also die Sachen, Werte oder Leistung usw. Beim Eigentum bzw. dinglichen Recht ist, wie bereits erwähnt, dieser unmittelbare gegenständliche Beziehungspunkt die Sache selbst, beim obligatorischen Recht liegt er in der Leistung des Schuldners, die sich natürlich *mittelbar* ebenfalls auf Sachen beziehen kann. Hier ist dann das Rechtsobjekt zugleich ein Teil des Rechtsinhalts[126d]. Der dinglich Berechtigte kann also, ohne daß dies neben der schon genannten Ausschlußfunktion noch ausdrücklich positiv geregelt sein muß, mit der Sache nach Belieben verfahren. Er kann diese gebrauchen, nutzen, verbrauchen und zu Geld machen[127].

Damit werden wir wieder zum *Problem der Dinglichkeit* zurückgeführt. Zwar gibt es wohl eine gewisse Parallelität zwischen der Auffassung, daß Rechtsverhältnisse zwischen Personen und Sachen möglich seien, und der Anschauung der Dinglichkeit als unmittelbarer Sachbeziehung. Logisch zwingend ist dieser Zusammenhang aber keinesfalls. *Auch unter Annahme eines Rechtsverhältnisses nur zwischen Personen läßt sich das Wesen der Dinglichkeit in der unmittelbaren Sachbeziehung sehen.* Wenn man das oben Gesagte zugrundelegt, ist leicht zu erkennen, daß für das Wesen der Dinglichkeit nicht entschei-

---

[126c] Vgl. dazu *Arthur Meier-Hayoz,* a.a.O. S. 176 ff.

[126d] So zutreffend *Otto-Wilhelm Jakobs,* S. 167 ff., 185 f.

[127] Von dem Satz: „Der Eigentümer kann mit der Sache nach Belieben verfahren und andere von jeder Einwirkung ausschließen" (§ 903) ist demnach nur die zweite Hälfte juristisch sinnvoll. Das erste ist nach der hier vertretenen Ansicht im zweiten notwendig enthalten. Der positiven Formulierung des Eigentumsinhalts in dieser Vorschrift kommt allein die Funktion einer sinnvollen Klarstellung zu. a. A. *Jürgen Schmidt,* Aktionsberechtigung, S. 17 ff.; *Huber,* Rechtstheorie, Bd. 2, S. 246 ff., 250 f.

dend ist, ob das Rechtsverhältnis zwischen einer Person und der Sache *besteht,* sondern daß es sich — wenn auch als Personenverhältnis gedacht — *unmittelbar auf die Sache richtet.* In diesem Sinne liegt das Wesen der Dinglichkeit auch nach der hier vertretenen Ansicht in der *unmittelbaren Sachbeziehung,* die als solche sowohl bei der obersten und umfassendsten Rechtsgewalt über die Sache, dem Eigentum, wie auch bei den nachgeordneten und zweckbeschränkten Rechten an der Sache, den beschränkt-dinglichen Rechten, gegeben ist[127a].

Bei dieser Betrachtungsweise entgeht man auch dem Vorwurf, eine Komponente der dinglichen Rechte „verabsolutiert" zu haben[127b]. Jede der oben aufgezeigten Betrachtungsweisen ist für sich gesehen richtig, und keine wird durch die andere ausgeschlossen. Die das Wesen der dinglichen Rechte ausmachende Sachzuordnungsfunktion einerseits und die Ausschlußbefugnis gegenüber Dritten andererseits sind keine Gegensätze, sondern stehen im Verhältnis von Ursache und Wirkung bzw. von Mittel und Zweck zueinander. Aus dem Verständnis der dinglichen Rechte als ein Verhältnis zwischen Personen folgt lediglich, daß das Subjekt-Objekt-Verhältnis gegenüber der Persönlichkeitsbezogenheit *sekundär* und vor allem für die Begriffsbestimmung dieser Rechte *nicht konstitutiv* ist.

Aus dem Gesagten ergibt sich, daß das Wesen der dinglichen Rechte in der zuordnenden Wirkung liegt, wobei als weitere Rechtswirkungen gegenüber den anderen Zuordnungsrechten neben der Absolutheit des Klagschutzes[128] die unmittelbare Sachbeziehung hinzukommt[129]. Dieser

---

127a So zutreffend *Otto-Wilhelm Jakobs,* S. 187 f.

127b a. A. wohl *Arthur Meier-Hoyaz,* a.a.O. S. 172, der dem gegenüber mit der herrschenden Lehre in der Schweiz die dinglichen Rechte von zwei gleichrangigen Seiten her zu erfassen sucht. Danach umfaßen diese Rechte eine positive und eine negative Seite: die Verfügungsmacht, die sich direkt auf die Sache richtet, und ein Ausschließungsrecht gegenüber Dritten und der Allgemeinheit. Soweit sich jedoch *Meier-Hayoz* zur Stützung dieser Ansicht auf Art. 641 ZGB und § 903 beruft (a.a.O. S. 175), ist dem entgegenzuhalten, daß sich diese Normen nur zu den Befugnissen des Eigentümers, nicht zum Begriff des Eigentums direkt, äußern. So zutreffend *Baur,* Sachenrecht, § 24 I 1, S. 196. Im übrigen verkennt diese Lehrmeinung auch, daß die Verfügungsbefugnis nichts über den Inhalt des dinglichen Rechts besagt. Das Eigentum bekommt zum Beispiel als subjektives Recht keinen anderen Inhalt, wenn es unveräußerlich oder auch sonst unübertragbar ist. Das Recht der Kirche an Kirchengut etwa wird in seinem Inhalt nicht dadurch modifiziert, daß diese Güter res extra commercium sind. So zutreffend *Jürgen Schmidt,* Die Funktion des Rechts in der modernen Gesellschaft, S. 299, 302.

128 Der Begriff der Zuordnung enthält nach *Westermann,* § 2 I 2, bereits das Kriterium der Absolutheit; ebenso *Larenz,* Schuldrecht AT, § 33 III, S. 390 m. w. N. in FN 1. Dieser Ansicht kann aber m. E. deshalb nicht gefolgt werden, weil die Unmittelbarkeit der rechtlichen Beziehungen zum Rechtsobjekt und die absolute Wirkung dieser Rechte nicht „Ausflüsse" der

subjektive Freiheitsraum darf jedoch keineswegs mit „Herrschaftsbefugnis“, „Herrschaftsrecht“ oder „Zuweisungsgehalt“ verwechselt werden[130, 130a].

Mit dieser Definition bekommt der Begriff der Zuordnung einen Inhalt. Da er, wie bereits gezeigt worden ist, im Kern nämlich kaum mehr als eine Mitteilung über gewisse Verteilungszustände ohne Rücksicht auf den jeweiligen Inhalt darstellt, wird diese Mitteilung, daß nämlich das Wesen des dinglichen Rechts in der güterzuordnenden Wirkung liege, erst in Verbindung mit der genauen Angabe gerade des Inhalts voll verständlich. Daraus ergibt sich, wie *Westermann*[131] zu Recht bemerkt, daß Hauptgegenstand des dinglichen Rechts ist, die Sachen bestimmten Personen zuzuordnen.

Aus dem Dargelegten folgt, daß das allgemeine Verzugsrecht auf die Verletzung dinglicher Rechte nicht angewendet werden kann. Die allgemeinen Vorschriften des Schuldrechts setzen grundsätzlich eine bestehende materielle *Sonderverbindung* zwischen „Gläubiger“ und „Schuldner“ voraus, eine *Leistungspflicht*, auf die sie Anwendung finden können. Da, wie oben ausgeführt wurde, die Dinglichkeit die unmittelbare, durch eine Leistung *nicht* vermittelte Beziehung eines Personenverhältnisses zwischen dem Berechtigten und allen Nichtberechtigten auf die Sache als dem gegenständlichen Bezugspunkt der Rechte des Berechtigten und der Pflichten der Nichtberechtigten ist, sind das Eigen-

---

güterzuordnenden Funktion sind, sondern Inhalt dieser Zuordnung; kritisch äußert sich zu dieser Ansicht von *Westermann* auch *Fabricius*, AcP 162, 456 ff., 467 ff.

129 So bereits *Heck*, Sachenrecht, § 1 5 b.

130 So auch *Dürig*, ZgesStW 109, 326 ff., 344 ff.; *Friedrichs*, AöR 40, 257 ff., 287 ff.; *Jellinek*, S. 10; *Kellmann*, S. 90 ff.; *Kelsen*, Reine Rechtslehre, S. 136; *Nawiasky*, S. 164, 167; *Rupp*, S. 166 ff.; *Schumacher*, Schutz des Eigentums, ZHR 113 (1950), 166 ff., 169 ff.; *Ernst Wolf*, § 1 A II b 5. Diese Lehre hat aber auch in der Schweiz und Frankreich Anhänger gefunden. Vgl. dazu *Bucher*, Subjektive Rechte, S. 53 f.; *Burckhardt*, S. 12; *Arthur Meier-Hayoz*, a.a.O. S. 171 ff., 174 m. w. N. Im übrigen ist diese Meinung in der marxistischen Rechtstheorie die absolut herrschende, da sie als die allein marxistische gilt. Vgl. dazu *Otto-Wilhelm Jakobs*, S. 167 ff..

130a Eine nicht sehr glückliche Bereicherung der oben genannten Lehren liegt im Vorschlag von *Löning* (Die Grundstücksmiete als dingliches Recht, insbes. S. 18 ff.), die *Dauer des Rechtsverhältnisses* und die *Instandstellungspflicht des Berechtigten* als weitere Unterscheidungskriterien für die Abgrenzung von dinglichen und obligatorischen Rechten einzuführen. Denn „es gibt im Schuldrecht eine ganze Anzahl auf dauernden Genuß gerichteter Rechte (Miete, Leihe) und sonstige Dauerschuldungsverhältnisse, wie es im Sachenrecht als Durchgangsstadium gedachte Erwerbs- und Verwertungsrechte (Pfandrechte usw.) gibt.“ So zutreffend *Westermann*, § 1 II 3 b, S. 6; vgl. auch *Arthur Meier-Hayoz*, Berner Kommentar, Kommentar zum Schweizerischen Privatrecht, Bd. IV: Das Sachenrecht, 1. Abt.: Das Eigentum, 4. Aufl., Bern 1966, Systematischer Teil, RdNr. 139, S. 74 m. w. N.

131 § 2 I 2 S. 6.

tum und die beschränkten dinglichen Rechte auch keine derartigen rechtlichen Sonderverbindungen zwischen dem dinglich Berechtigten und dem Verletzer des dinglichen Rechts, und zwar erst recht nicht, solange man mit Recht die dinglichen Rechte nicht als Summe einer Vielheit von Sonderverbindungen auffaßt[132].

Demgegenüber erschöpft sich das Schuld- und Forderungsrecht oder, genauer gesagt, der Anspruch als relatives Recht in einer persönlichen Beziehung zwischen den Berechtigten und den Verpflichteten; hier wird nicht das Vermögensobjekt selbst beherrscht, sondern allenfalls ein bestimmtes Verhalten des Schuldners: Inhalt des Anspruchs ist immer nur ein Tun oder Unterlassen (§§ 194 Abs. 1, 241) des Relationspartners, das im Schuldrecht einheitlich als Leistung bezeichnet wird[133]. Das Fehlen einer direkten Sachbeherrschung äußert sich darin, daß der obligatorisch Berechtigte Dritte nicht von der Sache ausschließen kann, ja in der Regel beim Ausbleiben freiwilliger Erfüllung weder selber auf die Sache greifen darf noch die normative Befugnis hat, dem Leistungspflichtigen die Einwirkung auf die Sache zu untersagen. Der Gläubiger ist zur Verwirklichung seines Rechts auf eine Sache auf die pflichtgemäße Willensbetätigung des Schuldners angewiesen. Dadurch unterscheidet sich das dingliche vom persönlichen Recht, bei dem es sich nur um die vermögensrechtliche Beziehung von Person zu Person mit höchstens mittelbaren Folgen für das rechtliche Schicksal der Gegenstände handelt. Nach ihrem jeweiligen Entstehungsgrund unterscheidet man hierbei vertragliche oder im engeren Sinne schuldrechtliche, personenrechtliche, familienrechtliche und erbrechtliche Ansprüche. An ihrem Wesen und Inhalt ändert das nichts: sie bleiben relativ-persönliche Rechte auf ein bestimmtes Verhalten einer bestimmten Person. Daher werden sie grundsätzlich auch nur diesen Personen gegenüber geschützt, und Verletzungen durch Dritte bleiben außer Betracht[134].

b) Kritische Meinungen zu der scharfen Trennung von Schuldrecht und Sachenrecht

Die Trennung von Schuldrecht und Sachenrecht ist, wie bereits ausführlich dargelegt worden ist, im BGB als Folge der Pandektenwissen-

---

132 So überzeugend *Dimopoulos-Vosikis*, S. 16; *Casjen Peters*, AcP 154, 454 ff., 456; vgl. auch *Kleindienst*, S. 24.

133 Ausnahmeregelungen sind nur enthalten in §§ 571, 556 Abs. 3, 604 Abs. 4, 822, 851.

134 So die heute noch allgemeine Ansicht, insbes. die st. Rspr., wie z. B. RGZ 57, 353 ff.; vgl. dazu *Dulckeit*, S. 7; *Fikentscher*, Schuldrecht, § 1, I; *Larenz*, Schuldrecht AT, § 1 und 2 m. w. N.

schaft mit besonderer begrifflicher Schärfe durchgeführt worden[135, 136]. Daran ändern auch nichts die „Brücken" zwischen diesen Bereichen. Erinnert sei dabei vor allem an die im BGB enthaltenen Fälle der „Verdinglichung" obligatorischer Rechte (Übergang der Grundstücksmiete, Vormerkung, Recht zum Besitz) und an die Reallast (dingliches und *zugleich* persönliches Recht). Den rein begrifflichen Kontroversen über den systematischen Gegensatz von Schuldrecht und Sachenrecht kommt jedoch nach unserem heutigen Methodenverständnis keine Bedeutung mehr zu. Das „logische System" der Begriffe behält seinen Wert als Orientierungsmittel, gleichsam für die erste grobe Übersicht. Insoweit haben m. E. die durch die Methode der isolierenden Abstraktheit herausgearbeiteten Unterscheidungen „dinglich-persönlich" einen guten Sinn, die dürfen aber nicht zu einander ausschließenden Gegensätzen verfestigt, sondern müssen vielmehr als einander ergänzende Momente verstanden werden[137, 138, 139].

---

135 Vgl. Zweiten Abschnitt, Ersten Teil, II 1.

136 Als Folge davon müßte die im deutschrechtlichen Bereich lebendige Vorstellung von inneren begrifflichen Beziehungen zwischen Forderungen und dinglichen Rechten (vgl. dazu *Horstmann*, S. 5) in das „Dogma ihres rein äußeren Funktionszusammenhangs" aufgelöst werden. So *Dulckeit*, S. 28.

137 So bereits *Horstmann*, S. 5.

138 Die Ausdrücke „dinglich" und „obligatorisch" stellen keinen Selbstwert dar, sie sind vielmehr bloß sprachliche und begriffstechnische Hilfsmittel, um Wertungen bestimmter Art zum Ausdruck zu bringen, wobei zu bedauern ist, daß selten ausdrücklich gesagt wird, was die Bezeichnung „schuldrechtlich" oder „obligatorisch" positiv bedeutet. Im wesentlichen dürfte damit gemeint sein, daß diese Ansprüche im Gegensatz zu den dinglichen Ansprüchen nicht der Verwirklichung des Eigentums, sondern einen Ausgleich für die Nichtverwirklichung desselben anstreben, und daß sie sich auf Leistung aus fremden Vermögen richten. Vgl. dazu *von Tuhr*, Bd. 1, S. 246 f. Dabei ist jedoch zu berücksichtigen, daß in Zweifelsfällen betreffend den Eintritt bestimmter Rechtsfolgen die sachlichen Überlegungen aufgerollt werden müssen, die den Gesetzgeber veranlaßt haben können, den Eintritt oder Nicht-Eintritt von Rechtsfolgen anzuordnen. Die Bezeichnung „dinglich" und „obligatorisch" sind zwar ein *Anhaltspunkt* für die Ermittlung des *Gesetzeswillens;* entscheidend kommt es jedoch auf diesen letzteren, nicht auf jene an. Mit der Bezeichnung bestimmter Ansprüche als „dinglich" oder „obligatorisch" ist aus diesem Grunde noch nicht viel gewonnen. Vielmehr ist immer zu fragen, ob Ansprüche, die an sich, d. h. nach wissenschaftlicher Erkenntnis „dinglich" sind, im Sinne einer konkreten Vorschrift wie „obligatorische" Ansprüche zu behandeln sind. Siehe dazu auch *Dimopoulos-Vosikis*, S. 32.

139 Wo die Rechtskunde sich zur dogmatisch begrifflichen Wissenschaft und die Gesetzgebung zur geschlossenen Kodifikation fortgebildet hat, entfernt man sich leicht von der konkreten Erfassung der Rechtslagen, die an der Wandelbarkeit des Lebens teilnehmen. Denn schon bei seiner Entstehung ist jedes System und jede Rechtsaufzeichnung, die sich auf ein abstraktes Verständnis und eine formallogische Anwendung ihrer eigentümlichen Begriffe beschränken wollte, lückenhaft. So auch *Wieacker*, DRW 1941, 49.

Aus diesem Grunde hat es bereits in den Anfängen des BGB nicht an Meinungen gefehlt, die diese starre Trennung als verfehlt bezeichneten und nach anderen Lösungsmöglichkeiten suchten.

Eugen Fuchs[140] hat den begrifflichen Gegensatz von Schuldrecht und Sachenrecht dadurch aufzulösen versucht, daß er das gesamte Vermögensrecht zu einem System von Obligationen umgestalten wollte, die bald relativen, bald absoluten Charakter aufwiesen[141]. Auch *Heinrich Stoll*[142] hat den Versuch unternommen, die starren Grenzen, die man nach seiner Ansicht in Verkennung der tatsächlichen Lebensverhältnisse gezogen hat, flüssiger zu gestalten, indem er Schuldrecht und Sachenrecht auf ihre soziale Aufgabe und Interessengrundlage (Erwerbsinteresse und Erhaltungsinteresse) hin miteinander vergleicht. In jüngster Zeit haben *Franz Wieacker*[143], *Gerhard Dulckeit*[144] und *Casjen Peters*[145] eine allgemeine Kritik an der scharfen Unterscheidung des BGB zwischen Schuldrecht und Sachenrecht vorgebracht. Sie weisen u. a. auf die zahlreichen funktionellen Zusammenhänge beider Rechtsgebiete hin, wie sie vor allem beim Veräußerungs- und Umsatzgeschäft zutage treten[146].

III. Eigene Meinung zu der scharfen Trennung von Schuldrecht und Sachenrecht und eigener Lösungsversuch der Streitfrage über die Anwendbarkeit der Verzugsvorschriften im Sachenrecht

Diesen Versuchen zur Bewältigung der vom historischen Gesetzgeber gewollten starren und impermeablen Trennung beider Rechtsgebiete kommt vor allem das Verdienst zu, nicht nur Interessenlagen und deren

---

140 *Fuchs*, Wesen und Dinglichkeit, insbes. S. 32, 37, 40, 58, 60, 67, 71.

141 Dieser Lösungsvorschlag ist m. E. deshalb verfehlt, weil der Gedanke einer „absoluten" Obligation einen Widerspruch in sich enthält. Durch den Rechtsbegriff der Obligation wird nämlich gerade das „Band" bezeichnet. das zwei Personen in einer rechtlichen Sonderverbindung zusammenschließt. Eine solche Verkettung ist aber begriffsmäßig relativ, d. h. auf die Partner beschränkt. So zutreffend *Diederichsen*, S. 42 f.

142 *Heinrich Stoll*, DJZ 1935, 1163.

143 DRW 1941, 49 ff., 52 ff., 60 f.

144 Die Verdinglichung obligatorischer Rechte, insbes. S. 28 ff.

145 AcP 153, 454 ff.

146 Trotz all dieser insgesamt als positiv zu beurteilender Versuche zur Beseitigung der Impermeabilität beider Rechtsgebiete stiften die Ansichten mancher dieser Autoren auch Verwirrung, wenn sie z. B. die Reallasten ebenso wie die Pfandrechte gleichmäßig sowohl als ‚obligatorische Pfandrechte' wie als ‚dinglich geschützte Obligationen' bezeichnen, weil es sich dabei um eine widerspruchsvolle Vermengung von Schuldverhältnis und Sachenrecht" handelt. So zutreffend *von Lübtow*, in Festschrift für Heinrich Lehmann, Bd. I, S. 328 ff., 385.

Bewertungen, sondern darüber hinaus rechtliche Sinnzusammenhänge und typische Rechtsstrukturen sichtbar gemacht zu haben. Es ist eben, darin haben diese Autoren recht, im Gebiet des gesamten Vermögensrechts nicht möglich, eine sichere und ungebrochene Grenzlinie zu ziehen, die an den diesen beiden Rechtsbereichen zugewiesenen „Lebensgebieten und Lebensaufgaben" entlangläuft. Daher finden sich, wie bereits erwähnt, auch im BGB Beispiele der Verabsolutierung ursprünglich rein relativer und der Relativierung ursprünglich absoluter Rechte. Man vergleiche diese Entwicklung z. B. mit dem „Recht zum Besitz"[1], mit der „Drittwirkung" des Bereicherungsanspruchs gemäß § 822, dem Übergang der Grundstücksmiete nach § 571, mit einigen der von der Rechtsprechung zu § 826 entwickelten Haftungsvorschriften (z. B. wegen Verleitung zum Vertragsbruch[2] oder wegen sittenwidriger Abwerbung von Arbeitnehmern[3]) oder — besonders deutlich — mit der Entwicklung der Anwartschaftsrechte. Eine auffällige Parallele bietet auch das Recht der fiduziarischen Rechtsübertragungen, wenn z. B. dem Sicherungseigentümer im Konkurs des Treugebers kein Aussonderungs-, sondern nur ein Absonderungsrecht gegeben wird oder wenn im umgekehrten Fall der uneigennützigen Treuhand dem Treugeber im Konkurs oder bei der Einzelzwangsvollstreckung gegen den Treuhänder ein Aussonderungsrecht (§ 43 KO) bzw. die Drittwiderspruchsklage (§ 771 ZPO) gewährt wird, obwohl er strenggenommen nur einen obligatorischen Anspruch hat[4,5].

---

[1] *Larenz,* Methodenlehre, S. 457 f.; vgl. auch *Koziol,* S. 22 ff.

[2] Vgl. BGHZ 12, 308 ff., 318 ff.; BGHZ 37, 30 ff., 33; BGHZ 40, 135 ff., 139; BGH NJW 1964, 152; BGH NJW 1964, 917; BGH NJW 1965, 1527; BGH MDR 1967, 818; eingehend *Koziol,* S. 34 ff., insbes. S. 62 ff.

[3] Vgl. BAG DB 1962, 1700; eingehend *Koziol,* S. 70 ff.

[4] Ähnliche Erscheinungen finden sich u. a. auch im anglo-amerikanischen Recht. Berücksichtigt man, daß der ‚beneficiary' kraft dinglicher Surrogation des Treuguts selbst dann noch *dinglich* gesichert ist, wenn der ‚trustee' das Treugut an einen gutgläubigen Dritten veräußert (vgl. *H. O. Zimmermann,* S. 42) und daß das Treugut im Konkurs des Treuhänders aussonderungsfähig ist (vgl. H. O. Zimmermann, S. 64 f.), so erscheinen die Grenzen zwischen den absoluten und relativen Rechten auch verwischt. Diese These von der relativen Natur sog. absoluter Rechte gilt auch für ‚property', denn es besteht im anglo-amerikanischen Recht sowohl am Geld wie an einer Forderung ‚property'. ‚Property' löst nämlich ähnlich unserem dinglichen Recht sich in eine *unbestimmte* Vielzahl relativer Rechtsbeziehungen auf, „resolves itself into an account of rights and duties of persons with regard to the appropriation of things" (*Jenks,* S. 240). Mit der absoluten Wirkung von property wird daher allenfalls bildhaft die Monopolstellung umschrieben, die sich als tatsächlicher Reflex aus einer Vielheit von Pflichten einer unbestimmten Zahl von Personen gegenüber einer anderen Person mit Beziehung auf ein und denselben Vermögenswert ergibt. So zutreffend *Kellmann,* S. 46 ff., 50; vgl. auch *Koziol,* S. 103 ff.

[5] Weitere Beispiele absoluter Wirkung von Forderungsrechten sind die Gläubigeranfechtung, die Haftung bei Vermögensübernahme, die Bestimmungen der Gewerbeordnung bezüglich des „Abspenstigmachens" von Arbeitern

Daß das Eigentum und die anderen dinglichen Rechte absolut sind, ergibt sich klar und eindeutig aus der Rechtsordnung; diese Absolutheit ist nahezu unbestritten, es braucht daher an dieser Stelle nicht weiter darauf eingegangen zu werden[5a]. Die Frage der Relativität von Forderungsrechten erscheint mir indes noch nicht gelöst. Die herrschende Meinung geht zu weit, wenn sie schon daraus den grundlegenden Unterschied zwischen Forderungsrechten und dinglichen Rechten herauslesen will. Der Schluß von der Relativität der Forderungsrechte auf einen grundsätzlichen Unterschied zu den absoluten Rechten erscheint, wie *Wieacker*[6], *Dulckeit*[7] und *Casjen Peters*[8], aber vor allem neuestens *Manfred Löwisch*[9] und *Koziol*[10] aufgezeigt haben, verfrüht.

Diese Ansätze in der neueren Rechtslehre, die bei konsequenter Durchführung den Fortbestand der prinzipiellen Zweiteilung in absolute und relative Rechte in der überkommenen Form fraglich erscheinen lassen, verdienen auch noch aus einem weiteren Gesichtspunkt Zustimmung[11]. So wird von diesen Autoren zu Recht darauf hingewiesen, daß auch die Zugehörigkeit des Vermögensgegenstandes „Forderung" zum Vermögen des Gläubigers ihrem Wesen nach eine absolute Rechtsposition sei[12]. Das Forderungsrecht hat nämlich eine Doppelnatur. Auf der einen Seite ist es Anspruchsrecht und damit relatives Recht. Auf der anderen Seite ist es als Befriedigungsrecht mit absoluter Wirkung aus-

---

und die Wirksamkeit gegenüber Dritten, die ein obligatorischer Anspruch durch Vormerkung im Grundbuch erlangen kann. Im einzelnen siehe dazu *Koziol*, S. 84 ff.

5a Vgl. aber jüngst *Ernst Wolf*, § 1 A II b 5, der jedoch zu Unrecht dingliches Recht und dinglichen Anspruch synonym verwendet.

6 DRW 1941, 49 ff.

7 Die Verdinglichung obligatorischer Rechte, insbes. S. 28 ff.

8 AcP 153, 454 ff.

9 S. 1 ff.

10 S. 22 ff.

11 Wenn die h. M. dieser Ansicht nicht folgt, so muß ihr insoweit zugestimmt werden, als keine Rechtsordnung auf ein logisch aufgebautes System von Begriffen verzichten kann. Diese stehen notwendigerweise am Ausgangspunkt jeder wissenschaftlichen, d h. logischen Untersuchung, da jede als Prämisse eingesetzte Aussage in bestimmte Begriffe gekleidet sein muß und von diesen Begriffen ihren Gehalt empfängt. Will man aber nicht Gefahr laufen, eine verkappte Begriffsjurisprudenz zu treiben, so muß man sich darüber im klaren sein, daß die technische und systematische Fortbildung des Rechts — von den „Grundentscheidungen" abgesehen — weder eine Frage der ethischen Einstellung des Gesetzgebers ist, noch aus der „inneren Logik" der Begriffe entwickelt werden kann. Vielmehr ist die Entscheidung des Gesetzgebers, ob man etwa an der scharfen Trennung der obligatorischen und dinglichen Rechte festhalten will, eine Zweckmäßigkeitsentscheidung, die auf Grund einer sorgfältigen Abwägung der in Betracht kommenden typischen Interessengegensätze zu gewinnen ist. So zutreffend *Baur*, JZ 1952, 381, 382.

12 So *Larenz*, Schuldrecht AT, § 33, I, S. 387 ff.; *Westermann*, § 2, II, 2; *Wieacker*, DRW 1941, 49 ff.; *Koziol*, S. 152 ff.

gestaltet; es ist auch ein Recht, welches sich noch in anderer Weise als durch Anspruchsausübung, nämlich durch Verfügung verwerten läßt. Insofern ist m. E jedes obligatorische Recht auch ein absolutes Recht[13]. Dieses absolute Recht schließt ein Recht zur Verfügung ein, zugleich aber auch ein Abwehrrecht gegen jedermann[14]. So betrachtet steht der Forderungsberechtigte in einer Position, die der des Eigentümers einer Sache durchaus ähnlich ist. Er hat ebenfalls ein exklusives Recht, und er unterscheidet sich vom Sacheigentümer allein dadurch, daß sein Recht sich auf ein unkörperliches Objekt bezieht. Man könnte aus diesem Grunde zutreffend von dem „Eigentum" des Gläubigers an seiner Forderung sprechen[15]. Das gilt insbesondere deshalb, weil der Begriff des

---

[13] Vgl. *Raape*, IherDogJb 74, 179 ff., 246; so auch *Koziol*, S. 171. Dagegen hält *Ernst Wolf* (FamRZ 1968, 493 ff., 498) Rechte mit absoluten und relativen Wirkungen für Gebilde, die gegen das logische Gesetz vom ausgeschlossenen Widerspruch verstoßen. Im übrigen könne es auch deshalb eine absolute oder relative Seite eines Rechts nicht geben, weil ein Recht kein körperlicher Gegenstand sei und somit keine Seiten habe und weil eine Seite weder absolut noch relativ sein könne. Jedes subjektive Recht könne daher nur ein relatives oder ein absolutes sein. Ähnlich *Larenz* (Methodenlehre, S. 457), der eine derartige Mischform ebenfalls ablehnt. Diese Ansicht ist jedoch abzulehnen, weil sie auf einem zu engen Begriff des subjektiven Rechts beruht. Die Unterscheidung zwischen relativen und absoluten Rechten, auch sonst nicht mit der ursprünglich für sie in Anspruch genommenen Stringenz durchgeführt, erweist sich m. E. als Unterscheidung, die nicht auf einem kontradiktorischen Gegensatz beruht. Im übrigen sollte eine derartige begriffslogische Methode auch schnellstens in Verruf geraten. Vgl. dazu für den familienrechtlichen Bereich *Gernhuber*, § 2 II 5, S. 14 FN 2.

[14] Die Forderungen sind u. a. unter den Voraussetzungen des § 826 und unter besonderen Umständen zumindest nach einer Lehrmeinung auch unter den Voraussetzugen des § 823 Abs. 1 gegen jedermann geschützt. Diese Frage ist jedoch noch heftig umstritten. Wie hier *von Caemmerer*, Festschrift für Rabel, Teil 1, S. 333 ff., 355; *Fabricius*, AcP 160, 273 ff., 284 ff., 301 ff.; *Larenz*, Schuldrecht BT, § 72 I a, S. 458; *Esser* Schuldrecht BT, § 107 II 2, S. 403; *Oertmann*, AcP 123, 129 ff., 145 f.; *Derselbe*, Vorbem. 3 a vor § 241; *Siber*, Schuldrecht, S. 450 f.; *Henckel*, S. 237. Zu diesem Fragenkreis vgl. insbes. *Koziol*, Die Beeinträchtigung fremder Forderungsrechte; *Manfred Löwisch*, Der Deliktsschutz relativer Rechte, insbes. S. 14 ff., 36 ff., 80 ff. und *Otte*, JZ 1969, 253 ff.

[15] Es ist ein Verdienst von *Kellmann* (S. 49), dies erkannt und unter Heranziehung der Rechtsgrundsätze im anglo-amerikanischen Recht, wo sowohl an Geld wie an einer Forderung „property" bestehen kann (vgl. Zweiten Abschnitt, Ersten Teil, III, FN 4) herausgearbeitet zu haben, wobei nicht verkannt werden soll, daß Eigentumsrecht und Forderungsrecht die entsprechenden Größen sind und das Eigentum an der Forderung eine (nicht notwendige) Rechtsverdoppelung darstellt, da die Annahme eines Eigentums an Forderungen keine selbständige Funktion hat. So zutreffend *Koziol*, S. 149; *Larenz*, Schuldrecht AT, § 2, II, S. 15; *Löbl*, AcP 129, 257 ff., 286 ff., 297; vgl. auch *Dulckeit*, S. 55; a. A. *Franz Leonhard*, S. 66 ff., jeweils mit weiteren Nachweisen; siehe dazu auch *Ernst Wolf*, § 3 A II b. Das zeigt sich auch darin, daß als Folge des sich immer mehr entwickelnden Wirtschaftssystems die Rechtsprechung und Lehre den *verfassungsrechtlichen* Eigentumsbegriff schlechthin auf alle vermögenswerten Rechte erstreckt hat. Der Eigentumsbegriff der verfassungsrechtlichen Eigentumsgarantien umfaßt

Eigentums auch sonst vielfach übertragen gebraucht wird. Man spricht beispielsweise vom Eigentum an Patent-, Autor und Markenrechten. Dabei ist zu berücksichtigen, daß das Recht an Forderungen noch absoluter wirkt als das Eigentum an Sachen, weil nämlich der Schutz gutgläubigen Dritterwerbs, der beim Erwerb von Sachen wegen §§ 892 und 932 schwächend wirkt, beim Erwerb von Forderungen nahezu völlig fehlt[16, 17]. Auch die von *Wieacker*[18] und *Larenz*[19] aufgezeigte Vergegenständlichung der Forderung als Zuordnungsobjekt spricht für die absolute Natur des Forderungsrechts. Inhaltlich schafft die Forderung zwar nur ein Rechtsband zwischen dem Gläubiger und dem Schuldner. Das so bestimmte Rechtsverhältnis ist aber ein die Zuordnung bedürftiger und fähiger Gegenstand. Diese Zuordnung wirkt aber unmittelbar und absolut[20]. Demgegenüber sind auch die dinglichen Rechte relativ, wenn man die *Beziehung* der Person zur Sache betrachtet. Die Dinglichkeit eines rechtlichen Verhältnisses besteht gerade darin, daß es an einen dinglichen Rechtsgegenstand gebunden, auf diesen beschränkt und in seinem Existieren und Inhalt von ihm unmittelbar abhängig ist. Das wird damit ausgedrückt, daß das dingliche rechtliche Verhältnis „an" einem dinglichen Rechtsgegenstand besteht. Der Berechtigte kann also *nur* mit jener Sache nach seinem Willen verfügen und diese nutzen, die ihm durch das dingliche Recht zugeordnet ist. Das dingliche Recht richtet sich daher, so betrachtet, ebenfalls nur auf eine ganz bestimmte Sache, ist also unter diesem Blickwinkel *relativ*[20a].

Als weitere Gemeinsamkeit zwischen Forderungsrecht und dinglichen Rechten ist bei der Lösung der hier anstehenden Streitfrage der gleichartige soziale Unterbau zu berücksichtigen. Dieser ist bei dinglichen und persönlichen Rechten weitgehend, wenn auch nicht überall, der gleiche: das wirtschaftliche Leben im Eigentum und Besitz, Güterzuordnung und Güternützung, in Güterverkehr und Güterschutz[21]. Eine Folge davon ist, daß die sozialen Wirkungsgebiete der persönlichen und dinglichen Rechte nicht durch eine „vertikale" Linie getrennt

---

daher unbestrittenermaßen neben dem Sacheigentum des BGB auch alle dinglichen Rechte (Dienstbarkeiten, Reallasten, Hypotheken, Grund- und Rentenschulden, Pfandrechte, Wohnungseigentum, Wohnrechte usw.), alle Urheberrechte (einschließlich Patente), alle vermögenswerten Mitgliedschaftsrechte (Aktien, GmbH- und Genossenschaftsanteile), ja sogar den bloßen Besitz, gewöhnliche schuldrechtliche Forderungen, das Recht am Gewerbebetrieb usw. Vgl. dazu *Soergel-Siebert-Baur*, RdNr. 15 vor § 903.

16 Eine Ausnahme bilden insoweit lediglich die sog. verbrieften und die durch das Grundbuch gesicherten Forderungen, wie z. B. die Vormerkung.

17 Vgl. auch *von Büren*, S. 2.

18 DRW 1941, 49 ff.

19 Schuldrecht BT, § 72 I a, S. 458.

20 *Westermann*, § 2 II 2.

20a So wohl auch *Ernst Wolf*, § 1 A II b 5. Vgl. aber auch S. 76 FN 13.

21 Vgl. dazu *Boehmer*, Einführung, § 27, S. 283 ff.

sind, sondern sich beständig in „horizontaler“ Richtung überschneiden[22].

Darüber hinaus weisen alle aus diesen Rechten fließende Ansprüche, dingliche wie obligatorische, in ihrem Kern die gleiche Struktur auf. Denn alle stellen Rechte dar, die darauf gerichtet sind, von einem anderen ein Tun oder Unterlassen zu verlangen (§ 194 Abs. 1). Das Ziel *aller* Ansprüche besteht also immer in einer ganz bestimmten Leistung[23]. Der Anspruch bezeichnet deshalb primär ein Leistungsbegehren gegen den Schuldner[24]. Zweck des Anspruchsbegriffs ist es, das materiellrechtliche „Fordern-Können“ rechtstechnisch zu kennzeichnen und gleichzeitig klarzustellen, daß dieses „Fordern-Können“ als prozessuales „Fordern-Wollen“ den Inhalt des Verfahrensgegenstandes individualisiert. „Anspruch“ ist demnach der rechtstechnische Oberbegriff für den „prozessualen Anspruch“ und den „materiellen Anspruch“, also für ein prozessuales und materielles Leistungsbegehren[25, 26]. Der Unterschied zwischen dem schuldrechtlichen und dem dinglichen Anspruch liegt allein in der formalen juristischen Struktur[27].

---

[22] So *Boehmer*, Einführung, § 27, S. 283.

[23] Interessanterweise haben auch die Römer die überragende Bedeutung der Leistung für die (unseren Ansprüchen allein vergleichbare) „actio certa“ erkannt. Vgl. dazu *Hesselberger*, S. 43 ff.

[24] So auch *Georgiades*, S. 142; *Ernst Wolf*, NJW 1953, 164, 166.

[25] Es ist hier nicht der Ort, auf die sehr schwierige Frage über das Wesen und die Funktion des „Anspruchs“ einzugehen. Die Ansichten im Schrifttum darüber gehen weit auseinander. Es ist das Verdienst von *Windscheid* (Pandekten I, 7. Aufl., S. 100) zum ersten Mal einen materiellrechtlichen Anspruchsbegriff entwickelt zu haben. Darunter versteht er „das Recht, von einem anderen etwas zu verlangen“ (Pandekten Bd. I, 7. Aufl., S. 100). Dieser Anspruchsbegriff deckt sich mit dem des BGB (§ 194 I) zwar nur hinsichtlich der schuldrechtlichen Ansprüche völlig, da *Windscheid* aus dem dinglichen Recht einen gegen jedermann gerichteten Anspruch ableitet und insofern an die ‚actio in rem‘ anknüpft. Ein solcher Anspruch gegen jedermann ist dem BGB aber unbekannt. Daher dürfte es m. E. dem Wesen des Anspruchs sehr nahekommen, wenn man unter Berücksichtigung der Definition des Anspruchs im Sinne von *Windscheid* im Anschluß an die *Motive* (Teil II, S. 291) unter dem Begriff des Anspruchs all diejenigen Fälle zusammenfaßt, „in denen ein bestimmtes Verlangen an eine bestimmte Person berechtigt ist und daher auch mit einer Leistungsklage durchgesetzt werden kann“. So auch *Hesselberger*, S. 294 f.; *Georgiades*, S. 134; vgl. dazu auch *Neussel*, Anspruch und Rechtsverhältnis, Mainz 1952, insbes. S. 44 ff.; *Esser*, Grundbegriffe, insbes. S. 156 ff.; *Dimopoulos-Vosikis*, S. 11 ff.

[26] Die herrschende Meinung weist aus diesem Grunde zu Recht die Ansicht einer Mindermeinung (*Heck*, Sachenrecht, § 32 2; ihm folgend *Stutz*, S. 86 f.) zurück, nach der jeder Anspruch ein Schuldverhältnis erfordere. Zwar ist Inhalt jeder schuldrechtlichen Leistung ein Tun oder ein Unterlassen, wie es die Begriffsbestimmung des § 194 I ebenfalls vorschreibt. Daraus folgt auch, daß jede geschuldete Leistung auf einem Anspruch des Gläubigers gegen den Schuldner beruht, nicht aber auch, daß überall dort ein Schuldverhältnis vorliegen muß, wo ein Anspruch besteht (so auch *W. E. Krause*, S. 33). Vielmehr stellt jedes Verhältnis, das zwei Personen bezüglich einer bestimmten Leistung verbindet, einen Anspruch dar.

[27] So *Boehmer*, Einführung, § 11 VI, S. 73.

Der allgemeine Anspruchsbegriff ist jedoch praktisch wertlos, er ist „neutral und von blasser Farblosigkeit“[28]. Die hier gewonnene Erkenntnis, daß der dingliche Anspruch ebenso wie der schuldrechtliche dem allgemeinen Anspruchsbegriff unterzuordnen ist, darf daher nicht dazu verleiten, die systematische und wesensmäßige Verschiedenheit beider Anspruchsarten zu verkenen, wenn sich auch rechtstheoretisch gegen eine Einbeziehung der Unmittelbarkeit der Objektsbeziehungen an unkörperlichen Gegenständen in den Dinglichkeitsbegriff nach den oben gemachten Aussagen nichts einwenden lassen würde[29].

Als Folge der bereits gezeigten „Allwirksamkeit“[30] der dinglichen Rechte zwingt jede Verletzung — u. U. schon jede objektive Beeinträchtigung — denjenigen, der das Recht verletzt hat, in ein gesetzliches Schuldverhältnis mit dem Verletzten und auf Grund dieses Schuldverhältnisses erhält der Beeinträchtigte wiederum ein relatives Recht: einen Anspruch auf Wiederherstellung der gestörten Rechtslage und gegebenenfalls auch auf Schadensersatz. Die latente Anspruchsmöglichkeit des dinglichen Rechts verwandelt sich in einen realen Anspruch. Obwohl nun dieser andere Anspruch seiner begrifflichen Voraussetzung nach rein schuldrechtlicher Natur ist, pflegt man ihn mit einer offensichtlichen „contradictio in adiecto“ als „dinglich“ zu bezeichnen. Das sollte natürlich nur besagen, daß ein solcher Anspruch — im Unterschied zu den ihrem Entstehungsgrund nach schuldrechtlichen, personenrechtlichen, familienrechtlichen und erbrechtlichen Ansprüchen — im dinglichen Recht seinen Ursprung hat[31]. Jedoch ist diese Definition des dinglichen Anspruchs noch zu weit. Gegen jedermann können sich nämlich auch viele andere Ansprüche richten, etwa der aus § 823 Abs. 1 (gegen jeden, der eines der dort genannten Schutzobjekte verletzt) oder die Bereicherung „in sonstiger Weise“ nach § 812 Abs. 1

---

[28] *Wendt*, AcP 100, 1 ff., 375. *Kelsen* (Reine Rechtslehre, S. 132 f.) spricht dem Anspruchsbegriff eine selbständige Bedeutung sogar ab und hält auch den Begriff des subjektiven Rechts für überflüssig. Nach dieser Ansicht ist die Klagebefugnis des Rechtsinhabers der einzig denkbare Anspruchsinhalt, weil das das alleinige Element sei, das nicht bereits im Begriff der Rechtspflicht enthalten ist. Diese Auffassung ist jedoch zu eng. Dem „Recht, von einem anderen ein Tun oder Unterlassen zu verlangen“ (§ 194) kommt nämlich der Charakter einer Eintrittsbefugnis, eines Rechtfertigungsgrundes, einer Erlaubnisform zu. So zutreffend *Adomeit*, S. 32 f.; vgl. auch *Dimopoulos-Vosikis*, S. 58 ff.

[29] Wohl lag es aber in der Absicht der Väter des BGB, den systematischen Begriff des dinglichen Rechts auf Sachenrechte zu beschränken. Vgl. z. B. *Motive*, Teil III, S. 2: „dingliche Rechte können nur stattfinden an körperlichen Sachen.“

[30] Vgl. dazu auch *Dulckeit*, S. 48; *Brecher*, Festschrift für Schmidt-Rimpler, S. 181 ff., 209.

[31] So auch *Dulckeit*, S. 7 ff.; ähnlich *Medicus*, Bürgerliches Recht, § 19 I, S. 175; a. A. *Köbl*, S. 85 FN 12.

Satz 1 2. Alt.[32]. Auch zeigen diese Beispiele, daß der dingliche Anspruch nicht einfach mit „Anspruch aus einem dinglichen Recht" gleichgesetzt werden kann: Die Ansprüche aus §§ 823 Abs. 1, 812 Abs. 1 Satz 1 2. Alt. können gleichfalls auf dem dinglichen Recht des Verletzten beruhen, ohne doch dingliche Ansprüche zu sein. Daher finden im Rahmen dieser Ansprüche die allgemeinen Regelungen über Verzug auch von sich aus, d. h. *ohne* besondere gesetzliche Anordnung, Anwendung[33]. Es ist schließlich auch kein Spezifikum des dinglichen Anspruchs, daß er nicht auf eine *„Rechtsverschiebung"*, sondern „nur" auf Feststellung des normalen Zustands des Rechts abzielt[34]. Denn diesem Zweck dienen auch die schuldrechtlichen Rückgabeansprüche aus Leihe, Miete, Pacht und dgl. Am ehesten dürfte daher die bereits erwähnte Definition von *Heck*[35] zutreffen, wonach der dingliche Anspruch das dingliche Recht „verwirklicht"[36]. Danach steht er auf einer Stufe mit dem schuldrechtlichen Erfüllungsanspruch[37]. Man spricht daher zu Recht von der Relativität des dinglichen Anspruchs[38]. Als sachenrechtliche Erscheinung besteht eine Beziehung zwischen Person und Person *ähnlich* einem Schuldverhältnis[39, 40, 41]. Sie wirkt auch wie die obli-

---

32 So auch *Medicus*, § 19 I, S. 175; a. A. *Wallerath*, JR 1970, 161.

33 So zutreffend *Dimopoulos-Vosikis*, S. 165 f. m. w. N.

34 Zu diesem Moment vgl. *Oertmann*, Vorbem. 3 c vor §§ 241 ff.

35 Sachenrecht, § 31, 32; vgl. auch *Dimopoulos-Vosikis*, S. 30 ff.

36 Daraus folgt, daß diese Ansprüche sich nicht auf die Veränderung der dinglichen Rechtslage richten. Vielmehr sind sie dinglich, weil sie lediglich auf Grund des Widerspruchs, welcher zwischen dem tatsächlichen Zustand und dem kraft des dinglichen Rechts zu fordernden Zustand obwaltet, entstehen. So auch *Dimopoulos-Vosikis*, S. 30.

37 So auch *Medicus*, Bürgerliches Recht, § 19 I, S. 177; *Casjen Peters*, AcP 153, 454 ff. 458.

38 So *Georgiades*, S. 222 m. w. N. in FN 15; *Hermann Lange*, JZ 1964, 640, 641; *Wallerath*, JR 1970, 161, 162; vgl. dazu auch *Siber*, Rechtszwang, S. 95 ff.; *Heck*, Schuldrecht, § 1, S. 10; *Planck-Siber*, Bd. II, Teil 1, Vorbem. II 2 a.

39 Vgl. *Endemann*, HdwbdRWiss. Bd. I, S. 215 ff., 216.

40 Dagegen kann *Peters* (AcP 153, 454 ff.) nicht gefolgt werden, der darlegt, daß die sogenannten dinglichen Ansprüche obligatorischer Natur seien. Sie ergäben sich nicht aus der inhaltslosen Definition des Eigentums in § 903 und würden auch nicht durch das Eigentumsrecht bestimmt; vielmehr seien sie es, die, umgekehrt, das Eigentumsrecht bestimmten. Die Versuche, dem dinglichen Anspruch eine Sonderstellung zu sichern, würden sich als unmöglich erweisen. Der dingliche Anspruch stünde nicht außerhalb des allgemeinen Schuldrechts (a.a.O. S. 457). Mit der wiedergegebenen Ansicht war *Peters* in Wirklichkeit aber gar nicht bestrebt, das Wesen der dinglichen Ansprüche zu ergründen. *Peters* in *Erman-Peters*, Vorbem. 2 vor § 985 und AcP 153, 454 ff., 463 wollte — wie es scheint — den schuldrechtlichen Charakter der dinglichen Ansprüche beweisen, um die grundsätzliche Anwendbarkeit der allgemeinen schuldrechtlichen Normen auf diese Ansprüche zu ermöglichen. Gegen ein solches Verfahren sind m. E. aber methodische Bedenken geltend zu machen. Denn man kann zwar über die Anwendbarkeit schuldrechtlicher Normen auf die dinglichen Ansprüche verschiedener Ansicht sein; dadurch aber, daß man den Herausgabeanspruch des § 985 bloß mit einem neuen Namen versieht, kann die Lösung der Frage weder gefunden noch begründet

gatorischen Ansprüche *nur* zwischen den Beteiligten[42]. Die Tatsache, daß dieser Anspruch mit jeder Zuständigkeitsänderung zwischen den nunmehr Beteiligten neu entsteht, ändert nichts an der Relativität des dinglichen Anspruchs. Der Unterschied zwischen dem schuldrechtlichen und dem dinglichen Anspruch ist aus diesem Grunde mit der überwiegenden Meinung[43] im wesentlichen nur aus der Verschiedenheit des Entstehungstatbestandes begründet. Der dingliche Anspruch hat insofern eine große Ähnlichkeit mit dem aus dem Forderungsrecht fließenden schuldrechtlichen Anspruch, doch ist er kein solcher[44]. Nach dem Gesagten kann das dingliche Recht nämlich nur mittels dieses Anspruchs ins Leben treten. Schuldrechtliche Ansprüche dagegen sollen eine Spannung aufheben, die durch besondere Beziehungen zwischen zwei Personen geschaffen wurde. Sie richten sich nicht gegen einen „Störer"", sondern gegen einen „Schuldner". Das gilt auch für den deliktischen Herausgabeanspruch wegen Eigentumsverletzung nach §§ 823, 249. Auch dieser Anspruch „verwirklicht", wie bereits erwähnt,

---

werden. So auch *Dimopoulos-Vosikis*, S. 34 ff.; vgl. dazu *Krause*, S. 33 ff. Es ist hier auch nicht der Ort, den Inhalt des dinglichen Rechts eingehend zu untersuchen. Denn auf ihn kommt es gar nicht entscheidend an. Ganz unabhängig davon, ob das dingliche Recht durch die Ansprüche (in diesem Sinne *Raiser*, Festschrift für Martin Wolff, S. 122 ff., S. 135) oder diese durch das Recht geprägt sind, kommt es lediglich darauf an, inwieweit sich der dingliche vom schuldrechtlichen Anspruch inhaltlich abhebt. Das hat mit einer „Überbewertung des positiven Gesetzes" nichts zu tun (so aber *Peters*, AcP 153, 454 ff., 463). Vielmehr kommt es bei der Beurteilung der Rechtsnatur eines Anspruchs gerade auf seinen Inhalt an. Dabei sind *alle* Umstände zu berücksichtigen, denen er seine Existenz verdankt.

41 Soweit *Konrad Hellwig* (Anspruch, § 5 Text zu Anm. 1) diese Ansprüche „obligationes ex lege" bezeichnet, widerspricht das nicht der hier vertretenen Lösung. Denn nach seiner Ansicht sind „Anspruch" und „Obligation" gleichzusetzen. Daraus ergibt sich aber, daß seine eben wiedergegebene Formulierung nicht mehr bedeutet als: Die dinglichen Ansprüche sind Legal-*Ansprüche*. Daß diese Ansprüche dem Gesetz entspringen und nicht einem Rechtsgeschäft ist indes ohnehin klar und bringt nur eine Selbstverständlichkeit zum Ausdruck. Aus diesem Grunde ist die Formulierung von *Hellwig* als Erklärung des dinglichen Anspruchs abzulehnen. So auch *Dimopoulos-Vosikis*, S. 38 f.

42 Das scheint *Peters* (AcP 153, 454 ff., 456) in seiner kritischen Würdigung der herrschenden Lehre zu übersehen. Sicherlich fehlt dem Rechtsverhältnis, welches den dinglichen Anspruch begründet, die Beziehung auf eine bestimmte andere Person, *aber dem dinglichen Anspruch selbst fehlt diese Beziehung nicht.*

43 Vgl. *Westermann*, § 2 III 1—3 m. w. N.; siehe bereits *Bunsen*, Bernhöft und Binder's Beiträge zur Auslegung des Bürgerlichen Gesetzbuchs, 6. Heft, S. 419 ff., 428 FN 2.

44 Demgemäß haben bereits die *Motive*, Teil I, S. 397 ff., ausdrücklich ausgesprochen, daß die dinglichen Ansprüche, sofern sie sich gegen eine Person richten und von dieser eine Leistung verlangen, einen ‚obligationsähnlichen' Charakter annehmen, auch wenn sie sich *immer* von den Forderungsrechten, bei denen die Person des Gläubigers und des Schuldners von vornherein feststehen, unterscheiden.

nicht das Eigentum, sondern entspricht einem Sekundäranspruch auf Schadensersatz wegen Nichterfüllung (vgl. § 251). Der dingliche Anspruch steht jedoch diesem zur Durchsetzung des Forderungsrechts dienenden Leistungsanspruch nahe[45]. Dinglicher und schuldrechtlicher Anspruch verfolgen nämlich denselben Zweck: sie sollen die Zuordnung der Sache oder der Forderung an den Berechtigten durchsetzen[46].

Allein die genetische Verschiedenheit reicht jedoch nicht aus, die wesensmäßige Eigenart und die funktionelle Besonderheit des dinglichen Anspruchs zu begründen[47]. Es ergeben sich aber aus der Verschiedenheit der Entstehungsgründe auch sachliche Unterschiede. Wird nämlich der schuldrechtliche Anspruch befriedigt, dann erlischt das Forderungsrecht; wenn dagegen der dingliche Anspruch befriedigt wird, erlischt das dingliche Recht nicht, sondern wird im Gegenteil wieder verstärkt. Denn es gerät in den normalen Zustand der Ruhe zurück. Die dinglichen Ansprüche zielen also im Gegensatz zu den schuldrechtlichen auf die Verwirklichung des Inhalts des dinglichen Rechts hin. Sie sind „sachenrechtliche Verwirklichungsansprüche"[48], weil sie die Herstellung des dem dinglichen Recht entsprechenden Zustands anstreben. Das macht auch verständlich, daß die Zivilrechtsdogmatik aus der Verschiedenheit des Entstehungsgrundes eine besondere rechtliche Qualität des dinglichen Anspruchs abgeleitet und ihm infolgedessen eine Sonderstellung eingeräumt hat.

Aus dem Dargelegten geht hervor und kann als Zwischenergebnis festgehalten werden, daß die ganze „Sondernatur" der dinglichen Ansprüche sich in Wahrheit darauf zurückführen läßt, daß sie nicht selbständig abgetreten werden können[49]. Solange es aber nicht um die Abtretung der dinglichen Ansprüche, sondern um ihre Erfüllung durch den Schuldner geht, steht die Funktion des dinglichen Anspruchs als Verfügungsobjekt nicht im Vordergrund. Ausschlaggebend ist in diesem Stadium vielmehr, daß zwischen den dinglichen und schuldrechtlichen Ansprüchen ein gleichartiges Leistungsbegehren gegeben ist und aus diesem Grunde trotz der funktionellen Besonderheit und der genetischen

---

[45] Terminologisch ungenau spricht die herrschende Lehre in diesem Fall von Wesensgleichheit. Für diese Meinung, die Forderungsrecht und Leistungsanspruch gleichsetzt (vgl. die bei *Ost*, S. 131 FN 38 Genannten) ist es nur eine terminologische Frage, ob sie den dinglichen Anspruch als Forderungsrecht bezeichnet oder im Hinblick auf seine Herkunft davon absieht.

[46] Näher *Ost*, S. 153 f.

[47] Mißverständlich ist insoweit die Bemerkung von *Staudinger-Coing*, Anm. 3 zu § 194.

[48] *Georgiades*, S. 223; *Krause*, S. 26 m. w. N., der zu Recht bemerkt, daß es sich um Verwirklichungsansprüche unabhängig davon handelt, welche Rechtsnatur man den dinglichen Ansprüchen beimißt. So auch *Westermann*, § 30 I 2; *Köbl*, S. 85 f.

[49] Vgl. dazu Ersten Abschnitt, II FN 1.

Verschiedenheit des dinglichen vom schuldrechtlichen Anspruch eine Wesens*ähnlichkeit* zwischen beiden nicht geleugnet werden kann, wobei dieses Zwischenergebnis dem Umstand Rechnung trägt, daß unsere Rechtsordnung auf der systematischen Trennung zwischen dinglichen und schuldrechtlichen Ansprüchen aufbaut[50].

Die viel diskutierte Streitfrage über die Anwendbarkeit schuldrechtlicher Normen, hier der Verzugsregeln, im Sachenrecht ist nach dem Gesagten deshalb so zu entscheiden:

Das Schuldrecht und das Sachenrecht als innere Gegensätze zu verstehen, ist kaum noch zu rechtfertigen. Heute besteht Einigkeit darüber, daß eine solch summarische Entscheidung nicht möglich ist. Es kommt vielmehr darauf an, ob die Interessenlage der beiden Fallgruppen die gleiche ist und die ratio der Verzugsregelung auch die nicht geregelten sachenrechtlichen Tatbestände deckt. Es ist also immer zu fragen, ob Ansprüche, die an sich, d. h. nach wissenschaftlicher Erkenntnis, „dinglich" sind, im Sinne einer *konkreten* Vorschrift wie „obligatorische" Ansprüche zu behandeln sind. Daß dabei die äußere Systematik des BGB keine allzu große Rolle mehr spielt, daß die Transparenz und Berechenbarkeit der Rechtsordnung schwindet, ist dabei unvermeidbar. Der Gegenansicht ist lediglich insoweit zuzustimmen, als man sich nicht wegen einiger Fälle, die scheinbar von der Interessenlage her nicht in das System passen, zu einer *systematisch neuen Lösung* bereit finden sollte[51]. Eine Relativierung der Trennung von Schuldrecht und Sachenrecht bedeutet aber auch nicht deren völlige Aufhebung. Schuldrecht und Sachenrecht bilden insoweit keine ungegliederte Einheit. Es sind aber auch nicht zwei streng voneinander geschiedene Welten. Was allein der Vergangenheit angehört, ist die starre impermeable Trennung beider Teil-Rechtsgebiete. Denn ein solcher „Rechtsgebietsisolationismus" wird den hier angesprochenen Problemen nicht gerecht.

Selbst einer wie von *Kohler* und *Meyer* vertretenen Auffassung, die an der strengen Dichotomie von Schuldrecht und Sachenrecht festhält[51a], dürfte es im übrigen schwerfallen, die Anwendung der Normen des Schuldrechts im Sachenrecht mit einem bloßen Hinweis auf dessen wesensverschiedenen Charakter abzutun. In beträchtlichem Umfang

---

[50] So schon *Savigny*, System Bd. V S. 4; *Bolze*, Gruch 46, 753 ff., 763; *Falk*, S. 9; siehe auch *Motive*, Teil III, S. 398; a. A. *Zorn*, S. 10; *Crome*, Bd. I S. 180; *Affolter*, System S. 154 Anm. 1; *Hesselberger*, S. 289; *Georgiades*, S. 222 m. w. N., die Wesensgleichheit annehmen. Dagegen nehmen *Oertmann* (Anm. 3 c vor § 241), *von Tuhr* (Bd. 1 S. 246) und *Plath* (S. 39 und 43) Wesensverschiedenheit an, ohne jedoch daraus Konsequenzen zu ziehen.

[51] Vgl. dazu auch die Ausführungen von *Larenz*, Schuldrecht AT, Vorwort zur 1. Auflage, S. VII f.

[51a] Siehe S. 41 FN 30 und 31.

werden seit Jahrzehnten schuldrechtliche Vorschriften auf dingliche Ansprüche angewendet[52]. Angesichts dieser massiven Anwendung fehlt es an einem inneren Grund, die Übernahme der Schuldrechtsvorschriften von *vornherein* auszuschließen.

Diese Ansicht bedarf jedoch auch wegen ihres verfehlten methodischen Ansatzes im Rahmen dieser Arbeit keiner näheren Auseinandersetzung. Selbst wenn man nämlich unterstellt, daß beide Anspruchsarten wesensverschieden sind, muß hier zumindest in Frage gestellt werden, ob die Konsequenz, daß diese Wesensverschiedenheit es nun gerade verbieten soll, die Vorschriften über Leistungsstörungen den für dingliche Ansprüche geltenden Bestimmungen zu unterstellen, *allein* aus der Wesensverschiedenheit der Ansprüche selbst und unabdingbar hergeleitet werden darf, weil zwar die Interessenlagen hinsichtlich der Ansprüche ihrer Zielrichtung nach verschieden sein mögen und beide Anspruchsarten auch anderen Regeln und Techniken folgen, die Ansprüche selbst indessen durchaus verwandter Natur sind. Auf sie kommt es aber in erster Linie für die Frage nach der Anwendbarkeit schuldrechtlicher Normen auf dingliche Ansprüche an. Die unterschiedliche Rechtsnatur der jeweiligen Verpflichtung allein ist ja, wie bereits ausgeführt worden ist[53], für die Wertung, ob schuldrechtliche Vorschriften im Sachenrecht anwendbar sind, nach unserem heutigen Methodenverständnis unbeachtlich. Mit anderen Worten: Es ist verfehlt, allein auf die begriffliche Wesensverschiedenheit der Ansprüche abzustellen[54]. Das Dogma vom Wesensunterschied zwischen Schuldrecht und Sachenrecht genügt somit nicht, um die Anwendbarkeit schuldrechtlicher Vorschriften im Sachenrecht generell auszuschließen.

Abzulehnen ist jedoch auch die, insbesondere von *Westermann*[55] vertretene vermittelnde Auffassung. Diese bei der Lösung der Streitfrage auf die Zuordnung abstellende Lehrmeinung verkennt m. E., daß die Zuordnung zu einem Vermögen und gegebenenfalls auch ein Zuständigkeitswechsel nicht nur bei dinglichen Rechten stattfindet, sondern auch bei allen anderen Vermögensrechten. Denn auch die Forderung ist dem Gläubiger zur ausschließlichen Verfügung und Nutzung zugewiesen.

---

[52] Vgl. die Nachweise bei *Staudinger-Weber*, II. Bd., Teil 1 a, Einl. RdNr. R 85/86.

[53] Vgl. dazu Zweiten Abschnitt, Ersten Teil, III.

[54] Es ist auch keine logische Inkonsequenz und methodisch vertretbar, wenn man bei der Prüfung und Beantwortung der Frage, ob die schuldrechtlichen Bestimmungen im Sachenrecht *analog* oder *unmittelbar* anwendbar sind, auf die Wesensverschiedenheit der Ansprüche abstellt, da es sich insoweit gegenüber der Frage, ob Normen des Schuldrechts im Sachenrecht *überhaupt* anwendbar sind, um ein sekundäres Problem wenn auch nicht von untergeordneter Bedeutung handelt.

[55] § 2 III 2.

Die Rechtszuständigkeit der Forderung, ihre Verknüpfung mit der Person des Gläubigers, ist Dritten gegenüber geschützt[56]. Das ergibt sich schon aus § 816 Abs. 2, der den Eingriff in die Zuordnung der Forderung dem Eingriff in die Zuordnung der Sache gleichstellt[57], und die bekannte Regelung des sog. Prätendentenstreits nach § 75 ZPO[58]. Der Zuordnungsgedanke kommt somit *allen* subjektiven Rechten zugute[59, 60]. Er bildet aus diesem Grunde bei der Lösung dieser Streitfrage kein sachgerechtes Abgrenzungskriterium für die Anwendbarkeit schuldrechtlicher Normen im Sachenrecht[61]. Ergibt sich daher, daß der Gesichtspunkt, ob es sich um ein dingliches Leistungsverhältnis handelt oder ob Zuordnungsfragen berührt werden, in bezug auf die gestellte Aufgabe zu keiner befriedigenden Lösung führt, sind die weiteren denkbaren Lösungsmöglichkeiten einer eingehenden Betrachtung zu unterziehen.

Fehlt wie hier für ein bestimmtes Problem eine Regelung im Sachenrecht, kann nach heute allgemeiner Ansicht durchaus ein Rückgriff auf schuldrechtliche Vorschriften in Betracht kommen. Wie bereits ausgeführt worden ist, besteht eine Verschiedenheit von dinglichen und schuldrechtlichen Ansprüchen lediglich ihrem Ursprung, nicht jedoch ihrem Inhalt nach. Der sachenrechtliche Entstehungsgrund „ändert an

---

56 Diese Frage ist noch heftig umstritten. Die wohl noch als herrschend zu bezeichnende Meinung lehnt selbst in Fällen des Eingriffs in die Rechtszuständigkeit von Forderungen die Anwendbarkeit des § 823 Abs. 1 BGB wegen des im Deliktsrechts geltenden Enumerativprinzips ab. Vgl. RGZ 57, 353 ff.; BGHZ 12, 317; *Blomeyer*, Schuldrecht § 2 III 4 c; *Enneccerus-Lehmann*, § 1 II 1 a; *Fikentscher*, Schuldrecht § 103 I 6 a. Der Grundsatz, daß derartige Eingriffe in die Rechtszuständigkeit von Forderungen deliktisch nicht geschützt seien, wird in neuerer Zeit jedoch wieder in Zweifel gezogen. Wie hier *von Caemmerer*, Festschrift für Rabel, Teil 1, S. 333 ff., 355; *Larenz*, Schuldrecht BT § 72 I a, S. 458; *Oertmann*, AcP 123, 129 ff., 145 f.; *Derselbe*, Vorbem. 3 a vor § 241; *Siber*, Schuldrecht, S. 450 f.; *Henckel*, S. 237; für eine noch weitergehende Einbeziehung von Forderungen in den Anwendungsbereich des § 823 Abs. 1 *Koziol*, Die Beeinträchtigung fremder Forderungsrechte; vgl. auch *Otte*, JZ 1969, 253 ff.

57 Vgl. im übrigen *Wieacker*, DRW 1941, 49 ff.

58 In diesem Sinne auch *Raiser*, JR 1955, 118 f.; *Manfred Löwisch*, S. 27.

59 So auch *Ost*, S. 159.

60 Daraus folgt auch zwingend, daß entgegen *Westermann* (§ 3 I 2) der sachenrechtliche Offenkundigkeitsgrundsatz nicht eine Folge der güterrechtlichen Zuordnung ist. Denn das BGB hat im Bereich der immaterialgüterrechtlichen und schuldrechtlichen Zuordnungen weitgehend auf das Offenkundigkeitsprinzip verzichtet. In diesem Sinne auch *Ost*, S. 159.

61 Wenn man auf den Gedanken der Zuordnung abstellen will, muß dies in einer anderen, verfeinerten Form geschehen. Danach finden die Vorschriften über den schuldrechtlichen *Anspruch* auch im Sachenrecht in bezug auf die dinglichen *Ansprüche uneingeschränkt* Anwendung. Die schuldrechtlichen Vorschriften über die Forderung gelten nur insoweit, als sie *allgemeine* Zuordnungsprinzipien erkennen lassen. Diese Lösungsmöglichkeit wird von *Ost*, S. 154, angedeutet.

der Relativität auch des dinglichen Anspruchs nichts"[62, 63]. Dabei ist aber scharf zwischen zwei verschiedenen Formen der Anwendung zu unterscheiden, die in der Praxis auch nicht immer klar genug getrennt werden. Eine Reihe von bürgerlich-rechtlichen Vorschriften ist lediglich Ausdruck allgemeiner, für das *gesamte* Recht geltender Grundsätze, die nur mehr oder weniger zufällig gerade im Schuldrecht ausdrücklich normiert sind. Hierher gehört etwa nach heute unbestrittener Auffassung der in § 242 ausgeprägte Grundsatz von Treu und Glauben[64]. Bei der Anwendung solcher *allgemeiner Rechtsgedanken* im Sachenrecht handelt es sich im strengen Sinn überhaupt nicht um die Heranziehung *schuldrechtlicher* Vorschriften, sondern um die *(direkte)* Anwendung des — ungeschriebenen — Allgemeinen Teils des gesamten Rechts[65]. Dabei muß man nochmals unterscheiden zwischen *allgemeinen* Rechtsgrundsätzen i. e. S., die unmittelbar aus dem Rechtsprinzip abzuleiten und damit Bestandteil *jeder* Rechtsordnung sind, und *besonderen* Rechtsgrundsätzen, die lediglich (spezialgesetzlich durchaus abdingbare) Fundamentalnormen einer *bestimmten,* nämlich der jeweils geltenden Rechtsordnung darstellen[66].

Die zweite Alternative ist die eigentliche *Analogie* zu schuldrechtlichen Vorschriften, die — etwa als detaillierte Regelung von Einzelfragen — nicht Ausdruck allgemein gültiger Rechtsgrundsätze sind. Gegen eine analoge Heranziehung schuldrechtlicher Bestimmungen auf sachenrechtliche Tatbestände bestehen keine prinzipiellen Bedenken. Sie ist nach den allgemeinen Grundsätzen analoger Rechtsanwendung

---

[62] So auch *Westermann,* § 2 III 2; ähnlich *Wolff-Raiser,* § 1 I 4 und § 2 I; *Hermann Lange,* JZ 1964, 640, 641; *Wallerath,* JR 1970, 161, 162 m. w. N.

[63] Heute einhellige Meinung. Vgl. S. 80 f.

[64] Vgl. dazu *Mainka,* Vertrauensschutz im öffentlichen Recht, Bonn 1963.

[65] Von *Ernst Fuchs* (JW 1917, 504) stammt daher der Vorschlag Treu und Glauben „als Stirnaufschrift und § 1 ... über das ganze Gesetzbuch" zu schreiben. Im Ergebnis ähnlich *Soergel-Siebert-Mühl,* Bd. 4 Einl. RdNr. 10; *Mühl,* NJW 1956, 1657; vgl. auch *Soergel-Siebert-Knopp,* RdNr. 61 ff. zu § 242 BGB mit Nachweisen aus der Rechtsprechung; *Erdmann,* S. 14; *Hamburger,* Treu und Glauben, S. 9 f.; *Derselbe,* Anm. zu RG JW 1931, 3434, in JW 1932, 1041 f.; *Hachenburg,* S. 8 f.; *Plath,* S. 61; *Lehmann,* Anm. zu RG JW 1935, 2619 ebd.; RGZ 85, 108 ff., 117; OGH BritZ RdL 1950, 31; a. A. *Timm,* S. 70 ff., 79, der in § 242 keinen allgemeinen Rechtsgedanken sieht und deshalb auch bei § 242 nur eine analoge Anwendung bejaht; noch weitergehend verneint *Falk* (S. 16) insgesamt die Anwendbarkeit von § 242 im Sachenrecht, insbesondere auf den Eigentumsherausgabeanspruch (siehe aber die zutreffende Kritik an den Überlegungen von *Falk* bei *Timm,* S. 77 ff.); Dieser Ansicht schließt sich neuestens *Ernst Wolf* (Das Arbeitsverhältnis, Marburg 1970, S. 21 ff.) an. „Der alles beherrschende Grundsatz von Treu und Glauben ..." hat nach seiner Ansicht „keinen möglichen Inhalt, existiert also nicht" (S. 26). Eine derartige begriffslogische Methode sollte jedoch gründlich in Verruf geraten. Siehe auch *Köbl,* S. 87.

[66] Diese Unterscheidung hat im Bereich des Verwaltungsrechts *Hans-J. Wolff,* § 25 I a eingeführt; vgl. dazu auch *Schade,* S. 53 ff.

dann möglich, wenn der nicht geregelte (also hier der sachenrechtliche) Tatbestand dem geregelten (also hier dem schuldrechtlichen) Tatbestand so ähnlich ist, daß die (teilweise) Übereinstimmung eine rechtliche Gleichbehandlung der Fallgruppen rechtfertigt. Das ist eine Frage, die sich nicht auf dem Wege logischer Denkoperationen, sondern nur als Ergebnis einer vergleichenden Wertung der in Frage stehenden Interessenlagen beantworten läßt[67].

---

[67] Ein Teil der Autoren in der Literatur bezeichnet es ebenso wie die Praxis als einen müßigen Wortstreit, ob die im Schuldrecht normierten Grundsätze im Sachenrecht analog heranzuziehen sind oder ob man einer Anwendung apriorischer, im Schuldrecht wie im Sachenrecht geltender Rechtsgrundsätze das Wort redet. Sie meinen, dieses Problem sei von untergeordneter Bedeutung mit keinerlei praktischen Folgerungen und im wesentlichen terminologischer Natur. So *Offtermatt*, S. 117; *Soergel-Siebert-Reimer Schmidt*, RdNr. 15 vor § 241; *Staudinger-Weber*, Anm. A 29 zu § 242. Dieser undifferenzierten Betrachtungsweise kann man jedoch nach meiner Ansicht nicht folgen. Die hier angeschnittene Streitfrage kann man nicht als akademisch abtun. Es wird zu Recht darauf hingewiesen, daß diese Frage schon im Hinblick auf eine saubere Gesetzestechnik der Überlegung bedarf. Sie hat darüber hinaus *zumindest* einen dogmatisch notwendigen Erkenntniswert (so auch *W. E. Krause*, S. 40). Im übrigen sprechen auch für die oben vertretene Unterscheidung Methodengesichtspunkte. Im Gegensatz zur direkten Anwendung schuldrechtlicher Normen im Sachenrecht setzt eine analoge Berücksichtigung dieser Regeln bei dinglichen Rechtsverhältnissen voraus, daß das Gesetz — genauer: das Ganze der in den Gesetzen und im Gewohnheitsrecht sowie in der ständigen Rechtsprechung bereits ausgeformten, zur unmittelbaren Anwendung geeigneten Rechtssätze — „lückenhaft" ist. Es handelt sich hier um die Frage, die immer wieder auftaucht, wenn das Gesetz ein bestimmtes Problem nicht ausdrücklich regelt: liegt eine Lücke vor oder ist die Frage gerade durch das Schweigen beantwortet. Über den Begriff der Rechtslücke liegt eine durchaus umfangreiche Literatur vor. Ihre Darstellung und Würdigung würde den Rahmen dieser Untersuchung sprengen. Es soll deshalb der Begriff der Lücke zugrundegelegt werden, wie er mit geringen Abweichungen in der Formulierung jetzt von *Larenz* (Methodenlehre, S. 357), *Engisch* (Einführung, S. 136 f.) und *Canaris* (Feststellung, S. 198) definiert worden ist. Danach liegt eine Lücke überall und nur da vor, wo es gemessen an seiner eigenen Absicht und der ihm innewohnenden Teleologie, unvollständig, also ergänzungsbedürftig ist, und wo seine Ergänzung nicht etwa einer vom Gesetz gewollten Beschränkung (auf bestimmte Tatbestände) widerspricht. Man kann das auch so ausdrücken, daß es sich um eine dem Plan des Gesetzgebers widersprechende, also ‚planwidrige Unvollständigkeit' handeln muß (so *Larenz*, Methodenlehre, S. 357 f.; ähnlich *Engisch*, Einführung, S. 138; *Canaris*, Feststellung, S. 16). Danach ist die Analogie zu kennzeichnen als eine „Ausdehnung der aus dem Gesetz zu entnehmenden Prinzipien auf Fälle, die den im Gesetz entschiedenen rechtsähnlich sind, d. h. ihnen in den für den Grund der Entscheidung maßgebenden Teilen gleichen" (so *Enneccerus-Nipperdey*, § 58 II 1; vgl. auch *Klug*, S. 106 ff.), sie bedeutet eine Gleichsetzung zweier Größen, die einander nicht in jeder Hinsicht gleich, sondern nur einander ähnlich sind" (so *Larenz*, NJW 1965, 1 ff., 4). Voraussetzung jeglicher Analogie ist daher im Gegensatz zur unmittelbaren Anwendung einer Norm eine Übereinstimmung der zu regelnden mit den gesetzlich geregelten Fallgruppen in den Punkten, die für die angeordnete Rechtsfolge wesentlich sind (so auch *Engisch*, Einführung, S. 132 ff.; vgl. auch *Larenz*, NJW 1965, 1 ff., 4 f.). Dabei ist die zur Festlegung der Wesentlichkeit erforderliche Wertung nicht durch

Ausgehend von der Erkenntnis, daß dingliche und schuldrechtliche Ansprüche nur wesensähnlich, nicht aber wesensgleich sind, ist die Frage, inwieweit speziell die Regelung des Verzugs im allgemeinen Schuldrecht im Sachenrecht anwendbar sind? Die allgemeine Fassung der §§ 284 ff. legt die Meinung nahe, der Gesetzgeber des BGB habe hier für alle Teilgebiete, also auch für das Sachenrecht, *unmittelbar* geltende Vorschriften schaffen wollen. Indes werden bereits Zweifel an der Möglichkeit der *unmittelbaren* Anwendbarkeit dieser Regelung angesichts der typisch schuldrechtlichen Diktion dieser Vorschriften wach. Keine der für die §§ 284 ff. entscheidenden Merkmale wie z. B. „Schuldner" oder „Gläubiger" treffen auf das sachenrechtliche Rechtsverhältnis zu. Die in §§ 284 ff. enthaltene Regelung ist allein auf die Verhältnisse des schuldrechtlichen Rechts- und Geschäftsverkehrs zugeschnitten. Sie ist auch viel zu detailliert, als daß man sie als Ausdruck allgemein gültiger Rechtsgedanken ansprechen könnte. Vielmehr steht hinter ihnen der (im Sinne der oben gebrauchten, von *Hans-J. Wolff* für das öffentliche Recht eingeführten Terminologie: *besondere*) Rechtsgrundsatz, nach dem jede (zu vertretende) verspätete Leistung durch den Verpflichteten diesen zum Ausgleich des infolge der verspäteten Leistung entstandenen Schadens zu Gunsten des Forderungsberechtigten mit einem Schadensersatzanspruch belastet[68]. Beiden Regelungen ist auch die Funktion gemeinsam. Sie können so, wie bereits dargestellt worden ist, unter den Oberbegriff eines allgemeinen Anspruchsrechts gebracht werden. Jedoch können als unmittelbar anwendbare Rechtsgrundsätze, die nur spezialgesetzlichen Ausdruck gefunden haben, aber trotzdem für das gesamte Rechtsleben gelten, nur diejenigen anerkannt werden, die als solche wegen ihres allgemeinen Inhalts und ihrer Sinn-

---

Feststellung einer äußeren Ähnlichkeit der miteinander verglichenen Tatbestände vorzunehmen, sondern unmittelbar an dem Gehalt des Gesetzes selbst zu orientieren, d. h. Maßstab der gedanklichen Deduktion ist die im Rechtssatz verobjektivierte Wertung bestimmter Lebenssachverhalte (im einzelnen vgl. *Larenz*, NJW 1965, 1 ff., 4 f.). Zu der hier angesprochenen Frage vgl. bereits *Stälin*, S. 58 ff., der die Unterscheidung zwischen einer unmittelbaren und einer entsprechenden Anwendung ebenfalls für sehr wesentlich erachtet. Kritisch würdigt dieses Ergebnis *Köbl*, S. 86.

68 Ähnliches gilt für den Bereich des Verwaltungsrechts. Vgl. z. B. BGH DVBl. 1962, 334 ff., wonach die Verzugsvorschriften nichts anderes seien als ein allgemeiner Rechtsgedanke, der seinen positivrechtlichen Niederschlag im allgemeinen Schuldrecht gefunden habe. Vgl. auch Württ. EVRO S. 604, der die Vorschriften über Verzugszinsen im öffentlichen Recht als „allgemeinen Rechtsgedanken" anwenden will, wonach dem Forderungsberechtigten bei verspäteter Leistung zum Ausgleich des entstandenen Schadens ein Zinsanspruch zugebilligt wird. Vgl. auch BVerwGE 9, 225. Die herrschende Meinung will dagegen die Vorschriften über Verzugszinsen im öffentlichen Recht nur analog anwenden. Im einzelnen ist jedoch vieles noch streitig. Vgl. dazu *Götz*, DVBl. 1961, 433 ff.; *H. Meier-Branecke*, AöR 50, 230 ff., 280 ff.; *Eyermann-Fröhler*, RdNr. 58 a zu § 113 VwGO; BVerwGE 14, 1; BVerwGE 21, 44; BVerwG DVBl. 1963, 522; vgl. auch OVG Bremen, KStZ 1965, 180.

gefälligkeit evident sind[69]. Das bedeutet: Auch Normen, die Ausprägungen eines allgemein gültigen Rechtsgrundsatzes sind, können in ihrer Einzelgestaltung so speziell auf das jeweils geregelte Rechtsgebiet ausgerichtet sein, daß eine Geltung für das gesamte Rechtsleben ausscheidet; in diesen Fällen ist nur der hinter der Norm stehende Rechtsgedanke selbst verallgemeinerungsfähig, nicht aber seine Einzelausgestaltung in der Spezialnorm. Demgemäß bestehen aber keine Bedenken, diese Lücken im Sachenrecht durch eine sinngemäße Anwendung des Schuldrechts zu schließen, weil hier nicht die Gefahr besteht, daß damit dem Charakter der dinglichen Ansprüche irgendwie Zwang angetan wird. Einen gewissen Hinweis für die Richtigkeit dieser Ansicht kann man in der eigenartigen Einschränkung der h. M. sehen, daß nämlich die §§ 284 ff. nur insoweit auf die dinglichen Ansprüche anwendbar seien, als „deren dingliche Natur nicht entgegensteht“[70]. Der Sinn dieses Satzes bleibt unklar. Denn es ist nicht eine einzige Vorschrift unter den §§ 284 ff. zu finden, die nicht speziell auf den „Schuldner“ bzw. auf den „Gläubiger“ zugeschnitten wäre. Der aus einem dinglichen Rechtsverhältnis Verpflichtete ist dagegen kein Schuldner. §§ 284 ff. sind daher auf keinen Fall unmittelbar anwendbar. Also steht jeder Vorschrift die „dingliche Natur“ dieser Ansprüche entgegen. In der Schwäche der herrschenden Meinung wird eine Bestätigung der hier vertretenen gesehen[71]. Aus diesem Grunde ist es erforderlich, die vorhandenen Vorschriften über Verzug auf das dahinterstehende Prinzip, das für alle Ansprüche gilt, zu untersuchen. Erst dann sind die Vorschriften der §§ 284 ff. zur Ergänzung des Sachenrechts heranzuziehen.

Das hier gewonnene Ergebnis dient auch der Klarheit und der Einheit, vor allem aber der inneren Autorität der Rechtsordnung, die Entsprechung von Schuldrecht und Sachenrecht durchgehend zu wahren, also die Ordnungsstruktur des Zivilrechts zu achten.

Faßt man diese Überlegungen zusammen, so läßt sich feststellen: Soweit das Sachenrecht keine eigene Regelung enthält, ist mit Vorschriften des Schuldrechts zu „operieren“; die *allgemeine* (mit der Eigenart des dinglichen Rechts zu vereinbarende) Rechtsgedanken enthaltenden Vorschriften wie z. B. Treu und Glauben, sind unmittelbar und die anderen analog anzuwenden[72].

Diese Ansicht wird nicht dadurch erschüttert, daß das BGB selbst davon ausgeht, daß zum Teil schuldrechtliche Vorschriften auf Grund von Verweisungen, wie z. B. in §§ 990 Abs. 2 und 1146, im Sachenrecht

---

[69] Vgl. in bezug auf das Verwaltungsrecht *Forsthoff*, S. 167; *Hermann Weber*, JuS 1970, 169 ff., 170.

[70] So die *Motive* Teil III, S. 398 f. Ihnen folgt die ganz h. M. Vgl. S. 24 f. und S. 40.

[71] So auch *W. E. Krause*, S. 40.

[72] Im Ergebnis ähnlich OGH BritZ., RdL 1950, 31 ff., 33.

anwendbar sind. Diese Normen bestimmen zwar, daß gewisse schuldrechtliche Vorschriften, insbesondere aus dem Bereich der Verzugsregelung, auf dingliche Rechtsverhältnisse anwendbar sind. Es wäre aber verfehlt, aus der Existenz dieser Normen zu schließen, daß das BGB eine *generelle* Anwendbarkeit schuldrechtlicher Vorschriften außerhalb des Schuldrechts voraussetze[73]. Wohl findet sich in den Motiven[74] der Satz, der Entwurf gehe von der Anwendung der allgemeinen Bestimmungen des Obligationsrechts auf dingliche Ansprüche aus. Aber, und darauf wird entschieden hingewiesen, dabei ist jedoch an eine entsprechende, nicht an eine direkte Anwendung gedacht[75].

Damit ist jedoch nichts darüber gesagt, daß die §§ 284 ff. generell auf die dinglichen Ansprüche anwendbar sind. Es ist vielmehr zu fragen, *welche* Vorschriften über Verzug bei Schuldverhältnissen auch für den dinglichen Anspruch herangezogen werden können, obwohl sie wegen der Tatbestandsverschiedenheit unmittelbar nicht anwendbar sind. Diese Prüfung hat jeweils unter dem Gesichtspunkt zu erfolgen, ob die für die im Schuldrecht angeordnete Rechtsfolge maßgebliche „ratio" des Gesetzes auch auf den sachenrechtlichen Tatbestand zutrifft, ob also in den wesentlichen Punkten einer getroffenen und einer zu treffenden Regelung die erforderliche Ähnlichkeit der jeweiligen Sachverhalte besteht. Außerhalb der gesetzlich geregelten Verwei-

---

[73] Der Bundesgerichtshof hat in der zum Ausgangspunkt dieser Arbeit gemachten Entscheidung BGHZ 49, 263 ff. daher zu Recht *ausdrücklich* abgelehnt, dem § 990 Abs. 2 einen allgemeinen Rechtsgedanken des Inhalts zu entnehmen, daß jedenfalls die Verzugsvorschriften des Schuldrechts auf dem Gebiet des Sachenrechts anwendbar seien.

[74] *Motive* Teil II, S. 4; *Motive* Teil III, S. 408, 409 = *Mugdan* Teil III, S. 228.

[75] a. A. *Stälin,* S. 58 ff. Er ist der Ansicht, daß aus der Fassung des § 990 II als bewußter Wille des Gesetzgebers zum Ausdruck komme, „daß die Vorschriften über Verzug nicht etwa entsprechend, sondern direkt und selbstverständlich, zur Anwendung kommen". Dieser Ansicht steht nach seiner Meinung auch nicht entgegen, daß die *Motive* von einer analogen Anwendung sprechen. Nach *Stälin* (S. 59 FN 1) wird diese Einwendung dadurch entkräftet, daß es wohl dem Sinne der Stelle gerade so gut entspräche, wenn man statt „analoge" Anwendung setzt: „ausdehnende"; und man wird deswegen nicht notwendig als Absicht der *Motive* die „nicht direkte" Anwendbarkeit annehmen müssen. Damit setzt sich *Stälin* jedoch in Widerspruch zu einer Aussage, die er unmittelbar zuvor macht, wonach nämlich „der „Unterschied zwischen ‚direkter' und ‚entsprechender' Anwendung gesetzlicher Vorschriften ein wichtiger" sei (so *Stälin,* S. 58); wenn aber dieser Unterschied so bedeutend ist, wie *Stälin* zu Recht bemerkt, ist es unverständlich, daß er den Begriff der „analogen" Anwendung, wie er in den *Motiven* (Teil III, S. 399) gebraucht wird, ohne Bedenken in eine „ausdehnende" Anwendung „umdeutet". Im übrigen trifft es auch nicht zu, wenn *Stälin* (S. 60 FN 1) bemerkt, daß weder in den *Motiven* noch in den *Kommissions-Protokollen* sich eine Andeutung über den Sinn des Ausdrucks „entsprechende" Anwendung finde. Die Bedeutung der „entsprechenden" Anwendung ergibt sich vielmehr aus der bereits mehrfach angezogenen Stelle *Motive* Teil III, S. 399. Dort heißt es nämlich wörtlich: „Der Entwurf geht von der inneren Berechtigung dieser analogen Anwendung aus, ohne welche eine fühlbare *Lücke* sich ergeben würde. Wie hier *W. E. Krause,* S. 40.

sungsfälle gilt daher der Zwang zur sorgfältigen Prüfung der spezifischen Interessenbewertung, wobei die Rechtsinstitute dem Gegenstand und der Interessenlage, der sie zugeordnet werden, also der Natur der Sache entsprechen müssen[76].

Zweiter Teil

Einzeluntersuchungen

I. Ansprüche auf Herausgabe aus einem Recht zum Besitz (§§ 985, 1065, 1227, 2018 BGB, § 11 ErbbVO) und dem Besitz selbst (§§ 861, 1007 BGB)

Die Bestimmungen der §§ 985 ff. sind von dem Gedanken beherrscht, eine in sich geschlossene und vom sonstigen Recht losgelöste erschöpfende Sonderregelung zu schaffen[1,2,3]. Wenn das möglich gewesen wäre, würden die §§ 985 ff. heute keine größeren Schwierigkeiten bieten, als sie bei jeder Auslegung eines Gesetzes und dessen Vorschriften zu finden sind. Daß dem jedoch nicht so ist, zeigen allein die in jüngster Zeit erschienenen Abhandlungen von *Haralambos Dimopoulos-Vosikis*[4],

[76] So auch jüngst BGH NJW 1972, 1048, 1049 f.

[1] Vgl. dazu die Nachweise bei *Dallinger*, S. 6 ff. FN 7—15. Heute hat sich jener Ausschließlichkeitsgrundsatz nur noch insoweit gehalten, als einige meinen, die Ausschließlichkeit bestehe wenigstens gegenüber den gesetzlichen Schuldverhältnissen, hauptsächlich gegenüber dem Deliktsrecht. So insbesondere die Rechtsprechung, vgl. BGH LM BGB § 985 Nr. 8; siehe auch *Dimopoulos-Vosikis*, S. 249 ff.; *Köbl*, S. 155 ff.

[2] Die nachfolgenden Ausführungen treffen auch uneingeschränkt auf den Nießbraucher (§ 1065), den Pfandgläubiger (§ 1227), den Erbschaftsbesitzer (§ 2018) und den Erbbauberechtigten (§ 11 Abs. 1 ErbbauVO) zu, also überall dort, wo zum Inhalt des dinglichen Rechts der *Besitz* an der Sache gehört. Aus diesem Grund gelten, falls nichts Besonderes gesagt wird, die hier entwickelten Grundsätze auch für die Herausgabeansprüche des § 1007 und § 861, zumal der Besitzschutz die Ergänzung des Eigentumsschutzes ist, der aber notwendigerweise auch dem Nichteigentümer zugute kommt. So zutreffend *Ihering*, Besitzschutz, S. 144; vgl. auch *Polay*, Iherings Erbe, S. 192 ff.

[3] Die Fragen, die den Eigentumsschutz betreffen, sind im BGB in den §§ 985 ff. und § 1004 positiv geregelt. Daraus folgt, daß die vorliegende Arbeit nicht näher auf die Frage eingehen kann, ob sich nicht auch aus § 903 etwas für den Eigentumsschutz ergibt. Selbst wenn das in Grenzfällen denkbar ist, muß hier eine nähere Untersuchung dieser Grenzfälle unterbleiben, da in der hier vorliegenden Arbeit das Wesen des § 985 und § 1004 geklärt oder jedenfalls ein Beitrag dazu geliefert werden soll. Vgl. dagegen *Dimopoulos-Vosikis*, S. 1 ff., der unter Berufung auf eine seltene Auslegungsmethode das Wesen des Eigentumsherausgabeanspruchs dadurch zu klären versucht, daß er die Rechtslage kennenzulernen versucht, so wie sie sich gestalten würde, wenn es die §§ 985 ff. überhaupt nicht gäbe.

[4] Die bereicherungs- und deliktsrechtlichen Elemente der §§ 987—1003 BGB.

Walter Erich Krause[5], *Rolf Schmitt*[6], *Hans Henning Kaysers*[7] und *Ursula Köbl*[8]. Die „Ansprüche aus dem Eigentum" gelten aus verschiedenen Gründen als eine unglücklich gefaßte und daher unübersichtliche Regelung[9]. Das ist nicht zuletzt auch eine Folge der bereits oben kritisch gewürdigten Versuche, die Fragen von der rein begrifflichen Seite her, statt von der Interessenlage aus zu lösen. Das hat diese Materie zu einem der unübersichtlichsten Teile des Sachenrechs gemacht. Durch die rein begriffliche Argumentation wird die ohnehin nur schwer auszumachende innere Ordnung der §§ 985 ff. noch mehr verdunkelt. Mehr als sonst noch ist hier die Besinnung auf die rechtspolitischen Fragen nötig, die das Gewirr der Streitfragen zu lösen vermag[10].

---

[5] Die Haftung des Besitzers nach den §§ 989—993 BGB.

[6] Die Subsidiarität der Bereicherungsansprüche.

[7] Der Verwendungsersatzanspruch des Besitzers bei vertraglichen Leistungen.

[8] Das Eigentümer-Besitzer-Verhältnis im Anspruchssystem des BGB.

[9] Zu zutreffend *Münzel*, NJW 1961, 1377, nach dem dieser Teil des BGB zu den am stärksten mißlungenen gehört und für die meisten Juristen zu einem Alptraum geworden ist; in diesem Sinne auch *Westermann*, § 31 I 2.

[10] Bei näherer Betrachtung kann man die einschlägigen Probleme im Rahmen des Eigentümer-Besitzer-Verhältnisses jedoch im wesentlichen in drei Fragenkreise einordnen. Man ist sich zum einen über die Anwendbarkeit des Bereicherungs- und Deliktsrechts, sowie die Vorschriften für unerlaubte Geschäftsführung neben oder an Stelle der §§ 987 ff. nicht im klaren. Vgl. die Übersicht bei *Erman-Hefermehl*, Anm. 13 vor §§ 987 ff.; *Medicus*, Bürgerliches Recht, § 23 IV und V, S. 236 ff.; im einzelnen siehe auch die Schriften von *Dimopoulos-Vosikis* und *Krause*. Zum anderen fragt man, ob die §§ 985 ff. mit anderen (persönlichen) Rückgabeansprüchen zusammentreffen können. Gegen die ganz h. M. *Siber*, Rechtszwang, S. 121, 125 ff.; *Raiser*, Festschrift für Martin Wolff, S. 122 ff.; *derselbe*, JZ 1961, 529 ff.; *Wolff-Raiser*, a.a.O. § 84 I 2 FN 16; neuerdings sich *Raiser* anschließend *Schindler*, AcP 165, 499 FN 2; *Krause*, S. 86 ff., insbes. S. 96 ff.; *Peter Schwerdtner*, JuS 1970, 64 ff., nach deren Auffassung die Vindikation (ebenso wie die Folgeansprüche) gegenüber vertraglichen Rückgabeansprüchen subsidiär sind. Vgl. dazu *Georgiades*, S. 92 ff.; *Zeuner*, Festschrift für Felgentraeger, S. 423 ff.; *Gröbl*, Das Verhältnis des Eigentumsherausgabeanspruchs zu besonderen schuldrechtlichen Rückgabeansprüchen, München 1965; *Münich*, Untersuchungen zum Verhältnis des Vindikationsanspruchs zu den übrigen Herausgabeansprüchen des bürgerlichen Rechts; *Berg*, JuS 1971, 522 ff. m. w. N. Aus diesem Fragenkreis wird zur Zeit vor allem auch erörtert, ob dem Werkunternehmer, der eine dem Besteller nicht gehörige Sache repariert hat, gegen den Eigentümer Verwendungsersatzansprüche nach §§ 994 ff. zustehen, und er insoweit ein Zurückbehaltungsrecht nach § 1000 ausüben kann. Siehe dazu BGHZ 27, 317 ff., 318 ff.; BGHZ 34, 122 ff.; BGHZ 51, 250 ff.; sowie *Firsching*, AcP 162, 440 ff.; *Furtner*, MDR 1962, 95 ff.; *Münzel*, NJW 1961, 1377 ff.; *Medicus*, Bürgerliches Recht, § 23 III 3 S. 232; neuerdings wieder *Berg*, JuS 1970, 12 ff.; *Peter Schwerdtner*, JuS 1970, 64 ff.; *Möhrenschlager*, Der Verwendungsersatzanspruch des Besitzers im anglo-amerikanischen und deutschen Recht, Tübingen 1971. Schließlich wird darüber gestritten, ob und in welchem Umfang das allgemeine Schuldrecht *ergänzend* zu den §§ 987 ff. auf den Eigentumsherausgabeanspruch anwendbar sind. Vgl. dazu *Horstmann*, S. 1 ff. Vgl. zu diesen Fragen neuerdings *Köbl*, Das Eigentümer-Besitzer-Verhältnis im Anspruchssystem des BGB, insbes. S. 83 ff.

Ohne darauf einzugehen, ob die in §§ 987 ff. geordnete Materie zu den allgemeinen Vorschriften des Schuldrechts in dem Verhältnis der lex specialis stehen — das wird in einem späteren Zusammenhang zu erörtern sein — kann für die nunmehr folgenden Ausführungen soviel bereits gesagt werden. Der Ausdruck „Sonderregelung“ kann hier nicht, rein vom Wort her, bereits als die exakte Kennzeichnung des Verhältnisses zweier Normgruppen aufgefaßt werden. Der Sprachgebrauch läßt es zu, ihn überhaupt nur als Hinweis darauf zu verstehen, daß die Haftung des Besitzers „besonders“, nämlich nach besonderen Gesichtspunkten, und inhaltlich abweichend von anderen Regeln ausgestaltet ist, ohne daß bereits eine Aussage darüber gemacht ist, inwieweit diese anderen Regeln noch anwendbar sind. Für die Erkenntnis der Bedeutung der Vindikationsregeln ist es wertvoll, den Grad der inhaltlichen Abweichung getrennt vom Grad der ausschließlichen Geltung zu betrachten.

So verstanden enthält die bereits erwähnte Formel der erschöpfenden Sonderregelung keinen Pleonasmus. Ihre Charakterisierung als einer erschöpfenden stellt dann erst die Entscheidung der Konkurrenzfrage dar. Sie besagt, daß die §§ 987 ff., wenn ihre Voraussetzungen erfüllt sind, *allein* gelten sollen, also unter Ausschluß anderer Vorschriften, deren Tatbestand in casu ebenfalls vorliegt (Ausschließungsmoment). Wird die Sonderregelung eine erschöpfende genannt, so bedeutet das mit anderen Worten die Erklärung der Vindikationsverletzung zum einzig zulässigen Klaggrund. Die Sonderregelung enthält Exklusivitätscharakter.

Aus diesem Grunde soll dargestellt werden, inwieweit die Vindikationsnormen, negativ, die allgemeinen schuldrechtlichen Vorschriften ausschließen, sodann, inwieweit sie in ihrem positiven Gehalt Besonderheiten aufweisen.

Einer der im Rahmen des Eigentümer-Besitzer-Verhältnisses am meisten diskutierten Fragenkreise, der noch immer nicht eindeutig geklärt ist, geht um die Anwendbarkeit schuldrechtlicher Normen auf den Eigentumsherausgabeanspruch als Ergänzung der sekundären Folgeansprüche nach §§ 987 ff. Dazu zählen z. B. die bekannten Fragen, ob der Eigentumsherausgabeanspruch abgetreten werden kann, ohne daß zugleich das Eigentumsrecht auf den Zessionar übertragen wird[11], unter welchen Umständen der Eigentümer nach rechtskräftiger Verurteilung gegen den säumigen Besitzer vorgehen kann[12] und inwieweit er einen

---

[11] Siehe dazu Ersten Abschnitt, II FN 1 dieser Arbeit; vgl. auch *Medicus*, Bürgerliches Recht, § 19 III S. 177 ff.; *Köbl*, S. 87.

[12] Die Frage der Anwendbarkeit des § 283 im Rahmen des § 985 ist sehr streitig. Sie wird im Rahmen dieser Arbeit einer gesonderten Prüfung unterzogen. Vgl. Zweiten Abschnitt, Zweiten Teil, I 2 dieser Arbeit.

Anspruch auf Ersatzherausgabe des Surrogats für die Sache (entsprechend §§ 275, 280, 281), insbesondere auf den Verkaufserlös, hat[13].

---

[13] Wie sehr sich der vorliegende Fragenkomplex jeglichen inhaltlichen Verallgemeinerungen entzieht, kann man vor allem auch an diesem ausgiebig erörterten Problem beobachten. Diese Frage ist eine der umstrittensten des gesamten Zivilrechts. Zwischen den extremen Standpunkten der Ablehnung und der Befürwortung suchen mehrere differenzierende Ansichten zu vermitteln. Für die Anwendbarkeit des § 281 auf § 985 haben sich ausgesprochen: *Dölle*, Reichsgerichtspraxis im deutschen Rechtsleben, Bd. 3, S. 22 ff.; *Dulckeit*, S. 8; *Enneccerus-Nipperdey*, § 223 FN 10; *Erman-Hefermehl*, Anm. 7 zu § 985; *Esser*, Schuldrecht, 2. Aufl., § 80 4 b; *Julius von Gierke*, ZHR Bd. 111, S. 39 ff., 67 ff.; *Derselbe*, Sachenrecht, § 36 VII; *Casjen Peters*, AcP 153, 454 fff., 464; der Anwendbarkeit zuneigend *Heinrich Lange*, Sachenrecht, § 11 A II 8 b; unklar *Staudinger-Berg*, Anm. 4 zu § 985; *dagegen Baur*, Sachenrecht, § 11 C I 3 a bb; *Fikentscher*, Schuldrecht, § 44 II 1 c; *Haymann* IherDogJb 77, 188 ff., 289; *Himmelmann*, S. 111 ff.; *Horstmann*, S. 44 ff.; *Larenz*, Schuldrecht AT, § 21 I b S. 228 FN 1; *Medicus*, Bürgerliches Recht, § 19 III 2 a S. 179; *Siber*, IherDogJb 89, 1 ff., 39; *Westermann*, § 31 IV 4; *Wolff-Raiser*, § 84 VI 1; RGZ 115, 31 ff.; RGZ 143, 374.; RGZ 157, 40 ff., 44; RG HRR 1930 Nr. 281; *vermittelnd Dallinger*, S. 68 ff.; *Canaris*, Systemdenken, S. 93 f.; *Deubner*, MDR 1958, 197 f.; *Esser*, Schuldrecht AT § 33 III 2 a E.; *Klapproth*, MDR 1965, 525 ff.; *Köbl*, S. 88 f.; *Lent-Schwab*, § 45 V; *Stutz*, S. 104 ff., 124. Es ist im Rahmen dieser Arbeit nicht möglich, aber auch nicht erforderlich, auf dieses sehr schwierige Problem im einzelnen einzugehen. Eine ausführliche Behandlung erübrigt sich deshalb, weil diese Vorschrift bestimmt, daß der Gläubiger als *Surrogat* der *unmöglich* gewordenen Leistung das „stellvertretende commodum" herausverlangen kann. „Der Ersatz vertritt die *unmögliche* (nicht die ‚nur' *verzögerte*) Leistung." (RG Gruch 62, 783, 786). Soviel sei aber dazu bemerkt. Diesem Problem wird nach meiner Ansicht in der Literatur über Gebühr Bedeutung beigemessen, obwohl sich eine Vielzahl der in der Rechtswirklichkeit entschiedenen Fälle ohne erhebliche Schwierigkeiten mit Hilfe des Bereicherungsrechts, insbesondere des § 816, lösen lassen, wobei nicht übersehen wird, daß es durchaus zweifelhaft und noch bestritten ist, ob der gemäß § 816 herauszugebende Erlös dem nach § 281 geschuldeten Erlös gleichzustellen ist (vgl. dazu *Palandt-Thomas*, Anm. 5 b zu § 816 m. w. N.). Es ist auch auffallend, daß in der umfangreichen neueren Literatur zum Herausgabeanspruch bei wirksamer Verfügung nirgends § 281 gewährt wird. Dieser Fall wird überhaupt nur von *Oertmann* (JR 1931, 1 ff., 2) bedacht. Daß die Frage der Anwendbarkeit des § 281 auf § 985 trotz des in vielen Fällen fehlenden praktischen Bezugs theoretischen Erkenntniswert hat, soll hier nicht bestritten werden. Denn selbst wer die Anwendbarkeit des § 816 bejaht, verneint damit noch nicht diejenige des § 281. Darauf weist *Dallinger* (S. 68 ff.) mit überzeugenden Argumenten hin. Dennoch erscheint mir gegenüber der uneingeschränkten Anwendung des § 281 auf die rei vindicatio die Norm des § 816 Abs. 1 Satz 1 zur Lösung dieser Streitfrage sachgerechter, weil die in Betracht kommenden Fälle eher dem Schutzgedanken dieser Vorschrift als dem des § 281 unterzuordnen sind. Vgl. den sehr instruktiven Fall BGHZ 47, 129 ff. § 281 enthält nämlich, wie bereits ausgeführt, einen *Surrogationsanspruch* und folglich kann er nur eingreifen, sofern die Voraussetzungen des Surrogationsprinzips vorliegen, sofern also der Anspruch aus § 985 untergegangen ist. Dieser geht nun aber wegen seiner dinglichen Natur häufig nicht unter, sondern richtet sich nur gegen den neuen Besitzer, und folglich ist jedenfalls in diesem Falle die Anwendung des § 281 ausgeschlossen. Geht der Anspruch aus § 985 dagegen durch Besitzverlust unter, so bestehen keine Bedenken gegen eine Anwendung des § 281. Wenn der Untergang darauf beruht, daß ein Dritter gutgläubig erwirbt, muß man m. E. § 816 Abs. 1 Satz 1 als lex specialis den

Die vorliegende Arbeit will nicht jeden dieser Problemkreise aufgreifen. Vielmehr soll nur ein kleiner Ausschnitt der hier aufgeworfenen Streitfragen zum Gegenstand dieser Untersuchung gemacht werden. Es soll versucht werden, durch die Prüfung der Frage, inwieweit die schuldrechtlichen Verzugsregeln auf den Eigentumsherausgabeanspruch nach § 985 als Ergänzung zu dem in §§ 989, 990 normierten Leistungsstörungsrecht anwendbar sind, den dogmatisch richtigen Ansatzpunkt zur Lösung der Streitfrage über die Anwendbarkeit schuldrechtlicher Normen auf die rei vindicatio aufzuzeigen.

Vorrang einräumen. Wenn der Untergang dagegen auf andere Gründe zurückgeht, d. h. wohl im wesentlichen auf den Untergang der Sache selbst, dann erweist sich eine Anwendung des § 281 als durchaus gerechtfertigt. Allein übrig bleiben also die Fälle, in denen der nichtberechtigte Besitzer für den zufälligen Untergang der Sache Ersatzsummen aus Enteignung oder aus Versicherungsverträgen erlangt. Hier wäre es aber eigenartig, wie *Esser* (Schuldrecht AT, § 33 III 2) zu Recht bemerkt, wenn der nichtberechtigte Besitzer den Ersatz (die Enteignungsentschädigung oder die Versicherungssumme) einstreichen könnte und der Eigentümer wegen des Untergangs der ihm gehörenden Sache leer ausginge. Hier scheint durchaus eine Gleichheit der Interessenlage zu bestehen. Daher muß man m. E. zumindest in diesen Fällen, will man zu einem interessengerechten Ergebnis gelangen, das in § 281 ausdrücklich normierte Surrogationsprinzip unter Zurückstellung aller Bedenken hinsichtlich der Andersartigkeit des dinglichen und schuldrechtlichen Anspruchs (vgl. dazu Zweiten Abschnitt, Ersten Teil, II und III dieser Arbeit) als ein für das gesamte Vermögensrecht maßgebenden allgemeinen Rechtsgedanken i. w. S. ansehen, der auch auf die sogenannten dinglichen Ansprüche Anwendung findet. Denn es ist nicht recht einzusehen, daß dann, wenn die aus Vermächtnis geschuldete Sache untergeht und der Erbe die Versicherungssumme erhält, dieser das Erlangte herausgeben muß. Der Besitzer, der die Sache herausgeben muß, die Versicherungssumme oder die Enteigungsentschädigung indes behalten darf, wenn die Sache durch Zufall untergeht. Auch er kommt dadurch in die Lage, die Interessen des Gläubigers ohne eigenen Mehraufwand zu befriedigen. So auch *Esser*, Schuldrecht AT, § 33 III 2; *Palandt-Degenhart*, Anm. 3 b zu § 985; *Klapproth*, MDR 1965, 525 ff.; im Grundsatz billigen auch *Canaris*, Systemdenken, S. 93 f., und *Köbl*, S. 88 ff. dieses Ergebnis, wobei diese jedoch der Ansicht sind, daß es selbst in diesen Fällen *nicht* unbedingt des § 281 als konstruktiver Brücke bedürfe. Das gilt umso mehr, als der bei den übrigen Fällen zur Anwendung kommende § 816 ebenfalls Ausdruck dieses allgemeinen Surrogationsprinzips darstellt. So auch *von Caemmerer*, Festschrift für Rabel, Bd. I S. 333 ff., 389. Insoweit treten dann insbesondere keine Wertungswidersprüche zwischen den einzelnen Fallgestaltungen auf. Die Rechtsprechung geht aus diesem Grunde ähnliche Wege, wobei sie jedoch den Eigentumsherausgabeanspruch ausdrücklich einer Sonderbehandlung unterstellt. Vgl. BGHZ 8, 58. Bei dem Eigentumsherausgabeanspruch hat die Rechtsprechung es bislang abgelehnt, das Surrogationsprinzip des § 281 als einen allgemein gültigen Rechtsgedanken auf *diesen* dinglichen Anspruch anzuwenden. So bereits OLG Hamburg OLGE 26, 124, 125 f.; RGZ 115, 31 ff.; RGZ 157, 44; a. A. noch RGZ 105, 84, das § 816 außer Betracht läßt, „da die Vorschrift des § 281 ausreiche, den Klaganspruch zu tragen" (RGZ 105, 84 ff., 87).

1. Schuldnerverzug

Nach §§ 985, 986 kann der aktiv legitimierte Eigentümer[14] von dem Besitzer Herausgabe der Sache verlangen. Dadurch erhält er das Recht, von ihm ein Tun oder Unterlassen, also eine Leistung[15] zu verlangen (§ 194). Dem entspricht die Verpflichtung des Besitzers, die Sache herauszugeben[16, 17]. Diese *Funktion*, das dingliche Recht zu „verwirklichen", hebt, wie bereits erwähnt, den dinglichen Anspruch von den obligatorischen Ansprüchen spezifisch ab. Die §§ 985, 986 stellen demnach einen echten „sachenrechtlichen Verwirklichungsanspruch" dar[18]. Er zielt ähnlich wie § 1004 darauf ab, eine Störung zu beseitigen, die dem Inhalt des Eigentums widerspricht[19, 20]. Daraus folgt, daß beim Eigentumsherausgabeanspruch nach § 985 (bzw. dem Abwehranspruch nach § 1004) der „Störer" mit dem Besitz der Sache die Passivlegitimation verliert. Beim Schuldverhältnis wird der „Schuldner" hingegen erst bei schuldrechtlicher Unmöglichkeit frei; er ist solange zur Leistung verpflichtet, als er diese mit Mitteln erbringen kann, die im Einzelfall zumutbar sind; er haftet hierfür in der Regel mit seinem ganzen Vermögen. Folgerichtig ist der Besitzer nur zur sog. „Auskehrung" verpflichtet, und zwar an

---

14 Nach der h. M. ist jeder Eigentümer kraft seines Eigentums aktiv legitimiert. Anders vor allem *Raiser*, Festschrift für Martin Wolff, S. 122 ff. Ihm folgend *Soergel-Siebert-Mühl*, Vorbem. 6 vor § 895; und RdNr. 2 zu § 986 BGB; *Baur*, Sachenrecht, § 11 B I und II. Ebenso *Münich*, S. 62 f.

15 Inhalt des § 241 kann nicht sein, daß „Leistung" nur dem Recht der Schuldverhältnisse angehört. Vielmehr ist jedes vom Recht angesonnene Verhalten Gegenstand einer Leistungspflicht. So auch *Lehmann*, Unterlassungspflicht, S. 28 ff., 54 ff. Demnach geht jeder Anspruch nach § 194 auf eine Leistung. So auch *Larenz*, Schuldrecht AT, § 2 III.

16 „Herausgabe" erfordert mehr als nur „Duldung der Wegnahme" (in diesem Sinne vor allem *von Tuhr*, Teil I § 15 III b und § 88 V i). Anders war es noch im römischen Recht (vgl. *Ulpian* D. 2. 3. 1. 1. „duci vel ferri pati"). „Herausgabe" bedeutet heute die Übertragung des unmittelbaren Besitzes auf den Eigentümer an dem Ort, an dem sich die Sache befindet. Der Besitzer ist also nicht mehr zur bloßen Passivität, sondern zu einer gewissen Handlung verpflichtet. So schon *Lehmann*, a.a.O., S. 28. Diese Ansicht entspricht der heute h. M. Vgl. dazu *Wolff-Raiser*, § 84 FN 6; *Westermann*, § 30 III 3. Soweit es erforderlich ist, werde ich auf die Einzelheiten in bezug auf dieses Problem noch zurückkommen.

17 Vgl. auch den rechtshistorischen Überblick bei *W. E. Krause*, S. 25 ff.

18 Um einen Verwirklichungsanspruch handelt es sich unabhängig davon, welche rechtliche Natur man dem Eigentumsherausgabeanspruch beimißt. Vgl. *Westermann*, § 30 I 2 und 3 im Anschluß an *Heck*, Sachenrecht, § 66.

19 Zum Verhältnis von § 1004 zu §§ 985, 986 vgl. insbesondere *Baur*, AcP 160, 465 ff.; *Köbl*, S. 70 ff.

20 Soweit deckt sich die Vindikation mit dem römisch-rechtlichen Vorbild (allgemeine Meinung; vgl. *Erman-Hefermehl*, Anm. 1 zu § 985). Dagegen trifft der oft gehörte Satz des römischen Rechts, mit der Vindikation könne der nicht besitzende Eigentümer vom besitzenden Nichteigentümer Herausgabe verlangen (*Jörs-Kunkel-Wenger*, Bd. II § 78 I), nur noch den Regelfall (vgl. dazu *Wolff-Raiser*, § 84 FN 2).

dem Ort, wo sich die Sache befindet; er hat lediglich die Kosten der Besitzeinräumung zu tragen, die Kosten der Abholung obliegen dem Eigentümer. Der „Schuldner“ ist dagegen zur „Verschaffung“ der Sache verpflichtet. Zu beachten ist ferner, daß bei § 985 der Kläger lediglich sein Eigentum und den Besitz des Beklagten nachzuweisen hat; es ist Sache des Beklagten, ein Recht zum Besitz darzulegen. Beim vertraglichen Herausgabeanspruch muß der Kläger dagegen nicht nur nachweisen, daß zwischen ihm und dem Beklagten ein Besitzüberlassungsverhältnis bestanden hat, sondern auch, daß dieses beendet ist[20a]. Liegt die Störung darin, daß ein anderer als der Eigentümer die Sache besitzt, so ist ihre Beseitigung erst erfolgt, wenn der Besitzer die Sache dem Eigentümer herausgibt. Nach dem oben Gesagten richtet sich dieser Anspruch immer nur gegen den Besitzer, also wie jeder Anspruch gegen einen oder mehrere, jedenfalls aber der Zahl nach bestimmten Personen. Aus der Feststellung, daß Verpflichteter der Vindikation nur sein kann, wer das Eigentumsrecht stört, folgt auch, daß diese Verpflichtung mit der Herausgabe der Sache erlischt[21]. Der Eigentumsherausgabeanspruch entsteht, wenn das Eigentumsrecht entgegen Besitz und Recht getrennt werden. Folglich erlischt er, wenn diese Trennung nicht mehr besteht[22]. Dabei kommt es nicht darauf an, daß der Eigentümer die Sache in dem Zustand zurückerhält, in dem sie ihm aus den Händen gekommen ist[22a]. Es muß sich nur im juristischen Sinne um die Sache handeln, auf die sich das Eigentum bezieht, mag sich ihr Zustand auch verändert haben[23]. Demgemäß kann der Eigentümer auch nicht die Rücknahme einer Sache, die sich nicht in ordnungsgemäßem Zustand befindet, ablehnen. Er setzt sich sonst den Folgen eines Annahmeverzuges aus[23a].

Die daraus folgende Minderung der Rechtsposition ist aber nicht immer gerechtfertigt. Sie verlangt einen interessengerechten Ausgleich[24]. Nach alledem muß es außer dem aus § 903 abgeleiteten Eigentums-

---

20a *Berg*, JuS 1971, 522, 523.

21 Das ist auch ein Grund dafür, warum die h. M. die Anwendbarkeit des § 275, 280 auf § 985 ablehnt. Vgl. auch *Papier*, S. 28 f.

22 *Wolff-Raiser*, § 84 IV.

22a Die Frage, in welchem *Zustand* die Sache zurückzugeben ist, wird in § 985 nicht geregelt. Deshalb gehört diese Frage auch keineswegs zum Inhalt des Herausgabeanspruchs.

23 Vgl. z. B. BGH NJW 1964, 2414 f. In diesem Fall hatte der Eigentümer an der Herausgabe der inzwischen veralteten und daher unverkäuflichen Stoffe kein Interesse mehr. Der BGH hat dazu ausgeführt, daß der Eigentümer darauf angewiesen sei, sich die noch vorhandenen Stoffe, auch soweit sie entwertet sind, gemäß § 985 herausgeben zu lassen. Ähnlich *Roquette*, RdNr. 9 zu § 556 für den Bereich des Mietrechts. Siehe auch die Beispiele in der Arbeit von *W. E. Krause*, S. 27.

23a Vgl. dazu im einzelnen Zweiten Abschnitt, Zweiten Teil, I 3 dieser Arbeit.

24 Im einzelnen vgl. *Dimopoulos-Vosikis*, S. 5 ff.

schutz („Verwirklichungsschutz")[25] auch einen Ausgleichsschutz geben, wenn das Eigentum wirklich und wirksam geschützt werden soll. An irgendeiner Stelle des BGB müssen diesbezügliche Grundsätze enthalten sein.

Untersucht man nun das BGB nach Grundsätzen der angedeuteten Art, dann sieht man, daß solche Grundsätze in mehreren Vorschriftsgruppen enthalten sind, daß es also mehrere Vorschriftsgruppen gibt, die bei Verletzung des Eigentums eingreifen und den Ausgleichsschutz des Eigentums gewähren könnten. Es sind einerseits die allgemeinen Vorschriften des Schuldrechts, andererseits die Schadensersatzansprüche nach §§ 989, 990. Der Ausgleichsschutz ist somit einmal durch die §§ 989, 990 hergestellt. Durch Verschlechterung der Sache, ihren Untergang oder durch einen anderen Umstand, auf Grund dessen sie nicht herausgegeben werden kann, und durch Verzug wird das Recht des Eigentümers geschmälert: Die zu erbringende Leistung erfolgt nicht oder nicht ordnungsgemäß. Die §§ 989 ff. geben zum Ausgleich Ersatzansprüche. Sie geben die Rechtsfolgen an, die sich an eine Verletzung des Anspruchs aus §§ 985, 986 knüpfen. Sie sind also ihrem Inhalt nach Leistungsstörungsrecht[26]. Leistungsstörungsrecht ist aber vor allem auch im allgemeinen Teil des Schuldrechts zu finden. Es ist in den §§ 275 ff., 284 ff. geradezu vorbildlich geregelt. Daher könnten die Regeln der §§ 989 ff. als „Sondernormen" zu den §§ 275 ff. und damit auch zu den §§ 284 ff. diesen vorgehen. Die §§ 275 ff. könnten insoweit „leges generales" für die dinglichen Ansprüche sein[27]. Die eingehende Darstellung, die die Rechtsfolgen nach Unmöglichkeit und Verzug in den §§ 275 ff. erfahren haben, begünstigt die Ansicht, sie als Leistungsstörungsrecht des BGB schlechthin anzusehen[28]. Alle anderen Vorschriften mit gleicher Funktion hätten nach dieser Auffassung als Spezialnormen zu der „allgemeinen Regelung" vorzugehen. Der Bundesgerichtshof hat jedoch in einer Entscheidung vom 30. September 1964[29], der folgender Sachverhalt zugrundelag, einen dieser Ansicht entgegengesetzten Standpunkt eingenommen:

---

[25] Auch wenn damit das Wesen des Eigentumsherausgabeanspruchs als Anspruch aus dem Eigentum noch nicht hinreichend geklärt ist (vgl. dazu *Dimopoulos-Vosikis*, S. 14 ff.), ist es hier jedoch nicht der Ort, diese Frage weiter abzuklären, da sie zur Lösung der angeschnittenen Streitfrage nichts beiträgt.

[26] Siehe auch *W. E. Krause*, S. 28 f.

[27] In diesem Sinne könnte man die von der Rechtsprechung verwendete Charakterisierung der §§ 987 ff. als einer erschöpfenden Sonderregelung verstehen. Vgl. dazu *Dallinger*, S. 4 ff.

[28] Nur so können alle diejenigen verstanden werden, die ergänzend zu den §§ 989 ff. die §§ 275 ff. *direkt* für anwendbar halten.

[29] BGH NJW 1964, 2414 f. = JZ 1964, 770 = DB 1964, 1549 = BB 1964, 1227 = JR 1965, 181 = MDR 1965, 40.

Der Kläger hatte an eine andere Firma Polsterstoffe unter Eigentumsvorbehalt nach § 455 veräußert. Von dieser Firma hatte der Beklagte vor längerer Zeit die Stoffe in Anrechnung auf eigene Forderungen übernommen. Nunmehr verlangte der Kläger von der Beklagten unter Berufung auf sein Eigentum Schadensersatz, da die Stoffe inzwischen veraltet und unverkäuflich seien.

Der Senat des BGH führte in den Gründen dazu aus:

„Entgegen der Meinung des Landgerichts ist hier § 251 Abs. 1 BGB, nach dem der Ersatzpflichtige den Gläubiger in Geld zu entschädigen hat, soweit die Herstellung zur Entschädigung des Gläubigers nicht genügend ist, nicht — auch nicht entsprechend — anwendbar. § 985 BGB ist kein Ersatzanspruch auf Naturalersatz und die §§ 989, 990 BGB sind kein Anwendungsfall des § 251 BGB. Der Kläger ist deshalb darauf angewiesen, sich die noch vorhandenen Stoffe, auch soweit sie entwertet sind, gemäß § 985 BGB herausgeben zu lassen, *daneben* kann er den Schaden, der ihm durch die Verzögerung der Herausgabe seitens des Besitzers entstanden ist, als *Verzugsschaden nach §§ 985, 286 BGB* ersetzt verlangen. ... Die Ansprüche (aus §§ 989, 990 BGB und §§ 985, 286 BGB) bedingen sich nach ihren Voraussetzungen in der Weise, daß entweder der eine oder andere gegeben ist, je nachdem, ob die Stoffe noch vorhanden sind oder nicht. Die beiden Ansprüche sind inhaltlich auch verschieden: Der Schadensersatzanspruch aus Verzug betrifft den Entwertungsschaden, der Anspruch aus §§ 989, 990 BGB den Ersatz des dem Eigentümer durch den endgültigen Verlust der Sache entstandenen Schadens[30]."

An diesem Ausgangspunkt ist festzuhalten. Es kann kaum zweifelhaft sein, daß die Entscheidung des Bundesgerichtshofes sowohl in der Begründung als auch im Ergebnis überzeugend ist.

Die Verzugshaftung setzt ein schuldrechtsähnliches Haftungsverhältnis[31] voraus. Auf Grund persönlicher Beziehungen zwischen Schuldner und Gläubiger müssen dem Schuldner Pflichten in bezug auf den Leistungsgegenstand des Vertragsverhältnisses auferlegt sein, deren Verletzung zur Schadensersatzleistung führen soll (§§ 284 ff.). Die als Wesen des Eigentümer-Besitzer-Verhältnisses notwendige Vidikationslage sagt indes noch nichts über das Bestehen eines derartigen Haftungsverhältnisses aus. Für die Vindikationslage ist — allein — entscheidend, ob der Besitzer einer Sache dem Eigentümer gegenüber zum Besitz berechtigt ist[32].

---

[30] Hervorhebungen vom Verfasser.

[31] So bereits *Paech*, S. 11.

[32] Gegen die Erstreckung der §§ 987 ff. und damit auch des § 990 Abs. 2 auf den *unrechtmäßigen*, wie auch *rechtmäßigen Eigen- und Fremdbesitzer*, wie sie in jüngster Zeit aus Billigkeit teilweise gefordert wird (Lehre vom Nicht-so-Berechtigten und Nicht-mehr-Berechtigten) (vgl. z. B. BGH NJW 1955, 340; BGHZ 27, 317, 320 f.; BGHZ 34, 122, 132; BGH WM 1970, 1366 f.; OLG München NJW 1958, 424; siehe auch *Blanke* JuS 1968, 263 ff.; *Dimopoulos-Vosikis*, S. 128 ff.; *Westermann*, § 31 III 2 b, § 32 I und § 33) sind im Schrifttum mit überzeugenden Gründen rechtssystematische Bedenken erhoben worden (*Baur*, Sachenrecht, § 11 B I 1 FN 2 m. w. N.). Sie hat diesen

Daß die §§ 985, 986 einen echten dinglichen „Verwirklichungsanspruch" darstellen, besagt ebenfalls nichts über das Haftungsverhältnis. Denn um einen „Verwirklichungsanspruch" handelt es sich unabhängig davon, welche rechtliche Natur man dem Herausgabeanspruch beimißt[33]. Für das Haftungsverhältnis kommt es nur auf die Art und den Umfang der Berechtigung an; diese richtet sich nach dem „Kausalverhältnis", das dem *Besitz* und damit letztlich auch der Vindikationslage möglicherweise oder aber nur vermeintlich zugrundeliegt. Das Haftungsverhältnis enthält den schuldrechtlichen Ausbau der dinglichen Vindikationslage. Betrifft diese die Zuordnung einer Sache zu einer bestimmten Person, so regelt jenes die persönlichen Beziehungen bestimmter Personen zueinander, die auf Grund der einmal vorhanden gewesenen Zuordnung einer Sache zu ihm entstanden sind. Daher besagt die Vindikationslage auch nur, daß der Eigentümer Herausgabe einer Sache verlangen kann, solange er ihr *Eigentümer* und der in Anspruch Genommene ihr *Besitzer* ist[34]. Dennoch bestehen keine Bedenken anzunehmen, daß auch der nach §§ 985, 986 Herausgabepflichtige wie ein persönlicher Schuldner durch Mahnung und bei Verschulden mit der Herausgabe der Sache in Verzug geraten kann.

Ein derartiger Rückschluß folgt nicht schon aus § 990 Abs. 2[35]. Diese Vorschrift besagt nichts über die Rechtsnatur des Herausgabeanspruchs. Sie bestimmt zwar, daß eine weitergehende Haftung des Besitzers als

---

Normenkomplex in einer nicht zu rechtfertigenden Weise zu Auffangtatbeständen für nicht berechenbare Billigkeitsentscheidungen werden lassen (vgl. dazu die zutreffende Kritik von *Raiser*, JZ 1961, 529 ff., 530). Aus diesem Grunde sieht sich der Normanwender „vor einem juristischen Puzzle-Spiel par excellence". So zutreffend *Peter Schwerdtner*, JuS 1970, 64 ff., 66; *Zeuner*, Festschrift für Felgentraeger, S. 423 ff., 429 ff.; *Dietz*, S. 190 ff.; vgl. *Köbl*, S. 100 ff., S. 130 ff. Die These, daß die §§ 987 ff. für nicht berechtigte Besitzer gelten, *muß* aus diesem Grunde für *nicht mehr* und *nicht so* berechtigte Besitzer eingeschränkt werden. Die Privilegierung des unberechtigten Besitzers nach §§ 987 ff., insbesondere durch § 993 Abs. 1 Satz 2, muß auf den Personenkreis beschränkt bleiben, der sie verdient: Die Besitzer, die mit dem Eigentümer durch Vertrag weder *verbunden sind noch waren*, die aber zum Eigentümer kraft des Besitzes an der Sache in einem spezifisch sachenrechtlichen Treueverhältnis stehen, aus dem u. a. begrenzte Herausgabe- und Obhutspflichten, aber auch Verwendungsrechte folgen. Wer hingegen aufgrund abgelaufener oder gekündigter Verträge besitzt und vertragsrechtlich rückgabepflichtig ist, oder wer auch nur glaubt, er sei es, verdient die Privilegierung nicht. *Die §§ 987 ff. sind nicht dazu geeignet und bestimmt, die durch systemwidrige Eingriffe in Rückabwicklungsverhältnisse geschaffenen Verluste von Vertragspositionen auszugleichen.* So zutreffend *Fikentscher*, Schuldrecht, § 102 V 3; *Peter Schwerdtner*, JuS 1970, 64 ff., 66.

[33] So auch *Westermann*, § 30 I 2 und 3 im Anschluß an *Heck*, Sachenrecht, § 66.

[34] Im einzelnen vgl. *Planck-Brodmann*, Erl. 1 a und b vor § 985; *Schlegelberger-Vogels-Spreckelsen*, RdNr. 8 zu § 985.

[35] So aber die nahezu unbestrittene Lehre. Vgl. u. a. *Westermann*, § 30 III 3; *Baur*, Sachenrecht, § 11 C I 2; *Henckel*, S. 296.

die nach § 990 Abs. 1 wegen Verzugs unberührt bleibt. Es wäre aber voreilig, aus dieser Formulierung zu schließen, daß das BGB eine generelle Anwendbarkeit der §§ 284 ff. auf alle aus dem Eigentümer-Besitzer-Verhältnis fließenden Ansprüche voraussetze. Wohl findet sich in den *Motiven* der bereits zitierte Satz, daß der Entwurf von einer Anwendung der allgemeinen Bestimmungen des Obligationsrechts auf den Herausgabeanspruch ausgehe[36]. Aber — und darauf wird ausdrücklich hingewiesen — dabei sei an eine entsprechende, nicht an eine direkte Anwendung gedacht. Es wird nämlich in der angeführten Stelle auf die „Vorbemerkungen" zu den Erläuterungen des Eigentumsherausgabeanspruchs Bezug genommen[37]. Dort beobachtet, wie bereits dargestellt worden ist, die Kommission eine gewisse Ähnlichkeit zwischen den dinglichen und schuldrechtlichen Herausgabeansprüchen und stellt aus diesem Grunde fest, eine analoge Anwendung der Vorschriften des allgemeinen Schuldrechts auf die rei vidicatio sei vertretbar. So hat jedenfalls der historische Gesetzgeber durch die Schaffung des § 990 Abs. 2 nicht zum Ausdruck bringen wollen, daß es sich bei §§ 985, 986 um einen schuldrechtlichen Anspruch handele. Die Formulierung des § 990 Abs. 2 zwingt dazu nicht[38]. Dennoch ist die Verweisung des § 990 Abs. 2 auch in bezug auf den Eigentumsherausgabeanspruch überflüssig. Diese Vorschrift hat in diesem Rahmen ebenso nur klarstellende Funktion[39].

Die Ansicht, daß § 990 Abs. 2 auch in bezug auf den Eigentumsherausgabeanspruch lediglich deklaratorische Funktion habe, läßt sich indes nicht damit begründen, daß dem Besitzer unter den Voraussetzungen der §§ 987 ff. Obhutspflichten für die fremde Sache auferlegt würden[40], wobei deren Verletzung ihn wegen der damit verbundenen Beeinträchtigung des Eigentumsherausgabeanspruchs schadensersatzpflichtig mache[41]. Diese Umstände, so *Gottfried Löwisch*[42] als einer der Vertreter

---

36 *Motive* Teil III S. 408/409 = *Mugdan* Teil III S. 228.

37 *Motive* Teil III S. 398/399 = *Mugdan* Teil III S. 222.

38 Insoweit ist der Ansicht von *W. E. Krause* (S. 32) zu folgen.

39 a. A. *Weyl*, Verschuldensbegriffe S. 78 Anm. 3; *Derselbe*, ArchBürgR 14, 127. Weyl hält entgegen der hier vertretenen Ansicht eine ausdrückliche Verweisung für notwendig. Ähnlich *Heck*, Sachenrecht § 32 6 und *Plath*, S. 85 f., die, von der Prämisse ausgehend, daß dem dinglichen Anspruch eine Haftung fremd sei, eine ausdrückliche Anordnung der Verzugshaftung für zwingend notwendig erachten.

40 So auch *Siber*, IherDogJb 89, 1 ff., 18; *Planck-Brodmann*, Erl. 1 b vor § 985 BGB und Erl. 1 vor § 990 BGB; *Soergel-Siebert-Mühl*, RdNr. 1 zu § 990; *Rudolf Schmidt*, Gesetzeskonkurrenz, S. 185; *Staudinger-Berg*, Anm. 4 zu § 990; vgl. auch RG SeuffArch. 76 Nr. 69.

41 Der Besitzer befindet sich seit seinem Delikt in Verzug mit der Herausgabe; insoweit gilt, wie *Gottfried Löwisch* (S. 3 FN 7) zutreffend bemerkt, der aus dem römischen Recht stammende Satz „semper enim moram fur facere videtur" weiter, der für die ‚condictio furtiva' überliefert ist; vgl. *von Vangerow*, Anm. 3 zu § 588.

42 S. 19 f.

dieser Ansicht, würden aus dem Besitzer, der lediglich zur Herausgabe der fremden Sache in ihrem jeweiligen Zustand verpflichtet ist, einen Schuldner machen, der dem Eigentümer für den nicht verschlechterten Fortbestand der Sache haftet, und damit ein Haftungsverhältnis in Form eines gesetzlichen Schuldverhältnisses begründen. Diese Auffassung verkennt aber, daß es für die Lösung der hier angeschnittenen Streitfrage nicht auf die Rechtsnatur der sekundären Folgeansprüche gemäß §§ 987 ff. ankommt, sondern auf die des Eigentumsherausgabeanspruchs nach §§ 985, 986. Daß die Ansprüche aus §§ 987 ff., insbesondere aus §§ 989 ff., keine dinglichen, sondern vielmehr schuldrechtliche oder obligatorische Ansprüche sind, auf die bei Verzögerung der Leistung die Regeln über den Verzug Anwendung finden, ohne daß es der Vorschrift des § 990 Abs. 2 bedürfte, ist heute allgemein anerkannt[43, 44].

Die Voraussetzungen des Verzugs richten sich aber auch beim Eigentumsherausgabeanspruch allein nach den schuldrechtlichen Vorschriften[45]. § 990 Abs. 2 zeigt bei diesem Anspruch ebenfalls nur die Möglichkeit einer Verzugshaftung auf. Es ist nämlich davon auszugehen, daß diese Vorschrift als Verweisungsnorm trotz seiner systematischen Stel-

---

43 Vgl. dazu *Dernburg*, Sachenrecht § 120 IV; *Heck*, Sachenrecht § 67 I; *Biermann*, Anm. vor § 987; *Kulenbeck*, Einführung S. 556; *Hedemann*, Sachenrecht § 29 IV; *Siber*, Rechtszwang, S. 97; *Dimopoulos-Vosikis*, S. 39 ff.; *Georgiades*, S. 232 f.; *Planck-Brodmann*, Vorbem. 1 b vor § 985; *Wolff-Raiser*, § 2 III 1—3; *Soergel-Siebert-Mühl*, RdNr. 2 vor § 987 und RdNr. 5 vor § 994; *Konrad Hellwig*, Anspruch, S. 33; *Eichler*, Institutionen Teil I, S. 209; *von Tuhr*, Teil I, S. 274; *Birk*, JZ 1963, 354; BGHZ 32, 53 = LM BGB § 166 Nr. 3; einschränkend *Lent*, S. 259 f., der zwar die Folgeansprüche aus §§ 987 ff. für schuldrechtliche Ansprüche hält, die Anwendbarkeit der §§ 275 ff. auf diese Ansprüche jedoch nicht zuläßt.

44 Die Einordnung der Bestimmungen der §§ 987 ff. in das Sachenrecht, und zwar in den Zusammenhang der §§ 985, 1004, 1005 beruht auf dem Vorschlag des Redaktors des Teilentwurfes des Sachenrechts *R. Johow*, welcher von den Kommissionen zwar angenommen, aber, wie es scheint, nicht diskutiert wurde. Wie der Redaktor in seiner Begründung (S. 887) bemerkt, kann darüber gestritten werden, ob diese Vorschriften überhaupt in das Sachenrecht und nicht vielmehr in das Recht der Schuldverhältnisse gehören, da sie doch das „Schuldverhältnis der unbefugten Inhabung fremder Sachen“ regeln und daraus wohl die Ansprüche des Eigentümers als auch die Gegenansprüche des Inhabers herleiten. Trotz solcher Zweifel glaubt er jedoch, die Bestimmungen aus dem Sachenrecht nicht ausscheiden zu dürfen, „weil sie innerlich mit dem rein dinglichen Eigentumsanspruch auf das engste zusammenhängen, in der Praxis meistens in Verbindung mit demselben auftreten und in der Wissenschaft wie in der Gesetzgebung bisher stets in dieser Verbindung behandelt sind“. Die Einordnung in das Sachenrecht und in den Zusammenhang der §§ 985, 1004, 1005 war also mehr zufällig als notwendig und mit materiellen Entscheidungen nicht verbunden. Eine besondere Bedeutung hat sie, wenn man vor der Entstehungsgeschichte her die Frage betrachtet, nicht.

45 So zutreffend *Horstmann*, S. 43; vgl. auch *Westermann*, § 31 I 1; *Baur*, Sachenrecht, § 11 C I 3 b; *Biermann*, Anm. 6 c zu § 990; BGB-RGRK-*Johannsen*, Anm. 24 zu § 990.

lung im Rahmen der sekundären Folgeansprüche nach §§ 987 ff. nicht ausschließlich auf diese, sondern ebenso auch in bezug auf die Hauptverpflichtung, d. h. auf den Herausgabeanspruch nach § 985, anwendbar ist[46]. Der unberechtigte Besitzer, der in Verzug mit der Herausgabe geraten ist, haftet aus diesem Grunde dem Eigentümer nach §§ 985, 990 Abs. 2, 284 ff., 286 Abs. 1 für den ganzen durch die Verzögerung der Herausgabe entstandenen Schaden, mithin auch für den Nachteil, der dem Eigentümer aus der Vorenthaltung der Sache erwuchs[47].

Daß § 990 Abs. 2 auch in bezug auf den Herausgabeanspruch nach § 985, 986 nur deklaratorischen Charakter trägt, ergibt sich nicht bereits aus dem Wortlaut dieser Vorschrift. Dieser läßt offen, ob es sich um einen deklatatorischen Hinweis oder um eine konstitutive Verweisung mit der Folge handelt, daß die in bezug genommenen Vorschriften des Schuldrechts damit zugleich Bestandteile des Sachenrechts geworden sind[48]. Nach dem oben Gesagten stellt jedoch der dingliche Herausgabeanspruch nach § 985 auch ähnlich den schuldrechtlichen Herausgabeansprüchen ein Verhältnis dar, das zwei Personen in bezug auf eine Leistung verbindet. Man spricht daher zutreffend von der Relativität des dinglichen Herausgabeanspruchs nach § 985, 986[49], wobei der einzige Unterschied zu den vertraglichen Schuldverhältnissen im sachenrechtlichen Ursprung dieses Anspruchs zu sehen ist[50]. In beiden Fällen begehrt der Gläubiger genau *dieselbe* Leistung, nämlich Herausgabe der Sache an sich. Leistungsgegenstand und Leistungsinhalt decken sich

---

[46] Diese Streitfrage ist nicht nur von dogmatischem Erkenntniswert. Vielmehr geht es darum, ob der in Verzug geratene unberechtigte, aber redliche Besitzer an den Vorzügen der §§ 989 ff., d. h. dem Haftungsprivileg des redlichen Besitzers, teilhat. Die Geltung der Verzugsvorschriften auch gegenüber dem redlichen Besitzer würde ansonsten zu einem merkwürdigen Widerspruch führen. Der redliche Besitzer, der infolge Fahrlässigkeit auf eine Mahnung nicht leistet, würde, wenn im Rahmen der rei vidicatio § 990 Abs. 2 keine Anwendung finden würde, in Verzug geraten und sogar für Zufall haften, während der Besitzer nach § 990 nur bösgläubig wird, wenn er den Mangel seines Besitzrechts positiv kennt oder infolge grober Fahrlässigkeit nicht kennt und damit auch für den verschuldeten Untergang der Sache nicht einzustehen braucht.

[47] In diesem Sinne bereits die *Motive* Teil III S. 409 = *Mugdan* Teil III S. 228;wie hier auch KG JW 1934, 435; RG SeuffArch. 67 Nr. 157; *Stälin*, S. 59; offengelassen in BGH NJW 1964, 2414, 2415, wo jedoch als Anspruchsgrundlage nur §§ 985, 286 genannt wird. Damit steht der BGH im Gegensatz zum Vordergericht, das den Anspruch aus §§ 985, 990 Abs. 2 286 bejaht hat.

[48] a. A. *Dimopoulos-Vosikis*, S. 164, der der Ansicht ist, daß aus dem Wortlaut („bleibt unberührt") der deklaratorische Charakter dieser Verweisung folge, wenngleich er einschränkend einräumt, daß dies in der genannten Vorschrift nicht ganz klar zum Ausdruck komme.

[49] Vgl. S. 80.

[50] Vgl. S. 81 ff.; so auch *Raiser*, JR 1955, 118, 119; a. A. *Dulckeit*, S. 8; *Casjen Peters*, AcP 153, 454 ff., 456; *W. E. Krause*, S. 30 ff. und *Gottfried Löwisch*, S. 19, die diesen Anspruch als sachbezogen ansehen.

hier. Es bestehen aus diesem Grunde keine Bedenken anzunehmen, daß auch der Herausgabepflichtige nach §§ 985, 986 wie der obligatorisch Verpflichtete durch Mahnung im Falle des Verschuldens in Verzug gerät. Der daraus folgende Schaden ist für den Berechtigten der gleiche, ob es sich um den Vermieter, Verleiher etc. oder den Eigentümer handelt. Im Verzugsfall besteht also beim dinglichen Herausgabeanspruch dieselbe Interessenlage wie bei einem schuldrechtlichen. Daher ist, wie auch der Bundesgerichtshof in der oben angeführten Entscheidung ausgeführt hat, die entsprechende Anwendung der §§ 284 ff. bei Verzug des nach §§ 985, 986 Verpflichteten möglich. Der Gesetzgeber hat folgerichtig in § 990 Abs. 2 auf diese Möglichkeit hingewiesen, wobei das deshalb geboten war, weil eine spezielle Regelung nur die in §§ 284 ff. getroffenen Entscheidungen hätten wiederholen müssen[51, 52].

Diesem Ergebnis stehen nicht die §§ 989 ff. entgegen. Sie bedingen sich vielmehr gegenseitig. Denn sie beziehen sich auf verschiedenartige Sachverhalte: Der Schadensersatz aus Verzug betrifft den Entwertungsschaden, der Anspruch aus §§ 989, 990 Abs. 1 dagegen den Ersatz des dem Eigentümer durch den endgültigen Verlust der Sache entstandenen Schadens[53]. Einzige Gemeinsamkeit beider Ansprüche ist dieselbe Funktion als Leistungsstörungsrecht. Sie bestimmen die Rechtsfolgen, die an eine Anspruchsverletzung zu knüpfen sind[54]. Die Bedeutung, die der Verzugshaftung zukommt, rührt daher, daß eine Haftung für die Nachteile, die dem Eigentümer aus dem Vorenthalten der Sache erwachsen und den Gewinn, den nur der Eigentümer hätte erzielen können, sich aus den Vorschriften der §§ 987, 989, 990 Abs. 1 nicht ergibt.
Für den durch die Vorenthaltung der Sache entstehenden Schaden sowie für den zufälligen Untergang ist der Besitzer jedoch nicht ohne die speziell für den Eigentumsherausgabeanspruch aufgestellten weiteren Voraussetzungen verantwortlich.

Die sich aus dem Verzug ergebenden Risiken sollen nach dem Willen des Gesetzes nur den unredlichen Besitzer und den Besitzer treffen, der von dem Mangel seines Besitzrechts nachträglich Kenntnis erhält. Das folgt aus §§ 989, 990 und § 993 Abs. 1 a. E. Auch dann, wenn der

---

51 So zutreffend *W. E. Krause*, S. 41; im Ergebnis übereinstimmend *Dimopoulos-Vosikis*, S. 165 f.

52 Ebenso haftet der Nießbraucher wie jeder Besitzer gegenüber dem Eigentümer nach §§ 990 Abs. 2 i. V. m. §§ 284 ff. aus Verzug, wenn er seiner Herausgabeverpflichtung nach § 1055 nur unter Verzögerung nachkommt. Vgl. dazu *Wolff-Raiser*, § 117 I 6.

53 Im einzelnen vgl. BGH NJW 1964, 2414, 2415; a. A. *Heck*, Sachenrecht, § 32 7, der die Ansicht vertritt, daß die Vorschriften über Schuldnerverzug, insoweit es sich um Schadensersatz seitens des Besitzers einer fremden Sache handelt, durch die Sonderregelung der §§ 987 ff. zurückgedrängt würden.

54 So auch *W. E. Krause*, S. 42.

unberechtigte Besitzer fahrlässig an die eigene Besitzberechtigung glaubt[55], ist ein Schadensersatzanspruch nicht gegeben. Der redliche Besitzer soll nach dem Willen des historischen Gesetzgebers besser gestellt sein; er haftet überhaupt nicht[56, 57]. Das gilt selbst nach Zustellung der Klage[58]. Trotz der Ausführungen in der Klagschrift ist es möglich,

---

[55] Die auch für die Verzugshaftung bedeutsame Unterscheidung ist die nach dem guten oder bösen Glauben oder — was dasselbe bedeutet — nach der Redlichkeit oder Unredlichkeit. Der gute Glaube in § 990 bezieht sich *nicht* wie in § 932 Abs. 2 unmittelbar auf das Eigentum, weder das eigene, noch das des Rechtsvorgängers; denn der rechtliche Mangel in den §§ 985, 986 ist nicht das fehlende Eigentum, sondern das fehlende Recht zum Besitz (wie hier *Soergel-Siebert-Mühl*, RdNr. 6 zu § 990; *Westermann*, § 32 II 2 a; *Dietz*, S. 187; *Wolff-Raiser*, § 85 II 1 a; RG JW 1926, 1811 = LZ 1926 Sp. 1071/1072 m. Anm. v. *Ledermann*, RG JW 1926, 2074; RG SeuffArch. 84 Nr. 146; RG JW 1936, 2912; RG JW 1937, 3158; KG JW 1934, 435; OLG Frankfurt MDR 1959, 578; vgl. auch *Schlegelberger-Vogels-Spreckelsen*, RdNr. 3 zu § 990; BGB-RGRK-*Johannsen*, Anm. 8 zu § 990; *Erman-Hefermehl*, Anm. 2 b zu § 990; siehe auch *Motive* Teil III, S. 403 = *Mugdan* Teil III, S. 224. a. A. *Siber*, Passivlegitimation S. 234, 252; vgl. *Derselbe*, IherDogJb 89, 1 ff., 10 ff., der infolge seiner Auffassung, der gute Glaube müsse sich auf das Eigentum beziehen, zu diffizilen Unterscheidungen bei der Redlichkeit genötigt ist. Vgl. auch *Siber*, Rechtszwang, S. 119, wo dieser der h. M. folgt). Ist damit bestimmt, was Redlichkeit bedeutet, insbesondere worauf sie gerichtet sein muß, so bleibt noch kurz festzustellen, wann sie nach dem Gesetz vorliegt. Unredlichkeit ist dann gegeben, wenn jemand infolge Kenntnis um seine Nichtberechtigung weiß oder aus grobfahrlässiger Unkenntnis nicht darum weiß. Im einzelnen vgl. dazu *Gottfried Löwisch*, S. 31 ff. Vgl. dazu auch *Dimopoulos-Vosikis*, S. 118 ff., der das Tatbestandselement des bösen Glaubens mit dem im Rahmen des § 823 Abs. 1 erforderlichen „Bewußtsein der Rechtswidrigkeit" gleichsetzt. Diese neue Interpretation ist aber mit dem Gesetzestext nicht vereinbar. Sie entspricht schon nicht der Terminologie des Bürgerlichen Gesetzbuches. Vor allem aber ist der gute Glaube in § 990 Abs. 1 Satz 1 ebenso wie die Kenntnis in Abs. 1 Satz 2 ganz eindeutig zustandsbezogen — und zwar wie Satz 2 ausdrücklich sagt, auf die Berechtigung zum Besitz. Auch die Zeitpunkte, an denen der Mangel guten Glaubens oder die Kenntnis vorliegen müssen, sind nicht die für die Schädigungshandlung maßgeblichen. Die Umdeutungsversuche von *Dimopoulos-Vosikis* ändern m. E. in unzulässiger Weise den Sinn der gesetzlichen Regelung ab. So auch *Helm*, AcP 168, 71 f.

[56] Ständige Rechtsprechung und nahezu einhellige Meinung in der Rechtslehre. Wie hier RGZ 72, 274 (auch nach Rechtshängigkeit keine Haftung für den Verzugsschaden); RG SeuffArch. 67 Nr. 157; RG DNotZ 1933, 819; OLG Jena OLGE 2, 267; KG JW 1928, 239 f. m. zust. Anm. v. *Cahn* ebenda; KG JW 1934, 435; *Baur*, Sachenrecht § 11 A II 3 a; *Brox*, JZ 1965, 516, 517; BGB-RGRK-*Johannsen*, Anm. 8 zu § 989; *Dernburg*, Sachenrecht § 119 II B c; *Soergel-Siebert-Mühl*, RdNr. 12 zu § 990; *Staudinger-Berg*, Anm. 1 zu § 989 und Anm. 3 zu § 990; *Westermann*, § 31 II 1 c; *Wolff-Raiser*, § 85 II 2; übereinstimmend auch die Begründung in *Protokolle* Teil II, S. 3, S. 344, S. 348; a. A. nur *Weyl*, ArchBürgR 14, 79 ff., 127 FN 101 und jüngst *Ernst Wolf*, § 6 A I c 3.

[57] Angesichts des *eindeutigen* Gesetzeswortlauts ist es m. E. nicht möglich, dieses wenig interessengerechte Ergebnis dadurch zu korrigieren, daß der unberechtigte, aber *redliche* Besitzer bereits dann haftet, wenn die Besitzerlangung den Tatbestand der §§ 823 ff. BGB erfüllt. So aber *Brox*, JZ 1965, 516 ff., 519.

[58] So bereits RG JW 1910, 4.

daß der Besitzer in bezug auf sein Besitzrecht redlich bleibt. Aber er wird dem unredlichen ähnlich behandelt, weil er, nachdem gegen ihn Klage erhoben ist, mit der Möglichkeit zu unterliegen rechnen und die Sache herausgeben muß. Daher ist er gemäß § 989 wegen verschuldeter Unmöglichkeit der Herausgabe der Sache schadensersatzpflichtig, wenn er die Sache nach Rechtshängigkeit schuldhaft verletzt[59]. Eine weitergehende Haftung wegen Verzugs scheidet jedoch auch bei dieser Fallkonstellation aus. Dieses Ergebnis ergibt sich daraus, daß das BGB von einer weitergehenden Haftung des Besitzers wegen Verzugs nicht bei § 989, sondern nur in § 990 Abs. 2 spricht und damit klarstellt, daß der Weg zur Verzugshaftung des ursprünglich redlichen Besitzers nur über § 990 Abs. 1 Satz 2 (nachträgliche Kenntnis) führt. Auf den ursprünglich redlichen Besitzer werden die §§ 284 ff. also weder durch die nachträgliche Rechtshängigkeit noch durch die nachträgliche gröbste Nachlässigkeit[60] anwendbar. Auch die Berücksichtigung der Interessenlage erfordert grundsätzlich keine andere Beurteilung. Man könnte zwar meinen, daß es für den Eigentümer im Prozeß einfacher ist, für eine Beschädigung oder den Untergang der Sache nicht eine Verschuldenshaftung geltend zu machen, sondern sofort Schadensersatz wegen zufälliger Unmöglichkeit gemäß §§ 989, 990 Abs. 2, 284 ff., 287 zu verlangen. Diese scheinbare Vereinfachung der Inanspruchnahme aus Verzug führt jedoch vielfach nicht zum Erfolg einer Schadensersatzverpflichtung des (redlichen) Prozeßbesitzers. Wegen schuldhafter Beeinträchtigung des Eigentumsherausgabeanspruchs nach § 989 hat der Prozeßbesitzer *jeden Schaden* zu tragen, der seinen Grund in einem Außerachtlassen der Sorgfaltspflichten während des Prozesses hat. Die Redlichkeit schließt diese prozessual begründete Verschuldenshaftung des verklagten Besitzers nicht aus. Aus Verzug haftet dagegen der Besitzer nur für Schäden, die die Ursache in der *schuldhaft* verzögerten Nichtherausgabe der Sache während des Rechtsstreits haben. Hier entschuldigt den Prozeßbesitzer wie jeder erhebliche Irrtum über die Leistungsverpflichtung auch eine schuldrechtliche erhebliche Redlichkeit[61], auf Grund deren er seine Leistung unterlassen hat.

Eine derartige Haftungsregelung entspricht auch der Billigkeit. Der unredliche Besitzer weiß oder hätte bei pflichtgemäßer Sorgfalt beim

---

59 Vgl. auch *Lent*, S. 259; *Rudolf Schmidt*, Gesetzeskonkurrenz, S. 277.

60 So auch BGH JR 1958, 301, wo jedoch die Einschränkung gemacht wird, daß die Rechtslage dann anders zu beurteilen sei, wenn der unrechtmäßige Besitzer die herauszugebende Sache auch in dem Falle hätte behalten wollen, daß nicht er, sondern der Kläger Eigentümer sei, und wenn er sich deshalb der Erkenntnis verschlossen hätte, daß dem so ist. Vgl. dazu auch BGHZ 26, 256 ff. und RG JW 1910, 4; *Brox*, JZ 1965, 516, 517; vgl. auch *Köbl*, S. 85.

61 Wie hier *Palandt-Degenhart*, Anm. 3 c vor §§ 987 ff.; *Wolff-Raiser*, § 85 FN 13; *Gottfried Löwisch*, S. 99.

Erwerb der Sache erkennen können, daß er nicht berechtigt ist, die Sache zu behalten und mit ihr beliebig zu verfahren. Wenn er sie daher trotz Mahnung und Klagerhebung nicht herausgibt, so ist es gerechtfertigt, wenn er auch nach Verzugsgrundsätzen für den zufälligen Untergang einzustehen hat. Dagegen würde die Haftung des redlichen Besitzers nach § 284 ff. zu einem unbefriedigenden Ergebnis führen.

Die Billigkeit verbietet es, dem Besitzer, der sich gutgläubig oder aus leichter Fahrlässigkeit zum Besitze der Sache für berechtigt hält, eine Einwirkung auf die Sache als Verschulden gegen den Eigentümer anzurechnen[62]. Dem redlichen Besitzer ist kein Vorwurf zu machen, wenn er sich für berechtigt hält, die Sache zu besitzen. Auch eine Mahnung des Eigentümers braucht ihn nicht von dem dinglichen Recht des anderen zu überzeugen; ihm kann daher auch nicht zugemutet werden, daß er auf die Mahnung hin den Besitz und damit sein vermeintliches Recht aufgibt. Selbst eine Klagerhebung des wirklichen Berechtigten ist allein nicht dazu geeignet, den guten Glauben des Besitzers an sein Besitzrecht zu erschüttern. Denn die Rechtsverfolgung des Eigentümers kann zunächst mutwillig oder aussichtslos erscheinen. Es ist daher auch insoweit interessengerecht, daß derjenige, der redlicherweise auf sein vermeintliches Recht zum Besitz vertraut, mit der fremden Sache verfahren kann, wie es ihm beliebt, ohne daß er sich schadensersatzpflichtig macht („quasi rem suam neglexit"). Er soll damit gerade des Risikos enthoben werden, durch das er am stärksten belastet werden kann; denn der Verzugsschaden kann je nach der Funktion des streitbefangenen Objekts angesichts der grundsätzlich unbegrenzten Ersatzpflicht für Folgeschäden den Sachwert um ein Mehrfaches übersteigen[63].

---

[62] Vgl. dazu BGH NJW 1960, 860 ff., 861.

[63] Soweit durch die Regelung die inhaltliche Ausgestaltung der Haftung des Bereicherungsschuldners und die des Besitzers zu einem „Wertungswiderspruch" führt, kann diese Diskrepanz, wie *Hermann Lange* (JZ 1964, 640 f., 641) zutreffend ausführt, durch eine vernünftige Interpretation der jeweiligen Bestimmungen über die subjektiven Haftungsvoraussetzungen nur etwas verringert, nicht aber beseitigt werden. Im Rahmen der Gesetzesinterpretation sollen jedoch wegen der Einheit der Rechtsordnung derartige Wertungswidersprüche tunlichst vermieden werden (so auch *Larenz*, Methodenlehre, S. 316 FN 2). Bei der Änderung des 1. Entwurfs zum BGB ist offenbar übersehen worden, daß als Folge der vorgenommenen Änderungen die Haftungsvoraussetzungen im Bereicherungsrecht denen im Eigentümer-Besitzerverhältnis hätten angeglichen werden müssen. Ohne auf dieses Problem im Rahmen dieser Arbeit näher eingehen zu können — es handelt sich insoweit um ein Problem richterlicher Rechtsfortbildung im Bereicherungsrecht —, drängt sich m. E. auf, die in §§ 989, 990 enthaltene Regelung als Haftungstopos auf die Bereicherungsschuldverhältnisse zu übertragen, wobei es dahingestellt bleiben kann, ob es sich insoweit um einen zwingenden „a fortiori-Schluß" handelt (so aber *Hermann Lange*, JZ 1964, 640 ff., 643). Diese Lösung scheint mir deshalb nahe zu liegen, weil der Bundesgerichtshof in einer Entscheidung vom 29. Oktober 1969 in BGHZ 53, 29 ff. = NJW 1970, 241 ff. = JZ 1970, 187 ff. sich „genötigt" sah, den Widerspruch

Aus diesem Grunde ergibt sich für den redlichen Besitzer auch nach Rechtshängigkeit des Eigentumsherausgabeanspruchs, daß die Wirkungen, die sich an einen Leistungsverzug des unredlichen Besitzers knüpfen, hier nicht eintreten können[64].

Die Beschränkung der Verzugshaftung auf den unredlichen Besitzer entspricht dem bewußten Werturteil des Gesetzgebers. Nach § 934 des ersten Entwurfs zum BGB sollte die Verzugshaftung sowohl den redlichen als auch den unredlichen Besitzer treffen. Folgende Überlegungen lagen dieser Vorschrift zugrunde. Der Gesetzgeber ging davon aus, daß zwischen dem Eigentümer und dem nichtberechtigten Besitzer ein schuldrechtsähnliches Verhältnis bestehe, auf das folgerichtig die schuldrechtlichen Regeln anwendbar seien. Eine Modifikation der Verzugsregeln erschien weder zugunsten des Eigentümers noch des Besitzers gerechtfertigt; § 934 E I sollte nur zweckmäßigerweise die unveränderte Geltung der Verzugsregeln im Rahmen des Eigentümer-Besitzer-Verhältnisses aussprechen. Die Verschärfung der Haftung des Verzugsbesitzers erschien angemessen. Wenn der Eigentümer, dessen Recht sich später herausstellt, die Sache als ihm gehörend herausverlangt, gerät der aufgeforderte Besitzer in Verzug, wenn er sich nicht nach § 246 E I — dem heutigen § 285 — exkulpieren kann. Das müsse auch, so fahren die *Motive*[65] fort, für den redlichen Besitzer gelten, wenn er die Rechtslage schuldhaft verkenne, ohne dadurch unredlich zu werden, weil auch er die Berechtigung der Aufforderung des Prätendenten prüfen müsse. Gegen diese Vorschrift erhob sich erheblicher Widerspruch[66]. Diese über

---

zwischen dem Anspruch nach §§ 985, 283 und dem Anspruch nach §§ 990, 989 dahingehend zu lösen, den § 283 im Rahmen des § 985 nur insoweit anzuwenden, als der Besitzer nach §§ 989, 990 dem Eigentümer schadensersatzpflichtig sei (in diesem Sinne auch die herrschende Lehre: statt vieler *Soergel-Siebert-Mühl*, RdNr. 13 zu § 985).

64 Im übrigen würde die Verzugshaftung des redlichen Besitzers auch deshalb entfallen, weil dieser die Unkenntnis, die ihn redlich macht, nicht i. S. d. § 285 zu vertreten hat. Vgl. dazu *Wolff-Raiser*, § 85 II 2; RG JW 1910, 4; siehe dazu auch *Dimopoulos-Vosikis*, S. 166. Dieser erklärt die Tatsache, daß gemäß § 990 Abs. 2 nur der unredliche und nicht auch der redliche Besitzer wegen Verzugs haftet, aus §§ 285, 276. Danach setze Verzug Verschulden voraus, und dieses könne auch nach allgemeinen Erwägungen nur dann vorliegen, so fährt *Dimopoulos-Vosikis* fort, wenn der Schuldner auch das Bewußtsein der Rechtswidrigkeit habe. Da nun der unredliche und der redliche Besitzer sich nur dadurch unterscheiden würden, daß der unredliche das Bewußtsein der Rechtswidrigkeit habe, der redliche dagegen nicht, sei es nur folgerichtig, daß nach der gesetzlichen Regelung die Haftung wegen Verzugs nur beim unredlichen eintreten könne, beim redlichen dagegen nicht. Auch insofern habe also die Vorschrift des § 990 Abs. 2 rein deklaratorische Bedeutung. Dabei übersieht jedoch *Dimopoulos-Vosikis*, daß das Haftungsprivileg des redlichen Besitzers sich nicht nur auf § 990 Abs. 2 bezieht, sondern im Rahmen der §§ 989 ff. gilt.

65 So *Motive* Teil III S. 408/409 = *Mugdan* Teil III S. 228.

66 Vgl. *Bolze*, AcP 74, 97 ff.; im einzelnen siehe auch *Gottfried Löwisch*, S. 76 f.

das gemeine Recht hinausgehende Haftung des redlichen Besitzers wurde daher in der zweiten Kommission zugunsten der jetzigen Regelung aufgegeben[67]. In gleicher Weise wurde die Verzugshaftung des Erbschaftsbesitzers abgemildert[68]; auch dieser haftet für Verzugsschäden nur dann, wenn er bei dem Beginn des Erbschaftsbesitzes nicht in gutem Glauben war oder nachträglich vom Mangel seines Erbrechts Kenntnis erlangt (§ 2024 Satz 3)[69]. Dabei ging der historische Gesetzgeber davon aus, daß eine weitergehende Haftung wegen Verzugs der Stellung des redlichen Besitzers nicht gerecht werden würde; der Eigentümer sei zudem dadurch geschützt, daß er den redlichen Besitzer durch Erhebung der Klage in die Lage des Prozeßbesitzers versetzen könne, wobei jedoch von diesem übersehen worden ist, daß dadurch nicht die Wirkungen eintreten können, die sich an den Schuldnerverzug des unredlichen Besitzers knüpfen, weil § 989 keine § 990 Abs. 2 entsprechende Verweisungsregel enthält. Außerdem stehe eine solche Regelung mit dem Grundgedanken des Eigentümer-Besitzer-Verhältnisses in Widerspruch, weil schon leichte Fahrlässigkeit zur Haftung führen könne, obwohl sie dem redlichen Besitzer nicht schaden sollte[70].

Angesichts dieser eindeutigen Wertentscheidung des historischen Gesetzgebers ist meines Erachtens der Ansicht von *Gottfried Löwisch*[71] nicht zu folgen, wonach die Fehlentscheidung des Gesetzgebers, nach der der Prozeßbesitzer von der Verzugshaftung freigestellt ist, dadurch zu korrigieren ist, „indem unter Mißachtung seines" (des Gesetzgebers) „Willens den von ihm erlassenen Vorschriften durch interessengerechte objektive Auslegung ein anderer als der von ihm gewollte Sinn beigelegt wird"[72, 73]. Nimmt man die weiteren Ausführungen von *Gott-*

---

[67] Vgl. *Protokolle* Teil II S. 3, 344, 348; siehe auch *Windscheid-Kipp*, S. 990.

[68] Vgl. die §§ 2085, 2086 des E I BGB und § 1898 des E II BGB.

[69] Vgl. *Staudinger-Lehmann*, Anm. 4 zu § 2024.

[70] Es wäre auch ein merkwürdiges Ergebnis, wenn derjenige, der beim Besitzerwerb leicht fahrlässig an das Eigentum des Veräußerers glaubt, das Eigentum vom Nichtberechtigten erwirbt (§§ 929, 932), während dieselbe Person, die an der abhanden gekommenen Sache kein Eigentum erwerben kann (935) und deshalb die Sache wieder herausgeben muß, außerdem auch noch zum Schadensersatz verpflichtet wäre.

[71] S. 78 ff.

[72] Daß es sich bei dieser Regelung um eine gesetzgeberische Fehlentscheidung handelt, ist nicht zu bestreiten und wird auch von der h. M. anerkannt, wenn sie die verschiedene Ausgestaltung der Ansprüche aus §§ 818, 819, 292 und aus § 989 auf ein „Redaktionsversehen" zurückführt.

[73] Im Ausgangspunkt folgt diese Auslegung der Ansicht von *Casjen Peters* in *Erman-Peters*, Anm. 1 vor § 987 und AcP 153, 454 ff., 463 ff., der eine Angleichung von Bereicherungs- und Vindikationsrecht fordert, da hier nicht Unrecht sein könne, was dort Recht sei. Ähnlich *Hermann Lange*, JZ 1964, 640 ff., die jedoch aus dieser Ausgangserwägung andere Folgerungen ziehen wollen. *Peters* will die Angleichung durch die volle Anwendbarkeit des Bereicherungsrechts neben den §§ 987 ff. Dagegen will *Hermann Lange* im *Rahmen* der §§ 812 ff. die §§ 989, 990 als Haftungstopos einführen; ähnlich

fried Löwisch[74], so haben wir es bei der Beschränkung der Verzugshaftung auf den redlichen Besitzer durch das BGB mit einer krassen Fehlleistung eines törichten Gesetzgebers zu tun.

Zwar ist es zutreffend, daß ungeachtet der Unterschiedlichkeit der Ansatzpunkte und der Vielschichtigkeit der Problematik es immer um die Rechtsverwirklichung im Einzelfall geht, d. h. was den Richter anbetrifft um den Richterspruch[75]. Da aber der Wille des Gesetzgebers wie er in der verschiedenen Ausgestaltung des § 989 einerseits und des § 990 Abs. 1 und 2 andererseits auch nach *Gottfried Löwisch*[76] eindeutig und unverkennbar zum Ausdruck gekommen ist, muß dieser für die Auslegung der genannten Vorschriften verbindlich bleiben[77]. Mit dem Ausschluß einer Verzugshaftung des redlichen Prozeßbesitzers hat das BGB ein bestimmtes *Werturteil* getroffen. Wir mögen heute in dieser Frage anders entscheiden, aber wer ist im gewaltenteilenden Rechtsstaat zur notwendig *subjektiv* akzentuierten Rechtsfortbildung legitimiert, die auch durch Etikettierung als objektive Auslegung den Charakter der Gesetzesänderung nicht verliert. Damit begibt man sich in einen juristischen Bereich, der die wohl folgenschwerste Entwicklung der Rechtswissenschaft betrifft: die Funktion des Richters und die Rechtsquellenlehre. Im Rahmen dieser Arbeit ist es jedoch nicht möglich, diesen Problemkreis abschließend zu untersuchen. Im folgenden sollen jedoch einige Bemerkungen grundsätzlicher Art ausgeführt werden. In seiner Abhandlung „Recht und Sprache, Prolegomina zu einer richterlichen Hermeneutik" stellt *Ernst Forsthoff*[78] treffend fest:

„Wesentlich wichtiger ist jedoch die objektive Selbstbegrenzung, welche der Interpret sich mit der Bindung an den „Willen des Gesetzgebers" auferlegt. Indem er sich an diesen Willen bindet, zieht er seinen subjektiven Auslegungserwägungen einen festen objektiven Rahmen. Er macht sich die

---

auch *Siber*, IherDogJb 89, 1 ff., 15. Durch den Lösungsversuch von *Löwisch* werden die aufgezeigten Wertungswidersprüche ebenfalls beseitigt. Zu Unrecht nimmt er jedoch dabei zur Rechtfertigung seiner Lösung auf die Ausführungen von *Hermann Lange* (JZ 1964, 640 ff., 642 FN 28) Bezug. *Lange* meint nämlich nicht, daß eine solche Beseitigung auf andere Weise unmöglich sei. Er führt nur aus, daß die Beseitigung *aller* Wertungswidersprüche durch Auslegung nicht möglich sei. Doch soll nach *Lange* (JZ 1964, 640 ff., 642 FN 28) die Beseitigung derartiger Wertungswidersprüche versucht werden, was dieser in bezug auf die konkret angesprochene Streitfrage demgemäß versucht.

[74] S. 78 ff.

[75] S. 79 f.

[76] S. 78 f.

[77] Zu dem gleichen Ergebnis gelangt auch die sog. subjektive oder historische Auslegungstheorie. Vgl. statt vieler *Enneccerus-Nipperdey*, § 54 II; *Heinrich Stoll*, IherDogJb 76, 134 ff., 162 f., 166 ff., 169; *Heck*, AcP 112, 1 ff., 8, 89 ff.; RGZ 127, 40, 48; BGH LM BGB § 133 Nr. D 3; BGHZ 3, 82, 84; BGHZ 2, 176, 187. Siehe auch S. 37 ff.

[78] S. 46.

Antrittsintention des Gesetzes verbindlich. Er geht von dem aus, was das Gesetz gewollt oder gemeint hat, als es erging. Dieser Grundsatz ist beifallswürdig, weil er die Unterwerfung des Richters unter das Gesetz, das notwendige Korrelat seiner Unabhängigkeit, wirklich ernst nimmt. Richtig verstanden, nimmt dieser Grundsatz auch dem Richter nicht die Freiheit, deren er zur Verwirklichung der Gerechtigkeit bedarf. Er schließt Wandlungen der Auslegung, welche den Veränderungen der Lebensverhältnisse folgen, keineswegs aus. Nur darauf kommt es an, daß die Intention, welcher das Gesetz seit seiner Entstehung dienen soll, gewahrt bleibt, denn sonst würde das Gesetz, um einen bildlichen Ausdruck *Hecks* zu übernehmen, einem Freiballon vergleichbar sein, der aufgelassen, jedem Bestimmungswunsch entrückt, dem Winde folgt."

Demgemäß hat der Jurist im allgemeinen und der Richter im besonderen *nicht Recht zu setzen*. Er ist *kein* Gesetzgeber. Das Recht ist ihm aufgegeben. Das soll allerdings nicht bedeuten, daß in Ausnahmefällen der Wandel den Vorstellungen und Wertungen sowie die wechselnden Lebensverhältnisse zu einer Änderung der gesetzgeberischen Regelung nicht führen können[79, 80]. Nur darauf kommt es an, daß die Intention, welcher das Gesetz seit seiner Entstehung dienen soll, gewahrt bleibt, denn sonst würde das Gesetz, um mit *Heck* zu sprechen, einem Freiballon vergleichbar sein, der aufgeblasen, jedem Bestimmungswunsch entrückt, dem Winde folgen würde. Aufgabe der Auslegung kann es aus diesem Grunde nur sein, „solche und nur solche Wertentscheidun-

---

[79] So zutreffend *Flume*, S. 25; *Säcker*, DB 1967, 2027, 2029; im Ergebnis ähnlich *Gudian*, NJW 1971, 1239, 1240, der jedoch darauf abstellt, ob die gesetzgeberischen Wertvorstellungen von der Rechtsüberzeugung der Rechtsgemeinschaft noch getragen oder zumindest toleriert werden.

[80] Die Entscheidung des BGH zur Parteifähigkeit der Gewerkschaften (BGHZ 42, 210 und BGHZ 50, 325 ff.) mögen noch einmal als Beispiel das Gemeinte veranschaulichen. Wenn der BGH die Gewerkschaften für aktiv parteifähig ansieht, soweit diese mit der Klage begehren, eine Beeinträchtigung abzuwehren, so gewährt nicht der BGH der Gewerkschaft die aktive Parteifähigkeit kraft Richterrechts. Der BGH erkennt vielmehr nur die aktive Parteifähigkeit an, die sich für ihn *zwingend* aus der Änderung der materiellrechtlichen Stellung der Gewerkschaften ergibt (so zutreffend *Flume*, S. 26; vgl. auch *Manfred Wolf*, S. 3 ff.; a.A. *H. J. Hirsch*, JR 1966, 334, 335, der in „erkenntniskritischer Naivität" (*Säcker*, ZRP 1971, 145, 146) meint, es stehe den Gewerkschaften jederzeit frei, die Rechtsfähigkeit und damit die aktive Parteifähigkeit für den Zivilprozeß zu erwerben. Vgl. auch Zweiten Abschnitt, Ersten Teil, I FN 23 dieser Arbeit). Vor allem betätigt sich ein derartiger Wandel in der Anrufung von Naturrechtssätzen und in der Aktualisierung der Grundrechtsnormen, um gestützt auf diese zu einer freien Wertverwirklichung für den Richter zu kommen. Mit den Naturrechtssätzen und Grundrechtsnormen kann man sich ausnahmsweise von der strengen Bindung an das überkommene Recht freimachen (kritisch dazu *Flume*, S. 31). Ein Beispiel kat exochen dafür ist die Rechtsprechung des BGH zum Geldanspruch bei Persönlichkeitsrechtsverletzungen (vgl. die Rechtsprechungsnachweise bei *Palandt-Thomas*, Anm. 15 zu § 823 BGB; kritisch zu dieser Rechtsprechung *Flume* [S. 31 ff.], der jedoch nicht offenbart, worin der Unterschied zu der von ihm gebilligten Rechtsprechung in bezug auf die aktive Parteifähigkeit der Gewerkschaften zu sehen ist, obwohl sich der BGH hier wie dort über den eindeutigen Wortlaut einer Norm — § 50 Abs. 3 ZPO bzw. § 253 —

gen aus einer Rechtsnorm zu entnehmen, die der Normenautor durch die Rechtsnorm entschieden hat"[81]. Durch Interpretation kann der durch die gesetzgeberische Wertentscheidung tatbestandlich erfaßte und typisierte Erfahrungsbereich nicht erweitert oder verengt werden. Die gesetzgeberische Wertentscheidung braucht dabei, wie die rechtliche Behandlung von Redaktionsversehen exemplarisch zeigt[82], entgegen der Andeutungstheorie[83] nicht in der logischen Grammatik, d. h. der Ge-

---

hinweggesetzt hat; konsequenter, dadurch aber nicht überzeugender ist *H. J. Hirsch* [JR 1966, 334 ff.], der jegliche Rechtsfortbildung mit dem Schlagwort „Zurück zum Gesetz" ablehnt. Alle mit dem Pathos dieses Schlagworts vorgetragenen Argumente gegen das Richterrecht verschleiern nämlich nur, daß objektive Interpretation da, wo sie den Willen des Gesetzgebers überspielt hat, seit jeher nichts anderes zutage gefördert hat als den subjektiven Willen des Interpreten. Vgl. dazu auch *Säcker*, ZRP 1971, 145, 146.) obwohl dem historischen Gesetzgeber das Problem des Ersatzes immateriellen Schadens bei Persönlichkeitsrechtsverletzungen wohl bekannt war. Die Verfasser des BGB glaubten jedoch, daß gerade ihre Lösung, wonach bei derartigen Persönlichkeitsrechtsverletzungen ein Geldersatz nicht gewährt werden sollte, der Würde der Persönlichkeit am ehesten entspreche, weil „die Ehre ein Gut sei, welches in Geld sich nicht anschlagen lassen und für deren Verletzung der Empfang einer Geldsumme daher überhaupt keine Genugtuung bilden könne, wie es denn auch dem wahren Ehrgefühle widerstreiten müsse, aus einer Beleidigung pekuniäre Vorteile zu ziehen" (*Protokolle* zum Dresdener Entwurf S. 3621, S. 3622, zitiert nach Kom. zur Ausarbeitung des Entwurfes eines bürgerlichen Gesetzbuches, Material zu den Bestimmungen des Dresdener Entwurfes Art. 1007—1030, S. 95). Ohne zu dem Sachproblem als solchem Stellung zu nehmen, muß trotz dieser Einzelfälle davon ausgegangen werden, daß der Richter in der Regel nicht befugt ist, Recht zu setzen. Die rechtsprechende Gewalt hat keine politischen Entscheidungen zu fällen, sondern ist an Recht und Gesetz gebunden, auch wenn sich für die Rechtsprechung selbst nach jahrhundertelanger Geltung einer Kodifikation in größerem Umfang Friktionen mit inhaltlich veralteten Vorschriften ergeben (so auch *H. J. Hirsch*, JR 1966, 334 ff., 338). Auch aus diesem Grunde ist nach meiner Ansicht die Auffassung von *Gottfried* Löwisch, wonach auch der Prozeßbesitzer wegen Verzugs haften soll, nicht zu folgen.

[81] So zutreffend *Rupert Schreiber*, S. 156 ff., S. 257 These 22; ferner *Engisch*, Einheit, S. 89 f.; *Rüthers*, Die unbegrenzte Auslegung, S. 182; *Säcker*, Koalitionsfreiheit, S. 107 f. m. w. N.

[82] Vgl. dazu RGSt 40, 191; *Lüderitz*, S. 30; *Engisch*, Einführung, S. 169, 173, 237; *Keller*, S. 34, 37; *Enneccerus-Nipperdey*, § 52 II; *Larenz*, Methodenlehre, S. 377; kritisch *Mennicken*, S. 15 FN 32 und S. 30 FN 34.

[83] Vgl. *Geny*, Methode, Bd. 1 S. 120: „La velléité législative qui n'a pas se prendre conscience d'ellemême, se fixer en une volonté précise, puis se traduire dans le texte authentique de la loi, demeure non avenne pour l'interprète, et ne peut entrer en ligne dans l'application du droit positif." *Forsthoff*, Festschrift für Carl Schmitt, S. 35 ff.; *Wolff*, § 28 IV b 3; *Jesch*, JZ 1963, 241 ff., 244; *Siebert*, Methode, S. 39; aus der Rechtsprechung RGZ 52, 334, 342; RGZ 57, 219 ff., 222; RGZ 62, 286, 291; RGZ 66, 332 ff., 334; RGZ 132, 189, 191; RGZ 133, 20, 23; RGZ 150, 153 ff., 157; RGZ 154, 87; RGZ 169, 122, 124; RGHZ 4, 369 ff., 375; dagegen zu Recht *Heck*, Gesetzesauslegung, S. 120 ff., 138 ff.; *Liver*, S. 21, 27; *G. und D. Reinicke*, NJW 1952, 1033 ff.; *Dieselben*, NJW 1955, 1370 ff., 1383; *Theo Zimmermann*, NJW 1956, 1262; *Bender*, JZ 1957, 593, 598 ff.; *Derselbe*, MDR 1959, 441 ff., 444 f.; *Schneider*, MDR 1963, 276; *Nipperdey*, NJW 1962, 321; *Brox*, Irrtumsanfechtung, S. 109; *Germann*, S. 87 ff.; *Bachof*, JZ 1963, 693 ff., 699 f., 699 f.; *Lüderitz*, S. 30 ff., 36; *Säcker*, Koalitionsfreiheit, S. 107 ff.; RGZ 142, 36 ff., 40; BGHZ 4, 153 ff.,

samtheit der möglichen Bedeutungen, welche mit den diese Wertentscheidungen artikulierenden Ausdrücken im Rahmen des Kontexts im Alltagsleben der Sprachgemeinschaft noch verbunden werden können, „angedeutet“ zu sein; es genügt, wie *Säcker*[84] zutreffend bemerkt, daß sie sich mit hinreichender Sicherheit aus dem sonstigen zur Erforschung des realen Willens des historischen Gesetzgebers zur Verfügung stehenden Quellenmaterials ergibt[85].

Wenn nun in der rechtswissenschaftlichen Diskussion[86] vorgeschlagen wird, aus dem Gesichtspunkt des interessen- und sachgemäßen Ergebnisses auch den Prozeßbesitzer wie jeden unredlichen Besitzer ab Rechtshängigkeit der Verzugshaftung unterliegen zu lassen, hat dieser Lösungsvorschlag *nur* den Charakter einer rechtspolitischen Empfehlung an das zur Entscheidung zuständige Organ[87]. Die auf Grund einer positiv-rechtlichen Wertung eindeutige Entscheidung kann demgemäß nicht als richtig oder falsch, sondern nur vom „Wert“ des Ergebnisses her oder als befriedigend oder unbefriedigend, als sachgerecht oder nicht sachgerecht, als vernünftig oder unvernünftig kritisiert werden[88]. Eine derartige Rechtsansicht als Rechtsquelle anzusehen, ist unvereinbar mit der in Art. 20 Abs. 3 GG abschließend normierten Bindung des Rechtsanwenders an Gesetz und Recht[89]. Der Rechtsanwender hat demgemäß

---

157 ff.; BGHZ 17, 223 ff., 226 ff. Zu der vermittelnden Auffassung, der sog. modifizierten Andeutungstheorie vgl. im einzelnen *Säcker,* a.a.O. S. 108 FN 250 m. w. N.

[84] Koalitionsfreiheit, S. 109.

[85] Die Erörterung der schwierigen, auch von *Gottfried Löwisch* (S. 78 ff.) eingeführten Problematik des herkömmlicherweise mit den Schlagworten: *subjektive-objektive* Interpretation umschriebenen normativen Auslegungs*ziels* würde den hier gesetzten Rahmen sprengen. Nach meiner Ansicht verdient jedoch eine subjektive, am *realen Willen des historischen Gesetzgebers* orientierte und gerade deshalb objektive (da subjektive Gerechtigkeitsvorstellungen des Interpreten abschneidende) Auslegungstheorie den Vorzug (vgl. dazu im einzelnen *Säcker,* DB 1967, 2073 f.; *Mennicken,* S. 1 ff.). Siehe auch S. 37 ff. dieser Arbeit.

[86] Außer *Gottfried Löwisch* vertreten diese Ansicht wohl auch *Baur,* Sachenrecht, § 11 A II 3 b; *Cosack-Mitteis,* § 56 II; *Josef,* Gruch 51, 531 ff., 536, 538; *Heinrich Lange,* Sachenrecht, § 11 A II 6; *Weyl,* Verschuldenbegriffe, S. 78; *Derselbe,* ArchBürgR 14, 79 ff., 127 FN 101; unklar *Dernburg,* Sachenrecht, § 120 II B b.

[87] So zutreffend *Säcker,* Koalitionsfreiheit, S. 112 m. w. N.

[88] Vgl. im einzelnen *Säcker,* Koalitionsfreiheit, S. 113 ff.

[89] Siehe auch *Säcker,* Koalitionsfreiheit, S. 116 ff. m. w. N. Wenn dagegen in bezug auf dieses Ergebnis behauptet wird, daß eine Unterscheidung von Rechtspolitik und Rechtsanwendung überhaupt nicht möglich sei und daß demnach Art. 20 Abs. 3 GG zum Teil ein unerfüllbares und daher leerlaufendes Postulat beinhalte, das zum größten Schaden die Vorstellung des unpolitischen Richters hervorgebracht habe (vgl. zu dieser Kritik *Esser,* Vorverständnis, S. 116; *Roellecke,* Festschrift für Gebhard Müller, S. 323 ff., 325, spricht in diesem Zusammenhang sogar vom Glauben an die Bindung), so mag diese Kritik zutreffend sein. An dieser Ansicht ist auch richtig, daß es in der Rechtswissenschaft eine Vielzahl offener Fragen gibt, dennoch

als „gesetzesunterworfene Gesetzesanwendungsbehörde“ die ihm zur Entscheidung vorgelegten Lebenssachverhalte aufgrund heteronomer gesetzlicher Wertung zu entscheiden, *soweit* für den zu beurteilenden Fall eine solche besteht. Diese schneidet eine autonome richterliche Problembeurteilung ab[90]. Die Tatsache allein, daß einige Fallkonstellationen im Bereich der Zufallshaftung nach § 287 und damit der Verzugshaftung überhaupt möglicherweise wenig interessengerecht gelöst werden können, spielt dann keine Rolle, wobei nicht übersehen werden soll, daß es sich bei dem Unterschied zwischen Bereicherungsschuldner und Prozeßbesitzer nicht um eine unbedeutende Nebensächlichkeit der Haftungsausgestaltung handelt[91]. Wie bereits erwähnt, hat *Hermann Lange*[92] eindringlich dargelegt, daß der Schaden wegen Zufalls und wegen der Vorenthaltung dem Sachwert gleichkommen und ihn sogar noch weit übersteigen kann.

Im übrigen weist *Köbl*[93] überzeugend nach, daß auch der Weg von *Gottfried Löwisch*[94], der die materiellrechtliche haftungssteigernde Wirkung der Rechtshängigkeit restlos auf die Kategorien der allgemeinen schuldrechtlichen Verschuldenshaftung zurückführen will, zur Korrektur der gesetzgeberischen Fehlentscheidung bedenklich ist. Wohl könnte infolge der Warnfunktion der Rechtshängigkeit, die ja als legislative Rechtfertigung der Haftungssteigerung gilt[95], in vielen Fällen nach den allgemeinen Haftungsgrundsätzen eine Verschuldenshaftung wegen unentschuldbaren Rechtsirrtums konstruiert werden. Man könnte die Rechtshängigkeitshaftung wohl als typisierte Verschuldenshaftung auffassen, aber ganz abgesehen von den atypischen Fällen hindert doch die Ähnlichkeit des Rechtsgedankens den Gesetzgeber nicht daran, innerhalb des Bereiches der Verschuldenshaftung Abstufungen in der Haftungsintensität vorzunehmen.

---

wird man im Grundsatz davon auszugehen haben, daß die richterliche Rechtsfindung sich im Rahmen des gesetzlichen Rechts zu bewegen hat. Das erkennen auch die Kritiker an einer derartigen Bindungswirkung an, wenn sie einräumen, daß es in jeder Rechtsordnung auch verläßlich vorab entschiedene Probleme gebe. Vgl. dazu *Peter Schwerdtner*, Rechtstheorie Bd. 2, S. 224, 235.

90 Wegen weiterer Einzelheiten vgl. *Säcker*, Koalitionsfreiheit, S. 121 f.

91 Die Differenzierung zwischen Unredlichkeits- und Rechtsabhängigkeitshaftung wird trotz der Verweisungskette der §§ 818 IV. 292/987 ff. nicht in das Kondiktionsrecht übernommen. Der Bereicherungsschuldner kann ab Rechtshängigkeit in Verzug geraten, da § 292 mit der Verweisung auf das Eigentümer-Besitzer-Verhältnis ausdrücklich nur einen Mindestumfang der Haftung festlegen, dem Gläubiger aber eine anderweitig begründete Besserstellung nicht nehmen will. So zutreffend *Köbl*, S. 233 f.

92 JZ 1964, 640 ff., 643.

93 S. 234.

94 S. 66 ff.

95 *Mugdan* Teil III S. 228.

Noch mehr als wegen der Konstruktion ist die von *Gottfried Löwisch* geforderte Korrektur des Gesetzes ihres *Inhalts* wegen zu beanstanden. Denn es läßt sich durchaus ein einsichtiger Grund für die Freistellung des Prozeßbesitzers von der allgemeinen Verzugshaftung angeben. So erkennt *Hermann Lange*[96] zutreffend einen wesentlichen Unterschied in den Anforderungen, die an die Leistungsbereitschaft eines Schuldners zu stellen sind, der damit rechnen muß, aus einem *gültigen* Vertrag in Anspruch genommen, also an seinem eigenen Wort festgehalten zu werden, und den Anforderungen an die Leistungsbereitschaft solcher Schuldner, die aus *gesetzlichen Ausgleichsschuldverhältnissen*, also oft unvorhergesehen, herangezogen werden. Die rechtspolitisch bessere Interessenabwägung liegt daher bezüglich der Verzugshaftung auf seiten des Eigentümer-Besitzer-Verhältnisses[97, 98]. Aus diesem Grunde kommt eine weitergehende Verzugshaftung des Prozeßbesitzers nicht in Betracht, weil § 989 auf Grund einer eindeutigen Wertentscheidung des Normautors im Gegensatz zu § 990 Abs. 2 dies nicht vorsieht[99]. Demgemäß ist auch eine Korrektur der Fehlentscheidung aus dem Gesetz selbst unter Mißachtung des gesetzgeberischen Willens nicht möglich[100, 101].

Die hier gewonnene Erkenntnis, daß die Verzugsregeln auch beim Eigentumsherausgabeanspruch anwendbar sind, es sei denn, der Herausgabepflichtige ist redlich, gilt jedoch bei den Herausgabeansprüchen

---

96 JZ 1964, 640 ff., 642.

97 *Köbl*, S. 233 ff., 235.

98 In Betracht kommt dann nur die Angleichung der Kondiktion an die Vindikation in der von *Hermann Lange* gewiesenen Richtung. Siehe dazu Zweiten Abschnitt, Zweiten Teil, I 1 FN 63. Wer sich zu einer solchen unzweifelhaft gesetzeskorrigierenden Angleichung nicht verstehen will, kann sich in vielen, wenn auch nicht in allen Fällen damit behelfen, bei einem gesetzlichen Ausgleichsschuldverhältnis wie der Leistungskondiktion an die Entschuldbarkeit der Leistungsverzögerung geringere Anforderungen zu stellen als bei vertraglichen Verpflichtungen. Siehe dazu *Köbl*, S. 235.

99 Dieses Ergebnis stimmt mit der absolut herrschenden Lehre überein. Insoweit wird also die Wertvorstellung des Gesetzgebers (noch) von der Rechtsüberzeugung der Rechtsgemeinschaft getragen. Wenn man dagegen der Mindermeinung folgt, ist *Kussi* (S. 12) zu folgen, der ausführt, daß der Verzug nicht als Folge der Rechtshängigkeit eintritt (so aber *Palandt-Degenhart*, Anm. 3 c vor § 987); die dem unredlichen Besitzer ähnliche Behandlung ist bei dem Prozeßbesitzer wohl eine Folge der Rechtshängigkeit; wenn man davon ausgeht, daß der Prozeßbesitzer auch der Verzugshaftung unterliegen kann, ist dies aber eine Folge der Mahnung. Hinsichtlich weiterer Einzelheiten vgl. insges. *Gottfried Löwisch*, S. 93 ff.

100 Soweit *Gottfried Löwisch* auf die Gerechtigkeit rekrutiert (S. 79 f.), verdunkelt er m. E. das aufgeworfene Problem. Denn bei den Gerechtigkeitspostulaten handelt es sich um „unbewiesene Postulate und Glaubenssätze" (*E. E. Hirsch*, JZ 1962, 329 ff.). Die Gerechtigkeitsidee verleiht — und darin liegt gerade ihre Schwäche — gefundenen Problemlösungen gleichsam eine Weihe, die das Denken stillegt und dem Glauben Raum bietet. So zutreffend *Peter Schwerdtner*, Rechtstheorie, Bd. 2, 224, 242.

101 a. A. *Gottfried Löwisch*, S. 78 ff., insbes. S. 80.

nach §§ 861, 1007[102] nur in beschränktem Umfang. Der Schutz, den diese Vorschriften dem Besitzer gegen unbefugte Eingriffe in seinen Besitz gewähren, ist unvollkommen[103]. Denn § 1007[104] beschränkt sich nach dem Wortlaut dieser Norm[105] auf bewegliche Sachen. Auch gewährt diese Vorschrift beim Hinzutritt von Verschulden einen Schadensersatzanspruch *nur* im Anschluß an den primär gewährten Herausgabeanspruch gemäß §§ 1007 Abs. 3 Satz 2, 989, 990, 286, 992. Der Schadensersatzanspruch bildet somit bei § 1007 ebenso ein Akzessorium des Herausgabeanspruchs, wie im Eigentümer-Besitzer-Verhältnis der Schadensersatzanspruch nach §§ 989, 990 ein Akzessorium der Vindikationslage darstellt. Dadurch, daß die Absätze 1 und 2 des § 1007 Herausgabeansprüche aus früherem Besitz schaffen, begründen sie für den (früheren) Besitzer zugleich eine (nicht nur provisorische) Befugnis. Es handelt sich aus diesem Grunde nicht um einen prozessorischen, son-

---

102 Im Rahmen dieser Arbeit ist es nicht der Ort, auf die schwierigen Fragen der Anspruchskonkurrenz zwischen §§ 1007 und 861 einzugehen. Für eine aus der gesetzlichen Regelung und der immanenten Teleologie folgende Anspruchskonkurrenz ist *Georgiades*, S. 233 ff.; a. A. *Hesselberger*, S. 289 f., der auf Grund der Verschiedenheit der Leistungsinhalte eine Leistungsidentität zwischen beiden Anspruchsarten ablehnt.

103 Im einzelnen siehe *Kurz*, S. 1.

104 Es ist hier nicht der Ort, auf die unglücklich formulierte und nahezu funktionslose Vorschrift des § 1007 näher einzugehen. Soviel sei jedoch bemerkt. Weitgehende Folgerungen aus dieser Vorschrift wären nur möglich, wenn sie in allen ihren Einzelheiten auf einer wohldurchdachten Entscheidung des Gesetzgebers beruhen würde. Für das Gegenteil spricht aber schon die überaus schlechte Fassung der Vorschrift (vgl. etwa *Wolff-Raiser*, § 23 II 2 b und § 23 FN 1 und 21; *Heck*, Sachenrecht, § 34 S. 5 und 6). Auch ihre Stellung bei den Ansprüchen aus dem Eigentum ist vom System her zumindest inkonsequent und auch nicht mit seiner Verweisung auf die §§ 986 ff. hinreichend zu erklären (so aber wohl *Dulckeit*, S. 14). Denn die Vorschriften, die den Eigentumsschutz auf die beschränkten Sachenrechte erstrecken, stehen bei diesen und nicht beim Eigentum: §§ 1027, 1065, 1227, 11 Abs. 1 ErbbauVO (wie hier *Medicus*, AcP 165, 115 ff., 130; vgl. auch *Eichler*, Institutionen, Bd. 2 Teil 1, S. 235 f. m. w. N. in FN 265). Das ist nicht zuletzt auch eine Folge der wechselhaften Entstehungsgeschichte des § 1007. Vgl. dazu im einzelnen *Medicus*, AcP 165, 115 ff., 130.

105 Zahl und Gewicht der in FN 104 genannten gesetzgeberischen Unzulänglichkeiten legen sogar die Frage nahe, ob nicht eine weitgehende Korrektur des § 1007 durch eine sehr freie Auslegung geboten ist. In diese Richtung zielt eine Entscheidung des BGH in BGHZ 7, 208, 215 f., die den Herausgabeanspruch auch dem Grundstücksmieter gewährte. Aber der hierin liegende Ansatz ist vereinzelt geblieben und zu Recht überwiegend mit Zurückhaltung zur Kenntnis genommen worden (vgl. etwa *Wolff-Raiser*, § 23 FN 3; *Baur*, Sachenrecht, § 9 IV FN 2; *Westermann*, § 35 I; *Palandt-Degenhart*, Anm. 1 zu § 1007). Bei der Verschiedenartigkeit der Korrekturmöglichkeiten des § 1007 muß wohl zwischen ihnen de lege ferenda der Gesetzgeber entscheiden (so auch *Medicus*, AcP 165, 115 ff., 131). Dies gilt umso mehr, als die Entscheidung des BGH in BGHZ 7, 208 wesentlich in damaligen Zeitverhältnissen begründet war (*Westermann*, § 35 I; *Baur*, Sachenrecht, § 9 IV FN 2).

dern um einen petitorischen Anspruch[106]. Die Ausübung dieser Befugnis kann der Herausgabepflichtige u. a. dadurch beeinträchtigen, daß er mit der Herausgabe der Sache in Verzug gerät (§ 1007 Abs. 3 Satz 2, §§ 990 Abs. 2, 284 ff., 286). Die hierin liegende Verletzung der Befugnis des früheren Besitzers bildet dann die Grundlage für einen Ersatzanspruch[107]. Schadensersatzrechtlich läßt § 1007 jedoch alle Besitzverletzungen ohne Sanktion, die eine unbewegliche Sache betreffen[108] oder bei denen der Schädiger zuvor nicht selbst den Besitz erlangt hatte. Insoweit hilft auch der Herausgabeanspruch nach § 861 nicht weiter. Denn er ist allein auf die Herausgabe gerichtet und kennt keine den §§ 987 ff. entsprechenden sekundären Folgeansprüche. Dabei ist den *Motiven*[109] zu entnehmen, daß das Fehlen einer § 1007 Abs. 3 Satz 2 entsprechenden Verweisungsnorm vom Gesetzgeber gewollt war. Damit sollte den possessorischen Ansprüchen jegliches poenales Element genommen werden[110, 111]. Angesichts dieser „Intention" des historischen Gesetzgebers muß bei § 861 von einem „beredten Schweigen"[112] gesprochen werden, das es nicht rechtfertigt, eine entsprechende Anwendung der §§ 989 ff. auch im Rahmen des § 861 zu bejahen[113, 114, 115, 115a].

---

106 Das ergibt sich entgegen der Ansicht von *Westermann* (§ 35 I 2 c) nicht bereits daraus, daß § 1007 im Konkurs des Schuldners ein Aussonderungsrecht gewährt. Denn auch die Ansprüche aus Besitz nach Maßgabe der §§ 861, 862 gewähren ein Aussonderungsrecht nach § 43 KO (vgl. dazu *Böhle-Stamschräder*, Anm. 14 zu § 43 KO). Petitorisch ist der Anspruch nach § 1007 im Gegensatz zu dem Anspruch nach § 861 allein deshalb, weil er den Besitz zwischen den Parteien endgültig ordnet. Vgl. im einzelnen *Sobernheim*, S. 141 ff.; a. A. *Medicus*, Bürgerliches Recht, § 19 II 1 c, S. 176, nach dem § 1007 eine Zwitterstellung zwischen possesorischen und petitorischen Ansprüchen einnimmt.

107 Allgemeine Ansicht; statt vieler *Soergel-Siebert-Mühl*, RdNr. 7 zu § 1007; *Medicus*, AcP 165, 115 ff., 128.

108 Vgl. Zweiten Abschnitt, Zweiten Teil, I 1 FN 105.

109 *Motive* Teil III S. 117 f., 119 = *Mugdan* Teil III S. 65/66.

110 *Motive* Teil III S. 117 ff., 119 = *Mugdan* Teil III S. 66.

111 Insoweit entspricht es nicht dem gesetzesimmanenten Zweck, wenn *Mühl* (in Soergel-Siebert, RdNr. 2 zu § 867) unter Hinweis auf OLG Naumburg OLGE 26, 4, eine Schadensersatzpflicht auch aus Verzug gemäß § 286 bejaht, wobei *Mühl* jedoch verkennt, daß es sich bei dem vom OLG Naumburg zu entscheidenden Fall nicht um einen possessorischen (§ 867), sondern um einen petitorischen Anspruch gehandelt hat.

112 Zu diesem Begriff vgl. *Larenz*, Methodenlehre, S. 350.

113 Vgl. dazu auch S. 110 ff.

114 a. A. *Soergel-Siebert-Mühl*, RdNr. 2 zu § 867.

115 Aus den gleichen Überlegungen kann auch im Rahmen der Abholansprüche (§§ 867, 1005), die keine große praktische Bedeutung haben und aus diesem Grunde hier nicht näher untersucht werden sollen, der Dritte nur im Rahmen des petitorischen Anspruchs nach § 1005, nicht jedoch auf Grund des possessorischen Anspruchs nach § 867 in Leistungsverzug kommen. Vgl. dazu OLG Naumburg OLGE 26, 4.

115a Aus den gleichen Erwägungen kommt ein Untermieter gegenüber dem Vermieter, soweit dieser nicht Eigentümer der Mietsache ist, *mit der Herausgabe* der Mieträume nach § 556 Abs. 3 *nicht in Verzug*, wenn man wie *Kiefersauer* (Staudinger-Kiefersauer, RdNr. 32 zu § 556) die Klage gegen den

Da sich die Voraussetzungen des Schuldnerverzugs allein nach den schuldrechtlichen Regeln richten, sind nunmehr im folgenden die einzelnen Verzugsvoraussetzungen, soweit das im Rahmen dieser Arbeit notwendig ist, näher zu untersuchen.

Nach §§ 284, 285 gerät der Schuldner in Verzug, wenn er nach der Fälligkeit seiner Verpflichtung auf eine Mahnung des Gläubigers hin nicht leistet. Nur unter diesen Voraussetzungen kann auch der haftende

---

Untermieter „als eine Art Besitzklage" i. S. d. §§ 861, 862, 863 versteht (im Ergebnis ebenso *Nissen*, JW 1903, 201 ff.). Dasselbe gilt auch für den § 556 Abs. 3 entsprechenden Herausgabeanspruch des Verleihers gegen einen Dritten nach § 604 Abs. 4. Dieser Auffassung ist jedoch nicht zu folgen. Dem Herausgabeanspruch des Vermieters oder Verleihers kommt ein possessorischer Charakter nicht zu. Possessorische Ansprüche sind gekennzeichnet durch ihre Ableitung aus dem Besitz als solchem (*Westermann*, § 24 I), nicht aus dem Recht zum Besitz, weshalb ihnen zwar eine Abwehrfunktion gegenüber unberechtigten Eingriffen zukommt, ohne aber eine endgültige Klärung über die Rechtsbeziehungen zwischen den Beteiligten zu schaffen. Demgegenüber kommt sowohl § 556 Abs. 3 als auch § 604 Abs. 4 neben einer Abwehrfunktion durchaus auch eine Befriedigungsfunktion in dem Sinne zu, daß sie abschließend die Rechtsbeziehungen zwischen dem Vermieter und dem Untermieter bzw. dem Verleiher und dem Dritten klären. Soweit diese sachenrechtliche Auffassung die Ansprüche aus § 556 Abs. 3 und § 604 Abs. 4 als Ansprüche des mittelbaren Besitzers auf Herausgabe nach § 1007 Abs. 3 versteht (so *Konrad Hellwig*, Leistung an Dritte, S. 421 ff.), kommt es auf die Richtigkeit dieser Ansicht aus zwei Gründen nicht an. Zum einen verweist § 1007 Abs. 3 Satz 2 über § 990 Abs. 2 auf die allgemeinen Verzugsregeln. Zum anderen besagt nach dem bereits Ausgeführten die Klassifizierung eines Anspruchs nach seinem Entstehungsgrund überhaupt nichts für die Anwendbarkeit der Verzugsregeln. Im übrigen ist die Grundlage dieser Rechtsverhältnisse zum einen der Mietvertrag zwischen Vermieter und Mieter und zum anderen der Leihvertrag zwischen Verleiher und Entleiher. Der daraus resultierende Anspruch ist somit schuldrechtlichen Ursprungs. Durch § 556 Abs. 3 bzw. § 604 Abs. 4 wird der vertragliche Herausgabeanspruch des Vermieters gegen den Mieter bzw. des Verleihers gegen den Entleiher *kraft Gesetzes* gegen eine außerhalb des Vertragsverhältnisses stehende Person erweitert (in diesem Sinne auch *Siber*, Passivlegitimation, S. 240 FN 2; *Planck-Knoke*, Erl. 3 c zu § 556; *Palandt-Putzo*, Anm. 3 zu § 556; *Enneccerus-Lehmann*, § 130 III 1; *Roquette*, RdNr. 17 zu § 556; RGZ 110, 124, 126; RGZ 136, 33; OLG Köln NJW 1961, 30), wobei im Rahmen dieser Untersuchung die rechtliche Konstruktion dieser Vertragserweiterung dahingestellt bleiben kann. Da dieser Anspruch dadurch gekennzeichnet ist, daß er in bezug auf eine Leistung zwei Personen (oder Personenmehrheiten) miteinander verbindet und der Leistungsgegenstand identisch ist mit dem Leistungsinhalt sonstiger schuldrechtlicher Herausgabeansprüche, ist es auch zu rechtfertigen, die allgemeinen Verzugsregeln auf ihn anzuwenden (so auch OLG Köln NJW 1961, 30). Aus diesem Grunde kann der Auffassung von *Mezger* (Soergel-Siebert-Mezger, RdNr. 16 zu § 556) nicht gefolgt werden. Dieser geht zwar zu Recht davon aus, daß durch § 556 Abs. 3 bzw. § 604 Abs. 4 abgesehen von der Herausgabepflicht ein vertragliches Band zwischen Vermieter oder Verleiher auf der einen Seite und dem Dritten auf der anderen Seite nicht begründet werde. Er übersieht jedoch, daß allein auf Grund der Relativität dieses Herausgabeanspruchs die Anwendung der Verzugsvorschriften gerechtfertigt ist; ein darüber hinausgehendes „vertragliches Band" ist nicht erforderlich.

Besitzer in Verzug kommen[116]. Die Verpflichtung des Besitzers auf Herausgabe der Sache — wobei es nicht darauf ankommt, ob es sich um Eigen- oder Fremdbesitz handelt[117] — wird mit dem Beginn der Unredlichkeit fällig i. S. d. § 284 Abs. 1[118, 119]. Den Verzug begründet jedoch erst die Mahnung[120]; sie ist das unbedingte Leistungsverlangen des Gläubigers[121], das dem Schuldner noch einmal zum Bewußtsein bringen soll, daß er nunmehr leisten müsse, um nachteilige Folgen für sich abzuwenden[122]. Hinsichtlich der Wirkung der Mahnung steht demgemäß der Besitzer dem Schuldner gleich.

---

116 So auch *Horstmann*, S. 43; *Zorn*, S. 34 f.; *Plath*, S. 68; *Julius von Gierke*, Sachenrecht, § 39 IV 2 b; *Westermann*, § 31 I 1 und § 32 II 3; *Baur*, Sachenrecht, § 11 C I 3 b;*Planck-Brodmann*, Erl. 4 a zu § 990; *Schlegelberger-Vogels-Spreckelsen*, RdNr. 10 zu § 990; BGB-RGRK-*Johannsen*, Anm. 24 zu § 990; *Oertmann*, ZHR 78, 1, 17 ff.

117 Jeder Besitzer ist Eigen- oder Fremdbesitzer. Da rechtmäßiger Eigenbesitzer regelmäßig der Eigentümer ist, muß der unrechtmäßige Eigenbesitzer die Sache als Eigentümer besitzen wollen (vgl. § 872), wohingegen der unberechtigte Fremdbesitzer die Sache für einen Dritten, sei er Eigentümer, sei er Nichteigentümer inne haben will. Von dieser Unterscheidung geht auch das Gesetz aus. Die ursprüngliche Absicht des Gesetzgebers, nur den Eigenbesitzer zu begünstigen (vgl. § 934 E I; *Protokolle* Teil III S. 336 ff., 341), wurde später fallen gelassen. Vgl. dazu eingehend *Schubert*, Die Entstehung der Vorschriften des BGB über Besitz und Eigentumsübertragung, Berlin 1966, S. 90 ff. Für beide Besitzarten gilt also das Eigentümer-Besitzer-Recht. So BGHZ, 31, 129, 134; *Berg*, JuS 1971, 636; *Köbl*, S. 174 f.; *Westermann*, § 31 III 2 b; *Baur*, Sachenrecht, § 11 B I 3; *Planck-Brodmann*, Erl. 1 b zu § 993; *Staudinger-Berg*, RdNr. 6 vor § 987 ff.; *Soergel-Siebert-Mühl*, RdNr. 12 vor § 987 ff.; *Erman-Hefermehl*, Anm. 3 zu § 985 und Anm. 1 vor § 987; *Palandt-Degenhart*, Anm. 1 a vor § 987; *Imlau*, MDR 1957, 263 ff., der zutreffend betont, daß die §§ 987 ff. in erster Linie auf den Eigenbesitzer zugeschnitten seien; *Wolff-Raiser*, § 85 III 5; RG LZ 1931, 249, 250; a. A. ohne nähere Begründung *Warneyer-Bohnenberg*, § 989 und *Rosenthal-Bohnenberg*, RdNr. 3340 (§ 989), die die §§ 989 ff. nur auf den Eigenbesitzer anwenden wollen. BGB-RGRK-*Johannsen*, Anm. 1 zu § 987 und *Siebert*, DGWR 1940, 241 ff., 244, wollen die §§ 987 ff. *uneingeschränkt* nur auf den Eigenbesitzer und den Fremdbesitzer anwenden, der sich im Rahmen seines Besitzrechts hält. Vgl. auch *Motive* Teil III S. 296 = *Mugdan* Teil III S. 221.

118 Vgl. dazu bereits *Paech*, S. 29, 30, 47.

119 In diesem Sinne auch BGH NJW 1964, 2414, 2415; siehe im übrigen dazu oben S. 102 ff.; a. A. allerdings für das insoweit gleiche gemeine Recht *Mommsen* (S. 78), nach dem auch für den „mala fide possessor" erst ab Litiskontestation ein haftungsrechtliches Verhältnis begründet werden soll, das zum Verzug führen kann; gegen diese Ansicht bereits *Windscheid-Kipp* (S. 259), der ausführt, daß auch bei Verbindlichkeiten, die durch ein dingliches Recht begründet werden, Verzug möglich sei.

120 Völlig abweichend die Lehre von *Siber* (vgl. ZSSt 29, 47 ff., 109, und *Planck-Siber*, Erl. 1 zu § 284), wonach der Verzug nicht Fälligkeit und daneben eine Mahnung des Gläubigers, sondern „Vollfälligkeit" erfordert, die aber u. a. durch Mahnung herbeigeführt werden soll. Dieser Mindermeinung folgt in jüngster Zeit auch *Gottfried Löwisch* (S. 39), ohne jedoch kenntlich zu machen, daß es sich insoweit um eine nicht sehr ernst zu nehmende Mindermeinung handelt.

121 So bereits *Paech*, S. 47; vgl. *Oertmann*, ZHR 78, 1 ff., 30.

122 RGZ 93, 300, 301 f.; BGH NJW 1963, 1823 = MDR 1963, 914; *Wahl*, JW 1933,, 2204; *Enneccerus-Lehmann*, § 51 II 2. Eine etwaige Gegenleistung

Als dem Sachinhaber, der von der Fremdheit der Sache und dem fehlenden Besitzrecht Kenntnis hat, weiß der Besitzer, daß er die Rückgabe an den Eigentümer schuldet, wenn er kein Zurückbehaltungsrecht an ihr hat. Vor der Mahnung braucht er aber seine sofortige Leistungsverpflichtung nicht zu kennen, wenn er der Ansicht ist, daß der Eigentümer die Sache nicht zurückhaben wolle, weil er zu ihrer Übereignung oder Überlassung verpflichtet sei oder sie ihm zuwenden wolle. Wäre diese Auffassung des Besitzers erheblich im Sinne einer rechtlichen Relevanz, so müßte wie in einem Verwahrungsverhältnis der Mahnung ein Rückforderungsverlangen des Eigentümers vorausgehen; durch bloße Mahnung würde der Besitzer nicht in Verzug geraten. Die Gleichstellung mit dem Verwahrer ist jedoch nicht gerechtfertigt, weil der Verwahrer zu Recht besitzt. Seine Herausgabepflicht ist während des Bestehens des Verwahrungsverhältnisses noch nicht fällig; der Gläubiger hat nur die Möglichkeit, nach § 695 jederzeit die Fälligkeit herbeizuführen. Der Besitzer hat dagegen nach § 986 kein Besitzrecht. Seine Verpflichtung zur Herausgabe ist dementsprechend sofort „fällig“[122a]. Sein Besitz wird wegen der Unrechtmäßigkeit — auch vor dem Herausgabeverlangen des Eigentümers — vom Gesetz mißbilligt und

---

muß der Eigentümer bereithalten, so, wenn er bei einem nichtigen Austauschgeschäft ein Zurückbehaltungsrecht des Besitzers ausschließen will. Vgl. OGH BritZ 4, 172; *Enneccerus-Lehmann*, § 51 II 2 b. Desgleichen muß ein Gläubiger bei Holschulden die geschuldete Leistung beim Schuldner anfordern. Vgl. dazu *Konrad Hellwig*, § 172 V I 1.

[122a] Fraglich ist in diesem Zusammenhang, ob der Fälligkeitsbegriff auf den Eigentumsherausgabeanspruch überhaupt Anwendung finden kann. Man könnte geneigt sein, hier einzuwenden, daß der Begriff der Fälligkeit nicht einem bestimmten Rechtsgebiet zugeteilt, sondern allgemeine Voraussetzung eines jeden Anspruchs sei. Dazu ist jedoch zu bemerken, daß die Fälligkeit kein begriffsnotwendiges Merkmal des Anspruchs darstellt (*Lehmann*, Unterlassungspflicht, S. 7), und es ist auffällig, daß das Gesetz den Begriff nur im Zusammenhang mit ausgesprochen obligatorischen Ansprüchen verwendet. Diese Erscheinung kann nur aus dem Wesen der Fälligkeit erklärt werden. Die Fälligkeit beantwortet die Frage, wann der Schuldner die Leistung bewirken und der Gläubiger sie verlangen kann (*Esser*, Schuldrecht AT, § 23 I 1), eine Frage, die nur dann von Bedeutung ist, wenn die Leistungszeit sich nicht bereits aus der Natur des jeweiligen Anspruchs ergibt. Das ist aber besonders im Schuldrecht der Fall, wo das Leistungsverhältnis von den Parteien bestimmt wird und sich Unklarheiten erst infolge der im geltenden Recht gewährten Vertragsfreiheit ergeben können. Beim dinglichen Anspruch tauchen dergleichen Probleme nicht auf. Er ist Ausfluß des Sachenrechts und wird durch dieses inhaltlich abschließend und genau fixiert (*Soergel-Siebert-Mühl*, RdNr. 16 zu § 985). So gibt die Innehaltung des Besitzers dem Eigentümer gegen den Besitzer den Anspruch, die Herausgabe der Sache zu verlangen. Da der Anspruch anders als der Schuldvertrag *ohne* Wissen und Wollen der Parteien *kraft Gesetzes* entsteht, kann nie zweifelhaft sein, *wann* er „fällig“ ist. Sobald Eigentum und Besitz auseinanderfallen, muß der Besitzer die Sache an den Eigentümer zurückgeben. Der Begriff der Fälligkeit trifft danach auf das dingliche Leistungsverhältnis nicht zu; vielmehr gewinnt er nur dort Sinn, wo bei einer gewollten Selbstverpflichtung der Parteien auch der Leistungszeitpunkt ihrem Belieben

ist rückgängig zu machen, was er auch weiß. Will er trotz seiner Nichtberechtigung den Besitz der Sache behalten, weil er mit der Zustimmung des Eigentümers rechnet, muß er diese Zustimmung einholen[123]. Er muß, um Schadensersatzansprüche nach §§ 989 ff. auszuschließen, den gesetzmäßigen Zustand herstellen, indem er dem Eigentümer die Verfügung über die Sache — wenn auch nur für eine logische Sekunde — überläßt. Zur Begründung der Fälligkeit gemäß § 284 ist bei dem Besitzer, der um die Fremdheit der Sache und um das fehlende Besitzrecht weiß, demgemäß eine Leistungsaufforderung nicht notwendig; eine solche Aufforderung ergibt sich bereits als Wirkung der Mahnung[124], die den Verzug herbeiführt[125]. Glaubt der Besitzer, wenn auch infolge *grober* Fahrlässigkeit, daß ihm das Recht zum Besitz zustehe, so weiß er, wenn auch schuldhaft, nichts von dem Recht des Eigentümers und seiner Herausgabeverpflichtung. Dennoch wirkt die Mahnung bei ihm wie bei einem Besitzer, der weiß, daß die Sache eine fremde ist und ihm ein Besitzrecht nicht zusteht. Seine Leistungspflicht besteht und wird fällig wie jede Schuld auch bei Unkenntnis[126]. Weiß der Schuldner nichts von seiner Verpflichtung — etwa der Erbe, der die geliehene Sache für Eigentum des Erblassers hält — und leistet er daher nicht rechtzeitig, so kann dieser Irrtum im Rahmen des § 285 erheblich werden und den Verzug von ihm abwenden. War der Irrtum unentschuldbar, so muß sich der Schuldner behandeln lassen, als habe er Kenntnis von der Schuld und der Fälligkeit gehabt. Mit der Mahnung ist er in Verzug geraten. Dieser Besitzer wird daher behandelt wie der Besitzer, der weiß, daß die Sache eine fremde ist und ihm ein Besitzrecht nicht zusteht, d. h. er wird so behandelt, als habe er gewußt, was er hätte wissen müssen, daß er nämlich nichtberechtigter Besitzer ist. Wegen des in seiner Unredlichkeit enthaltenen Schuldvorwurfs begründet auch bei ihm das erste Herausgabeverlangen des Eigentümers den Verzug. Ist der Irrtum des Besitzers dagegen *leicht* fahrlässig, so könnte ihn das zwar nicht nach § 285 entschuldigen; § 285 ist jedoch unter diesen Umständen gar nicht anwendbar, da der Besitzer redlich

---

anheimgestellt wird, das heißt wenn sie den ganzen Leistungsinhalt selbst bestimmen dürfen (so zutreffend *Diederichsen*, S. 33 ff.; *Soergel-Siebert-Mühl*, RdNr. 16 zu § 985).

[123] Wenn hier eine Informationspflicht des unrechtmäßigen Besitzers bejaht wird, so widerspricht das nicht dem Gesetz, das im Eigentümer-Besitzer-Verhältnis keine Informationspflichten einführen wollte. Denn die hier bejahte Pflicht ist rein schuldrechtlich. Sie ist eine Folge des gesetzlichen Schuldverhältnisses zwischen Eigentümer und dem unredlichen oder dem ihm gleichgestellten Besitzer. Abzulehnen ist dagegen eine Informationspflicht, durch die sich der redliche Besitzer selbst unredlich machen müßte. Vgl. dazu *Heck*, Sachenrecht, § 68, 11.

[124] Vgl. dazu auch *Schneider*, MDR 1959, 899 ff.

[125] Im Ergebnis übereinstimmend *Gottfried Löwisch*, S. 40 ff.

[126] *Gottfried Löwisch*, S. 41 f. m. w. N.

ist und als solcher wegen §§ 989, 990, 992, 933 nicht nach Verzug haftet. Ohne Mahnung kann der Besitzer indes nicht in dem Umfang wie der Schuldner in Verzug geraten.

Wegen einer Vereinbarung sofortiger Leistung oder einer bestimmten Leistungszeit kann die Mahnung nicht entbehrlich werden, soweit es sich um einen Eigenbesitzer nach § 872 handelt, weil der Eigentümer mit diesem keine Abmachungen über die Rückgabe seiner Sache getroffen hat[127].

Im Schuldrecht wird eine Mahnung nach § 242[128] entbehrlich, wenn der Gläubiger nicht wirksam mahnen kann, weil er den Aufenthaltsort des abwesenden Schuldners nicht kennt. Dieser weiß auf Grund des Vertrages, daß er eine Leistung zu erbringen hat; verhält er sich so, daß die Mahnung ihm nicht zugehen kann, so zögert er seine Leistungspflicht treuwidrig hinaus[129]; aus diesem Verhalten soll er keinen Vorteil ziehen[130]. Nicht jeder unredliche Besitzer steht einem solchen Schuldner gleich. Das Wissen von seiner Restitutionspflicht macht eine Mahnung entbehrlich, wenn er wie ein Schuldner ihren Zugang vereitelt. Vereiteln erfordert dabei den Versuch des Eigentümers, den Besitzer aufzufinden und zu mahnen. In dem Zeitpunkt, in dem die Mahnung — auch nach längerem Forschen — hätte zugehen können, tritt die — im gemeinen Recht sogenannte — „mora ex re" ein[131]. Glaubt der Besitzer, wenn auch infolge grober Fahrlässigkeit, an seine Besitzberechtigung, so fehlt ihm die Kenntnis seiner Restitutionspflicht als wichtigster Voraussetzung der „mora ex re"[132]. Zwar wird für die Haftung die fehlende Kenntnis durch die verschuldete Unkenntnis, die zur Unredlichkeit führt, ersetzt. Das schuldhafte Verhalten kann aber nicht die Mahnung ersetzen.

Beim Besitzer, der um die Fremdheit der Sache und seine Nichtberechtigung weiß, wird der Zugang der Mahnung überflüssig, wenn er ihn vereitelt hat. Vereiteln heißt das bewußt treuwidrige Unmöglichmachen des Zugangs. Voraussetzung ist also Vorsatz. Der Besitzer muß

---

127 Vgl. *Enneccerus-Lehmann*, § 51 II 3 a und b.

128 Vgl. die Beispiele bei *Palandt-Heinrichs*, Anm. 4 c zu § 284.

129 *Enneccerus-Lehmann*, § 51 II 3 e.

130 So zutreffend *Gottfried Löwisch*, S. 43.

131 So *Mitteis*, KrVjSchr. 31, 40 ff., 51 f. für das gemeine Recht mit einer Begründung, die auch für das BGB Gültigkeit hat.

132 Hier gilt noch der Satz von *Mommsen* (S. 68/69), der Schuldner müsse, um in Verzug geraten zu können, gewußt haben, daß er schulde, während in den anderen Fällen des Verzugs des unredlichen Besitzers ausreichend ist, daß der Besitzer dieses Wissen hätte haben müssen. Kennenmüssen und Mahnung, die insoweit angesehen wird, als vermittle sie spätestens die Kenntnis, können zum Verzug führen. Insoweit sagt RGZ 143, 312, 313 zu Recht, daß der Verzug Kennen oder Kennenmüssen der Schuld voraussetze; ebenso RG WarnRspr. 1931 Nr. 216.

aus diesem Grunde in dem Bewußtsein, eine fällige Leistung zu schulden, die Mahnung hintertreiben. Das als grobfahrlässig vorwerfbare Verhalten des Besitzers, der, wenn auch infolge grober Fahrlässigkeit an sein Besitzrecht glaubt, enthält einen derartigen Vorwurf nicht und kann ihn auch nicht ersetzen. Er kann die Mahnung nicht vereiteln, solange er, wenn auch schuldhaft, nicht einmal von der Existenz der zu mahnenden Schuld weiß[133].

Anders ist der Fall zu beurteilen, bei dem der Mahnbrief den unredlichen Besitzer zwar erreicht, er aber vergißt, diesen zu lesen. Der Besitzer, der davon Kenntnis hat, daß die Sache eine fremde ist und ihm ein Besitzrecht nicht zusteht, wird wie der Schuldner mit Zugang des Briefes gemahnt und gerät in Verzug, weil sein Unterlassen der Kenntnisnahme von einer Nachricht des Eigentümers, dem er als Schuldner verpflichtet ist, grob fahrlässig ist, und in seiner rechtlichen Bewertung einer Vereitelung des Vorhabens des Eigentümers gleicht. Den Besitzer in diesem Fall wegen seiner Unkenntnis, dem Eigentümer verpflichtet zu sein, von der Verzugshaftung freizustellen, wäre wenig interessengerecht.

Er würde zu Unrecht benachteiligt, weil er in dem Glauben, die Mahnung werde mit dem Zugang ihren Zweck erreichen, da der Besitzer sie zur Kenntnis nehmen werde, eine weitere Mahnung unterläßt und auch unterlassen darf; als unredlicher Besitzer hätte dieser seine Leistungsverpflichtung kennen müssen und wie bei einem Schuldner bedeutet Nichtlesen eines Briefes des Gläubigers ein schuldhaftes Verhalten in Form der Fahrlässigkeit. In einem solchen Fall kann jegliches Fehlen der Kenntnis von der Restitutionspflicht bei dem Besitzer zum Verzug führen. Es liegt jedoch kein Fall eines Verzugs ohne Mahnung vor, denn der Besitzer ist gemahnt worden. Damit ist auch der Unterschied zum vorigen Fall gezeigt. Nicht der Zugang der Mahnung ist vereitelt worden, sondern die Kenntnisnahme der Mahnung und damit auch die Restitutionspflicht. Solches Verhalten ist jeder Art von Besitzer vorwerfbar und steht rechtlich einer schuldhaften Mahnungsvereitelung gleich.

In Verzug ohne eine Mahnung, weil der Leistungszeitpunkt nach dem Kalender bestimmt oder bestimmbar ist, kann der Besitzer nicht geraten. Der Schuldner kann sich bereit erklären, ungemahnt leisten zu wollen[134]. Er bestimmt damit einseitig den Leistungszeitpunkt nach § 284 Abs. 2. Ein solcher Verzicht setzt eine Vereinbarung über die zu leistende Sache voraus. Sobald aber im Eigentümer-Besitzer-Verhältnis

---

133 Im einzelnen *Gottfried Löwisch*, S. 44 ff.

134 Vgl. dazu *Palandt-Heinrichs*, Anm. 4 a und b zu § 284; *Schneider*, MDR 1959, 899 ff., 900; RG JW 1933, 2204 m. Anm. v. *Wahl*.

der Besitzer sich bereit erklärt, zu einem bestimmten Zeitpunkt die Sache zurückgeben zu wollen, und dieser den Vorschlag annimmt, endet der unrechtmäßige Besitz. Der Eigentümer beläßt dem Besitzer für den noch ausstehenden Zeitraum rechtmäßigen Fremdbesitz, etwa als Entleiher oder Verwahrer. Leistet der Besitzer bei Zeitablauf nicht, so gerät er nicht mehr mit seiner Leistung als ehemals unredlicher Besitzer, sondern mit der zwischenzeitlich vertraglich zugesagten Leistung als Fremdbesitzer in Verzug. Die Verzugshaftung trifft ihn als Schuldner der dem Eigentümer versprochenen Leistung nur nach Vertragsrecht.

Letztlich kann den unredlichen Besitzer auch kein Verzug ohne Mahnung des Eigentümers treffen, wenn er sich ernsthaft weigert, die fremde Sache bei Fälligkeit herauszugeben. Eine solche Weigerung — die im Schuldrecht eine Mahnung des Gläubigers nach Fälligkeit entbehrlich macht[135] — setzt voraus, daß der Gläubiger die Sache herausverlangt hat. Der Eigentümer aber, der seinen Herausgabeanspruch geltend macht, setzt damit bereits den unredlichen Besitzer in Verzug. Eine ernsthafte Erfüllungsverweigerung als Mahnungsersatz ist daher bei der Vorenthaltung der Sache durch den Besitzer nicht denkbar.

Im Zeitpunkt des Wirksamwerdens der Mahnung muß der Besitzer die Sache dem Eigentümer — wenn auch nicht mehr unversehrt — herausgeben können[136]. Unterbleibt diese Herausgabe, führt dies zum Verzug, sofern sich der Besitzer nicht nach § 285 entlasten kann, weil die Herausgabe ohne sein Verschulden unterblieben ist[137]. Dem Schuldner kann nach § 285 sowohl ein Irrtum bezüglich seiner Verpflichtung dem Gläubiger gegenüber wie auch die Unkenntnis der besonderen Verzugsvoraussetzungen, etwa des Vorliegens von Fälligkeit und Mahnung, entschuldigen[138]. Bei jemandem, der infolge eines entschuldbaren Irrtums die Herausgabe der Sache unterläßt, ist das Unterlassen der Leistung nicht vorwerfbar.

Ein Irrtum über die Herausgabeverpflichtung kann jedoch bei einem Besitzer, dessen Unredlichkeit auf seinem Wissen beruht, eine fremde

---

[135] Ständige Rechtsprechung, vgl. dazu RGZ 67, 313 ff., 317; BGHZ 2, 310, 312; siehe auch *Schneider*, MDR 1959, 899, 900; *Enneccerus-Lehmann*, § 51 II 3 e; *Palandt-Heinrichs*, Anm. 4 c zu § 284.

[136] Vgl. dazu BGH NJW 1964, 2414, 2415.

[137] *Eichler*, Institutionen, Bd. II Teil 1 S. 208 FN 110; siehe auch *Planck-Brodmann*, Erl. 4 zu § 990; *Schlegelberger-Vogels-Spreckelsen*, RdNr. 10 zu § 990; *Staudinger-Berg*, RdNr. 3 zu § 990.

[138] *Paech*, S. 101; *Enneccerus-Lehmann*, § 51 II 4; *Goldmann-Lilienthal*, § 51 FN 19; Anm. 6 c zu § 990; *Planck-Brodmann*, Erl. 4 a zu § 990; *Schlegelberger-Vogels-Spreckelsen*, RdNr. 10 zu § 990; *Staudinger-Berg*, RdNr. 3 zu § 990; BGB-RGRK-*Johannsen*, Anm. 24 zu § 990; *Erman-Hefermehl*, Anm. 5 zu § 990.

herausgabepflichtige Sache in Händen zu haben, nicht vorliegen[139]. Der Besitzer, der glaubt, wenn auch infolge grober Fahrlässigkeit, daß ihm das Recht zum Besitz an der Sache zustehe, befindet sich zwar in einem solchen Irrtum über das Besitzrecht und damit verbunden über seine Restitutionspflicht; dieser Irrtum entlastet ihn aber *nach § 285 nicht*[140]. Unredlichkeit und Verschulden — insbesondere in Form grober Fahrlässigkeit —, die sich im allgemeinen nicht decken, fallen hier zusammen[141]. Später hinzutretende Umstände, die den Irrtum des Besitzers entschuldigen könnten, werden insoweit nicht im Rahmen des § 285 erheblich. Durfte vielmehr der ursprünglich unredliche Besitzer auf Grund neuer Tatsachen annehmen, nicht mehr zur Herausgabe verpflichtet zu sein, so wurde er redlich[142]. Aus diesem Grunde kann er wegen des fehlenden Haftungsverhältnisses, nicht erst mangels Verschuldens nach § 285, nicht in Verzug geraten. So ist ein Käufer, der sich von einem nicht erkennbar Geschäftsunfähigen durch *mündlichen* Vertrag ein Grundstück „verkaufen" läßt[143], ohne bereits den Kaufpreis zu entrichten, unrechtmäßiger[144] und unredlicher Besitzer[145], auch wenn ihm aus der Unkenntnis der Geschäftsunfähigkeit *kein* Vorwurf gemacht werden kann. Wiederholen die Parteien den Vertragsschluß nachträglich vor einem Notar, so wird aus dem bislang unredlichen nunmehr ein redlicher Besitzer.

In gleicher Weise ist im Rahmen des § 285 ein Irrtum über die Fälligkeit der Leistung nicht erheblich, weil die Fälligkeit Bestandteil der Verpflichtung selbst ist. Wie jeder Schuldner hätte der Besitzer, um nicht zumindest grob fahrlässig zu handeln, sich Klarheit über die fällige Verpflichtung verschaffen müssen. Den unredlichen Besitzer kann aus diesem Grunde nur Unkenntnis über die *besonderen* Verzugsvoraussetzungen entschuldigen.

---

139 So *Planck-Brodmann*, Erl. 5 a zu § 990.

140 a. A. wohl die in FN 138 Genannten, die den Entlastungsbeweis des *unredlichen* Besitzers nach § 285 für möglich und zulässig halten; wie hier *Gottfried Löwisch*, S. 47.

141 So zutreffend *Gottfried Löwisch*, S. 47.

142 *Staudinger-Berg*, RdNr. 2 zu § 990; *Westermann*, § 32 II d; gleiches gilt für den redlichen Erben eines unredlichen Erblassers; auch bei ihm liegt ein nachträgliches Redlichwerden im dargelegten Sinn vor, da mit der Vererbung des Besitzers auch die Bösgläubigkeit des Erblassers zum Nachteil des Erben fortwirkt; vgl. *Westermann*, § 32 II d; *Staudinger-Berg*, RdNr. 2 zu § 990.

143 „Verkaufen" ist dabei im untechnischen Sinne zu verstehen und umfaßt auch die dingliche Seite des Rechtsgeschäfts, nämlich Auflassung und Übergabe.

144 Das folgt daraus, daß der Besitzer kein Recht zum Besitz, inbesondere kein Zurückbehaltungsrecht hat. Vgl. BGB-RGRK-*Johannsen*, Anm. 16 zu § 990.

145 Bei einem solchen Vertragsschluß kann nicht erwartet werden, daß der Formmangel durch die nachfolgende Eintragung des Käufers geheilt werde.

Diese Begrenzung der Entlastungsmöglichkeiten nach § 285 bei dem unredlichen Besitzer im Gegensatz zum Schuldner ist nur eine scheinbare Einschränkung seiner Rechte; tatsächlich bedeutet es eine Besserstellung des Besitzers. Während nach § 285 der Schuldner sein fehlendes Verschulden nachweisen muß[146], muß nach §§ 990 Abs. 2 i. V. m. § 990 Abs. 1 der Eigentümer dem in Anspruch genommenen Besitzer dessen Unredlichkeit nachweisen und damit auch die Beweislast für das Nichtvorliegen eines erheblichen Irrtums hinsichtlich der Leistungsverpflichtung des Besitzers tragen[147].

Nach Zugang der Mahnung hat der Besitzer die Sache an den Eigentümer innerhalb eines angemessenen Zeitraums herauszugeben. Unterbleibt seine Leistung schuldhaft, so beginnt der Verzug bereits mit Zugang der Mahnung[148]. Dadurch werden Meinungsverschiedenheiten über die im Einzelfall angemessene Dauer des Zeitraums zur Leistung des Besitzers ausgeschlossen; der Zeitpunkt, in dem der Verzug eintritt, steht aus diesem Grunde eindeutig fest.

Die Verzugsfolge ist, daß der Besitzer den Zustand herstellen muß, wie er zugunsten des Eigentümers bestände, hätte er die Sache unmittelbar nach Zugang der Mahnung erhalten. Der Besitzer hat Ersatz für allen nach Verzugsbeginn eingetretenen Schaden zu leisten, den die Sache nicht auch bei dem Eigentümer erlitten hätte — § 287 Satz 2[149] —. Wäre die Sache — was der Besitzer nachweisen muß — auch bei dem Eigentümer beschädigt worden oder untergegangen, so würde die Ersatzleistung zu einer Bereicherung des Eigentümers führen. Ein derartiges Ergebnis bezweckt jedoch die Verzugsregelung nicht. Sie soll ausschließlich den Ausgleich für eine Entreicherung des Gläubigers darstellen[150]. Somit haftet der unredliche Besitzer, Kausalität vorausgesetzt, wenn ihn der Eigentümer durch sein Herausgabeverlangen in Verzug setzt, für allen durch die Verzögerung der Herausgabe der Sache ent-

---

Vgl. dazu *Soergel-Siebert-Mühl*, RdNr. 10 zu § 990; BGB-RGRK-*Johannsen*, Anm. 16 zu § 990.

[146] *Paech*, S. 29, 82 und 100; *Endemann*, Bd. 1, § 137 2; BGHZ 28, 251, 254 = LM BGB § 611 Nr. 16; RG JW 1895, 25, 28; vgl. auch *Palandt-Heinrichs*, Anm. 2 zu § 285; *Gottfried Löwisch*, S. 48; einschränkend für die Fälle des Verzugs ohne Mahnung, die nicht unter § 284 Abs. 2 fallen *Siber*, ZSSt 29, 47 ff., 112 Anm. 1. Nach *Siber* muß der Gläubiger nachweisen, daß der Schuldner auf Grund der besonderen Umstände schuldhaft ohne Mahnung in Verzug geraten sei. Vgl. zu dieser Frage auch *Derleder*, NJW 1970, 929, 931.

[147] Siehe auch *Derleder*, NJW 1970, 929, 930.

[148] *Paech*, S. 48; *Gottfried Löwisch*, S. 48; a. A. *Mommsen*, S. 65 Anm. 16, der sagt, daß der Verzug erst nach Ablauf dieses Zeitraums — des sogenannten modicum tempus — beginne; ebenso BGH NJW 1964, 1467, für Ansprüche aus unerlaubter Handlung.

[149] In diesem Fall ist der Verzug nicht einmal kausal für den Schaden. Siehe dazu bereits *Paech*, S. 145; *Siber*, IherDogJb 89, 1 ff., 20.

[150] Im Ergebnis übereinstimmend *Gottfried Löwisch*, S. 49.

stehenden Schaden, also z. B. auch die Nachteile, die dem Eigentümer aus dem Vorenthalten der Sache erwachsen und den Gewinn, den nur der Eigentümer hätte erzielen können, einschließlich der zufälligen Beeinträchtigung des Herausgabeanspruchs[151].

In diesem Zusammenhang drängt sich schließlich noch die Frage auf, ob der Besitzer für den Vorenthaltungsschaden auch haftbar gemacht werden kann, wenn in dessen Herrschaftsbereich ohne rechtfertigenden Grund, aber infolge zurechenbaren Handelns, fremde Rechtsgüter gelangt sind, er den Eigentümer kennt und dennoch eine Anzeige an diesen unterläßt[152]. Bei der Erörterung dieser Frage ist davon auszugehen, daß es keine *allgemeine* Rechtspflicht gibt, fremdes Eigentum zu schützen[153]. Andererseits ist zu berücksichtigen, daß es Fälle des passiven Verhaltens gibt, die von der Rechtsordnung einem aktiven Tun gleichgesetzt werden, weil ihr Unrechtsgehalt dem Unrechtsgehalt des aktiven Verhaltens gleichsteht[154]; in solchen Fällen stellt die Rechtsordnung eine Erfolgsabwendungspflicht auf und belegt ihre Verletzung mit der gleichen Rechtsfolge, die für die Herbeiführung des Erfolgs durch aktives Tun vorgesehen ist. Die erste zu erörternde Frage ist daher, ob in der Unterlassung einer Anzeige an den Eigentümer eine Pflichtwidrigkeit gesehen werden kann, ähnlich wie beim Finder, der keine Anzeige macht (§ 965)[155].

Für die Bejahung dieser Frage läßt sich nicht der Umstand anführen, daß die Pflichten zu schadensverhütenden Maßnahmen im Bereich der allgemeinen Verkehrssicherungspflicht in einem enormen Umfang zugenommen haben[156]. Voraussetzung für den Eintritt der Verzugshaftung

---

[151] Soweit sich hinsichtlich der Verzugsvoraussetzungen und -folgen Unterschiede beim Nicht-mehr-Berechtigten und Nicht-so-Berechtigten ergeben, können diese im Rahmen dieser Arbeit nicht im einzelnen gesondert dargestellt werden. Siehe dazu *Gottfried Löwisch*, S. 110 ff. Im Rahmen dieser Arbeit kann auch deshalb auf die Erörterung dieser Fragen verzichtet werden, weil aus rechtssystematischen Bedenken eine Erstreckung der Regeln des Eigentümer-Besitzer-Verhältnisses auf den nicht-mehr-berechtigten und den nicht-so-berechtigten Fremdbesitzer abgelehnt wurde. Siehe dazu Zweiten Abschnitt, Zweiten Teil, I 1 FN 32.

[152] Daß es bei dieser Fallgestaltung an einer Mahnung fehlt, ist für die Frage der Verzugshaftung unerheblich. Verzug setzt zwar, wie bereits ausgeführt, *in der Regel* eine Mahnung nach § 284 voraus, doch wird man nicht annehmen wollen, daß der wissentlich bösgläubige Besitzer davon profitieren kann, daß ihn der Eigentümer nicht kennt und daher nicht zur Herausgabe der Sache auffordern kann. So auch *Köbl*, S. 173 FN 77.

[153] Vgl. dazu RGZ 97, 11; RGZ 102, 38, 42; RGZ 120, 121, 122.

[154] So zutreffend *Dimopoulos-Vosikis*, S. 106 ff., dessen Ausführungen jedoch sich unmittelbar auf Substanzschäden beziehen. Dennoch können sie auch zur Beantwortung der vorliegenden Fragen beitragen.

[155] Bei Verletzung dieser Anzeigepflicht entsteht ein Anspruch auf Schadensersatz nach §§ 280, 286, nicht nur nach § 823. Vgl. dazu *Soergel-Siebert-Mühl*, RdNr. 6 zu § 965.

[156] So aber *Köbl*, S. 173 FN 77.

ist vielmehr, daß der Besitzer *auf Grund seiner besonderen rechtlichen Stellung* verpflichtet ist, tatbestandliche Erfolge zu verhindern, er muß „Garant“ für den Nichteintritt eines Erfolges oder die Nichterfüllung eines Tatbestandes sein[157]. Die zu erörternde Frage ist daher die, ob in der besonderen Situation des bösgläubigen Besitzers einer fremden Sache die Voraussetzungen gegeben sind, die es erlauben, dessen passives Verhalten dem Unrechtsgehalt nach einem aktiven Tun gleichzusetzen.

Mit der unrechtmäßigen Erlangung der Sache entsteht eine von der Rechtsordnung mißbilligte Besitzlage. Berücksichtigt man, daß die Rechtsprechung die an das „vorangegangene Tun“ gestellten Anforderungen immer mehr verflüchtigt hat[158], so erscheint es gerechtfertigt, die Erfolgsabwendungspflicht aus dieser besitzbegründenden Tätigkeit des wissentlich bösgläubigen Besitzers, die die Gefahr des Eintritts des Verzugsschadens herbeigeführt oder nähergerückt hat, abzuleiten[159]. Der Umstand, daß nur der Besitzer die Möglichkeit hat, die weitere Vorenthaltung des Eigentums, um die es hier geht, abzuwenden und auf diese Weise die Intensivierung des zwischen § 903 und faktischem Zustand bestehenden Gegensatzes zu verhindern, verleiht daher dem passiven Verhalten des Besitzers einen ebenso starken Unwertcharakter wie einem aktiven Tun. Als Folge der Aufrechterhaltung und Vertiefung dieser *Besitz*position ist also die Erfolgsabwendungspflicht des wissentlich bösgläubigen Besitzers zu bejahen[160].

Gegen die Annahme einer derartigen Erfolgsabwendungspflicht könnte jedoch die Tatsache sprechen, daß deren Erfüllung in vielen Fällen zu einer strafrechtlichen Haftung des bösgläubigen Besitzers führt[161]. Diesem Argument kann man nicht damit begegnen, daß die Wertungen des Straf- und Zivilrechts nicht aneinander gebunden seien[162]. Eine solche Antinomie innerhalb desselben Tatbestandes ist auch im Verhältnis heterogener Rechtsteile unmöglich, würde sie doch bedeuten, daß derselbe Vorgang in einem doppelten Licht erschiene: dieselbe Unterlassung wäre rechtswidrig und rechtmäßig zugleich. Zwar kennt

---

157 Vgl. dazu eingehend *Schönke-Schröder*, RdNr. 100 ff. vor § 1 StGB.

158 So auch *Dimopoulos-Vosikis*, S. 109.

159 Vgl. dazu noch die weiteren beachtlichen Gedanken bei *Dimopoulos-Vosikis*, S. 106 ff.

160 Das meint wohl auch *Fikentscher*, Schuldrecht, § 102 V 3, wenn er das Eigentümer-Besitzer-Verhältnis als „spezifisch sachenrechtliches Treueverhältnis“ sieht. Vgl. aber *Köbl*, S. 173 FN 77.

161 *Beispiel:* Der bösgläubige Besitzer unterläßt die Anzeige an den Eigentümer bewußt, um sich die Sache anzueignen.

162 So aber *Dimopoulos-Vosikis*, S. 109; vgl. auch *Wolf Schenke*, Die Einwilligung des Verletzten im Zivilrecht unter besonderer Berücksichtigung ihrer Bedeutung bei Persönlichkeitsrechtsverletzungen, Diss. Erlangen-Nürnberg 1965, S. 5 ff. mit weiteren Nachweisen auf S. 6 FN 4.

unsere Rechtsordnung genügend Fälle, in denen ein und derselbe Begriff in verschiedene Normen je nach dem Normzweck und dem Normzusammenhang unterschiedliche Definitionen erfahren hat. Dem unterschiedlichen Gebrauch eines Rechtsbegriffs in verschiedenen Normen sind jedoch Grenzen gesetzt. So steht es heute außer Streit, daß derselbe Lebenssachverhalt in derselben Rechtsordnung nicht einmal als rechtswidrig und einmal als rechtmäßig behandelt werden kann. Dies erfordert der „Grundsatz der *Einheit der Rechtsordnung* als Konkretion der Gerechtigkeit“[163]; denn ein und dieselbe Handlung kann nicht von derselben Rechtsordnung sowohl als gerecht als auch als ungerecht behandelt werden[164]. Andernfalls würde sich unsere Rechtsordnung dem Vorwurf sachlich nicht gerechtfertigter, widerspruchsvoller Beurteilung aussetzen. Da unsere Rechtsordnung die rechtspflichtwidrige Unterlassung als eine bestimmte Form rechtswidrigen Verhaltens behandelt[165], ist es nicht gerechtfertigt, ein und dieselbe Unterlassung im Sinne des StGB als rechtmäßig, im Sinne des BGB als rechtswidrig zu behandeln. In *einer* Rechtsordnung ist eine Unterlassung immer entweder rechtspflichtwidrig oder nicht. Deshalb ist der Begriff der rechtspflichtwidrigen Unterlassung des BGB und der des StGB identisch[166].

Eine andere Frage ist aber, ob dem bösgläubigen Besitzer zur Abwehr des drohenden Vorenthaltungsschadens eine Anzeige dem Eigentümer gegenüber zumutbar ist, auch wenn ihm die Gefahr einer Strafverfolgung droht. Insoweit könnten erhebliche Bedenken bestehen. Bevor man dazu Stellung nehmen kann, muß man sich vergegenwärtigen, welche Funktion die Zumutbarkeit bei allen Unterlassungsdelikten hat. Die Zumutbarkeit (und ihr Gegenstück: die Unzumutbarkeit) ist ein normatives Schuldelement. Erst wenn bei einem Handeln im Pflichtwiderstreit feststeht, welche Rechtspflicht die höhere ist, so daß ihre Nichterfüllung *rechtswidrig* war, erhebt sich die Frage nach der Zumutbarkeit. Dabei liegt der Berücksichtigung der Zumutbarkeit „der Gedanke zugrunde, daß als Schuldausschließungsgrund i. w. S. ... eine durch besondere äußere Umstände verursachte abnorme Beeinträchti-

---

[163] *Peter Schwerdtner*, JuS 1970, 64, 66; *Engisch*, Einheit der Rechtsordnung, S. 46; *Luhmann*, a.a.O., S. 94 ff., 95.

[164] So zutreffend *Sack*, BB 1970, 1511, 1514; in diesem Sinne auch *Engisch*, Einheit der Rechtsordnung, S. 55 ff.; *Schönke-Schröder*, Vorbem. 39 vor § 51 StGB; BGH JZ 1961, 602 ff., 604; OLG München NJW 1958, 633.

[165] Über die *strukturelle Beschaffenheit* der Unterlassung gehen die Meinungen weit auseinander, wobei die Entscheidung wesentlich davon abhängt, ob man versucht die Unterlassung als eine grundsätzlich gleichartige Form menschlichen Verhaltens dem Handeln an die Seite zu stellen oder ob man davon ausgeht, Handlung und Unterlassung seien strukturell völlige Gegensätze, träfen also dogmatisch an keiner Stelle zusammen. Vgl. zu diesem Streit im einzelnen *Schönke-Schröder*, Einl. RdNr. 81 m. w. N.

[166] Vgl. aber *Dimopoulos-Vosikis*, S. 109 f.

gung der freien Willensbestimmung in Frage kommen kann, die bei Berücksichtigung des Selbsterhaltungstriebes ein normgemäßes Verhalten ‚nicht zumutbar' erscheinen läßt"[167]. In *diesem* Rahmen muß man „das natürliche Recht auf Selbstschutz bei der Gefahr der Bestrafung" sehen. Dieses Recht hat bisher so selbstverständlich als ein berechtigtes Interesse gegolten, daß es niemals besonders betont und, wenn überhaupt, dann als fragloses Axiom erwähnt worden ist[168]. Aus dem genannten Grunde kann man dem Rechtsgenossen grundsätzlich nicht so viel Selbstüberwindung zumuten, daß er eine gebotene (altruistische) Handlung vornimmt, die ihm selbst erheblichen Schaden zufügen würde. Etwas anderes hat jedoch insbesondere für Erfolgsabwendungspflichten aus vorangegangenem Tun zu gelten. Sie beruhen auf einer besonders engen Beziehung zwischen der verpflichteten Person und derjenigen, zugunsten deren die Pflicht besteht. Diese Beziehung begründet erhöhte Rechtspflichten. Daher muß hier verlangt werden, daß der Verpflichtete seine Anzeigepflicht auch dann erfüllt, wenn er sich dadurch der Gefahr gerichtlicher Verfolgung aussetzt[169]. Aus diesem Grunde entfällt auch dann für den bösgläubigen Besitzer nicht die Pflicht zur Beseitigung des drohenden Verzögerungsschadens, wenn für ihn die Erfolgsabwendung die Gefahr strafgerichtlicher Verfolgung wegen der durch sie aufgedeckten Straftat herbeiführt.

Nach allem kann gesagt werden, daß das passive Verhalten des Besitzers mit einem aktiven Verhalten gleichgesetzt werden muß und der wissentlich bösgläubige Besitzer auch für den daraus resultierenden Vorenthaltungsschaden entsprechend §§ 280, 286 einzustehen hat[169a].

2. Fristsetzung nach Verurteilung

Ausgangspunkt der Betrachtung sollen die in jüngster Zeit von der Rechtsprechung entschiedenen Fälle sein.

Im ersten Fall[170] hatte der Beklagte die Verurteilung der Klägerin zur Herausgabe einer Reihe von Sachen und für den Fall der Nichtherausgabe innerhalb eines Monats ab Urteilsrechtskraft zur Zahlung von Wertersatz in bestimmter Höhe begehrt. In einem weiteren Fall[171] hatte die Beklagte als Eigentümerin eines Hotels dieses im Jahre 1963 auf 10 Jahre an G. verpachtet. Zum Hotel gehörte eine Kegelbahn. Auf Bestellung des Pächters G. lieferten die Kläger Anfang 1964 für die Bahn verschiedene Gegenstände

---

[167] RGSt 66, 222, 224 f.

[168] So zutreffend *Welzel*, JZ 1958, 494 ff., 496.

[169] Vgl. dazu *Welzel*, JZ 1958, 494 ff., 496; BGH JR 1964, 225 ff. m. Anm. v. *Schröder*.

[169a] Vgl. *Köbl*, S. 170, die aus ähnlichen Erwägungen den deliktischen Schadensersatzanspruch bejaht.

[170] OLG München OLGZ 1965, 10 ff.

[171] BGHZ 53, 29 ff. = NJW 1970, 241 ff. = JZ 1970, 187 ff.

gegen Ratenzahlung und unter Eigentumsvorbehalt. G. zahlte nicht. Die Beklagte beendete das Pachtverhältnis mit ihm vorzeitig und verpachtete das Hotel einschließlich der Kegelbahn bis 1976 an Frau L. Die Kläger haben aufgrund ihres vorbehaltenen Eigentums Herausgabe der Gegenstände von der Beklagten verlangt, hilfsweise haben sie beantragt, die Beklagte zu verurteilen, ihr den Anspruch gegen die Pächterin auf Herausgabe der Gegenstände abzutreten.

Die Anwendung des § 283 auf dingliche Ansprüche und hier insbesondere auf den Eigentumsherausgabeanspruch ist sehr umstritten. Die Meinungsskala reicht von völliger Ablehnung[172] über eine zwischen den einzelnen Besitzarten[173] oder nach der Art des herauszugebenden Gegenstandes[174] differenzierende Betrachtungsweise[175] bis zur uneingeschränkten Bejahung[176], wobei man zumeist eine ausführliche Auseinandersetzung mit dieser Streitfrage vermißt[177].

Nach § 283 Abs. 1 kann der Gläubiger dem rechtskräftig verurteilten Schuldner eine angemessene Frist zur Bewirkung der Leistung setzen, verbunden mit der Erklärung, daß er die Annahme der Leistung nach dem Ablauf der Frist ablehne. Nach Ablauf der Frist kann der Gläubiger Schadensersatz wegen Nichterfüllung verlangen, soweit nicht die

---

172 So in jüngster Zeit ausdrücklich noch OLG München, OLGZ 1965, 10 ff.; *Rimmelspacher*, S. 188 ff.

173 *Medicus*, Bürgerliches Recht, S. 406; *Westermann*, § 30 III 2; *Wolff-Raiser*, § 84 III 2, VI 2 FN 34; BGHZ 53, 29 ff. = NJW 1970, 241 ff. = JZ 1970, 187 ff.; *Falk*, S. 19 ff.; *Lent-Schwab*, § 44 III 1, 3.

174 *Planck-Siber*, Erl. 2 b, c zu § 283; *Westermann*, § 30 III 1; *Horstmann*, S. 52 ff., 56; auf den Einzelfall abstellend: *Erman-Groepper*, Anm. 2 zu § 283.

175 Siehe *Wallerath*, JR 1970, 161 ff.; *Derleder*, NJW 1970, 929 ff.; *Kühne*, Anm. zu BGHZ 53, 29 ff. = NJW 1970, 241 ff. = JZ 1970, 187 ff. ebenda.

176 *Palandt-Heinrichs*, Anm. 1 zu § 283; BGB-RGRK-*Nastelski*, Anm. 4 zu § 283; *Staudinger-Berg*, RdNr. 7 zu § 985; *Zorn*, S. 34; vgl. auch *Zeuner*, Rechtskraft, S. 17 m. w. N.

177 Es könnte als verwunderlich angesehen werden, daß gerade im Rahmen dieser Arbeit, in der die Anwendbarkeit der Verzugsregeln auf dingliche Ansprüche einer näheren Prüfung unterzogen werden, der Versuch einer ausführlicheren Auseinandersetzung mit den im Zusammenhang mit § 283 entstandenen Streitfragen unternommen wird. Die genannte Vorschrift steht indes (räumlich und sachlich) zwischen den Vorschriften über die Unmöglichkeit der Leistung (§§ 275—282) und denjenigen über den Verzug des Schuldners (§§ 284—290). Sie ergänzt jene Vorschriften durch eine aus Zweckmäßigkeitsgründen angeordnete Fiktion der Unmöglichkeit (vgl. *Motive* Teil II, S. 53 ff.). Voraussetzung dieser Fiktion ist ein besonders qualifizierter Verzug (vgl. dazu im einzelnen *Staudinger-Werner*, RdNr. 4 und 5 zu § 283). Im Falle des § 283 wird nämlich fingiert, daß die Leistung durch Verschulden des Schuldners nachträglich unmöglich geworden ist, weil der Schuldner trotz rechtskräftiger Verurteilung und Fristsetzung die Leistung noch nicht bewirkt hat. § 283 ist demgemäß seiner rechtlichen Struktur nach ein *Verzugs*anspruch, der seinem Inhalt nach auf Ersatz des Unmöglichkeitsschadens geht. So zutreffend *Planck-Siber*, Anm. 1 a zu § 283; im Ergebnis übereinstimmend *Oertmann*, Anm. 5 zu § 283; *Romeick*, S. 30 f.; *Staudinger-Werner*, RdNr. 1 und 3 zu § 283; *Zorn*, S. 34; *Wallerath*, JR 1970, 161, 162; *Schlegelberger-Vogels-Weitnauer*, RdNr. 3 zu § 283; *Erman-Erman*, Anm. 1 c zu § 283.

Leistung rechtzeitig erbracht wird; der Anspruch auf Erfüllung ist ausgeschlossen[178]. § 283 fingiert in einem solchen Fall aus Zweckmäßigkeitsgründen die Unmöglichkeit der Leistung[179], um dem Gläubiger den Unmöglichkeitsnachweis zu ersparen. Die Fristsetzung kann dabei gemäß § 255 ZPO schon in dem ersten Urteil enthalten sein[180].

Diese Vorschrift wird nach fast unbestrittener Ansicht dann für anwendbar erklärt, wenn der unmittelbare Besitzer einer beweglichen Sache nach § 985 rechtskräftig zur Herausgabe einer Sache verurteilt ist[181]. Indes ist nicht einmal die Anwendbarkeit des § 283 auf diesen Fall so selbstverständlich, wie es angesichts der Stellungnahmen von Rechtsprechung und Schrifttum den Anschein haben mag.

Der Anwendbarkeit des § 283 auf § 985 steht nicht entgegen, daß § 283 den Charakter einer schuldrechtlichen Norm hat, während es sich bei dem Anspruch aus § 985 um einen dinglichen Herausgabeanspruch handelt. Wie bereits ausgeführt worden ist, ist die Nichtanwendbarkeit schuldrechtlicher Normen nicht aus einer begrifflichen Verschiedenheit schuld- und sachenrechtlicher Ansprüche abzuleiten[182, 183]. Die Vorschriften des Schuldrechts sind jedoch auf Ansprüche, die ihren Ursprung in absoluten Rechten haben, nur insoweit anwendbar, als nicht im einzelnen Fall die besondere Natur dieses Anspruchs entgegensteht. Das ist im Verhältnis von § 985 zu § 283 nicht bereits deshalb der Fall, weil die Herstellung des dem Eigentum entsprechenden Zustandes nicht eine Leistung i. S. d. § 241 darstellt. Diese Ansicht ist aus den oben bereits aufgezeigten Gründen nicht zutreffend. Auch der auf die Herstellung des Eigentums gerichtete Anspruch geht ebenso wie jeder obligatorische Anspruch auf eine Leistung. Ebensowenig wie § 241 das Schuldverhältnis definiert, sagt diese Vorschrift, was unter dem Begriff der Leistung zu verstehen ist[184].

---

178 Nicht anwendbar ist § 283 bei Ansprüchen auf Abgabe von Willenserklärungen. Hier kommt ein Schadensersatzanspruch wegen Unmöglichkeit nicht in Betracht, weil die Rechtskraft des Urteils gemäß § 984 ZPO bereits Erfüllung bedeutet. Siehe auch BGHZ 53, 29 ff. = NJW 1970, 241 ff. = JZ 1970, 187 ff.; RGZ 76, 409.

179 Vgl. *Motive* Teil II S. 53 ff.

180 So auch BGHZ 53, 29 ff. = NJW 1970, 241 ff. = JZ 1970, 187 ff.; vgl. OLG Schleswig NJW 1966, 1929; a. A. *Soergel-Siebert-Reimer Schmidt*, RdNr. 6 zu § 283.

181 BGH NJW 1970, 241 ff., 242; RG WarnRspr. 1912, Nr. 375; *Erman-Hefermehl*, Anm. 7 c zu § 985; BGB-RGRK-*Nastelski*, Anm. 4 zu § 283; *Palandt-Heinrichs*, Anm. 2 zu § 283; *Soergel-Siebert-Reimer Schmidt*, RdNr. 2 zu § 283; *Staudinger-Berg*, RdNr. 7 und 10 zu § 286; *Westermann*, § 30 III 1.

182 Vgl. insbesondere Zweiten Abschnitt, Ersten Teil, III dieser Arbeit.

183 Aus diesem Grunde erübrigt sich auch ein Eingehen auf die ältere Rechtsprechung, in der man auf diese rein begriffliche Argumentation ohne Berücksichtigung der Interessenlage abstellt. Vgl. dazu z. B. OLG Stuttgart OLGE 25, 205, wo man dieser Begründung auch begegnet.

184 So zutreffend bereits *Horstmann*, S. 52 f.; heute entspricht dies allgemeiner Ansicht, vgl. statt aller *Palandt-Heinrichs*, Anm. 1 und 3 zu § 241.

Desgleichen kann die Anwendbarkeit des § 283 auf § 985 auch nicht mit der Begründung abgelehnt werden, bei den Maßnahmen des Besitzers handle es sich nicht um Leistungen, die der Gläubiger annehmen oder nicht annehmen könne. Werde die Störung des Eigentums beseitigt, so führt u. a. die Entscheidung des OLG Stuttgart[185] aus, so werde unabhängig von einer „Annahme" durch den Kläger der dem dinglichen Recht entsprechende Zustand hergestellt[186]. Dagegen sieht die herrschende Meinung[187] in der „Herausgabe" mehr als nur die „Duldung der Wegnahme" durch den Eigentümer; der Besitzer ist nach dieser Ansicht zu einer positiven Handlung verpflichtet. Dieser Ansicht ist m. E. zu folgen. Es reicht zur Erfüllung der dinglichen Herausgabeverpflichtung nicht aus, daß der Besitzer dem Eigentümer die Sache dort zur Verfügung stellt, wo sie sich gerade befindet. Vielmehr ergibt sich eine Handlungspflicht des Besitzers bereits aus dem Wortlaut des § 985, der eben von „Herausgabe" und nicht nur, wie §§ 867 oder 1005, von „Gestattung der Aufsuchung und Wegschaffung" spricht. Das hier gewonnene Ergebnis entspricht aber auch der gegebenen Interessenlage. *Von Tuhr*[188], als einer der Vertreter der Mindermeinung, macht selbst darauf aufmerksam, daß der dem § 985 *rechtsähnliche* Anspruch auf Grundbuchberichtigung nach § 894 den Anspruchsgegner ohne Zweifel zu einem positiven Tun, nämlich zur Erteilung einer Berichtigungsbewilligung, verpflichtet. Auch der gemäß § 1004 Abs. 1 anerkannte Anspruch auf Beseitigung der Beeinträchtigung spricht gegen die Ansicht der Mindermeinung. Was den Herausgabeanspruch selbst betrifft, ist nicht ersichtlich, in welcher Weise nach der Mindermeinung bei bloß mittelbarem Besitz des Anspruchsgegners der Eigentümer durch ein bloßes Nichthindern der Wegnahme befriedigt werden kann. Der Eigentümer kann in einer solchen Situation den mittelbaren Besitz nur durch Abtretung des Herausgabeanspruchs, also durch *Abgabe* einer Willenserklärung — bzw. deren Ersatz durch Überweisung nach § 886 ZPO —, vom mittelbaren Besitzer erhalten. § 985 verpflichtet somit sowohl den unmittelbaren als auch den mittelbaren Besitzer zu einem *positiven* Tun, nicht nur wie §§ 867, 1005 zur Duldung der Wegnahme. Für diese

---

[185] OLGE 25, 205.

[186] So insbes. *Kohler*, Bd. 1 § 58 II S. 178 und Bd. 2 Teil 1, § 88 I S. 251, der in konsequenter Verfolgung dieser Ansicht u. A. die Möglichkeit des Gläubigerverzugs des Eigentümers verneint, da dieser nicht eintreten könne, wo der Gläubiger keinen Einfluß auf die Erfüllung nehmen könne; *von Tuhr*, Bd. 1 S. 247 ff.; vgl. auch OLG Braunschweig OLGE 26, 175, 176 f.

[187] So BGHZ 2, 164, 166; BGHZ 53, 29 ff. = NJW 1970, 241 = JZ 1970, 187 ff.; *Konrad Hellwig*, Anspruch, S. 28; *Sobernheim*, S. 138 ff.; *Heck*, Sachenrecht, S. 274 f.; *Wolff-Raiser*, § 84 III 1 und FN 8; vgl. auch *Baur*, Sachenrecht, § 11 C 1 2.

[188] Bd. 1 S. 247 ff.

Lösung spricht auch die Entstehungsgeschichte. Bereits die *Motive*[189] haben nämlich ausdrücklich ausgesprochen, daß die Herausgabeverpflichtung nach § 985 insbesondere bei beweglichen Sachen die Pflicht zu einer gewissen *positiven* Tätigkeit, d. h. zur Verschaffung des Besitzes, enthält und sich sonach nicht von den obligatorischen Herausgabeansprüchen unterscheide. Die Herausgabepflicht des unmittelbaren Besitzes bedeutet somit, daß dieser dem Eigentümer den unmittelbaren Besitz verschaffen muß. Bewegliche Sachen muß er übergeben, Grundstücke räumen. Aus diesem Grunde kann der Eigentümer entgegen der Mindermeinung dem unmittelbaren Besitzer gemäß § 283 eine Frist setzen mit der Erklärung, er werde die *Annahme dieser Leistung* nach dem Ablauf der Frist ablehnen[190].

Schließlich entfällt § 283 im Verhältnis zu § 985 nicht deshalb, weil § 283 ein „fortdauerndes Schuldverhältnis" verlangt, das seine Wirkung trotz eingetretener Unmöglichkeit in eine andere Richtung fortsetzt, die Schadensersatzpflicht wegen Nichterfüllung nach § 283 also nur dort eingreifen kann, wo der Inhalt des zugrunde liegenden Schuldverhältnisses geeignet ist, über den Erfüllungsanspruch hinaus Ersatzansprüche zu erzeugen[191]. Diese Argumentation wurde bereits von *Dölle*[192] als petitio principii entlarvt. Der Vindikationsanspruch ist seinem Leistungsinhalt nach ebenso geeignet (z. B. durch § 281) umgewandelt und fortgesetzt zu werden wie die schuldrechtlichen Ansprüche[193]. Zudem erzeugt das Erlöschen der Vindikation gegen den bösgläubigen Besitzer Schadensersatzpflichten. Im Gegensatz zu dem Herausgabeanspruch des § 861 ist nämlich bei den Ansprüchen aus §§ 985 und 1007 trotz Ver-

---

189 Teil III S. 398 f.

190 Im Ergebnis übereinstimmend *Horstmann*, S. 53, der indes nicht auf die „Annahme" der Leistung abstellt. Vielmehr sei entscheidend, daß vom Schuldner die Primärleistung nicht erbracht werde und der Berechtigte sie nach Ablauf der Frist nicht mehr erbracht haben und sie nicht mehr als Erfüllung gelten lassen will. Das sei gemeint, wenn der Gläubiger unter Berufung auf § 283 eine Frist setzt mit der Erklärung, daß er die Annahme der Leistung nach Ablauf der Frist ablehne.

191 Nach dieser herrschenden (extremen) Meinung wandelt sich bei Besitzverlust das Schuldverhältnis in eine Sekundärverpflichtung um. Dagegen erlösche die Vindikation, sobald der Besitzer den Besitz verliert. Diese Meinung ist jedoch inkonsequent, als sie mit dieser Begründung zwar die Anwendbarkeit des § 281 auf § 985 ablehnt (so z. B. RGZ 115, 31 ff., 33), die Anwendbarkeit des § 283 auf § 985 in der Regel aber bedenkenlos bejaht (vgl. dazu BGHZ 53, 29 ff.; konsequent dagegen *Medicus*, Bürgerliches Recht, S. 406). Das ist nicht zuletzt eine Folge davon, daß diese Ansicht, wie *Zeuner* (Rechtskraft, S. 17 mit eingehender Begründung) zutreffend darlegt, sich nicht stets im klaren ist, daß die Anwendbarkeit des § 283 auf § 985 ebenfalls ähnlich wie bei § 281 auf § 985 ein konstruktives Verhältnis zwischen Herausgabe- und Schadensersatzanspruch voraussetzt, das dem zwischen Primär- und Schadensersatzanspruch entspricht.

192 S. 22 ff., 28.

193 *Köbl*, S. 89.

lustes des Besitzes noch das Fortbestehen einer Verpflichtung möglich, denn die §§ 987 ff. führen bei Besitzverlust des unberechtigten Besitzers weiter und sehen damit einen Ersatzanspruch bei Nichtherausgabe der Sache vor. Der Verlust des Besitzes ist von dem Gesichtspunkt der Interessenjurisprudenz aus nichts anderes als ein Verlust der Leistungsfähigkeit und genau diejenige Verschiebung der Interessenlage, die in §§ 275, 280—283 als „Unmöglichkeit der Leistung" bezeichnet wird[194].

Die Schwierigkeiten, die aus der Anwendung des § 283 auf die dinglichen Herausgabeansprüche entstehen können, liegen in einer ganz anderen Richtung.

Unklar ist zunächst, was aus dem Eigentum des Klägers mit fruchtlosem Ablauf der Frist werden soll. Geht dieses — ebenso wie der Herausgabeanspruch — mit Fristablauf unter oder gar auf den Schuldner über oder steht es weiterhin dem Gläubiger zu, wie es der Wortlaut vermuten läßt? Falls das Eigentum an der herauszugebenden Sache mit Fristablauf nicht unter- oder auf den Schuldner übergeht, sieht man sich sogleich einem weiteren Bedenken gegenübergestellt: Die Anwendung des § 283 auf den Herausgabeanspruch des § 985 führte in diesem Fall dazu, daß das Eigentum des Herausgabeanspruchs entkleidet wäre. Nach herrschender Meinung[195] ist aber eine Trennung von Eigentum und Herausgabeanspruch grundsätzlich nicht möglich. Das berechtigt zu der Frage, ob § 283 unter dieser Voraussetzung überhaupt auf den Herausgabeanspruch des § 985 anwendbar ist. Damit ist der Gedankengang einer Untersuchung über die Anwendbarkeit des § 283 auf den Herausgabeanspruch des § 985 bereits vorgezeichnet. Zuerst wird zu klären sein, ob und inwieweit gegen die Anwendung des § 283 auf § 985 grundsätzliche Bedenken bestehen. Danach wird aufzuzeigen sein, ob mit dem ergebnislosen Ablauf der Frist nach § 283 gleichzeitig das Eigentum an der herauszugebenden Sache unter- oder auf den Schuldner übergeht. Sofern dies nicht der Fall ist, bleibt darzustellen, ob die Anwendbarkeit des § 283 daran scheitert, daß eine Trennung von Eigentum und Herausgabeanspruch nicht möglich ist.

Bedenken gegen eine Anwendbarkeit des § 283 auf § 985 könnten sich aus der besonderen Regelung der Schadensersatzpflicht aus §§ 989, 990 ergeben. § 283 ist nach der herrschenden Lehre ein verzugsähnlicher Tatbestand[196]. Die herrschende Meinung[197] spricht dabei im Anschluß

---

[194] Vgl. *Heck*, *Sachenrecht*, §§ 33, 8; *Westermann*, § 31 IV 4; *Deubner*, MDR 1958, 197, 198; *Staudinger-Berg*, Anm. 4 zu § 985; *Erman-Hefermehl*, Anm. 1 a zu§ 985; *Dietz*, S. 185 zur Anwendbarkeit des § 281; a. A. RGZ 115, 31 f., 33; *Wallerath*, JR 1970, 161 ff., 162; vgl. auch *Fikentscher*, Schuldrecht, § 44 II 1 c; *Papier*, S. 28 f.

[195] Vgl. Ersten Abschnitt, II FN 1 dieser Arbeit.

[196] So zutreffend auch *Wallerath*, JR 1970, 161 ff., 162

[197] *Oertmann*, Anm. 3 zu § 283; *Palandt-Heinrichs*, Anm. 3 zu § 283; *Staudinger-Werner*, RdNr. 1 zu § 283.

an die *Motive*[198] von der „fiktiven Unmöglichkeit“ des Erfüllungsanspruchs. Auch der Herausgabeanspruch nach § 985 und § 1007 begründet Gläubiger- und Schuldnerverzug. Das deutet auf die grundsätzliche Vereinbarkeit des § 283 mit der Interessenlage der §§ 987 ff. hin. Das Vorgehen nach § 283 befreit den Eigentümer allein von dem schwierigen Unmöglichkeitsnachweis. Diese Vergünstigung muß aber auch der nach § 985 berechtigte Eigentümer haben, da sonst dem „dinglichen“ Gläubiger die Möglichkeit einer schnellen und sicheren Rechtsverfolgung verschlossen bliebe. Dafür spricht auch, daß § 283 im engen Zusammenhang mit den §§ 883 ff. ZPO steht, die nicht zwischen der Herausgabe von Sachen auf Grund eines dinglichen oder eines schuldrechtlichen Anspruchs unterscheiden. Der „dingliche“ Gläubiger soll bei einer Rechtsverfolgung nicht schlechter gestellt sein als der „schuldrechtliche“, die Interessenlage spricht vielmehr eher zugunsten des „dinglichen“ Gläubigers.

Zu beachten ist jedoch, daß der Schutzgedanke der §§ 987 ff., der die Haftung des nicht rechtmäßigen Besitzers von seiner Bösgläubigkeit oder der Rechtshängigkeit der Herausgabeklage abhängig macht, bei einer Anwendung des § 283 gewahrt bleiben muß. Das ist unbedenklich zu bejahen bei der Verurteilung des unmittelbaren Besitzers. Diese setzt gerade voraus, daß der Schuldner im Zeitpunkt der letzten mündlichen Verhandlung noch nicht den Besitz (in einer zu vertretenden Weise[199]) verloren hatte[200, 201]. Soweit aber ein Besitzverlust nach Klagerhebung eingetreten ist, ist notwendig die Anwendbarkeit des § 989 zu bejahen, da dieser lediglich Rechtshängigkeit voraussetzt[202].

---

198 *Motive* Teil II S. 53.

199 RGZ 54, 33 läßt in diesem Fall nicht einmal den Nachweis der Unmöglichkeit für den Schuldner zu, um dem Gläubiger sogleich die Möglichkeit des § 283 zu eröffnen; vgl. dazu auch *Staudinger-Berg*, RdNr. 10 zu § 985 m. w. N.

200 Das Reichsgericht (RGZ 107, 19; RGZ 117, 68) folgerte sowohl aus § 767 II ZPO wie aus § 283, daß der Schuldner, nach § 283 auf Schadensersatz in Anspruch genommen, diese Einwendung später nicht mehr erheben kann; nach OLG Hamburg MDR 1968, 667 folgt der Ausschluß von Einwendungen, deren Erhebung vor der letzten mündlichen Verhandlung möglich war, unmittelbar aus dem Wesen des Anspruchs aus § 283. Vgl. auch BGHZ 53, 29 ff., 33.

201 So im Grundsatz zutreffend BGHZ 53, 29 ff.; vgl. auch in bezug auf § 281 *Himmelmann*, S. 116, wobei dieser zu Recht betont, daß diese Haftungsanpassung nicht aus der Tatsache herzuleiten ist, daß das Eigentümer-Besitzer-Verhältnis nicht das speziellere und damit vorgehende Schuldverhältnis sei. Entscheidend ist allein, daß der als Folge des § 283 entstehende Schadensersatzanspruch mit dem ursprünglichen Anspruch *identisch* ist und deshalb auch dessen Haftungsmaßstab teilt.

202 So zutreffend BGHZ 53, 29 ff., 32 f. m. w. N.; *Wallerath*, JR 1970, 161 ff., 162.

Indes ist fraglich, ob der Gläubiger unter den Voraussetzungen des § 259 ZPO bereits im Rahmen der Herausgabeklage eine Eventualverurteilung auf Schadensersatz erreichen kann. Die Frage der Zulässigkeit eines solchen Antrags[203] ist im Schrifttum und der Rechtsprechung bereits vielfach erörtert worden[204]. Das OLG Stuttgart hat in einem Urteil vom 14. 11. 1911[205] ausgeführt, mit dem Klagantrag auf Herausgabe einer Sache könne nicht vorsorglich der Antrag auf Verurteilung zu Wertersatz verbunden werden; aus der Bestimmung des § 283 sei zu schließen, daß der Gläubiger nicht zugleich auf die ihm vertragsmäßig zugesicherte Leistung und vorsorglich auf Schadensersatz wegen Nichterfüllung oder Ersatz des Wertes der Leistung klagen könne[206]. In jüngster Zeit hat das OLG München in einer Entscheidung vom 26. 1. 1965[207] ausgesprochen, daß der Meinung des Schrifttums[208], wonach unter den Voraussetzungen des § 259 ZPO mit einer Klage auf Herausgabe eine Klage auf Schadensersatz verbunden werden könne, nicht zuzustimmen sei; auch bei Nichterfüllung eines rechtskräftig zuerkannten Herausgabeanspruchs innerhalb der gesetzten Frist bestehe keine Verpflichtung zum Schadensersatz, wenn die Erfüllung nach Schluß der mündlichen Verhandlung, auf Grund deren das Herausgabeurteil erlassen worden sei, aus einem vom Schuldner nicht zu vertretenden Grund unmöglich geworden sei (§ 283 Abs. 1 Satz 3); bei Erlaß des Herausgabeurteils stehe daher — anders als im Fall des § 1003 Abs. 2 — noch nicht fest, ob bei Nichterfüllung des Herausgabeanspruchs innerhalb der gesetzten Frist eine Verpflichtung zur Leistung von Schadensersatz eintrete oder nicht eintrete; deshalb könne auch dann, wenn die Voraussetzungen des § 259 ZPO für eine Klage auf künftige Leistung an sich gegeben wären, nicht zugleich auf Herausgabe und für den Fall der Nichterfüllung des Herausgabeanspruchs innerhalb be-

---

[203] Bei einem derartigen Antrag würde es sich nicht um einen echten, für den Fall der Unbegründetheit des Hauptanspruchs gestellten, sondern um einen unechten Hilfsantrag handeln, der gelten soll, falls der Hauptanspruch zwar begründet, aber nicht durchsetzbar ist. Vgl. dazu OLG Schleswig NJW 1966, 1929; *Arved Blomeyer*, Zivilprozeßrecht, § 42 III 2 b; *Lent*, JR 1951, 375, 376; *Stein-Jonas-Schumann/Leipold*, Anm. II 3 zu § 260 ZPO; *Bunte*, JuS 1967, 206 m. w. N.; *Rosenberg-Schwab*, § 100 III 3, ist der Ansicht, daß im Fall des § 283 nicht von einer eventuellen Klagenverbindung gesprochen werden könne, weil das Eventualverhältnis nicht für Verhandlung und Urteil, sondern für die Zwangsvollstreckung bestehe.

[204] Vgl. die Nachweise bei *Bähr*, JuS 1967, 90 Nr. 7.

[205] Recht 1912, Nr. 379.

[206] Ähnlich auch OLG Stuttgart, Recht 1919 Nr. 405, das u. a. auch ausführt, daß ein derartiger Antrag mit § 283 Abs. 1, insbesondere S. 3, unvereinbar sei.

[207] OLGZ 1965, 10 f.

[208] *Staudinger-Werner*, RdNr. 23 zu § 283; *Soergel-Siebert-Mühl*, RdNr. 19 zu § 985; *Marquardt* JW 1909, 37; *Derleder* NJW 1970, 929 ff., 931; *Bunte*, JuS 1967, 206 ff.

stimmter Frist auf Schadensersatz geklagt werden[209]. In einem § 1003 betreffenden Urteil schließlich hat das Reichsgericht[210] ausgeführt, daß der Kläger mit seinem einheitlich gefaßten Antrag auch bereits sein Recht auf Befriedigung geltend mache, obwohl sich der Besitzer aus der Sache erst dann befriedigen könne, wenn er nach rechtskräftiger Feststellung des Betrages seiner Verwendungen den Eigentümer unter Bestimmung einer angemessenen Frist vergebens zur Erklärung über die Genehmigung aufgefordert habe; indessen sei nicht anzunehmen, daß das Gesetz damit die Notwendigkeit zweier besonderer Prozesse hätte festlegen wollen, was — abgesehen von der Kostenfrage — für den Besitzer eine gefährliche Verzögerung der Entscheidung über sein Recht bedeuten würde; es sei vielmehr auf Grund entsprechender Anwendung des § 255 ZPO in Verbindung mit § 259 ZPO zuzulassen, daß der Besitzer mit dem Antrag auf Feststellung des Betrages der Verwendungen das Verlangen nach gerichtlicher Bestimmung der in § 1003 Abs. 2 vorgeschriebenen Frist und für den Fall ihres fruchtlosen Ablaufs die Bitte um Verurteilung zur Duldung der Befriedigung aus der Sache verbinde[211].

Überzeugend wirkt die in diesem Urteil zum Ausdruck gelangte Ansicht, daß der Berechtigte zugleich mit dem in erster Linie zustehenden Recht dasjenige Recht einklagen könne, das ihm erwachse, wenn er nicht innerhalb einer bestimmten Frist mit dem ersten Recht durchdringe. Entgegen der Ansicht der herrschenden Rechtsprechung kann m. E. bei Ansprüchen auf Herausgabe von Sachen eine derartige Verbindung von Anträgen nicht etwa deshalb als unzulässig ansehen, weil das zweite Begehren nur eventuell erhoben oder der zweite Anspruch *zur Zeit* noch nicht entstanden ist[212], noch auch als schlechthin und voraussetzungslos zulässig ansehen[213]. Die Verurteilung erfolgt vielmehr hier wegen eines zur Zeit des Urteils noch bedingten Anspruchs und erfordert deshalb die Voraussetzungen des § 259 ZPO[214]. Andernfalls

[209] Im Ergebnis übereinstimmend auch OLG Posen, PosMSchr. 1907, 124; OLG Posen OLGE 18, 2; vgl. auch OLG Schleswig NJW 1966, 129 f.

[210] RGZ 137, 98 ff.

[211] Siehe dazu OLG Schleswig NJW 1966, 1929, 1930 m. w. N.; vgl. dazu aus der älteren Literatur *Konrad Hellwig*, Anspruch, S. 113; *Eccius*, Gruch. 47, 151; vgl. auch *Bunte*, JuS 1967, 206, 207.

[212] So aber OLG München OLGZ 1965, 10, 11.

[213] So OLG Stettin OLGE 13, 137.

[214] Es ist jedoch eine sorgfältige Beobachtung der Voraussetzungen des § 259 ZPO geboten. Denn es bedeutet für den Schuldner eine Gefahr, daß er der Vollstreckung ausgesetzt und auf den Weg der Vollstreckungsgegenklage gedrängt wird, wenn der bedingte Anspruch deshalb nicht entsteht, weil die Nichterfüllung auf einer vom Beklagten nicht zu vertretenden Unmöglichkeit beruht, oder wenn eine genaue Feststellung des Schadens erst nach Eintritt des schädigen Ereignisses bzw. nach Ablauf der Frist des § 283 möglich ist. So zu Recht *Stein-Jonas-Schumann/Leipold*, Anm. II 3 zu § 260 ZPO.

würde dem Kläger der Vorteil des § 283 genommen, der den Schuldner zwingt, nachträgliche nicht zu vertretende Unmöglichkeit im Wege von § 767 ZPO geltend machen[215, 216]. Allein dieses Ergebnis entspricht der Interessenlage der Beteiligten. Die Belange des Eigentümers sind gewahrt, wenn er auf Grund eines beide Ansprüche zusprechenden Urteils mit den Mitteln der Zwangsvollstreckung zunächst die primär geschuldete Leistung zu erhalten versuchen kann, wenn ihm bei Erfolglosigkeit aber nach Fristablauf ein vollstreckbarer auf Schadensersatz gerichteter Titel zur Verfügung steht. Schutzwürdige Interessen des unmittelbaren Besitzers werden bei einem derart verbundenen Herausgabe- und Schadensersatzurteil nicht verletzt, denn während der Frist zur Erfüllung des Leistungsanspruchs hat er nochmals Gelegenheit, die geschuldete Leistung zu erbringen, ehe der Gerichtsvollzieher wegen des Schadensersatzanspruchs vollstreckt. Die Klagenverbindung entspricht damit der zu regelnden Interessenlage, denn wenn aus dem Verhalten des Besitzers zu entnehmen ist, daß ein zweiter Prozeß unvermeidlich sein wird, kann der Eigentümer nicht auf diese doppelte Prozeßführung verwiesen werden, zu der er keinen Anlaß gegeben hat[217]. Die Bedenken lassen sich zumindest dann nicht aufrechterhalten, insbesondere nicht aus § 283 Abs. 1 Satz 3 begründen, wenn der Besitzer mit der Herausgabe in Verzug ist. Entsprechend § 287 Satz 2 ist ihm in diesem Fall der Beweis nicht zu vertretender Unmöglichkeit im Prozeß abgeschnitten[218].

Sind die Voraussetzungen des § 259 ZPO gegeben, so ist nach alledem die Verbindung des Eigentumsherausgabeanspruchs und des eventuellen Schadensersatz- bzw. Wertersatzanspruchs in einer Klage mit der herrschenden Meinung in Schrifttum und Rechtsprechung entgegen dem Urteil des OLG München[219] und *Rimmelspacher*[220] für zulässig zu hal-

---

[215] So zutreffend *Palandt-Degenhart*, Anm. 3 b zu § 985; *Mühl*, Gutachten S. 90 ff., 95, wobei dieser zu Recht darauf hinweist, daß im Amtsgerichtsprozeß die Zulässigkeit einer derartigen Verbindung bereits im Hinblick auf § 510 b ZPO naheliegt (a.a.O. S. 92). Vgl. auch *Baumbach-Lauterbach*, Anm. 4 zu § 510 b ZPO; a. A. *Bunte*, JuS 1967, 206 ff., 207 m. w. N.

[216] Die Entscheidungen, die die Anwendbarkeit des § 283 auf die vorliegenden Fälle ablehnen, übersehen zumeist, wie *Bunte* (JuS 1967, 206 ff., 208) zutreffend bemerkt, daß die hier in Frage stehende Vorschrift nicht in erster Linie eine Schuldnerschutzvorschrift ist, sondern die Rechte des Gläubigers gegenüber den §§ 280 und 286 erweitert.

[217] RGZ 137, 98.

[218] *Bunte*, JuS 1967, 206 ff., 208.

[219] OLG München OLGZ 1965, 10 f.

[220] *Rimmelspacher* (S. 189 f.) hält das Ergebnis der herrschenden Meinung für bedenklich, weil der Anspruchsgegenstand in seinem Umfang als Wertobjekt durch das Eigentümer-Besitzer-Verhältnis nicht für dauernd festgelegt sei. Daher würde die Regelungskraft des § 283 auf eine Rechtsfrage ausgedehnt, für deren Beantwortung sie nicht geschaffen sei. Die Ansicht von *Rimmelspacher* verkennt jedoch m. E., daß die Vorschrift des § 283 nicht

ten[221]. Es wird also ein fälliger Anspruch mit einem bedingten Anspruch in einem Urteil verbunden. Nach dem Inhalt des Urteils führt der Gerichtsvollzieher zunächst die Zwangsvollstreckung auf Herausgabe durch. Bleibt sie erfolglos und ist die im Urteil bestimmte Frist abgelaufen, so kann wegen des bedingt zugesprochenen Zahlungsanspruchs vollstreckt werden[222, 222a].

Schließlich ist zweifelhaft die Rechtslage bei der Verurteilung des mittelbaren Besitzers zur Herausgabe der Sache als solcher[223, 224]. Läßt

---

„wertneutral" ist. Sie ist auch nicht in erster Linie eine Schuldnerschutzvorschrift, sondern sie soll nach dem Willen des Gesetzgebers die Rechte des Gläubigers gegenüber den §§ 280 und 286 erweitern. Aus diesem Grunde erscheint es gerechtfertigt, den wertmäßig vorgegebenen Herausgabeanspruch von einem bestimmten Zeitpunkt an, nämlich dem Schluß der letzten mündlichen Verhandlung, zu fixieren und damit auch den Wertumfang des Schadensersatzanspruchs festzulegen.

221 Dem steht auch nicht entgegen, daß in den Beratungen zu § 243 E I beantragt wurde, beizufügen, daß die Klage auf Schadensersatz unter Vorbehalt der Feststellung des Betrages „fürsorglich" mit dieser Klage auf Schadensersatz verbunden werden kann, und dieser Antrag abgelehnt wurde. Der historische Gesetzgeber hielt nämlich einen derartigen Zusatz für entbehrlich und zugleich auch für bedenklich, diese prozeßrechtliche Frage im Rahmen des § 283 anzusiedeln. Als entbehrlich wurde dieser Zusatz deshalb abgelehnt, weil die Rechtsprechung eine derartige Verbindung bereits zulasse. Vgl. *Protokolle* Teil I S. 321 = *Mugdan* Teil II S. 534. Dagegen findet sich die Zulassung einer derartigen Verbindung wieder in § 211 des Entwurfs einer ZPO von 1931, um, wie die amtlichen Erläuterungen (S. 311) hierzu sagen, ein vielfach geübtes Verfahren auf eine sichere gesetzliche Grundlage zu stellen.

222 Vgl. auch *Köbl*, S. 91.

222a Eine Verbindung der Klagen kommt jedoch selbstverständlich nicht mehr in Betracht wenn *unstreitig* feststeht, daß der unmittelbare Besitzer die Sachen nicht mehr herausgeben kann, weil sie nicht mehr vorhanden sind; denn eine Verurteilung, aus der keinesfalls vollstreckt werden kann, ist sinnlos. So zutreffend BGH JR 1972, 151.

223 Streitig ist daneben noch, ob der *Anspruch* gegen den mittelbaren Besitzer überhaupt auf Herausgabe, d. h. auf Verschaffung des unmittelbaren Besitzes gerichtet werden kann, oder ob der mittelbare Besitzer nur zur Verschaffung dessen, was er selbst hat, verpflichtet ist, d. h. zur Abtretung des ihm gegen den Besitzmittler zustehenden Herausgabeanspruchs. Um unerfreulichen Komplikationen und Erschwernissen für die Rechtsverfolgung des Eigentümers aus dem Weg zu gehen, versteht der BGH (BGHZ 2, 164 ff., 166; BGH NJW 1970, 241 ff.) den Herausgabeanspruch gegen den mittelbaren Besitzer mit der absolut herrschenden Meinung (a. A. wohl nur *Baur*, Sachenrecht § 11 C I 2; unklar BGHZ 12, 380 ff., 397) nicht nur als eine Forderung auf Abtretung des Herausgabeanspruchs gegen den unmittelbaren Besitzer, sondern grundsätzlich als einen unmittelbaren Anspruch auf Herausgabe der Sache gegen den mittelbaren Besitzer. Dies wird in Übereinstimmung mit der herrschenden Lehre überzeugend damit gerechtfertigt, daß der Gläubiger auf Grund des Herausgabetitels einmal gemäß § 886 ZPO vollstrecken und die Überweisung und Einziehung des Anspruchs des mittelbaren Besitzers gegen den unmittelbaren Besitzer bewirken, daß er aber bei einer eventuellen Beendigung des Besitzmittlungsverhältnisses und einer Rückgabe der Sache an den mittelbaren Besitzer auch gemäß § 883 ZPO durch Wegnahme der Sache vollstrecken kann. Dieser Ansicht ist zuzustimmen, weil der Eigentümer regelmäßig mit einer Übertragung des unmittelbaren

man die Verurteilung des mittelbaren Besitzers zur Herausgabe der Sache uneingeschränkt zu, so besteht die Möglichkeit, daß er den Besitz an dem Gegenstand schon vor Rechtshängigkeit an einen Dritten übertragen hat. In diesem Fall kann aber die Haftung des mittelbaren Besitzers nach §§ 987 ff. ausgeschlossen sein, ohne daß er diesen Gesichtspunkt gegenüber der Herausgabeklage erfolgreich ins Feld führen kann. Während also nach den oben gemachten Aussagen die Verurteilung des unmittelbaren Besitzers bei Nichterfüllung der Herausgabepflicht die Anwendbarkeit der §§ 987 ff. indiziert wird, bliebe dies bei einer uneingeschränkten Verurteilung des mittelbaren Besitzers zur Herausgabe der Sache offen[225]. Den Grundsatz, daß der Eigentümer auch vom mittelbaren Besitzer Herausgabe der Sache, nicht nur Abtretung des Herausgabeanspruchs gegen den jeweiligen unmittelbaren Besitzer verlangen kann[226], will der Bundesgerichtshof[227] aus diesem Grunde im zweiten Beispielsfall mit zahlreichen Stimmen im Schrifttum[228] dahin einschränken, daß dann, wenn der mittelbare Besitzer wegen der Über-

---

Besitzes an den mittelbaren Besitzer auf Grund des zwischen beiden Besitzern abgeschlossenen Besitzmittlungsverhältnisses rechnen darf. Dem Eigentümer ist also angesichts der oft interimistischen Natur des Besitzmittlungsverhältnisses mit einem auf Abtretung des Herausgabeanspruches gerichteten Urteil häufig nicht gedient. So besonders klar *Heinrich Lange*, Sachenrecht, § 11 A I 4, S. 58 FN 15, dessen Ergebnis (Verurteilung zur Abtretung, hilfsweise zur Herausgabe) hiermit freilich nicht zu begründen ist. Als weiterer vom BGH nicht ausgeführter Gesichtspunkt kommt hinzu, daß der Gläubiger auf Grund des Titels gegen den mittelbaren Besitzer u. U. auch gemäß § 809 ZPO bei dem unmittelbaren Besitzer vollstrecken kann, wenn dieser herausgabebereit ist (vgl. *Baumbach-Lauterbach*, Anm. 1 zu § 886). Kann der Eigentümer gegen den mittelbaren Besitzer grundsätzlich einen Herausgabetitel wie gegen den unmittelbaren Besitzer erhalten, entstehen dadurch auch keine besonderen vollstreckungsrechtlichen Probleme, da in beiden Fallkonstellationen eine Vollstreckung nach §§ 883, 886 oder 809 ZPO möglich ist (a. A. *Planck-Brodmann*, a.a.O. Erl. 1 b zu § 985; wie hier *Derleder*, NJW 1970, 929 ff.; kritisch *Kühne*, Anm. zu BGH JZ 1970, 189).

224 Bei der Verurteilung des mittelbaren Besitzers zur Abtretung des Herausgabeanspruchs wird das Problem der Anwendbarkeit des § 283 nicht akut, weil die Abtretungserklärung mit Rechtskraft des Urteils als abgegeben gilt (§ 894 ZPO). Das verkennt *Derleder*, NJW 1970, 929 ff., 931, wenn er dem BGH eine inkonsequente Behandlung des mittelbaren Besitzers vorwirft.

225 Es ist dem BGH (BGHZ 53, 29 ff.) voll zuzustimmen, daß es dem im Besitze eines rechtskräftigen Herausgabetitels befindlichen Eigentümer nicht gestattet werden kann, sich auf dem Wege des § 283 gegen den mittelbaren Besitzer einen Schadensersatzanspruch zu verschaffen, der ihm nach den §§ 989 ff. nicht zusteht. So auch *Wallerath*, JR 1970, 161, 162 und *Kühne*, JZ 1970, 189, a. A. offenbar *Eichler*, Institutionen, Bd. 2, 1. Halbbd. S. 193 FN 32.

226 Im einzelnen vgl. BGHZ 53, 29 ff. = NJW 1970, 241 ff. und *Derleder*, NJW 1970, 929 ff.

227 BGHZ 53, 29 ff.

228 *Palandt-Degenhart*, Anm. 2 b zu § 985; BGB-RGRK-*Johannsen*, Anm. 17 zu § 985; *Soergel-Siebert-Mühl*, Anm. 13 zu § 985; *Planck-Brodmann*, Erl. 1 b zu § 985; vgl. auch *Wallerrath*, JR 1970, 161, 162.

lassung der Sache an den unmittelbaren Besitzer außerstande ist, die Sache herauszugeben, sein Anspruch *nur* auf Abtretung des Herausgabeanspruchs gegen den unmittelbaren Besitzer gehen soll, es sei denn, der mittelbare Besitzer erfülle die Haftungsvoraussetzungen der §§ 989 ff. Der BGH will damit verhindern, daß der Einwand des mittelbaren Besitzers, er habe sein Unvermögen nicht zu vertreten, durch das Herausgabeurteil gemäß den §§ 283 Abs. 1 Satz 3, 767 II ZPO abgeschnitten wird, obwohl doch nach den §§ 989 ff. nur bei Verschulden des unredlichen oder des verklagten Besitzers eine Haftung vorgesehen ist[229]. Die vom Bundesgerichtshof vertretene Lösung ist weiter bedingt durch seine Ansicht, derzufolge der rechtskräftig zur Leistung verurteilte Schuldner gemäß § 283 nach fruchtlosem Fristablauf ohne weitere Voraussetzungen zum Schadensersatz verpflichtet ist. Der Bundesgerichtshof versteht also § 283 so, daß der Gläubiger im Schadensersatzprozeß in jedem Falle von dem Nachweis irgendwelcher Voraussetzungen hinsichtlich des Schadensgrundes befreit ist. Diese Ansicht entspricht ganz offenbar sowohl den Gesetzesmaterialien[230] als auch der allgemeinen Meinung im Schrifttum[231]. Geht man von dieser Wirkungsweise des § 283 aus, so stellt sich im Falle von Einschränkungen des Schadensersatzanspruchs wegen Nichterfüllung in der Tat nur eine Alternative: Entweder man knüpft bereits die Verurteilung zur Leistung an die besonderen Voraussetzungen des Schadensersatzanspruchs — in diesem Sinne versteht der Bundesgerichtshof[232] den § 283 — oder man hält § 283 überhaupt für unanwendbar — so für den hier gebildeten zweiten Beispielsfall *Medicus*[233] und *Westermann*[234]. Gerade der vom Bundesgerichtshof entschiedene zweite Beispielsfall zeigt aber, daß die Anwendbarkeit des § 283 nicht so eingeschränkt zu werden braucht, wie es der Bundesgerichtshof will, oder deshalb sogar völlig abgelehnt werden muß. Das in § 283 geschützte Interesse des Gläubigers, sich durch die dort bezeichnete Fristsetzung den Beweis der Unmöglichkeit oder des Interessenfortfalls zu ersparen, ist nämlich über die Normalfälle der §§ 280, 286 Abs. 2 hinaus in gleicher Weise auch dort vorhanden und schützenswert, wo der Schadensersatzanspruch wegen Nicht-

---

229 In der Entscheidung des BGH (BGHZ 53, 29 ff.) kommt dagegen nicht klar zum Ausdruck, daß die Besonderheit der §§ 989 ff. gegenüber den §§ 280, 286 nicht im Bereich des Zu-Vertreten-Habens, also des Haftungs*maßstabes*, sondern in der zusätzlichen Haftungs*voraussetzung* der Unredlichkeit des Besitzers bzw. der Rechtshängigkeit im Zeitpunkt der Herbeiführung der Unmöglichkeit (§§ 989, 990 Abs. 1) liegt.

230 *Motive* Teil II, S. 53 f. („nichts weiter als").

231 Statt vieler *Erman-Erman*, Anm. 1 c zu § 283 („ohne jede sonstige Voraussetzung").

232 BGHZ 53, 29 ff.

233 Bürgerliches Recht, S. 406.

234 § 30 III 2 und wohl auch *Wolff-Raiser*, § 84 III 2, der sich jedoch zu Unrecht auf *Sobernheim* (S. 141 f.) beruft.

erfüllung infolge Unmöglichkeit oder Verzuges ausnahmsweise an weitere einschränkende Voraussetzungen gebunden ist. Es ist kein innerer Grund ersichtlich, einem Gläubiger den Vorteil des § 283 nur deswegen zu versagen, weil er für seinen Schadensersatzanspruch zusätzliche Voraussetzungen nachzuweisen hat. Der Zweckgedanke des § 283 gebietet deshalb entgegen der Ansicht von *Westermann*[235] und *Medicus*[236] seine Anwendung auch dort, wo Schadensersatzansprüche wegen Nichterfüllung von zusätzlichen Voraussetzungen abhängen. Bei einem Vergehen nach § 283 kommt dem Gläubiger dann ebenfalls die Fiktion der Unmöglichkeit zugute; sein Schadensersatzanspruch besteht allerdings nur dann, wenn er die *weiteren* Voraussetzungen nachweist[237].

Die Auffassung der herrschenden Lehre[238] würde den Erstprozeß, falls das Unvermögen[239] zur Herausgabe nicht festgestellt ist, mit einer fragwürdigen hypothetischen Prüfung der Haftungsvoraussetzungen für den Fall des Unvermögens beschweren oder aber sie dazu zwingen, die Unvermögensfrage zu prüfen. Die Prozeßparteien würden somit, selbst wenn es ihnen überhaupt nicht um Schadensersatz, sondern nur um die Herausgabe der Sache geht, in einen Schadensersatzrechtsstreit hineingezogen, der sich in ihren Anträgen nicht andeutet und zu dessen Führung sie vielfach nur auf Grund eingehender rechtlicher Erörterung mit dem Gericht in der Lage wären. Das würde nicht zu der vom Gesetz gewollten Vereinfachung des Verfahrens führen, sondern genau das Gegenteil, nämlich die Komplizierung und Überfrachtung des Herausgabeprozesses, zur Folge haben. Auch läßt sich die Lösung der herrschenden Lehre nicht auf den Fall beschränken, daß die Geltendmachung eines Schadensersatzanspruchs beabsichtigt ist. Denn ein späteres Schadensersatzverlangen kann in keinem Fall ausgeschlossen werden. Demgemäß ist es interessengerechter, den Herausgabestreit nicht stets dann, wenn der mittelbare Besitzer zur Herausgabe der Sache außerstande ist, mit dem Streitstoff eines keineswegs immer zu gewärtigenden Schadensersatzprozesses zu belasten: die mit dieser Belastung verbundenen Nachteile überwiegen auf jeden Fall die Nachteile, die der Eigentümer in einem von ihm tatsächlich geführten Schadensersatzprozeß hätte, wenn ihm die Erleichterung des § 283 hinsichtlich des Nachweises der Haftungsvoraussetzungen der §§ 989 ff. nicht zugute käme[240]. Ent-

[235] § 30 III 2.

[236] Bürgerliches Recht, S. 406.

[237] So zutreffend *Kühne*, JZ 1970, 189 ff., 190; *Derleder*, NJW 1970, 929 ff., 931; *Horstmann*, S. 54.

[238] So zuletzt BGHZ 53, 29 ff. = NJW 1970, 241 ff. = JZ 1970, 188 ff.

[239] Die Bedeutung des Begriffes „Unvermögen“ ist in der genannten Entscheidung des BGH zumindest mißverständlich gebraucht. Vgl. im einzelnen *Derleder*, NJW 1970, 929, 930.

[240] So zutreffend *Derleder*, NJW, 929 ff., 931; im Ergebnis übereinstimmend *Kühne*, JZ 1970, 189 ff., 190; *Horstmann*, S. 54 f.; *Sobernheim*, S. 140 f.

fällt mithin die Notwendigkeit, die Schadensersatzvoraussetzungen der §§ 989 ff. schon in den Herausgabeprozeß hineinzuziehen, dann ist auch der mittelbare Besitzer generell zur Herausgabe zu verurteilen[241]. Einer derartigen Verurteilung kann der mittelbare Besitzer im Unterschied zu anderen Schuldnern nicht einmal dann entgehen, wenn wie in dem vom Bundesgerichtshof entschiedenen zweiten Beispielsfall feststeht, daß er zur Herausgabe außerstande ist und dies nicht zu vertreten hat. Eine Verurteilung zur Leistung, d. h. zur Herausgabe, ist in einem solchen Fall deswegen zulässig, weil nach den insoweit überzeugenden Ausführungen des Bundesgerichtshofs[242] die Vorschrift des § 886 ZPO dem Gläubiger hier immer eine sinnvolle Vollstreckungsmöglichkeit eröffnet. Gerade diese Vollstreckungsmöglichkeit über § 886 ZPO macht den Hilfsantrag auf Abtretung des Herausgabeanspruchs aus dem Besitzmittlungsverhältnis überflüssig. Allein in dieser Besonderheit liegt der sonst nicht recht einsichtige Grund für eine Differenzierung zwischen dem unmittelbaren und dem mittelbaren Besitzer bei der rechtlichen Beurteilung der Frage nach der Anwendbarkeit des § 283 auf den Eigentumsherausgabeanspruch gemäß §§ 985, 986.

Freilich darf die Verurteilung des mittelbaren Besitzers nach dem Hauptantrag, nämlich auf Herausgabe der Sache, nicht dazu führen, daß er mit dem Einwand, er habe die Unmöglichkeit der Herausgabe nicht zu vertreten, *nicht im Herausgabestreit* und wegen § 767 Abs. 2 ZPO, 283 Abs. 1 Satz 3 auch *nicht im Schadensersatzstreit* gehört wird. Im Gegensatz zu den Normalfällen des § 283 kann dem Schuldner hier nicht das Vorbringen früherer Tatsachen gemäß §§ 767 Abs. 2 ZPO bzw. 283 Abs. 1 Satz 3 abgeschnitten werden: dies beruht darauf, daß diese Tatsachen gegenüber dem Herausverlangen des Eigentümers — wie gezeigt — unerheblich sind und eine Präklusion[243] von Einwendungen zu Lasten des Schuldners nur dann sachlich gerechtfertigt ist, wenn sie dessen Verurteilung zu hindern überhaupt imstande gewesen sind[244]. Der mittelbare Besitzer kann vielmehr dartun, er sei *im entscheidenden Zeitpunkt* noch rechtmäßiger Besitzer gewesen oder er habe die Unmöglichkeit der Herausgabe nicht zu vertreten i. S. d. § 989[245].

---

[241] So auch die in FN 240 Genannten.

[242] BGHZ 53, 29 ff., 30 f.; siehe auch die Bemerkungen in FN 223 auf S. 164.

[243] Vgl. zum Begriff der Präklusion die Schrift von *Otto* mit dem gleichnamigen Titel.

[244] Andernfalls würde der Schuldner zum Vorbringen unerheblicher Einwendungen gezwungen; mit Recht gestatten daher *Schlegelberger-Vogels-Weitnauer*, Anm. 24 zu § 283, dem Schuldner das Vorbringen solcher Einwendungen, die sich unabhängig vom Leistungsanspruch unmittelbar gegen den Schadensersatzanspruch richten. Wie hier *Kühne*, JZ 1970, 189 ff., 190; *Derleder*, NJW 1970, 929 ff., 931; vgl. auch *Sobernheim*, S. 140 ff.

[245] Praktisch wird sich der mittelbare Besitzer kaum jemals entlasten können: eine freiwillige Vermietung, Verpachtung etc. ist stets als schuld-

Es ist also festzuhalten, daß sich weder aus der Natur des § 985 als dinglichen Anspruch, noch aus den §§ 987 ff. Bedenken gegen eine Anwendbarkeit des § 283 auf den Herausgabeanspruch nach § 985 auch gegen den mittelbaren Besitzer ergeben[246, 246a].

Das andere Bedenken betrifft das rechtliche Schicksal des Eigentumsherausgabeanspruchs. Hat der Gläubiger den Weg des § 283 gewählt, geht der Leistungsanspruch mit fruchtlosem Fristablauf normalerweise unter (§ 283 Abs. 1 Satz 2 a. E.). Eine derartige Erlöschenswirkung kann jedoch bei der Anwendung des § 283 auf den Eigentumsherausgabeanspruch nicht eintreten. Andernfalls wäre der Weg des § 283 für ihn insoweit gefährlich, als er im Falle der Nichtbeweisbarkeit der Unredlichkeit nach § 990 keine Rechte mehr gegen den mittelbaren Besitzer geltend machen könnte.

§ 283 Abs. 1 Satz 2 a. E. stellt eine besondere gesetzliche Ausprägung des Verwirkungsgedankens dar. Der Gläubiger hat nach Fristablauf seinen Erfüllungsanspruch verwirkt, da er ihn zuvor mit der Ablehnungsandrohung aufgegeben hatte[247]. Kommt er später auf den Erfüllungsanspruch zurück, so setzt er sich mit seinem eigenen früheren, in der Ablehnungsandrohung zum Ausdruck gekommenen Verhalten in Widerspruch (Gedanke des „venire contra factum proprium"). Die Ablehnungsandrohung steht nun allerdings unter der auflösenden Bedingung, daß mit dem Fristablauf der Schadensersatzanspruch auch *wirklich* entsteht. Eine in der vorgeschlagenen Weise auflösend bedingte Geltendmachung des Schadensersatzanspruchs gestattet dem Eigentümer also den Zugriff auf das Vermögen des zur Herausgabe nicht bereiten Besitzers, ohne ihn zugleich zur Aufgabe seines Eigentumsrechts an der Sache zu zwingen. Eine derartige Lösung ist, auch wenn

---

haft i. S. d. § 989 anzusehen (vgl. statt vieler *Erman-Hefermehl*, Anm. 3 zu §§ 989; *Soergel-Siebert-Mühl*, RdNr. 7 zu § 989 m. w. N.).

246 Etwas anderes könnte lediglich insoweit zu gelten haben, als ein dauerndes Unvermögen des mittelbaren Besitzers zur Herausgabe der Sache im Sinne der Unmöglichkeitslehre noch nicht feststeht.

246a Diesem Ergebnis kann nicht entgegengehalten werden, daß es zu Unstimmigkeiten zwischen Erstprozeß und Schadensersatzprozeß führen kann. Zwar behebt § 893 Abs. 2 ZPO eine derartige Gefahr nicht in jedem Fall. Nach dieser Vorschrift ist „nur" das *Gericht*, das früher entschieden hat, zuständig, nicht unbedingt jedoch dieselbe Spruchabteilung oder Kammer. Diese Gefahr ist jedoch deshalb ausgeschlossen, weil *auch* die Entscheidung über die Art des Anspruchs (rechtliche Qualifikation) durch das Erstgericht in materielle Rechtskraft erwächst (str.; wie hier die h. L.; vgl. dazu *Stein-Jonas-Schönke-Schumann/Leipold*, Anm. VI 6 b zu § 322 ZPO m. w. N. in FN 80; BGHZ 42, 340, 349) oder zumindest eine Bindung an die im Entscheidungsinhalt festgelegte rechtliche Einordnung eintritt (so z. B. *Schwab*, Der Streitgegenstand im Zivilprozeß, München und Berlin 1954, S. 146).

247 So zutreffend BGB-RGRK-*Nastelski*, Anm. 8 zu § 283; *Kühne*, JZ 1970, 189 ff., 191.

sie formalrechtlich angreifbar sein mag, zweckmäßig und im Interesse des Eigentümerschutzes geboten. M. E. ist aus diesem Grunde dem Eigentümer das Recht einzuräumen, nach rechtskräftiger Abweisung der Schadensersatzklage den Eigentumsherausgabeanspruch wieder geltend zu machen[248, 249].

Wenn nun die Anwendung des § 283 auf den Herausgabeanspruch des § 985 dazu führt, daß mit ergebnislosem Fristablauf der Eigentumsherausgabeanspruch untergeht, so stellt sich die weitere Frage, ob der Untergang des Herausgabeanspruchs gleichzeitig den Eigentumsverlust bewirkt. Läßt sich nämlich eine Trennung von Eigentum und Herausgabeanspruch nicht vereinbaren, so müssen Eigentum und Herausgabeanspruch notwendig dasselbe Schicksal erleiden[250].

Geht man zunächst von der Prämisse der Untrennbarkeit von Eigentum und Herausgabeanspruch aus, so ist ein Eigentumsverlust — infolge des Verlustes des Herausgabeanspruchs — in mehrfacher Hinsicht denkbar. Die Ansichten reichen von einer entsprechenden Anwendung des § 1153 über die Auffassung, daß auf Grund § 283 beide gleichzeitig untergehen, bis zu der Meinung, nach der das Eigentum mit ergebnislosem Fristablauf untergehe, weil die Fristsetzung als bedingte Eigentumsaufgabe bzw. als bedingtes Übereignungsangebot anzusehen sei[251]. Abzulehnen sind m. E. die Vorschläge, die dahingehen, daß ipso iure mit Ablauf der Frist das Eigentum — uno actu — auf den Ersatzpflichtigen übergeht[252] oder sogar untergehen lassen will[253]. Denn § 283 kann

---

248 Im Ergebnis übereinstimmend *Kühne*, JZ 1970, 189 ff., 191, der jedoch unter Berufung auf die Rechtsähnlichkeit mit den Fällen der Widerrufbarkeit der Rücktrittserklärung (vgl. dazu im einzelnen *Staudinger-Kaduk*, Anm. 63 zu § 325 m. w. N.) die Ablehnungserklärung nach rechtskräftiger Abweisung der Schadensersatzklage gemäß den Grundsätzen über das Fehlen (den Wegfall) der Geschäftsgrundlage für widerrufbar hält.

249 Das Problem ähnelt nach meiner Ansicht dem Problem der Erteilung der Genehmigung einer unwirksamen Verfügung im Rahmen des § 816 Abs. 1 Satz 1. Vgl. dazu *Bauernfeind*, NJW 1961, 109 f., und *Wilckens*, AcP 157, 399 f.; gegen die Konstruktion der h. L. bei § 816 Abs. 1 Satz 1 *Deubner* (MDR 1958, 157 ff.), der eine Zug-um-Zug-Verurteilung aus dem Grunde nicht für möglich hält, weil nach § 259 ZPO zwar auf eine künftige Leistung, nicht aber auf einen künftigen Anspruch geklagt werden könne.

250 Die Frage der Trennbarkeit wird, wie *Wallerath* (JR 1970, 161 ff., 163) zutreffend ausführt, normalerweise als Frage der selbständigen *Abtretbarkeit* des Herausgabeanspruchs behandelt. Der Sache nach kann es aber keinen Unterschied machen, ob der Herausgabeanspruch rechtsgeschäftlich übertragen werden soll oder ob sein Untergang kraft Gesetzes in Frage steht (übereinstimmend *Flach*, S. 29; *Pohle*, JZ 1956, 53, 54), zumal die Argumentation gegen eine selbständige Abtretbarkeit des Herausgabeanspruchs im wesentlichen dahin geht, das Eigentum stelle, ohne den Herausgabeanspruch seiner wesentlichen Funktion beraubt, nur noch ein „nudum ius" dar (so auch *Wallerath*, JR 1970, 161 ff., 163).

251 Siehe auch *Wallerath*, JR 1970, 161 ff., 163.

252 So aber *Flach*, S. 26 ff.

nach meiner Ansicht unmittelbar den Untergang des Eigentums nicht bewirken. Eine derartige Ansicht würde voraussetzen, daß § 283 auch geeignet ist, dingliche Rechtsänderungen herbeizuführen. Wie bereits dargelegt worden ist, setzt die Anwendbarkeit der Verzugsregeln auf den Eigentumsherausgabeanspruch ein Haftungsverhältnis zwischen zwei Beteiligten voraus. Das muß auch für § 283 gelten, der als schuldrechtliche Norm nur das Schicksal *relativ* wirkender Leistungsverhältnisse regelt, in seiner Wirkung also auf die Beeinträchtigung einzelner Erfüllungsansprüche beschränkt ist[254]. Eine derartige Beschränkung des § 283 läßt die grundsätzliche Anwendbarkeit schuldrechtlicher Normen auf dingliche *Ansprüche* unberührt. Es handelt sich hier nämlich nicht um die Anwendbarkeit des § 283 auf den Herausgabeanspruch, der — für sich gesehen — nichts im Wege steht, sondern um die Möglichkeit der Herbeiführung des Untergangs des „Eigentums" als eines dinglichen Rechts. Diese Einschränkung ergibt sich nicht etwa aus einer formalbegrifflichen Verschiedenheit von schuld- und sachenrechtlichen Normen, sondern vielmehr aus der bereits aufgezeigten verschiedenen rechtlichen Struktur und Zielrichtung des dinglichen *Rechts* einerseits und des dinglichen oder schuldrechtlichen *Anspruchs* andererseits[255]. Ebenso wie etwa ein Verpflichtungsgeschäft das Verfügungsgeschäft nur vorbereiten kann[256], vermag der Untergangsgrund für einen Anspruch überhaupt nur den Untergang des ihm zugrundeliegenden dinglichen Rechts *„vorzubereiten"*, nicht aber den Untergang selbst zu bewirken. Mit dem Untergang des Erfüllungsanspruchs nach § 283 geht nicht einmal das alte Schuldverhältnis als solches, sondern nur der einzelne Anspruch unter[257]. Dann kann § 283 erst recht nicht über den Untergang des Herausgabeanspruchs hinaus den des Eigentums als dinglichem Recht bewirken[258, 259]. Ein Eigentumsverlust mit erfolglosem Fristablauf kann daher nur infolge eines Rechtsgeschäfts eintreten[260].

---

253 Die Auffassung, wonach der erlöschende Herausgabeanspruch entsprechend § 1153 den Untergang des Eigentums nach sich zieht, braucht einer näheren Prüfung nicht unterzogen zu werden. Ausgehend von der Prämisse, daß ein *selbständiger* Untergang des Herausgabeanspruchs nicht möglich sei, scheidet diese Möglichkeit deshalb aus, weil sie gerade einen vorhergehenden Untergang des Herausgabeanspruchs voraussetzt.

254 So zutreffend *Wallerath*, JR 1970, 161 ff., 163; im Ergebnis ebenso *Wolff-Raiser*, § 84 IV 2.

255 Vgl. auch *Enneccerus-Lehmann*, § 1 II 2; *Heck*, Sachenrecht, § 1 3—7.

256 *Enneccerus-Lehmann*, § 1 II 1; ähnlich *Westermann*, § 1 II 3 a.

257 So zutreffend *Wallerath*, JR 1970, 161 ff., 163.

258 *Wallerath*, JR 1970, 161 ff., 163; im Ergebnis übereinstimmend *Horstmann*, S. 55; a. A. *Flach*, S. 26 ff.

259 Für das hier gewonnene Ergebnis spricht auch, daß im Rahmen der Klage nach § 985 BGB lediglich über den Herausgabeanspruch, nicht über die (logisch vorrangige) Frage des Eigentums rechtskräftig entschieden wird, und zwar ausschließlich zwischen den Parteien des Vorprozesses. Dann ist es nach meiner Ansicht schlechterdings ausgeschlossen, daß sich die ding-

Die Auslegung der Erklärung des Gläubigers, die Annahme der Sache nach Ablauf der Frist abzulehnen, als bedingte[261] Dereliktion[262] dürfte dem Willen des Gläubigers jedoch kaum entsprechen[263]. Ebenso wäre es wenig lebensnah und auch nicht interessengerecht, die Erklärung des Gläubigers im Sinne eines unbedingten Angebots auf Eigentumsübertragung an den Schuldner aufzufassen[264]. Die Erklärung des Gläubigers geht nur dahin, die Entgegennahme der Sache nach Fristablauf zu verweigern. Dementsprechend ist auch die gesetzlich angeordnete Folge lediglich das Erlöschen des Herausgabeanspruchs. Wenn die Erklärung des Gläubigers einen weiteren Erfolg herbeiführen soll, muß in ihr unzweifelhaft zum Ausdruck kommen, daß ihm an der Sache nichts mehr gelegen und ihm der Eigentumserwerb des Schuldners „recht" sei. Zwar kann der Schuldner davon ausgehen, daß infolge des Fristablaufs der Anspruch des Gläubigers auf Herausgabe erlischt und damit ein entscheidendes Recht des Gläubigers zur Verwirklichung seines Eigentums untergeht. Ohne den Herausgabeanspruch ist das Eigentum in der Tat nur noch ein „Rechtskrüppel"[265], von einem wahren Eigentum kann kaum noch die Rede sein. Dennoch kann der Schuldner nicht den Wegfall jeglichen Interesses des Gläubigers an der Wahrung seines Eigentums annehmen. Diesem bleibt immerhin noch die Möglichkeit, die Sache von einem *Dritten* herauszuverlangen, sobald sie in dessen Besitz gelangt. Zudem bietet sich ihm die Gelegenheit, in die Sache zum Zwecke der Verwertung wegen der Schadensersatzforderung zu vollstrecken, sofern sie sich doch noch nach Fristablauf bei dem Schuldner auffinden läßt. Insofern hat er gegenüber den übrigen Gläubigern eine bevorzugte Stellung, die der eines Sicherungseigentümers vergleichbar ist, so daß er mit der herrschenden Meinung[266] der Vollstreckung durch Dritte widersprechen (§ 771 ZPO), nach anderer An-

---

liche Rechtslage an der herauszugebenden Sache auf Grund des ergebnislosen Fristablaufs mit Wirkung auch gegenüber Dritten, insbesondere gegenüber dem wahren Eigentümer bei einem unrichtigen Urteil ändert.

260 Das entspricht allgemeiner Meinung; vgl. *Wallerath*, JR 1970, 161 ff., 164.

261 Die h. M. lehnt in diesem Fall ohnehin die Zulässigkeit der Hinzufügung einer Bedingung ab; vgl. *Soergel-Siebert-Mühl*, RdNr. 1 zu § 959; *Staudinger-Berg*, RdNr. 3 zu § 959.

262 Die Dereliktion ist nach überwiegender Auffassung ein Rechtsgeschäft, vgl. *Wolff-Raiser*, § 78 II 1 a m. w. N. in FN 9.

263 Teilweise abweichender Ansicht *Falk*, S. 20, dessen Begründung jedoch nicht überzeugt. *Falk* will dann, wenn der Besitzer den Willen zum Eigentumserwerb an der Sache nicht hat, eine *unbedingte* Dereliktion an der Sache annehmen.

264 So aber *Horstmann*, S. 55; im Ergebnis übereinstimmend *Falk*, S. 20, soweit der Wille des Besitzers dahin geht, Eigentum zu erwerben.

265 *Heck*, Sachenrecht, § 32, 4.

266 BGHZ 12, 232 ff., 234; BGHZ 20, 88 ff., 101; *Palandt-Degenhart*, Anm. 7 B c bb vor § 929; *Thomas-Putzo*, Anm. 6 a zu § 771 ZPO; *Schönke-Baur*, § 44 II 1 b, bb.

sicht[267, 268] jedenfalls vorzugsweise Befriedigung (§ 805 ZPO) — entsprechend dem Absonderungsrecht im Konkurs nach § 47 KO[269] — verlangen könnte. Den Ausschlag gibt schließlich, daß der Gläubiger kein Interesse daran hat, dem Schuldner gleich mit Fristablauf die Rechtsposition des Eigentümers einzuräumen. Auf diese Weise würde er den Schuldner nur ermuntern, die Sache zu behalten und die Frist ablaufen zu lassen. Der Gläubiger wäre außerdem auf die Zahlungswilligkeit des Schuldners angewiesen, der nun, nachdem er bereits Eigentümer der Sache wäre, kein Interesse daran hätte, Schadensersatz zu leisten, ohne dafür einen Ausgleich erwarten zu können. Unter diesen Umständen kann der Schuldner die Erklärung des Gläubigers, nach Fristablauf die Annahme der Leistung abzulehnen, nicht so auffassen, daß der Gläubiger ihm auch *unbedingt* das Eigentum an der Sache überlassen will. Ein unbedingter Eigentumsübergang an der herauszugebenden Sache gemäß § 929 Satz 2 scheidet daher aus.

Ein Anspruch des Schuldners auf Eigentumsübergang könnte sich jedoch mit Zahlung des Schadensersatzes ergeben, weil eine weitere Inhaberschaft des Eigentums durch den Gläubiger dem Grundgedanken des Schadensersatzrechts, den Schaden wiedergutzumachen, nicht aber den Geschädigten besserzustellen, widerspricht. Zur Begründung einer Abtretungspflicht des Eigentümers hinsichtlich seiner Rechte aus der Sache wird gelegentlich[270] § 242 herangezogen. Der Schuldner sei nach § 242 nur zur Schadensersatzleistung verpflichtet, wenn der Eigentümer ihm seine Rechte an der Sache übertrage. Andere[271] wenden § 255 an. Richtiger erscheint es mir, auch hier[272] in dem Schadensersatzverlangen zugleich eine Genehmigung der Verfügung des Schuldners über die Sache im Sinne eines Anspruchs Zug-um-Zug zu sehen[273, 274]. Es ist

---

267 *Stein-Jonas-Münzberg*, Anm. II 1 a zu § 771 ZPO; *Baumbach-Lauterbach*, Anm. 6 zu § 771 ZPO; *Westermann*, § 43 IV 1.

268 Vermittelnd *Paulus*, ZZP 64, 169 ff., der grundsätzlich § 771 ZPO anwendet, es sei denn, daß infolge der Sicherungsübereignung für Pfändungsgläubiger nicht mehr genug pfändbare Habe vorhanden ist. Für diesen Fall soll § 805 ZPO eingreifen.

269 Insoweit einhellige Meinung, vgl. *Baur*, Sachenrecht, § 57 V 1 m. w. N.

270 Vgl. *Wolff-Raiser*, § 84 VI 2.

271 So *Wallerath*, JR 1970, 161 ff., 166; *Planck-Siber*, Anm. 2 d zu § 283; *Staudinger-Werner*, RdNr. 15 zu § 283. Für diese Lösung spricht vor allem, daß § 255 Ausprägung des Gedankens der Vorteilsausgleichung ist. Diese will gerade verhindern, daß dem Geschädigten nach Behebung des Schadens Vorteile *verbleiben*, die ohne das schädigende Ereignis nicht eingetreten wären (*Esser*, MDR 1957, 522).

272 Siehe bereits S. 145 f.

273 So auch *Soergel-Siebert-Reimer Schmidt*, RdNr. 2 zu § 283; einschränkend *Wallerath*, JR 1970, 161 ff., 166.

274 Die Problematik liegt hier ähnlich wie bei der Geltendmachung des Anspruchs aus § 816 Abs. 1 Satz 1. Vgl. dazu RGZ 106, 45; BGH LM BGB § 816 Nr. 6; *Deubner*, MDR 1958, 197; *Bauernfeind*, NJW 1961, 109 m. w. N.; eingehend auch *Köbl*, S. 286 ff.

wohl anzuerkennen, daß dieser Lösungsvorschlag zweckmäßig und im Interesse des Gläubigerschutzes auch geboten ist. Es sind damit aber noch nicht die systematischen Schwierigkeiten überwunden, die sich aus einer Übertragung der gesetzlichen Regeln über die Zug-um-Zug-Verurteilung auf den vorliegenden Fall ergeben[275].

Ohne auf die hier angeschnittene Problematik im Rahmen dieser Arbeit näher eingehen zu können, zeigt ein Vergleich, daß sich die hier angeschnittene Problematik nicht ohne weiteres in das übliche Schema einer Zug-um-Zug-Verurteilung pressen läßt. Darauf kommt es jedoch dann nicht an, wenn wegen der gleichartigen Interessenlage der gleiche Rechtsgedanke Platz greift, so daß zumindest eine entsprechende Anwendung der gesetzlichen Regeln geboten erscheint. Der Grundgedanke, der zu der gesetzlichen Regelung der Zug-um-Zug-Verurteilung geführt hat, geht dahin, daß es unbillig wäre, könnte der Gläubiger die Leistung verlangen, ohne gleichzeitig den Schuldner wegen derjenigen Ansprüche zu befriedigen, die diesem aus dem gleichen wirtschaftlichen Zusammenhang zustehen. Andererseits soll aber auch verhindert werden, daß der Gläubiger — falls er sich nicht vertraglich dazu verpflichtet hatte — zur Vorleistung gezwungen wird (§ 726 Abs. 2 ZPO). Im Grunde genommen stellt diese Regelung nichts anderes dar als eine besondere Ausprägung des allgemeinen Rechtsgedankens von Treu und Glauben[276]. Unter diesen Gesichtspunkten wird man auch diese Frage zu beurteilen haben.

Im einzelnen ist hierbei noch folgendes zu berücksichtigen: Hat der Nichtberechtigte über einen dem Eigentümer abhanden gekommenen Gegenstand verfügt, so hängt dann der Anspruch des Eigentümers auf Schadensersatz nur davon ab, daß er die Verfügung des Nichtberechtigten genehmigt. In dem Moment aber, in dem er durch diese Genehmigung die Voraussetzungen herbeiführt, die seinen Anspruch begründen, verliert er sein Eigentum an der Sache und befreit den Beklagten gleichzeitig von der Gewährleistungshaftung gegenüber seinen Nachmännern. Der Eigentümer muß also, will er Schadensersatz haben, selbst eine Leistung erbringen, die sein Vermögen mindert und dem Beklagten einen rechtlichen Vorteil bringt, eine Leistung also, der durchaus die Wesensmerkmale einer Gegenleistung anhaften. Unter diesen Umständen kann dem Eigentümer, bevor er nicht selbst befriedigt ist, die Bewirkung seiner Leistung aber ebensowenig zugemutet werden, wie jedem anderen Gläubiger, der als Entgelt für die geforderte Leistung eine Gegenleistung zu erbringen hat. Das Risiko, das der Eigentümer

---

275 *Deubner* (MDR 1958, 197) hält eine derartige Lösung zwar für billig, jedoch nicht mit dem Gesetz für vereinbar.

276 So zutreffend RGZ 152, 71 ff., 73; *Enneccerus-Lehmann*, § 25 I 1; im Ergebnis übereinstimmend *Wolff-Raiser*, § 84 VI 2.

mit der Genehmigung der Verfügung des Nichtberechtigten eingeht, ist nicht geringer als das Risiko aller derjenigen Gläubiger, die nach dem Gesetz ihre Leistung nur Zug-um-Zug gegen die von ihnen beanspruchte Leistung zu bewirken haben. Folgerichtig darf auch dem Eigentümer diese Genehmigung nicht schon im Zeitpunkt der letzten mündlichen Verhandlung abgenötigt werden, wenngleich sie formal zu den Voraussetzungen seines Anspruchs gehört. Treu und Glauben verlangen hier eine Ausnahme[277]. Der Anspruch auf Schadensersatz darf und muß vielmehr schon dann zugesprochen werden, wenn die Genehmigung noch nicht vorliegt, sondern erst Zug-um-Zug gegen Empfang des Schadensersatzes erteilt werden wird[278, 279, 280].

Diese Lösung entspricht auch den Interessen der Beteiligten, weil sie einerseits die dem Eigentümer neben der Schadensersatzleistung noch verbleibenden Vorteile nimmt, auf der anderen Seite den Schuldner nach dieser Schadensersatzleistung sicherstellt und vor späterer Inanspruchnahme schützt[281].

Die Anwendung der hier aufgezeigten Lösung setzt im Einzelfall jedoch voraus, daß eine Eigentumsübertragung möglich ist und anderen Rechtsprinzipien nicht widerspricht. Das ist bei der Verurteilung zur Herausgabe (Räumung) von Grundstücksteilen nicht ganz zweifelsfrei. Ist der Schuldner im Besitz eines Teils eines Grundstücks, das er dem Gläubiger herauszugeben hat, so ist die selbständige Eigentumsübertragung dieses Teils an den Schuldner nicht möglich. Hier würde also die Anwendung des § 283 auf den Herausgabeanspruch des Eigentümers

---

277 Vgl. dazu *Bauernfeind*, NJW 1961, 109, 110; siehe auch *Köbl*, S. 286 ff.

278 Im Ergebnis übereinstimmend *Wallerath*, JR 1970, 161 ff., 166, der gegen die hier vorgeschlagene Lösung jedoch einwendet, daß in dem Schadensersatzverlangen nicht zugleich eine Genehmigung der Verfügung des Schuldners liegen müsse. Aus diesem Grunde wendet er den Rechtsgedanken des § 255 an.

279 Unter diesen Gesichtspunkten fallen auch die von *Deubner* (MDR 1958, 197) erhobenen Bedenken nicht mehr ins Gewicht.

280 Durch diese Lösung ist die Trennung von Eigentum und Herausgabeanspruch nur eine vorübergehende und nicht eine dauernde, die auf Grund der besonderen Natur der dinglichen Ansprüche nicht möglich ist. Vgl dazu Ersten Abschnitt II FN 1 dieser Arbeit. Im einzelnen siehe auch *Wallerath*, JR 1970, 161 ff., 164 ff.

281 Bei dieser Lösung kann es nicht vorkommen, daß der Schuldner Schadensersatz geleistet hat, ohne daß die Verfügung genehmigt worden wäre. Denn in dem Schadensersatzverlangen liegt gerade die Genehmigung der Verfügung. Aber auch *Wallerath* (JR 1970, 161 ff., 166) gibt in dem Fall, in dem der Schuldner bereits geleistet und der Eigentümer die Schadensersatzleistung angenommen hat, dem Schuldner einen Anspruch auf Eigentumsübertragung, da der Eigentümer zu verstehen gegeben habe, daß er mit der Schadensersatzleistung einverstanden sei. Diese Konsequenz zeigt aber gerade die Schwäche der von *Wallerath* vertretenen Konstruktion, denn diese Lösung bedeutet nichts anderes als die auf Grund der äußeren Umstände zu bejahende mutmaßliche Einwilligung.

dazu führen, daß dieser zwar Eigentümer bliebe, dem Besitzer gegenüber aber auf Dauer von der Geltendmachung des entscheidenden Rechts ausgeschlossen wäre. Da dies aber gerade dem Rechtsinstitut „Eigentum“ als dinglichem Recht widerspricht[282], ist die Anwendbarkeit des § 283 auf den Fall der Verurteilung des Besitzers zur Herausgabe des Grundstücksteils ausgeschlossen[283]. Bei dieser Fallgestaltung besteht im übrigen auch nicht das gleiche Bedürfnis für ein Vorgehen nach § 283, weil der Eigentümer stets die Möglichkeit hat, aus dem Titel erfolgreich die Zwangsvollstreckung in das betreffende Grundstück zu betreiben, während bei beweglichen Sachen die Gefahr besteht, daß der Besitzer diese beiseite schafft. Dagegen bestehen gegen die Anwendbarkeit des § 283 auf den Fall der Verurteilung zur Herausgabe eines Grundstücks als solchem keine Bedenken[284], insbesondere steht § 313 seiner Anwendbarkeit nicht entgegen[285].

Als Ergebnis ist somit festzuhalten, daß § 283 auf den Fall der Verurteilung des unmittelbaren Besitzers zur Herausgabe einer beweglichen Sache oder eines Grundstücks anwendbar ist; das gleiche gilt bei der Verurteilung des mittelbaren Besitzers zur Herausgabe der Sache. Dagegen ist § 283 in den Fällen ausgeschlossen, in denen die Umwandlung des Primäranspruchs in einen Schadensersatzanspruch unter gleichzeitiger Aufgabe des Rechts nicht möglich ist (z. B. Räumung eines Gebäudeteils).

Soweit der Gläubiger von seinem Recht nach § 283 Gebrauch macht, geht der Herausgabeanspruch mit erfolglosem Fristablauf unter. Der Besitzer braucht dem folgenden Schadensersatzverlangen des Eigentümers nur zu entsprechen, wenn dieser ihm gleichzeitig das Eigentum an der herauszugebenden Sache überträgt.

3. Gläubigerverzug

Von der grundsätzlichen Möglichkeit ausgehend, daß die für die schuldrechtlichen Ansprüche geltenden Regeln beim dinglichen Eigentumsherausgabeanspruch herangezogen werden können, sind auch die

---

282 Das Eigentum ist ohne den Herausgabeanspruch seiner wesentlichen Funktion beraubt; es würde nur noch ein „nudum ius“ darstellen (so zutreffend *Pohle*, JZ 1956, 53, 54).

283 Ebenso *Westermann*, § 30 III 1 im Anschluß an *Horstmann*, S. 52 ff., 55.

284 A. A. *Planck-Siber*, Erl. 2 b zu § 283, weil der Wert des Eigentums nicht ersetzt verlangt werden könne, sich die Entschädigung wegen der ständigen Besitzvorenthaltung aber kaum abschätzen ließe. Indes ist — wie bei der Verurteilung zur Herausgabe von Fahrnis — stets der volle Sachwert zugrunde zu legen, da der Wert des Eigentums unter dauerndem Ausschluß des Herausgabeanspruchs gleich Null ist. Wie hier *Horstmann*, S. 55.

285 So zutreffend *Wallerath*, JR 1970, 161 ff., 166.

Vorschriften über Gläubigerverzug gemäß §§ 293 ff. auf § 985 anwendbar. Es ist indes m. E. nicht der Meinung zu folgen, die davon ausgeht, daß diese Bestimmungen *unbedenklich* auf den Eigentumsherausgabeanspruch anwendbar sind[286, 287]. Aus den *Motiven*[288] ergibt sich lediglich, daß diese Frage vom historischen Gesetzgeber nicht behandelt worden ist[289]. Das Schweigen des historischen Gesetzgebers bedeutet aber nicht bereits die Bejahung der Anwendbarkeit der Vorschriften über Gläubigerverzug auf die rei vindicatio.

Dennoch kann die Anwendbarkeit der §§ 293 ff. auf § 985 nicht mit der Begründung abgelehnt werden, bei den Maßnahmen des Besitzers handle es sich nicht um Leistungen, die der Eigentümer annehmen oder nicht annehmen könne. Werde die Störung des Eigentums beseitigt, so werde unabhängig von einer „Annahme" des Eigentümers der dem dinglichen Recht entsprechende Zustand hergestellt[290]. Die Herausgabepflicht des unberechtigten Besitzers bedeutet nach dem oben Gesagten vielmehr, daß dieser dem Eigentümer den Besitz verschaffen muß. Bewegliche Sachen muß er übergeben, Grundstücke räumen. § 985 verpflichtet also zu einem *positiven* Tun, nicht nur wie §§ 867, 1005 zur Duldung der Wegnahme. Auch der dingliche Herausgabeanspruch ist somit auf ein Tun gerichtet. Es kann mithin kein grundsätzlicher Unterschied zwischen dem Begehren des Eigentümers, der die Herausgabe einer Sache auf Grund des dinglichen Rechts verlangt, und desjenigen, der sie auf Grund eines persönlichen Anspruchs fordert, gemacht werden. In der „Herausgabe" des § 985 ist aus diesem Grunde im Gegensatz zur „Gestattung der Aufsuchung und Wegschaffung" nach §§ 867, 1005 eine intensivere Leistungspflicht zu sehen, auf die auch die Regeln über Gläubigerverzug anwendbar sind[291], wobei diese Frage von großer praktischer Tragweite ist, da die §§ 300 ff. erhebliche Haftungserleichterungen gewähren[292].

---

[286] So aber *Falk*, S. 21.

[287] Auch folgt dies nicht bereits aus § 990 Abs. 2. So aber die h. L.; vgl. statt vieler *Baur*, Sachenrecht, § 11 C I 3 a aa. Denn § 990 Abs. 2 bezieht sich nur auf den Schuldnerverzug.

[288] Teil III S. 408.

[289] Dagegen ergibt sich aus den *Protokollen* Teil III S. 370 f., daß die Mehrzahl der Mitglieder der Kommission für die Anwendung der Regeln über Annahmeverzug auf den Eigentumsherausgabeanspruch, eine beachtliche Mindermeinung aber dagegen war.

[290] In diesem Sinne aber *Kohler*, Bd. 1, § 58 II S. 179; *Derselbe*, Bd. 2 Teil 1, § 88 I S. 251; *von Tuhr*, Bd. 1, S. 247 ff. mit eingehender Begründung. Unzutreffend ist der Hinweis in BGHZ 2, 164 ff., 166, daß diese Ansicht heute nicht mehr vertreten werde. Vgl. nämlich BGB-RGRK-*Johannsen*, Anm. 11 zu § 985.

[291] A. A. *Kohler*, Bd. 1 S. 178 f.

[292] Zutreffend bemerkt jedoch *Plath* (S. 68), daß der Gläubigerverzug auf den dinglichen Eigentumsherausgabeanspruch selbst keinen Einfluß hat. Er hat aber dafür um so größere Bedeutung bei den sekundären Folgeansprü-

Bietet also der Besitzer dem Eigentümer die Sache unter den Voraussetzungen der §§ 293 ff. an, so mindert sich die nach §§ 989, 990 bestimmte Haftung gemäß § 300. Eine Anwendung von § 301 entfällt jedoch, denn immer dann, wenn der Eigentumsanspruch auf Herausgabe eines Geldstücks oder -scheines geht, handelt es sich nicht um eine verzinsliche Wertschuld, sondern, da der Anspruch sich auf individuell bestimmte Münzen oder Scheine richtet, um eine unverzinsliche Stückschuld[293, 294]. Ist der herauszugebende Gegenstand ein Grundstück, so kann sich der Besitzer gemäß § 303 durch Aufgabe von seiner Verpflichtung befreien. Sowohl hinsichtlich der Sache selbst als auch hinsichtlich der Nutzungen greift § 304 (Ersatz auf Mehraufwendungen) ein. Auf die Herausgabepflicht gegenüberstehenden, ein Zurückbehaltungsrecht nach § 1000 begründenden Verwendungsansprüche kommt auch § 298 zur Anwendung[295]. Will der Eigentümer die ihm vom Besitzer angebotene Sache zwar annehmen, bietet er seinerseits aber nicht Ersatz für die vom Besitzer auf die Sache gemachten Verwendungen an (§§ 994 ff.), so gerät er ebenfalls in Gläubigerverzug, mit den oben näher dargestellten, sich aus §§ 300 ff. ergebenden Folgen[296].

---

chen nach §§ 987 ff. Er beantwortet die Frage, ob nach den genannten Vorschriften eine Ersatzpflicht des Besitzers entsteht.

293 Vgl. zu den Begriffen *Larenz*, Schuldrecht, AT, § 12 III S. 132.

294 In diesem Sinne auch *Zorn*, S. 42; *Oertmann*, Anm. 2 zu § 270 BGB; *Planck-Siber*, Erl. 5 zu § 270. Die Regelung des § 301 müßte jedoch nach meiner Ansicht dann Anwendung finden, wenn man mit *Westermann* (§ 30 V) an die Stelle der Geldzeichen- die Geld*wert*vindikation setzt. Diese Lehrmeinung gibt dem Eigentümer aber mehr, als ihm das geltende Recht zubilligt und kann überdies zu erheblichen Unklarheiten in bezug auf den Gegenstand der Vindikation führen. Daher muß man m. E. de lege lata die von *Westermann* geprägte Lehre von der Wertvindikation ablehnen. Wie hier *Wolff-Raiser*, § 84 III FN 6; *Palandt-Degenhart*, Anm. 3 c zu § 985; a. A. *Soergel-Siebert-Mühl*, RdNr. 17 zu § 985; einschränkend *Erman-Hefermehl*, Anm. 4 zu § 985.

295 Diese Frage war bereits in den Kommissions-Beratungen streitig. Vgl. dazu *Protokolle* Teil III S. 370. Später wurde die Anwendbarkeit des § 298 mit Hinweis darauf, daß die dem Eigentümer obliegende Zug-um-Zug-Leistung fehle, abgelehnt (so u. a. *Biermann*, Sachenrecht, 2. Aufl., Anm. 1 zu § 1001). Diese Ansicht verkennt jedoch, daß auch ohne das Vorliegen der Voraussetzungen des § 1001 der Besitzer bereits einen Anspruch gegen den Eigentümer hat. Dieser ist nur bis zum Eintritt der Voraussetzungen des § 1001 nicht einklagbar (so zutreffend Reichel, IherDogJb 59, 434; gegen diese Konstruktion *Wolff-Raiser*, § 86 FN 22) oder bedingt (so *Soergel-Siebert-Mühl*, RdNr. 1 zu § 1001; *Staudinger-Berg* RdNr. 1 zu § 1001; *Palandt-Degenhart*, Anm. 1 zu § 1001; RGZ 142, 419) oder „nicht voll wirksam" (so *Wolff-Raiser*, § 86 V 2) oder „unvollkommen" (so *Erman-Hefermehl*, Anm. 1 und 3 zu § 1001) oder „unentwickelt" (so *Planck-Brodmann*, Erl. 1 zu § 1001). Diese „mindere Anspruchsqualität" hat jedoch einzig und allein haftungsrechtliche Konsequenzen. Hat der Eigentümer die Sache noch nicht zurückerhalten oder die Genehmigung der Verwendungen verweigert, bleibt er zwar persönlich verpflichtet, die Haftung für diese Verpflichtung beschränkt sich jedoch auf den herauszugebenden Gegenstand (so zutreffend *Westermann*, § 33 VI). Daher muß konsequenterweise auch auf diese Zug-um-Zug-Leistung § 298 An-

II. Ansprüche auf Beseitigung von Störungsfolgen aus einem Recht (§§ 1004, 1027, 1065, 1090 Abs. 2, 1134 Abs. 1, 1227 BGB, § 11 ErbbVO)

Als nächster Anspruch soll die ihrem Wesen nach eng zu der „rei vindicatio" gehörende „actio negatoria" darauf untersucht werden, ob sie den schuldrechtlichen Verzugsregeln unterstellt werden kann[1].

Daß § 1004 und 985 ihrem Wesen nach eng zusammengehören, folgt schon aus dem Wortlaut der beiden Bestimmungen. Die aus diesen Normen folgenden Ansprüche ergeben sich aus dem Eigentum des späteren Klägers[2]. Mit dieser Formulierung ist sachlich gemeint, daß sich die Ansprüche inhaltlich nur auf § 903 stützten. § 1004 strebt wie § 985 die „Verwirklichung des Eigentums" oder die „Herstellung des dem Eigentum entsprechenden Zustands für die Zukunft" an[3]. Im Wesen des Eigentums liegt es, daß der Eigentümer einer Sache, soweit nicht das Gesetz oder Rechte Dritter entgegenstehen, andere von jeder Einwirkung auf diese Sache ausschließen kann. Die rechtswidrige Einwirkung eines Dritten auf diese Sache enthält daher eine Störung des Eigentumsrechts, zu deren Abwehr dem Eigentümer die Eigentumsklagen gegeben sind. Bei gänzlicher Verletzung des Eigentums, nämlich bei Entziehung und Vorenthaltung des Besitzes, geht der Anspruch, wie bereits dargestellt worden ist, auf Herausgabe der Sache nach § 985. Wird das Eigentum dagegen nur *teilweise*, d. h. eben in anderer Weise als durch Entziehung und Vorenthaltung des Besitzes, beeinträchtigt,

---

wendung finden. In diesem Sinne dann auch *Biermann*, Anm. 1 zu § 1001; *Zorn*, S. 42; a. A. *Wolff-Raiser*, § 86 FN 22.

[296] So auch *Staudinger-Berg*, Anm. 3 zu § 1003; BGB-RGRK-*Johannsen*, Anm. 4 zu § 1003; *Palandt-Degenhart*, Anm. 1 zu § 1003; *Soergel-Siebert-Mühl*, RdNr. 4 zu § 1003; *Biermann*, Anm. 1 c zu § 1003.

[1] Es kann im Rahmen dieser Arbeit nicht der Frage nachgegangen werden, ob es einen materiell-rechtlichen Unterlassungsanspruch gibt oder ob die Unterlassungsklage als rein prozessuales Institut, als besonderer Klagetyp, zu sehen ist (vgl. zu diesem Meinungsstreit die Nachweise bei *Stein-Jonas-Schönke-Schumann/Leipold*, Anm. 1 vor § 253 II ZPO). Diese Erörterungen haben auch nur vorwiegend dogmatische Bedeutung. Im übrigen entspricht die Ansicht, die den materiell-rechtlichen Unterlassungsanspruch ablehnt, in den Fällen *gesetzlicher* Regelung eines Unterlassungsanspruchs sicher nicht dem BGB. So besteht vorläufig kein hinreichender Anlaß, die mindestens das Verständnis der Rechtslage erleichternde Rechtsfigur des Unterlassungsanspruchs aufzugeben (so auch *Stein-Jonas-Schönke-Schumann/Leipold*, a.a.O.; *Baur*, JZ 1966, 381 ff.; *Zeuner*, Festschrift für Dölle, Bd. 1, S. 295; vgl. auch *Weyreuther*, Gutachten, S. 80 m. w. N.).

[2] M. E. kann diese Ansicht als herrschend bezeichnet werden. Vgl. dazu *Dimopoulos-Vosikis*, S. 26 m. w. N.

[3] Vgl. *Konrad Hellwig*, Anspruch, § 3 II 1, § 3 III, § 5 I 5; *Heck*, Sachenrecht, § 31 und § 66 Nr. 1 und 2; *Planck-Brodmann*, Vorbem. 1 vor § 985; *Eichler*, Institutionen, Bd. 1 S. 16 f. und S. 148 f.; *Westermann*, § 30 I 2.

so steht dem Eigentümer der Anspruch nach § 1004 zu. Die Besitzentziehung oder -vorenthaltung stellt also einen speziell geregelten Sonderfall der Eigentumsstörung dar[4]. § 1004 Abs. 1 ist also nach Art eines subsidiär eingreifenden *Auffangtatbestandes* formuliert[5]. Diese Parallelität von Besitzvorenthaltung i. S. d. § 985 und Beeinträchtigung in anderer Weise i. S. d. § 1004 Abs. 1 wird bereits in den Materialien betont[6]. Demgemäß spricht eine Vermutung dafür, daß aus den gleichen rechtlichen Überlegungen wie bei § 985 die Verzugsregeln auch auf die in § 1004 Abs. 1 geregelten Ansprüche Anwendung finden.

Aber auch die Interessenlage gebietet eine Anwendung der Verzugsregeln des allgemeinen Schuldrechts auf diese Ansprüche. Ausschlaggebend ist dabei, daß der Beseitigungsanspruch nach § 1004 Abs. 1 ein gleichartiges Leistungsbegehren darstellt, wie der schuldrechtliche Beseitigungsanspruch, auf den die Verzugsregeln grundsätzlich Anwendung finden. Der Anspruch auf Beseitigung der Beeinträchtigung nach § 1004 Abs. 1 ist ebenso wie jeder schuldrechtliche Anspruch auf Beseitigung auf eine Leistung i. S. d. § 241 gerichtet.

1. Schuldnerverzug

Wenn also der zur Beseitigung Verpflichtete auf Verlangen des Eigentümers die Beeinträchtigung schuldhaft nicht beseitigt, so kommt er in Verzug und haftet vom Eintritt der Verzögerung an auf Ersatz des Schadens, der durch die Fortdauer der Beeinträchtigung herbeigeführt wird[7].

Bestritten ist jedoch, ob die allgemeine Regelung des Schuldnerverzugs auf den ebenfalls in § 1004 Abs. 1 enthaltenen Anspruch auf Unterlassung, der dann gegeben ist, wenn weitere Beeinträchtigungen zu besorgen sind, anzuwenden ist. Die Meinungsskala reicht in dieser Streitfrage von völliger Ablehnung[8] über eine differenzierende Be-

---

[4] Allgemeine Meinung; vgl. statt vieler *Baur*, AcP 160, 465 ff., 490; siehe auch *Dimopoulos-Vosikis*, S. 7, der bei § 1004 im Gegensatz zur vollständigen Verletzung des Eigentums bei § 985 von einer partiellen Verletzung spricht.

[5] Eingehend *Köbl*, S. 70.

[6] In den *Motiven* Teil III S. 236 heißt es wörtlich: „Der Entwurf geht davon aus, daß der negatorische Anspruch der Vindikation in seinem Wesen gleichartig ist und von derselben nur durch die Art der Eigentumsverletzung, deren Beseitigung erstrebt wird, sich unterscheidet."

[7] So zutreffend *M.-S.-Hodes*, § 43 D I.

[8] *Planck-Planck*, 3. Aufl., Erl. 9 zu § 284; *Wendt*, AcP 92, 1 ff., 68; *Lehmann*, AcP 96, 60 ff., 68; *Hiersemann*, NJW 1971, 777 ff., 780; *Staudinger-Werner*, Vorbem. 44 vor § 275; *Staudinger-Werner*, RdNr. 47 zu § 284; *Henckel*, S. 296; *Schlegelberger-Vogels-Epping*, RdNr. 11 zu § 241, die entgegen dem eindeutigen Wortlaut des § 241 Satz 2 bereits ablehnen, daß ein Anspruch auf Unterlassung auf eine Leistung gerichtet sei.

trachtungsweise[9] bis zur uneingeschränkten Bejahung[10]. Der Teil der Lehre, der davon ausgeht, daß bei Unterlassungspflichten Verzug nicht möglich sei, führt zur Begründung aus, daß eine unterbliebene Unterlassung niemals nachholbar sei[11]. Von wenigen Ausnahmen abgesehen, sei bei diesen Pflichten für die Erfüllbarkeit das Zeitmoment wesentlich. Daraus folge, daß die Erfüllung des Anspruchs nur durch rechtzeitige Leistung möglich sei, mit ihrer Versäumung also Unmöglichkeit der Erfüllung eintrete. Alle die sonst möglichen Folgen einer Versäumung der rechtzeitigen Leistung könnten bei Unterlassungsansprüchen nicht eintreten, so auch insbesondere nicht der Leistungsverzug. Da es an der Wiederholbarkeit der Leistung, die Schuldnerverzug und Unmöglichkeit der Erfüllung unterscheide, fehle, gehe hier der ganze Raum, der beim positiven Anspruch der Leistungsverzug einnehme, in dem der Unmöglichkeit auf[12]. Das sei auch interessengerecht, weil die „Verzögerungsschäden" hier auf andere Weise ihre angemessene Sanktion finden würden. Denn solange die Rechtspflicht, nachdem sie verletzt worden ist, weiter besteht und der Unterlassungspflichtige dieser Verpflichtung zuwiderhandle, mache er sich wegen Nichterfüllung oder wegen Verletzung des Rechts, aus dem sich der Unterlassungsanspruch herleite, schadensersatzpflichtig[13].

Allein zutreffend ist an dieser Ansicht, daß der Verzug sich von der Unmöglichkeit dahin abgrenzt, daß er ausschließlich die Verzögerung betrifft. Die Leistung muß somit noch möglich im Sinne von nachholbar sein. Wenn dies nicht mehr möglich ist, ist es selbstverständlich, daß von einer Verzögerung der Beseitigung nicht mehr gesprochen werden kann. Das gilt insbesondere dann, wenn die drohende Beeinträchtigung zu einer tatsächlichen Einwirkung auf die Sache geführt hat. In diesem Fall ist Unmöglichkeit der Beseitigung der ursprünglichen Lage ein-

---

[9] *M.-S.-Hodes* (§ 43 D I), die zwischen vertragsmäßigen und gesetzlichen Unterlassungspflichten differenzieren.

[10] Herrschende Lehre: *Stälin*, S. 82; *Paech*, S. 67; *Horstmann*, S. 42; *Offtermatt*, S. 130 ff.; *Lehmann*, Unterlassungspflicht, S. 263 ff.; *Gursky*, NJW 1971, 782 ff., 786; *Rudolf Schmidt*, Beseitigungsanspruch, S. 123 f.; *Palandt-Heinrichs*, Anm. 1 a zu § 284; *Rogowski*, Zuwiderhandlung gegen Unterlassungsverbindlichkeiten, S. 44; *Uricht*, Unterlassungsanspruch, S. 207 (die beiden letztgenannten Autoren sind zitiert nach *M.-S.-Hodes*, § 43 D I FN 37); vgl. auch BGHZ 52, 395 ff., 398 = NJW 1970, 243 ff. = GRUR 1970, 189 ff. = WM 1970, 20 ff.

[11] So u. a. *Henckel*, S. 296.

[12] Vgl. dazu *Weyreuther*, Diss. S. 8 f.; *Derselbe*, Gutachten, S. 86; *Zeuner*, Festschrift für Dölle, Bd. 1 S. 295, 310 f.

[13] Wenn *Larenz*, NJW 1955, 263, erklärt, die „Rechtspflicht ... besteht weiter, nachdem sie einmal verletzt worden ist", dann ist das insofern mißverständlich, als zwar die Zuwiderhandlung nicht von der Pflicht zur künftigen Unterlassung befreit, doch aber eben der verletzte Unterlassungsanspruch im Umfang der Verletzung notwendig mit dieser untergeht. So zutreffend *Weyreuther*, Gutachten, S. 86.

getreten, gleichviel, ob bei der nunmehr eingetretenen Lage ein Beseitigungsanspruch deshalb in Frage kommt, weil noch eine weitere Fortwirkung der Beeinträchtigung besteht. Hier hat der Störer entsprechend §§ 275, 280 den Schaden ohne vorherige Mahnung zu ersetzen[14]. Wegen der Schutzwürdigkeit des Beeinträchtigten entspricht dieses Ergebnis durchaus der Interessenlage der Beteiligten. Auf eine vorherige Mahnung kann es für das Entstehen des Schadensersatzanspruchs nicht ankommen[15, 16]. Die Regeln des Verzugs müssen jedoch dann noch anwendbar sein, wenn die verspätete Leistung in Form der Unterlassung noch dem Zweck der Regelung entspricht[17]. Das ist dann der Fall, wenn es sich um einen Fall der Unterlassungspflicht handelt, der zu einem *bestimmten* Zeitpunkt nicht erfüllt zu werden braucht. Aus dem Gesagten folgt daher, daß bei Verzögerung zeitlich begrenzter Unterlassungspflichten, worunter der Anspruch nach § 1004 Abs. 1 Satz 2 nicht fällt, grundsätzlich nicht Verzug, sondern Unmöglichkeit vorliegt, da die Leistung nicht mehr nachholbar ist. Im übrigen finden aber die Bestimmungen über Verzug auch im Rahmen der Unterlassungspflichten ohne weiteres Anwendung, es sei denn, daß die drohende Beeinträchtigung bereits zu einer tatsächlichen Einwirkung auf die Sache geführt hat[18, 19].

---

14 Die Frage, ob bei Unterlassungspflichten die Regeln über die Unmöglichkeit überhaupt Anwendung finden, ist streitig, wird aber von der absolut herrschenden Lehre bejaht. Für die Anwendung *Baur*, Sachenrecht, § 12 IV 1 a; *Horstmann*, S. 43; *Gursky*, NJW 1971, 777 ff., 786; vgl. auch *Weyreuther*, Diss. 8 f.; *Derselbe*, Gutachten, S. 86; siehe ferner *Zeuner*, Festschrift für Dölle, Bd. 1 S. 295 ff., 310 f. m. w. N.; dagegen nur *Lutter* und *Overath*, JZ 1968, 345 ff., 353.

15 So zutreffend *Offtermatt*, S. 130 f.; im einzelnen *Palandt-Heinrichs*, Anm. 1 a zu § 284.

16 Diese Wertung der Interessenlage hat in einem Einzelfall auch Ausdruck gefunden. So ist der Fall der Einsturzgefahr nach § 908 in §§ 836 ff. als unerlaubte Handlung bei Versäumung der Beseitigung besonders einschneidend zu Lasten des beseitigungspflichtigen Störers durch die Umkehr der Beweislast geregelt. Die Schwäche einer derartigen Regelung liegt jedoch in der bestehenden Exkulpationsmöglichkeit. Vgl. dazu *Palandt-Thomas*, Anm. 8 zu § 836.

17 Daraus ergibt sich, daß *M.-S.-Hodes* (§ 43 D I) zu Recht zwischen den vertragsmäßigen Unterlassungsansprüchen und den auf Gesetz beruhenden Unterlassungsansprüchen differenzieren.

18 So auch *Lehmann*, Unterlassungspflicht, S. 286 ff.; *Oertmann*, Anm. 3 d zu § 284.

19 Unter Zugrundelegung der hier gefundenen Lösung hätte es in dem vom LG Aachen entschiedenen „Überhangfall" (LG Aachen NJW 1961, 734 f.), in dem der Störer die Beseitigung des Überhangs „entschieden abgelehnt" hatte, bevor der Eigentümer zur Selbsthilfe griff, weder des systemwidrigen Bereicherungsausgleichs noch der gekünstelten Konstruktion des Gerichts, in der Verweigerung der Beseitigung des Überhangs einen schuldhaften Verstoß gegen § 1004 Abs. 1 als Schutzgesetz i. S. d. § 823 Abs. 2 zu sehen, bedurft, um die Kostenerstattungspflicht des Störers zu begründen. Vgl. dazu die überzeugenden Ausführungen von *Gursky*, NJW 1971, 782 ff.; a. A. aber die nahezu einhellige Rechtsprechung, vgl. RGZ 127, 29 ff., 33 f.; BGHZ 28,

Nachdem nunmehr festgestellt worden ist, daß auf die Ansprüche aus § 1004 Abs. 1 die Verzugsregeln anwendbar sind, ist noch auf einen entscheidenden Punkt das Augenmerk zu lenken, der sich aus der Regelung der Schadensersatzpflicht des Eigentümers in den §§ 989, 990 ergibt. Ist der Eigentumsanspruch darauf gerichtet, daß der Berechtigte die Sache in tatsächlicher Hinsicht als eigene zugeordnet erhält, so wird sein Ordnungsrecht außer in den bereits erwähnten Fällen des Herausgabeverlangens beispielsweise auch dann in Frage gestellt, wenn der Berechtigte auf Grund des § 1004 den Störer an einer bestimmten tatsächlichen Behandlung der Sache hindern will, weil diese Behandlung sein Eigentum an der Sache beeinträchtigt. In diesem Fall wird ein Recht geltend gemacht, das voraussetzt, daß der Störer unter Eigentumsgesichtspunkten mit der Sache nicht nach Belieben verfahren darf. Das aber entspricht auch dem Ordnungsgehalt des Eigentumsherausgabeanspruchs[20]. Bei allen Schwierigkeiten der Abgrenzung zwischen Schaden und Beeinträchtigung ist aus diesem Grunde unbestreitbar, daß auch dem Anspruch auf Beseitigung bzw. Unterlassung der drohenden Beeinträchtigung ein Stück restitutorischer Tendenz innewohnt[21, 22].

---

110 = NJW 1958, 1580; BGH BB 1962, 198; BGH NJW 1964, 1365. Diese Konstruktion verwischt in unzulässiger Weise die Grenzen zwischen Deliktsrecht und Leistungsstörungsrecht: Die bloße Weigerung, einen Anspruch zu erfüllen, ist noch kein Delikt. Wenn man § 1004 Abs. 1 schon mit der h. L. als Schutzgesetz i. S. v. § 823 Abs. 2 ansehen will — wofür kein Bedürfnis besteht —, so könnte ein Schadensersatz doch nur bei schuldhafter Herbeiführung der Eigentumsstörung und nicht bei bloßem Unterlassen ihrer Beseitigung bejaht werden. Rechtssystematisch richtig wäre die Kostenerstattungspflicht des Störers als ersatzbarer Verzugsschaden zu qualifizieren gewesen. Denn auch bei derartigen Pflichten gibt eine ernsthafte und endgültige Erfüllungsverweigerung des Schuldners dem Eigentümer das Recht, ohne Nachweis des Interessenwegfalls Schadensersatz wegen Nichterfüllung nach § 286 Abs. 2 zu verlangen. So zutreffend *Fikentscher*, Schuldrecht, § 45 III 1 d.

[20] Vgl. dazu *Zeuner*, Rechtskraft, S. 146.

[21] Darauf weist schon *Siber* (Rechtszwang, S. 95) zu Recht hin. Vgl. dazu auch *Motive* Teil II S. 53/54.

[22] Der effektive Anwendungsbereich der §§ 990, 989 im Interferenzgebiet des § 1004 kann m. E. aus der Abgrenzung „Schaden" und „Beeinträchtigung" überhaupt nicht erschlossen werden, da sich diese Begriffe nicht klar voneinander abheben. Das belegen hinlänglich die Bemühungen, eine prägnante Unterscheidungsformel zwischen negatorischer „Beseitigung; und deliktischer „Wiederherstellung" zu finden. Vgl. dazu *Baur*, AcP 160, 465 ff., 487 ff.; *Lent-Schwab*, § 46 II; *Medicus*, Bürgerliches Recht, § 24 III 2; *Offtermatt*, S. 14 ff. Diese Begriffe haben vielmehr „schwimmende Konturen". Infolgedessen ist auch der begriffliche Anwendungsbereich der Tatbestände nicht linienhaft scharf abgrenzbar. a. A. wohl die h. M., vgl. statt vieler *Palandt-Degenhart*, Anm. 1 zu § 993: „Der Anspruch aus § 1004 ist kein Schadensersatzanspruch, also nicht ausgeschlossen ..." Der Bedeutungsumfang einzelner Tatbestände läßt sich nur aus der Ordnungsaufgabe der einzelnen Normen und ihrer logisch-systematischen Stellung innerhalb der geregelten Materie entnehmen. So wie die einzelnen gesetzlichen Merkmale nur als Bestandteile des Rechtsganzen sinngemäß auszulegen sind, sind auch die einzelnen Rechts-

Fragt man sich angesichts dieser Ausgangslage nach den rechtlichen Gründen, die die Ablehnung der analogen Anwendung der §§ 989 ff. tragen, so bleibt allein die ausdrückliche oder unausgesprochene selbstverständliche Berufung auf die interpretationstheoretische Parömie: „Singularia non sunt extendenda" und seiner verdeutlichenden konkreten Ausformungen: „Enumeratio, ergo limitatio" und „Exeptiones sunt strictissimae interpretationis"[23], die jede Analogie der §§ 987 ff. verbiete. Nach *Heck*[24] gibt es „keine zweite Formel, die so viel Unheil angerichtet und so viel verfehlte Erkenntnisse verschuldet hat". Der Satz, daß eine Ausnahmevorschrift auf ähnliche Fälle nicht analog angewendet werden darf, beruht auf der Annahme, daß eine solche Vorschrift den für einen bestimmten Tatbestand gegebenen Rechtssatz in seiner Geltung zugleich auf diesen beschränkt und damit alle anderen Fälle der entgegengesetzten Regel unterwirft. Das heißt dem Sinne nach nichts anderes, als was der viel mißbrauchte Satz besagt: „Ausnahmen bestätigen die Regel"[25]. Der Ausnahmesatz enthält dann neben dem speziell bejahenden zugleich ein generell verneinendes Urteil. Man kann hier von einem „exponiblen Satz" und von einem „exponiblen Urteil" sprechen. Diese von der älteren Logik[26] gebildeten Begriffe entspringen der — allerdings ganz abseits der Logik gelegenen[27] — Erkenntnis, daß in einem Satz, dessen äußere Form bloß auf ein bejahendes Urteil weist, zugleich auch ein verneinendes enthalten sein kann[28]. Dieser Satz wäre nur dann richtig, wenn die Rechtsordnung selbst, insbesondere die einzelnen Gesetze, als logische, in sich geschlossene Gebilde angesehen werden könnten. Dann würde zwischen einem Ausnahmesatz und der allgemeinen Regel keine Lücke möglich, sondern jeder von dem Ausnahmesatz nicht gedeckte Fall ohne weiteres der Regel zuzuweisen sein. An das Dogma von der Lückenlosigkeit der Gesetze[29] glaubt aber heute niemand mehr[30]. Mit Überwindung jenes

sätze wie bereits dargelegt nicht für sich allein, sondern nur aus dem Gesamtzusammenhang des Gesetzes und des Rechtssystems zu interpretieren. So zutreffend *Köbl*, S. 60 f.

[23] Siehe bereits *Paulus* D. 14. 1, 3: „Quod vero contra rationem iuris receptum est, non est procendam ad consequentias." Vgl. hierzu *Heck*, AcP 112, 1 ff., 186.

[24] AcP 112, 1 ff., 186.

[25] *Friedrichs*, Hdwbch RWiss. Bd. I, S. 453.

[26] *Kant*, Logik, § 31; *Sigwart*, § 35 1 e S. 286; dazu *Pisko*, S. 13; vgl. auch *Eisler*, S. 427.

[27] Exponible Sätze sind sprachlich, nicht logisch bestimmt. So zutreffend *Gaul*, S. 40; vgl. auch *Kant*, Logik, § 31.

[28] Dabei wird als „exponibler Satz" der die zwei Urteile zusammenfassende Satz und mit dem Ausdruck „exponibles Urteil" das bejahende Urteil bezeichnet, das dieser Satz enthält.

[29] Wohl kann man die Rechtsordnung in dem Sinne als lückenlos bezeichnen, als sie in jedem Falle eine Entscheidung ermöglichen muß.

[30] Vgl. *Gaul*, S. 37 ff., 41.

Dogmas hat auch der Satz vom Analogieverbot beim Ausnahmesatz seine Geltung verloren[31]. Das heutige Schrifttum[32] und die neuere Rechtsprechung[33] versagt denn auch diesem Grundsatz im Gegensatz zu den zählebigen dicta in der älteren oberstgerichtlichen Rechtsprechung[34] fast allgemein die Gefolgschaft.

Ist schon zweifelhaft, ob aus der Fassung der §§ 987 ff. überhaupt gefolgert werden kann, daß der Gesetzgeber die Regelung über die Haftungsprivilegierung des redlichen Besitzers als Ausnahmevorschriften verstanden wissen wollte, so kann jedenfalls nach der heute vollzogenen Abkehr von der im Lückenlosigkeitsaxiom wurzelnden begrifflich-formalen Argumentationsweise als gesicherter Erkenntnis davon ausgegangen werden, daß Ausnahmevorschriften auf einen solchen Sachverhaltstyp anzuwenden sind, der zwar keine völlige, wohl aber eine essentielle Strukturgleichheit mit dem Sachverhaltstyp aufweist, auf den die Ausnahmevorschrift *unmittelbar* Anwendung findet: „In den Grenzen des Grundgedankens der Ausnahmevorschrift ist sehr wohl eine Analogie statthaft[35]."

Nach der Aufkündigung dieser in der Pandektistik ausgebildeten Interpretationsmaxime, wonach Ausnahmevorschriften eng auszulegen seien, kann demgemäß die Prüfung der Frage, ob der redliche Besitzer zwar nicht zur Deckung des Schadens, wohl aber zur Beseitigung der Beeinträchtigung verpflichtet ist, nicht begrifflich-formal, sondern nur unter Reproduktion des Sinngehalts dieser Vorschriften und ihres Funktionsgehalts im geltenden Bürgerlichen Gesetzbuch vorgenommen werden. Aus diesem Grunde ist die Frage, ob die in den §§ 989 ff. zugrunde liegende Wertung *entsprechend* auf die in § 1004 Abs. 1 zugrunde gelegten Ansprüche auf Beseitigung und Unterlassung drohender Beeinträchtigungen anzuwenden ist, ohne der Gefahr der Normerschleichung ausgesetzt zu sein, zu bejahen, obwohl der historische Gesetzgeber offenbar beabsichtigte, auch den redlichen Besitzer zur Beseitigung der Beeinträchtigung zu verpflichten[36]. Der Wille des Gesetzgebers ist indes keine unüberwindliche Barriere. Wie bereits gesagt, binden selbst seine expressiv verbis niedergelegten Wertvorstellungen die Mit- und Nachwelt (nur) soweit und solange, wie sie (noch) von der Rechtsüberzeu-

---

[31] Im einzelnen vgl. *Gaul*, S. 37 ff.

[32] *Von Tuhr*, Bd. I, Einl. S. 43 FN 156; *Heck*, AcP 112, 1 ff., 186; *Enneccerus-Nipperdey*, Bd. I 1. Halbbd. § 48 I 2 a; *Klug*, S. 134; *Engisch*, Einführung, S. 147 f.; *Larenz*, Methodenlehre, S. 329; *Bender*, JZ 1957, 593 ff., 600.

[33] BGHZ 5, 62 ff. = NJW 1952, 458; BGHZ 26, 78 ff. = NJW 1958, 303.

[34] RGZ 47, 370; RGZ 48, 265; RGZ 65, 362; RGZ 137, 44; RGZ 140, 239; RGZ 153, 23; BGHZ 4, 222 = NJW 1952, 223 = JZ 1952, 175; BGHZ 11, 135 = NJW 1954, 304; BGH NJW 1956, 1151, 1152; BVerwGE 3, 85.

[35] *Engisch*, Einführung, S. 147, 148.

[36] *Motive* Teil III S. 427.

gung der Rechtsgemeinschaft getragen oder zumindest toleriert werden. Der Wille des Gesetzgebers kann daher bei der Suche nach der richtigen Norm nur ein Argument unter anderen sein[37]. Ihm steht hier entgegen, daß das BGB in Übereinstimmung mit der herrschenden Rechtsüberzeugung die Verpflichtung des Besitzers zur Ersatzleistung im Rahmen des Eigentumsschutzes grundsätzlich von einem unredlichen Verhalten abhängig macht und diesen Grundsatz nur in besonders gelagerten Ausnahmefällen verläßt. Von dem Haftungsprivileg des redlichen Besitzers bei den Eigentumsansprüchen abzugehen, ist also nur gerechtfertigt, wenn sich herausstellen sollte, daß diese Grundsätze zu keiner befriedigenden Lösung führen.

Wenn das BGB von einer Schadensersatzhaftung des redlichen und unverklagten Besitzers absieht, falls er die Sache beschädigt oder vorenthält, so hat das den Sinn, daß ihm die Einwirkungen auf die Sache nicht zum Nachteil gereichen sollen, die er in gutem Glauben daran vorgenommen hat, daß er auf Grund seines Besitzrechts dazu befugt sei. Würde man im Rahmen des § 1004 die gesetzliche Wertentscheidung, die der Gesetzgeber in den §§ 990 Abs. 2, 992 und 993 Abs. 1 zum Ausdruck gebracht hat, nicht berücksichtigen, wären die Ansprüche aus § 1004 Abs. 1 gegenüber dem Herausgabeanspruch nach § 985 ein „Mehr", obwohl die bloße Beeinträchtigung des Eigentums als partielle (wenn auch quantitativ unterschiedliche) Verletzung dieses Rechts im Gegensatz zur Besitzentziehung als vollständiger Eigentumsverletzung ein „Minus" darstellt. Unter Berücksichtigung der Interessenlage darf daher der redliche Besitzer auch bei den Ansprüchen nach § 1004 Abs. 1 nicht mit dieser Haftungsfolge belastet werden. Aus diesem Grunde entspricht es der dem BGB immanenten Zwecksetzung im Rahmen des § 1004 Abs. 1, das Haftungsprivileg des redlichen Besitzers entsprechend anzuwenden[38]. Danach ist der redliche unverklagte Besitzer nicht zum Schadensersatz verpflichtet; er kann auch nicht auf Grund anderer Vorschriften zur Leistung von Schadensersatz herangezogen werden.

Entsprechend § 990 Abs. 2 kann der unredliche Besitzer mit der Beseitigung der Erfüllung seiner Leistungspflicht in Verzug kommen. Nach § 284 Abs. 1 tritt die Verpflichtung zur Schadensersatzleistung durch den beseitigungspflichtigen Störer *grundsätzlich* nur nach Mahnung ein.

---

[37] In diesem Sinne auch *Gudian*, NJW 1971, 1239, 1240; *Bartholomeyczik*, S. 44 ff.

[38] So auch *Rudolf Schmidt*, Beseitigungsanspruch, S. 119; *Baur*, AcP 160, 465 ff., 493; *Derselbe*, Sachenrecht, § 18 C III 2 b; RGZ 158, 40 ff.; diesen Gedanken deuten auch *Lutter* und *Overath*, JZ 1968, 345, 353 FN 60, an. Ähnlich wie hier *Siber*, Rechtszwang, S. 124; a. A. *Biermann*, Anm. 3 a zu § 1004; BGB-RGRK-*Johannsen*, Anm. 52 zu § 1004; *Dallinger*, S. 41; kritisch gegenüber der hier vertretenen Lösung auch *Medicus*, Bürgerliches Recht, § 19 IV, S. 181.

Wenn also der zur Beseitigung Verpflichtete auf Verlangen des Eigentümers die Störung nicht beseitigt oder weitere Beeinträchtigungen nicht unterläßt, so kommt er in Schuldnerverzug und haftet vom Eintritt des Verzugs an auf Ersatz des Schadens, der durch die Fortdauer der Beeinträchtigung herbeigeführt wird[39]. Demgemäß sind die Einwendungen unzutreffend, die dahin gehen, daß es bei derartigen Ansprüchen keiner Mahnung bedürfe, um die Rechtsfolgen der pflichtwidrigen Handlung eintreten zu lassen. Zu dieser Ansicht[40] kann man nur dadurch gelangen, daß man übersieht, daß die Mahnung mit Handlungen, welche die Fälligkeit begründen, verbunden werden können, u. U. darin bereits erblickt werden kann[41, 42].

Im übrigen läßt diese Ansicht außer Betracht, daß die Verpflichtung des Besitzers zur Beseitigung der Störung aus den gleichen rechtlichen Überlegungen wie beim Eigentumsherausgabeanspruch unabhängig von sonstigen Handlungen *sofort* mit dem Beginn der Unredlichkeit fällig i. S. d. § 284 Abs. 1 wird[43]. Da der Mahnung die Erhebung der Klage gleichsteht (§ 284 Abs. 1 Satz 2), haftet der Störer auch für jeden Schaden, der nach Rechtshängigkeit des Beseitigungsanspruchs infolge der fortdauernden Beeinträchtigung eintritt[44].

Nach alledem kann der unredliche Störer mit der Erfüllung der sich aus § 1004 Abs. 1 ergebenden Pflichten in Schuldnerverzug geraten[45]. Erforderlich ist allein, daß er analog § 990 Abs. 2 i. V. m. § 284 vom Eigentümer gemahnt worden ist und die Verzögerung verschuldet hat (§ 285)[46]. Der Störer hat dem Eigentümer den infolge des Verzugs entstehenden Schaden zu ersetzen (§ 286 Abs. 1); das gilt auch für den Schaden, der während des Verzugs durch die durch Zufall eingetretene Unmöglichkeit der Leistung entstanden ist (§ 287)[47]. Es entspricht auch der Inter-

---

39 Vgl. *Riehl*, Gruch. 51, 142 ff., 145.

40 *Staudinger-Werner*, RdNr. 47 zu § 284; *Oertmann*, Anm. 3 e zu § 284.

41 So zutreffend RGZ 60, 255 ff., 261; *Soergel-Siebert-Reimer/Schmidt*, RdNr. 4 zu § 284; *Erman-Erman*, Anm. 4 b dd zu § 284; *Lehmann*, Unterlassungspflicht, S. 268; a. A. *Wendt*, AcP 92, 1 ff., 69.

42 Unter Zugrundelegung dieser Überlegung hat die Mindermeinung im Grundsatz recht, wenn sie davon ausgeht, daß es keiner *besonderen* Mahnung bedürfe.

43 Vgl. S. 118 ff. dieser Arbeit.

44 Allgemeine Meinung; vgl. statt vieler *M.-S.-Hodes*, § 43 D I; *Rudolf Schmidt*, Beseitigungsanspruch, S. 123.

45 Ebenso kann der Nießbraucher gegenüber dem Eigentümer mit der Unterlassung der Ausübung des Nießbrauchs gemäß § 1053 aus den gleichen Gesichtspunkten wie bei § 1004 Abs. 1 in Schuldnerverzug geraten, wobei jedoch im Gegensatz zu § 1004 Abs. 1 die Fälligkeit der Leistung, nämlich der Unterlassung, erst durch Abmahnung des Eigentümers erreicht wird.

46 Was das Verschulden i. S. d. § 285 anbetrifft, kann ebenfalls auf die Ausführungen bei § 985 (vgl. S. 124 ff.) verwiesen werden.

47 So auch *Baur*, Sachenrecht, § 12 IV a; *Rudolf Schmidt*, Beseitigungsanspruch, S. 123; dagegen ist *Lehmann* (Unterlassungspflicht, S. 270) der An-

essenlage, daß die Schadensersatzpflicht nur als Verzugsfolge eintreten kann. Das Interesse des Beeinträchtigten an der Beseitigung der Störung ist gegenüber dem Interesse des Störers nicht so überwiegend, daß dieser schon vom Augenblick des Kennenmüssens der Beseitigungspflicht für alle Schäden aus der Verzögerung der Beseitigung ohne das Vorliegen der weiteren Verzugsvoraussetzungen zu haften hätte[48]. Es ist von dem Beeinträchtigten, der den Zustand beseitigt haben will, zu erwarten, daß er diesen Willen gegenüber dem Störer zum Ausdruck bringt. Durch die Unterlassung der Beseitigung entsteht ja hier kein sich in bezug auf die Sache vergrößernder Schaden. Dagegen finden die Bestimmungen des § 288 (Verzugszinsen) und § 290 (Untergang oder Verschlechterung eines Gegenstands) auf den Anspruch nach § 1004 ohne Zweifel keine Anwendung. Als Ergebnis ist somit festzustellen, daß die Anwendung der Regelung über Leistungsverzug nach §§ 284 ff. auf die in § 1004 Abs. 1 enthaltenen Ansprüche auf Beseitigung und Unterlassung in dem hier behandelten Umfang nicht nur möglich, sondern auch zur interessengerechten Lösung der durch eine beginnende Zuwiderhandlung geschaffenen Situation beiträgt[49].

2. Fristsetzung nach Verurteilung

Auch die Vorschrift des § 283 findet mit den sich aus §§ 989, 990 ergebenden Begrenzungen aus den gleichen Erwägungen wie beim Eigentumsherausgabeanspruch gegen den unmittelbaren Besitzer im Rahmen des § 1004 Abs. 1 grundsätzlich Anwendung[50]. Dabei sind jedoch zwei Fallgestaltungen voneinander zu unterscheiden.

Bei einer Beeinträchtigung, die der Eigentümer jederzeit selbst beseitigen kann, begründet die Verurteilung nach § 283 und das daraus sich ergebende Begehren nach Schadensersatz keine Duldungspflicht in bezug auf die Störung, sondern nur einen Ausschluß des Primäranspruchs auf Beseitigung. Die Höhe des Schadensersatzes bemißt sich

---

sicht, daß kein Fall denkbar sei, in dem die Haftungssteigerung nach § 287 eintreten könnte.

48 Ohne weitere Voraussetzungen würde der Störer jedoch haften, wenn man die Fälle des Verzugs als Unmöglichkeitsfälle i. S. d. §§ 275, 280 betrachtet.

49 Für die Kosten dieser Unterlassungsklage haftet, soweit ein Grundstück betroffen ist, nach § 1134 Abs. 1 dieses jedoch nicht, weil die Maßnahme nicht auf Befriedigung, d. h. Berichtigung der Hypothekenschuld abzielt, zudem für die nachrangigen Gläubiger gar nicht übersehbare Kosten verursacht und dadurch den Bestimmtheitsgrundsatz zu sehr einschränkt. Vgl. dazu RGZ 72, 332; OLG Kiel OLGE 38, 70; *Schlegelberger-Vogels-Hesse*, RdNr. 4 zu § 1118; a. A. OLG Kiel OLGE 26, 136.

50 *Schlegelberger-Vogels-Weitnauer*, RdNr. 7 zu § 283; *Oertmann* Anm. 5 zu § 283.

in diesem Fall nach den Kosten der Beseitigung und der schon aus der Störung und ihrer Fortdauer bis zur Beseitigung folgenden Entwertung des Eigentums. Dagegen kann vom Eigentümer nicht eine aus der freiwilligen Duldung der Störung durch ihn sich ergebende dauernde Entwertung bei der Berechnung des Schadensersatzes zugrunde gelegt werden[51].

Richtet sich dagegen der Anspruch nach § 1004 Abs. 1 auf die Beseitigung störender Anlagen, die der Eigentümer nicht von sich aus vornehmen kann, so folgt aus dem Ausschluß der Primärleistung nach der Verurteilung gemäß § 283, daß die Beseitigung der Störung nicht mehr verlangt und die Beeinträchtigung des Eigentums geduldet werden muß. Der Schadensersatzanspruch geht demgemäß auf Ersatz der Entwertung des Eigentums durch den störenden Eingriff des Beseitigungspflichtigen[52, 53].

Diese unterschiedliche Behandlung beider Fallgestaltungen berührt indes nicht die grundsätzliche Anwendbarkeit des § 283 auf die aus § 1004 Abs. 1 fließenden dinglichen Ansprüche. Die Anwendbarkeit dieser im Schuldrecht angesiedelten Norm im Rahmen der Eigentumsstörungsklage entspricht auch der Wertentscheidung des historischen Gesetzgebers, wonach dem Gläubiger aus Zweckmäßigkeitsgesichtspunkten die Möglichkeit einer schnellen und wirkungsvollen Rechtsverfolgung eröffnet werden sollte. Die Nichtanwendung des § 283 würde den Eigentümer bei der Verfolgung seiner Ansprüche schlechter stellen als jeden persönlichen Gläubiger. Das wäre sachlich eine durch nichts begründete Benachteiligung. Das gilt um so mehr, als § 283 mehr eine prozeßrechtliche als eine spezifisch schuldrechtliche Norm ist[54].

3. Gläubigerverzug

Ausgehend von den Ausführungen beim Eigentumsherausgabeanspruch nach § 985 ist auch hinsichtlich der Verpflichtung des Eigen-

---

[51] So zutreffend *Planck-Siber*, Erl. 1 zu § 283; *Horstmann*, S. 55 f.; a. A. *Rudolf Schmidt*, Beseitigungsanspruch, S. 123, der die schon aus der Beeinträchtigung und ihrer Fortdauer bis zur Beseitigung folgende Entwertung des Eigentums nur nach Deliktsgrundsätzen für ersetzbar hält.

[52] So zutreffend *Plank-Siber*, Erl. 1 d zu § 283; *Horstmann*, S. 55 f.; a. A. OLG Stuttgart OLGE 25, 205 f.

[53] Damit der Störer gegen die nachfolgenden Eigentümer vor doppelter Inanspruchnahme in bezug auf die gleiche Leistung ausreichend geschützt ist, ist er nur gegen gleichzeitige Bestellung einer Grunddienstbarkeit nach § 1018 zur Schadensersatzleistung verpflichtet. So zutreffend *Planck-Siber*, Erl. 1 c zu § 281.

[54] So auch *Horstmann*, S. 56.

tümers auf Beseitigung der Störung Gläubigerverzug möglich. Für die Voraussetzungen des Gläubigerverzuges gelten die §§ 293, 294, 295, 297, 299. Als Wirkung des Gläubigerverzugs kommt die in § 300 vorgeschriebene Haftungsmilderung zugunsten des Störers in Betracht[55]. Denn die gesetzgeberische Wertung des § 300, der die Haftung des Schuldners, dessen Gläubiger mit der Annahme in Verzug ist, auf Vorsatz und grobe Fahrlässigkeit ermäßigt, trifft voll auf den Beseitigungsanspruch nach § 1004 Abs. 1 Satz 1 zu. Der Grund ist der, daß dem Schuldner nicht zugemutet werden kann, die volle Sorgfalt hinsichtlich des geschuldeten Gegenstands anzuwenden, wenn die Ursache dafür, daß der Schuldner noch nicht leisten konnte, in der Person des Gläubigers liegt. Kann ihm das nicht mehr zugemutet werden, so muß er auch von der Leistungspflicht aus § 1004 Abs. 1 frei werden, wenn er die fremde Sache leicht fahrlässig beeinträchtigt hat. Außerdem ist im Rahmen des § 1004 Abs. 1 Satz 1 auch § 304 anwendbar.

Dagegen ist Gläubigerverzug i. S. d. §§ 293 ff. bei dem Anspruch auf Beseitigung von Störungen, die von dem Grundstück des Beseitigungspflichtigen ausgehen, und dem Anspruch auf Unterlassung nach § 1004 Abs. 1 Satz 2 undenkbar, denn der Besitzer schuldet eine ohne fremde Mitwirkung ausführbare Handlung[56]. Demgemäß bedarf es zur Erfüllung der Verpflichtung des Störers keiner Mitwirkung des Eigentümers, wobei eine Ausnahme dann gelten kann, wenn der Eigentümer die Beseitigung der Störung hindern kann und wirklich hindert[57]. Eine Erklärung des Eigentümers, daß er die „Annahme" der Beseitigung verweigere, ist dagegen in solchen Fällen nur ein Ausdruck des Wunsches, daß der Störer nicht leisten möge. Sie kann zur Folge haben, daß der Leistungsverzug nicht eintritt, aber nicht, daß auf seiten des Eigentümers Gläubigerverzug eintritt. Um sich von seiner Verpflichtung zu befreien, muß der Störer demgemäß die Beseitigung der Störung gegen den Willen des Eigentümers vornehmen[58].

III. Der Anspruch auf Grundbuchberichtigung nach § 894 BGB

Wer zu Unrecht im Grundbuch eingetragen ist, ist gemäß § 894 verpflichtet, die Zustimmung zu der Berichtigung des Grundbuchs zu erteilen. Das ist im BGB klar ausgesprochen.

---

[55] Siehe auch *Rudolf Schmidt*, Beseitigungsanspruch, S. 119, S. 124.
[56] *Fikentscher*, Schuldrecht, § 46 II 3 a.
[57] Vgl. *Oertmann*, Anm. 2 zu § 293.
[58] Allgemeine Ansicht; vgl. dazu BGB-RGRK-*Nastelski*, Anm. 7 zu § 293; *Planck-Siber*, Erl. 1 a zu § 293; *Lehmann*, Unterlassungspflicht, S. 315.

Natürlich sind damit die Pflichten des eingetragenen Nichtberechtigten gegenüber dem nicht eingetragenen Berechtigten keineswegs abschließend geregelt. Es ist in den §§ 894—897 nur die Frage behandelt, was der fälschlich Eingetragene zur Herstellung einer der materiellen Rechtslage entsprechenden Buchlage beizutragen hat. Seine Pflichtenstellung im übrigen muß sich nach anderen Vorschriften bestimmen[1].

Wenn der nicht eingetragene Berechtigte eines Grundstücks von dem zu Unrecht im Grundbuch als Eigentümer Eingetragenen Zustimmung zur Eintragung im Grundbuch begehrt und dieser die Erteilung der Zustimmung verzögert, stellt sich die Frage, ob der wahre Eigentümer den durch die verspätete Erteilung der Zustimmung entstandenen

---

[1] Welche Vorschriften hier maßgebend sind, hat das Reichsgericht erstmals anläßlich der Frage zu klären versucht, ob der nicht eingetragene Eigentümer vom buchmäßigen Eigentümer die Beseitigung einer von diesem aufgenommenen Hypothek verlangen kann. Das Reichsgericht hat in einer Entscheidung vom 25. Januar 1928 (RG JW 1928, 1387 f.) auf diesen Fall die §§ 989, 990 für anwendbar erklärt. Die Begründung ging dahin, daß die Stellung, in der sich der Bucheigentümer gegenüber dem wirklichen Eigentümer befinde, der Stellung des Besitzers gegenüber dem Eigentümer verwandt sei. Aus demselben Gedanken wurde vom Reichsgericht in einer Entscheidung vom 24. September 1931 (RGZ 133, 283) für die Auseinandersetzung zwischen den Beteiligten wegen der Nutzungen und Verwendungen die Anwendbarkeit der §§ 987, 993, 995, 994 Abs. 2 gefolgert. Dabei wurde nunmehr ausdrücklich betont, daß es sich um eine Analogie handle, wohingegen in RG JW 1928, 1387 und auch in RG WarnRspr. 1928 Nr. 144 noch von einer direkten Anwendung der §§ 989, 990 die Rede war. Bald darauf wurde die Frage der Beseitigung von Belastungen durch den Beseitigungspflichtigen erneut nach §§ 989, 990 entschieden. Vgl. RGZ 139, 353 ff. In einem späteren Erkenntnis konnte das Reichsgericht (RGZ 158, 40 ff.) und auch der Bundesgerichtshof (BGHZ 41, 30 ff.) im Bewußtsein der zuteil gewordenen Zustimmung die Analogie zu §§ 989, 990 erneut als Richtmaß proklamieren. Dem hat sich die Rechtslehre vorbehaltlos angeschlossen; sie richtet die Haftung des nichtberechtigten Eingetragenen an dem in §§ 987 ff. geordneten gesetzlichen Schuldverhältnis aus. Einzig *Heck* (Sachenrecht, § 43 IV 4 c) erhob grundsätzlich Widerspruch, betrachtete aber bei einem Teil der Fälle das Ergebnis als zutreffend. Der Analogie mag der Weg dadurch bereitet worden sein, daß es schon in der gemeinrechtlichen Theorie entsprechend einem in Österreich aufgekommenen Sprachgebrauch üblich geworden war, den Bucheintrag wegen seiner mit dem Besitz gemeinsamen Eigenschaften auch als Tabular- oder Buchbesitz zu bezeichnen. Vgl. dazu *von Zeiller*, Kommentar über das Allgemeine bürgerliche Gesetzbuch, 1812, Anm. 1 zu § 350; *Nippel*, Erläuterung des Allgemeinen bürgerlichen Gesetzbuches, Teil III, 1830, S. 23 f.; *Minasiewicz*, Tabularbesitz, 1832; *Unger*, System des Österreichischen allgemeinen Privatrechts, 2. Aufl., 1863, S. 285; *Exner*, Das Publizitätsprinzip, 1870, S. 120; *Pfersche*, Österreichisches Sachenrecht — Der Besitz —, 1893, S. 73, alle zitiert bei *Dallinger*, S. 2 FN 9. Damit war für eine Behandlung des Buchberechtigten nach den für den Sachbesitzer geltenden Regeln, wenn auch nicht in logischer, so doch in philologischer Hinsicht das Terrain geebnet. So bildet der Begriff des Buchbesitzers das Bindeglied einer vom Berichtigungspflichtigen zum Besitzer im Sinne des Vindikationsrechts laufenden Kette. Vgl. auch *Dallinger*, S. 1 ff.

Schaden ersetzt verlangen kann[2]. Aus dem oben Dargelegten ergibt sich, daß das Sachenrecht allgemeine Vorschriften über Verzug nicht kennt. Bei Anwendung schuldrechtlicher Vorschriften könnte er jedoch auch hier durch entsprechende Vorschriften über (Schuldner-)Verzug ersetzbar sein.

Die Beachtung schuldrechtlicher Vorschriften ist im Sachenrecht auch bei dem Anspruch auf Grundbuchberichtigung keineswegs schlechthin ausgeschlossen[3]. Dabei darf aber auch hier nicht von den wesentlichen Grundentscheidungen des Sachenrechts abgewichen werden[4].

Wer gemäß § 894 verpflichtet ist, der Grundbuchberichtigung zuzustimmen, schuldet nicht nur die Vornahme einer Handlung, sondern muß damit zugleich jene Rechtsstellung preisgeben, die er infolge des fehlerhaften Grundbucheintrags innehat; das mit der materiellen Rechtslage nicht im Einklang stehende Buchrecht ist an den wahren Berechtigten „herauszugeben"[5]. Da es sich um einen „Gegenstand" handelt — der Begriff ist weiter als der einer „Sache" (§ 90), er umfaßt außer körperlichen Objekten auch Vermögensrechte und Rechtspositionen —, stellt sich der Anspruch auf Zustimmung zur Berichtigung des Grundbuchs dar als „Herausgabe eines Gegenstands"[6]. Der Berichtigungsanspruch verlangt somit von dem Eingetragenen eine Leistung (§ 241)[7]. Die Stellung, in der sich der Bucheigentümer gegenüber dem wirklichen Eigentümer befindet, entspricht daher durchaus derjenigen des herausgabepflichtigen Besitzers gegenüber dem Eigentümer, mit anderen Worten, die Interessenlage ist genau dieselbe wie bei § 985[8, 9].

---

[2] Diese Frage wird im Gegensatz zu anderen dinglichen Ansprüchen beim Buchbesitzer seltener praktisch. Der nicht eingetragene Eigentümer wird mit der Mahnung meist einen Widerspruch im Wege einer einstweiligen Verfügung erwirken, so daß der Berichtigungspflichtige durch gutgläubige Verfügungen im Verzug einen erheblichen Schaden nicht mehr anrichten kann (§ 892 Abs. 1).

[3] Vgl. z. B. zu den *Unmöglichkeitsregeln Dallinger*, S. 67 ff.; zum *Zurückbehaltungsrecht* BGHZ 41, 30, 34 = NJW 1964, 811, 812; *Staudinger-Seufert*, RdNr. 37 zu § 894 m. w. N.; zu *Treu und Glauben Mühl*, NJW 1956, 1657, 1661; *Staudinger-Seufert*, RdNr. 38 zu § 894, jeweils mit weiteren Nachweisen; zum *Verzicht Pohle*, JZ 1956, 53 ff.; *Staudinger-Seufert*, RdNr. 39 zu § 894 m. w. N.

[4] Siehe dazu Zweiten Abschnitt, Ersten Teil, III dieser Arbeit.

[5] RG Recht 1911, Nr. 3161.

[6] BGHZ 41, 30, 34 = NJW 1964, 811, 812; RG Recht 1912, Nr. 3177.

[7] Daß dieser Anspruch dinglichen Charakter hat und ein Ausfluß des Rechts ist, auf Grund dessen er erhoben wird, ist allgemeine Meinung und braucht deshalb hier nicht näher erörtert zu werden. Siehe dazu *Staudinger-Seufert*, RdNr. 2 und 3 zu § 894.

[8] In diesem Sinne auch *Mühl*, NJW 1956, 1657, 1661; *Westermann*, § 73 II 1, der jedoch mehr auf die Strukturähnlichkeit zwischen § 894 und § 985 abstellt; RGZ 121, 335, 336; RGZ 158, 40, 45; BGHZ 41, 30, 34; vgl. im einzelnen *Staudinger-Seufert*, RdNr. 3 zu § 894, und *Dallinger* S. 1 ff., jeweils mit weiteren Nachweisen; dagegen hat der Grundbuchberichtigungsanspruch nach *Baur*

Andererseits ist damit, daß der Grundbuchberichtigungsanspruch unter einen Oberbegriff mit dem Herausgabeanspruch gebracht wird, natürlich noch nicht gesagt, daß die beiden Ansprüche in *jeder* Hinsicht gleich zu behandeln sind. Der Beweis dafür, daß der eine der für den anderen geltenden Regelung zu unterstellen sei, ist mit dem Aufzeigen eines „genus proximum" keineswegs erbracht, solange der Einfluß der „differentia specifica" auf diese Regelung unklar ist. Das sollte methodisch selbstverständlich sein[10].

1. Schuldnerverzug

Mit Rücksicht auf die Verwandtschaft der Hauptansprüche aus § 985 und § 894 ist auf die Frage der Anwendbarkeit der Vorschriften über den Schuldnerverzug nach §§ 284 ff. auf den letzteren ebenso zu entscheiden, wie das für den Fall des § 985 geschehen ist. Allein die Stellung, in der sich der Bucheigentümer gegenüber dem wirklichen Eigentümer befindet, ist nach den oben gemachten Ausführungen der Stellung des unmittelbaren, nicht berechtigten Sachbesitzers so wesensverwandt, daß *zumindest* die Anwendung der §§ 989, 990 auf Fälle solcher Art geboten ist, mit der Maßgabe, daß für die Frage des Schuldnerverzugs der Berichtigungsanspruch aus § 894 dem Herausgabeanspruch

---

(Sachenrecht, § 18 C I 2), *Wolff-Raiser* (§ 46 FN 5), *Heck* (Sachenrecht, § 42 6), *Rudolf Schmidt* (Beseitigungsanspruch, S. 58) und BGHZ 5, 76, 82 entsprechend § 1004 negatorischen Charakter. Diese Ansicht stützt sich auf die Gesetzesmaterialien, in denen darauf hingewiesen wird, daß die negatorische Natur des Anspruchs auf Berichtigung *außer Zweifel* stehe (Mugdan Teil III S. 131). Diese Streitfrage bedarf jedoch aus zwei Gründen im Rahmen dieser Arbeit keiner näheren Auseinandersetzung. Aus dem oben Dargelegten ergibt sich, daß auch im Rahmen des § 1004 das Haftungsprivileg des redlichen Besitzers nach §§ 989, 990, 993 Abs. 1 entsprechend gilt. Siehe dazu auch *Timm*, S. 84, der diese Frage aus dem gleichen Grunde offen läßt; a. A. *Dallinger*, S. 41. Im übrigen hat der Streit um das Wesen des Berichtigungsanspruchs keinen entscheidenden Einfluß auf das Ergebnis, denn auch bei den anderen dinglichen Ansprüchen hat es sich gezeigt, daß nicht ihre Eingruppierung unter die dinglichen Ansprüche, sondern nur die Auslegung der Einzelvorschriften den Geltungsbereich der Verzugsvorschriften abstecken kann.

So zutreffend auch *Dallinger*, S. 66.

[9] Es ist hier nicht der Ort, auf das Problem einzugehen, ob die Funktion, die der Berichtigungsanspruch mit der Vindikation gemein hat, auch in der gesetzlichen Ordnung der Vindikations*neben*ansprüche wirksam ist. Da die vorliegende Untersuchung sich lediglich mit der Anwendbarkeit der Verzugsvorschriften auf die dinglichen Ansprüche und sich nicht mit den rein schuldrechtlichen Folgeansprüchen befaßt, kommt es auf die Verwandtschaft der Hauptansprüche und nicht auf die Ähnlichkeit der Anspruchssubstrate an. Zu den letzteren vgl. *Dallinger*, S. 45 ff.

[10] Nicht einmal *Krückmann* (AcP 108, 179 ff.), der von seinem Besitzbegriff aus zu einem Besitz an Verfügungsbefugnissen gelangt und deshalb auch den Buchbesitz für echten Besitz hält (S. 309), hat den Schluß auf die uneingeschränkte Anwendbarkeit der § 987 ff. gezogen.

gleichzustellen ist. Demnach sind die Vorschriften über Leistungsverzug gemäß §§ 284 ff. entsprechend § 990 Abs. 2 auf den Grundbuchberichtigungsanspruch analog anzuwenden[11].

Das Maß der in § 990 Abs. 2 i. V. m. § 993 liegenden Besonderheit ergibt sich aus dem Grad der Abweichung von den allgemeinen Regeln. Bei der Untersuchung des § 990 Abs. 2 ist von der Feststellung auszugehen, daß dieser insoweit gar nichts Besonderes enthält, als diese Vorschrift den *schuldlos Redlichen* nicht mit einer Ersatzpflicht belastet. Denn auch nach den allgemeinen Bestimmungen der §§ 284 ff. würde er nicht haften. Die Möglichkeit schuldhafter Redlichkeit ergibt sich daraus, daß die Bestimmung der Redlichkeit i. S. d. § 990 an §§ 932, 937 ausgerichtet ist[12]. Zu den redlichen Besitzern, die das Gesetz von einer nach allgemeinem Schuldrecht eingreifenden Ersatzhaftung dispensiert, gehören alle diejenigen, die den Besitz in leichter Fahrlässigkeit erworben oder es später auch grob fahrlässig versäumt haben (§ 990 Abs. 1 Satz 2), den Rechtsmangel nachträglich zu erkennen[13]. Dementsprechend kommen als redliche Buchbesitzer, für die die analoge Anwendung des § 990 eine Privilegierung bedeutet, nur solche in Frage, die bei der Eintragung leicht oder später auch grob fahrlässig an ihre Buchrechtsstellung glaubten.

Privilegiert wird durch die analoge Anwendung des § 990, 989 i. V. m. § 993 einmal derjenige, der bei seiner Eintragung die im Grundstücksverkehr erforderliche Sorgfalt außer acht gelassen hat (§ 276), wenn sein hierdurch hervorgerufener Irrtum über seine Rechtsstellung zur Zeit der Schadenshandlung noch besteht und ihm zu dieser Zeit auch nicht vorgeworfen werden kann. Eine Besserstellung wird ferner demjenigen Buchbesitzer zuteil, der den Rechtsmangel zwar bei der Eintragung nicht erkennen konnte, ihn aber auch später, als er erkennbar war, unter Verletzung der für ihn bestehenden Erkundigungspflicht nicht beachtet hat und nun in dem hierdurch entstandenen und noch vorwerfbaren Irrtum seine Zustimmung nicht erteilt.

Die Fälle, in denen der redliche Buchbesitzer durch die entsprechende Anwendung der §§ 989 ff. privilegiert wird, lassen sich also unter dem Gesichtspunkt des verschuldeten Irrtums über das Buchrecht an der Sache zusammenfassen. Nur insoweit, als es sich um Fälle verschuldeten Irrtums handelt, liegt in dem in diesen Normen verwirklichten Satz

---

11 So auch *Hans Hellwig*, Gruch 55, 607, 618 f.; *Konrad Hellwig*, Anspruch, S. 29 FN 15; *Rosenberg*, Erl. IV 3 zu § 894; *D. Reinicke*, NJW 1968, 788, 789, a. A. *Dallinger*, S. 100, der der Ansicht ist, daß die Analogie zum Vindikationsrecht unhaltbar sei, da eine Lücke, zu deren Ausfüllung sie dienen könne, nicht bestehe.

12 Siehe S. 104 ff., insbesondere FN 55.

13 *Heck*, Sachenrecht, § 68 4 b; *Westermann*, § 31 I 3 b bb.

„quasi rem suam neglexit" etwas Besonderes. Dabei ergeben sich aber für die Aufstellung des Maßstabes, der bei der Prüfung, ob dieser Irrtum verschuldet ist, zwei wichtige Unterschiede zugunsten des Buchbesitzers. Wenn das Grundbuch als ein amtlich und von Fachkräften geführtes Register sichere Auskunft über die Rechtsverhältnisse an Grund und Boden geben soll[14], so bedeutet das, daß gegen den schadensstiftenden Buchbesitzer, der dem Buch vertraut hat[15], ein Vorwurf wegen seines Irrtums schwerer zu begründen ist, als gegen den, dessen Recht nicht durch das Grundbuch gesichert ist. Um über den Irrtum das Verdikt der Fahrlässigkeit aussprechen zu können, sind deutlichere Anzeichen einer fremden Rechtszuständigkeit nötig als beim Sachbesitzer. Jegliche Pflicht zur Prüfung des eigenen Rechts kann man zwar nicht leugnen[16]; dennoch wird die Verkennung der fremden Berechtigung häufig nicht als verschuldet anzusehen sein. Hinzu kommt, daß für den Prüfenden Rechtskenntnisse nötig sind. Fehlen sie, so ist dem Eingetragenen allenfalls die Beiziehung eines Fachmannes zuzumuten[17]. Nur dem Rechtskundigen und dem Unkundigen, der sich nicht belehren läßt, wird hiernach der Vorwurf fahrlässigen Verhaltens gemacht werden können.

Die gezeigten Unterschiede führen dazu, daß die privilegierende Wirkung der §§ 989, 990 i. V. m. § 993 bei ihrer entsprechenden Anwendung auf den Grundbuchberichtigunganspruch stärker in Erscheinung tritt als beim Eigentumsherausgabeanspruch; für den redlichen Eingetragenen besteht schon ohne die Bevorzugung des § 990 Abs. 2 i. V. m. § 993 eine größere Zone verantwortungsfreien, weil vorwurfsfreien Handelns. Die Zone der Privilegierung beginnt gewissermaßen erst dahinter. Die

---

14 Vgl. dazu *Dallinger*, S. 16 m. w. N.

15 Notwendige Voraussetzung zu seiner Bevorzugung wäre das freilich nicht; die Privilegierung findet auch dann statt, wenn die Eintragung für den Irrtum nicht ursächlich war. Der Verfügende braucht das Grundbuch nicht einmal eingesehen zu haben. Die bloße Tatsache der Eintragung bewirkt den Eintritt des Haftungsausschlusses. Ebenso ist es nicht wesentlich, ob, wie dort der Sachbesitz, so hier die Eintragung im Grundbuch die Quelle der — falschen — Vorstellung des Irrenden war oder irgendein anderer Umstand. Nicht nur, daß der Bucheigentümer sich über den Stand des Grundbuchs nicht unterrichtet zu haben braucht. Selbst wenn er dies getan und die Unrichtigkeit der Eintragung durchaus erkannt hat, kann er redlich sein. Er kann nämlich annehmen, er habe einen schuldrechtlichen Anspruch auf Herstellung der Rechtslage, wie sie das Grundbuch bereits angibt; denn träfe seine Annahme zu, so hätte er tatsächlich eine Stellung inne, die eine Berichtigungspflicht ausschlösse. Vgl. dazu *Wolff-Raiser*, § 46 IV 1. Er glaubt also in diesem Falle, daß ein Rechtsverhältnis besteht, vermöge dessen er den Anspruch des Eigentümers abwehren könne, und ein solcher Glaube macht ihn schon redlich i. S. d. § 990. So zutreffend *Schlegelberger-Vogels-Spreckelsen*, RdNr. 3 zu § 990; *Dallinger*, S. 18.

16 Näher *Dallinger*, S. 78 ff.

17 RGZ 158, 46 bezeichnet das bereits als zu weitgehend und verneint auch leichte Fahrlässigkeit.

Privilegierung hat erst da ihren Sinn und Zweck, wo die Verantwortung beginnt. Ist also ausnahmsweise das Vertrauen auf das Grundbuch trotz der gemilderten Anforderungen einmal vorwerfbar, so haftet der redliche Buchbesitzer dennoch nicht, weil nunmehr die Privilegierungswirkung der §§ 989 ff. einsetzt. Sie fügt zu der Milderung der Anforderungen eine Milderung der Sanktionen hinzu[18]. Demgegenüber droht dem Buchbesitzer trotz Rechtshängigkeit gemäß § 989 aus den gleichen rechtlichen Erwägungen wie beim Eigentumsherausgabeanspruch[19] auch im Falle der Bösgläubigkeit keine Verzugshaftung, da im Tatbestand des § 989 eine § 990 Abs. 2 entsprechende Verweisungsnorm fehlt. Die Bedeutung, die der Verzugshaftung zugesprochen wird, rührt gerade daher, daß die Haftung für Nachteile, die dem wahren Eigentümer aus der Vorenthaltung der Sache erwachsen, und den Gewinn, den nur der Eigentümer hätte erzielen können, sich aus den Vorschriften der §§ 990 Abs. 1, 987, 989 nicht ergibt[20].

Die Voraussetzungen des Verzugs richten sich jedoch wie beim Eigentumsherausgabeanspruch allein nach den schuldrechtlichen Vorschriften. § 990 Abs. 2 zeigt auch bei diesem Anspruch nur die Möglichkeit der Verzugshaftung des redlichen Buchbesitzers auf. Aus diesem Grunde sind im folgenden die einzelnen Verzugsvoraussetzungen, soweit das im Rahmen dieser Arbeit notwendig ist, kurz zu streifen.

Hat der Eigentümer das Verlangen an den Bucheigentümer auf Zustimmung zur Berichtigung des Grundbuchs gerichtet, so liegt darin eine Mahnung gemäß § 284 Abs. 1 Satz 1 nach der Leistung, die diesem nach § 894 zu erbringen obliegt. Da die Leistung bereits von dem Zeitpunkt an fällig ist, in dem der Widerspruch zwischen Sachstand und Buchstand eingetreten ist, sind damit die Voraussetzungen des § 284 in der Person des Bucheigentümers erfüllt. Die Folge davon ist, daß der Bucheigentümer gegenüber dem wahren Berechtigten den Ersatz für die zufällige Unmöglichkeit (§ 287) sowie den weiteren Verzugsschaden einschließlich der gezogenen Nutzungen zu leisten hat[21, 22, 23].

---

18 Zu den Einzelheiten vgl. *Dallinger,* S. 17 ff.

19 Siehe S. 106.

20 A. A. wohl *Dallinger,* S. 22, nach dem der verklagte Buchbesitzer über § 292, dessen Voraussetzungen regelmäßig nach der Klagerhebung vorliegen werden, nach § 989, 286 f. Ersatz für zufällige Unmöglichkeit und sonstigen Verzugsschaden zu leisten hat.

21 Vgl. auch *Dallinger,* S. 22 und 36.

22 Dieses Ergebnis erweist sich nicht nur als dogmatisch begründet, sondern auch als praktisch befriedigend. Denn es wäre unter Berücksichtigung der jeweiligen Interessenlage nicht einzusehen, daß der dingliche Berichtigungsanspruch nach § 894 anders als der schuldrechtliche Berichtigungsanspruch nach § 812 oder u. U. § 823 Abs. 1 zu behandeln ist. Bei dem letzteren ist aber sicher und wird, soweit ersichtlich, auch gar nicht bestritten, daß die allgemeinen Vorschriften über Verzug von sich aus, d. h. ohne besondere gesetz-

2. Fristsetzung nach Verurteilung

Dagegen ist § 283 auf den Grundbuchberichtigungsanspruch unanwendbar. Hier kommt ein Schadensersatzanspruch wegen Unmöglichkeit nicht in Betracht, weil die Rechtskraft des Urteils gemäß § 894 ZPO bereits Erfüllung der Verpflichtung bedeutet[24].

---

liche Anordnung, Anwendung finden. So zutreffend *Dimopoulous-Vosikos*, S. 165 f. m. w. N.

[23] Dagegen stellt sich die Frage, ob der Bucheigentümer im Falle des Verkaufes des Grundstücks bereits gegenüber dem Verkäufer verpflichtet ist, diesen im Falle des Verzugs von seinen Verpflichtungen gegenüber dem Käufer durch Erteilung der Berichtigungsbewilligung zu befreien. Was die dingliche Verpflichtung betrifft, die im Falle des Bestehens den Grundstückseigentümer als solchen — nach der Auflassung also den Käufer — trifft, und aus deren Nichtbestehen im Fall der Eintragung für den Eigentümer der Anspruch aus § 894 folgt, so ergibt sich daraus, daß trotz der Erfüllung des Kaufvertrages Verzug des Verkäufers mit den damit verbundenen Rechtsfolgen (§§ 286 ff.) möglich ist. Bei der hier angeschnittenen Streitfrage soll davon ausgegangen werden, daß die Verzugsvoraussetzungen bereits beim Verkäufer entstanden sind. Hat dieser den Buchberechtigten mit der Erfüllung der ihm nach § 894 obliegenden Leistung in Verzug gesetzt, so ist er berechtigt, von ihm Ersatz des durch den Verzug entstehenden Schadens zu fordern. Die Folge der Nichterfüllung des Buchberechtigten ist, daß der Verkäufer dem Käufer gegenüber verpflichtet wird, die Eintragung des nicht bestehenden dinglichen Rechts zu beseitigen. Die Schädigung, die der Verkäufer dadurch erleidet, wird durch die Auflassung an den Käufer nicht beseitigt. Dem Verkäufer wird sein Schaden dadurch ersetzt, daß ihn der eingetragene „Berechtigte" von seiner Verpflichtung gegenüber dem Käufer befreit. Das geschieht dadurch, daß er dem Käufer des Grundstücks seine Zustimmung dazu erteilt, daß die Eintragung gelöscht (oder das Grundbuch in anderer Weise berichtigt) wird. Das kann der Verkäufer auch noch nach der Auflassung des Grundstücks an den Käufer gemäß § 286 Abs. 1 einklagen. Dazu bedarf es aus diesem Grunde keiner besonderen Ermächtigung in Form der gewillkürten Prozeßstandschaft. So zutreffend *Wolff-Raiser*, § 46 VI FN 26; *Hans Hellwig*, Gruch. 55. 607, 618. Gegen das hier gefundene Ergebnis wird man auch nicht einwenden können, daß dieser Schaden dem Verkäufer nur von dem Buchberechtigten zu ersetzen sei, wenn er bereits in dem Augenblick in Verzug war, als den Verkäufer die Verpflichtung traf, die Eintragung des beschränkt dinglichen Rechts zur Löschung zu bringen, und daß demgemäß die hier gefundene Lösung nicht zur Anwendung komme, wenn der Bucheigentümer noch nicht in Verzug geraten sei. Demgegenüber ist zu entgegnen, daß wohl niemand sein Grundstück verkaufen wird, ohne *vorher* versucht zu haben, gütlich von demjenigen, dessen Recht durch die erforderliche Eintragung betroffen würde, die Zustimmung zur Berichtigung des Grundbuchs zu erlangen, so daß dieses dann den Zustand des verkauften Grundstücks wiedergibt, den es nach dem Kaufvertrag oder nach dem BGB (§ 435) wiedergeben soll. In diesem Begehren liegt aber eine verzugsbegründende Mahnung gemäß § 284 auf die Leistung, die dieser nach § 894 zu erbringen hat. So zutreffend *Hans Hellwig*, Gruch. 55, 607, 618.

[24] Das gilt bei allen Ansprüchen auf Abgabe von Willenserklärungen. Vgl. statt vieler RGZ 76, 409, 412; *Horstmann*, S. 56; siehe auch *Derleder*, NJW 1970, 929, 930 FN 11; *Wallerath*, JR 1970, 161, 162 FN 18.

3. Gläubigerverzug

Aus den gleichen rechtlichen Überlegungen scheidet auch die Anwendbarkeit der §§ 293 ff. auf den Grundbuchberichtigungsanspruch aus. Aus dem oben Dargelegten folgt, daß das die Verpflichtung aussprechende rechtskräftige Urteil die notwendige Zustimmung des Buchberechtigten ohne Mitwirkung des wahren Berechtigten nach § 894 ZPO ersetzt. Ist aber für eine Leistung, wie z. B. hier bei Abgabe einer Willenserklärung, weder eine Mitwirkung des dinglich Berechtigten noch dessen Annahme erforderlich, kommt ein Verzug der Annahme des wahren Eigentümers niemals in Betracht[25].

IV. Das Recht zur Befriedigung aus einem Pfandgegenstand (§§ 1113 Abs. 1, 1191 Abs. 1, 1199 Abs. 1 BGB)

Die Frage, ob im Rahmen der dinglichen Befriedigungsrechte die Verzugsregeln Anwendung finden, ist trotz gründlicher wissenschaftlicher Erörterungen noch immer nicht hinreichend geklärt. Wenngleich die Normen über Verzug in den allgemeinen Vorschriften des Rechts der Schuldverhältnisse eingereiht sind, so besteht im Grundsatz dennoch kein durchgreifendes Bedenken dagegen, sie auch auf die dem Sachenrecht zugehörenden Befriedigungsrechte anzuwenden[1]. Dafür spricht vor allem die Bestimmung des § 1146, wonach das Grundstück für Verzugszinsen haftet, wenn dem *Eigentümer* gegenüber die Voraussetzungen vorliegen, unter denen ein *Schuldner* in *Verzug* kommt. Allein es darf auch hier nicht von den wesentlichen Grundentscheidungen des Sachenrechts abgewichen werden.

---

[25] Vgl. dazu BGB-RGRK-*Nastelski*, Anm. 7 zu § 293.

[1] Wenn im folgenden nur die Grundpfandrechte und nicht das Fahrnispfand einer näheren Untersuchung unterzogen wird, bedeutet das nicht, daß auf das Pfandrecht an beweglichen Sachen die Verzugsregeln nicht anwendbar wären. Beim Fahrnispfand wird diese Frage jedoch nicht aktuell werden, da hier die Pfandgläubiger *normalerweise* die Befugnis eingeräumt bekommen, die Pfandsache durch Privatverkauf im Wege öffentlicher Versteigerung (§§ 1233 ff.). oder nach den Regeln der ZPO (§§ 803 ff.) zu versilbern. Vgl. dazu aber jüngst BGH NJW 1972, 1048, 1049 f., wo es um die Frage ging, ob der Pfandgläubiger wegen verzögerter Freigabe des Pfandgegenstandes haftet, wenn die Sache einem Dritten gehört und dieser sein Recht hinreichend glaubhaft macht. Dadurch, daß im Rahmen des Vollstreckungszugriffs von der ZPO (§§ 808 ff.) bewußt auf eine abschließende Prüfung der Eigentumslage verzichtet und eine Beeinträchtigung des Drittberechtigten zunächst in Kauf genommen werde, entsteht nach dem BGH zwischen dem Dritten und dem Pfändungsgläubiger eine gesetzliche Sonderrechtsbeziehung privatrechtlicher Art. Diese gesetzliche Sonderbeziehung privatrechtlicher Art gewährt, wie der BGH zutreffend ausführt, dem betroffenen Drittberechtigten als Ausgleich für das zeitweilige Verbot, seine

1. Schuldnerverzug

Bei der Hypothek und sowohl entsprechend bei der Grundschuld nach § 1192 als auch bei der Rentenschuld nach § 1200 Abs. 1[2] haftet das Grundstück nach § 1146 unter den oben bereits näher bezeichneten Voraussetzungen für Verzugszinsen[3]. Diese Vorschrift ist in der Literatur häufig zum Anlaß genommen worden, zu der umstrittenen und schwierigen Frage Stellung zu nehmen, worin eigentlich die Pflicht des Eigentümers eines mit einer Hypothek belasteten Grundstücks bestehe, ob ihn irgendeine Art von persönlicher Leistungspflicht oder nur eine Duldungspflicht, nämlich Duldung der Zwangsvollstreckung, treffe. Dieser Frage soll hier nicht näher nachgegangen werden, da sie nicht spezifisch die Frage der Anwendbarkeit der Verzugsvorschriften, sondern das gesamte Hypothekenrecht betrifft[4]. So

---

materiellen Abwehransprüche unmittelbar durchzusetzen, *zunächst* den Anspruch auf sorgfältige Prüfung des dem Pfändungsgläubiger zur Darlegung und Glaubhaftmachung des Drittrechts Unterbreiteten; dieser Anspruch verwandelt sich in einen sachlich-rechtlichen, wenngleich gerichtlich nur im Wege der Klage aus § 771 ZPO durchsetzbaren Anspruch auf Freigabe in dem Augenblick, in dem der Anspruch hinreichend glaubhaft gemacht worden ist. Dieses so bestimmte Rechtsverhältnis begründet — ungeachtet der vollstreckungsrechtlichen Sonderproblematik — die Anwendung der §§ 284 ff., wenn der Pfandgläubiger die Freigabe des Pfandgegenstandes verzögert. Er muß dem Drittberechtigten den nachgewiesenen Nutzungsausfall bei schuldhafter Verzögerung der Freigabe nach § 286 Abs. 1 als Schadensersatz ersetzen.

[2] Bei der Rentenschuld gilt dies aber nur bezüglich der Ablösungssumme; vgl. § 1200 Abs. 1, 289.

[3] Der Unterschied zu § 1118 besteht darin, daß dort eine Haftung auch für Verzugszinsen eintritt, wenn der *persönliche Schuldner* in Verzug gerät.

[4] Die Auffassung, daß Hypothek, Grundschuld und Rentenschuld dingliche Verwertungsrechte seien, ist heute herrschend (vgl. dazu *Westermann*, § 94; *von Lübtow*, Festschrift für Heinrich Lehmann, Bd. 1, S. 328 ff.). Indes scheint der Wortlaut der §§ 1113, 1191 und 1199 „aus dem Grundstück zu zahlen ist" auf eine andere Ansicht hinzudeuten, nämlich darauf, daß der Eigentümer die Zahlung der Geldsumme — wenn auch „aus dem Grundstück" — schulde. In der Tat wurde früher die Auffassung vertreten, daß der Eigentümer die Zahlung der Geldsumme *schulde*, aber nur mit dem Grundstück *hafte* (Theorie der dinglichen Schuld). Diese Lehren sind m. E. schon allein deshalb abzulehnen, weil sie nur dazu führen, die Grenzlinie zwischen dinglichem und obligatorischem Recht zu verwischen (vgl. auch *von Tuhr*, Bd. 1 S. 116). Mit der herrschenden Meinung ist vielmehr zu sagen, daß § 1113 zwar keine Leistungsverpflichtung begründet — man kann sich schwerlich vorstellen, wie der Eigentümer verpflichtet sein soll, etwa aus dem Grundstück zu zahlen —, aber § 1147 gibt den Anhalt dafür, die schwer zu erfassende Formulierung des § 1113 auszulegen, derart, daß der Eigentümer verpflichtet ist, die Zwangsvollstreckung in das Grundstück zu dulden. So zutreffend *Fabricius*, Rechtsfall, S. 16 FN 3. Im übrigen kommt diesem Theorienstreit keine wesentliche praktische Bedeutung zu; denn aus dem Bekenntnis zu der einen oder anderen Theorie dürfen keine Konsequenzen für die Lösung eines konkreten Falles gezogen werden. Es kann sich vielmehr nur um eine das Institut nach seinen wesentlichen Erscheinungsformen charakterisierende Bezeichnung handeln. So auch *Baur*, Sachenrecht, § 36 II 2 a cc.

schwierig die dogmatische Erfassung der in § 1146 ausgesprochenen Haftungserweiterung ist, so einfach ist doch der dieser Vorschrift zugrundeliegende Gedanke. Der erste Entwurf zum BGB sah in § 1140 eine Haftungserweiterung nur für die Grundschuld vor. In den *Motiven*[5] wird diese auf die Grundschuld beschränkte Haftungserweiterung damit begründet, daß der Grundschuldgläubiger nicht schlechter gestellt werden dürfe, als der Hypothekengläubiger, der allein durch Mahnung den persönlichen Schuldner in Verzug setzen und so eine dingliche Sicherung der gesetzlichen Verzugszinsen (nach § 1118) erreichen könne. In § 1053 des zweiten Entwurfs und in § 1146 ist dieser Gedanke auf die Hypothek ausgedehnt worden, wohl mit der Überlegung[6], daß auch im Hypothekenrecht bei allgemein bekannter Zahlungsunfähigkeit des persönlichen Schuldners das belastete Grundstück ausschließlich Befriedigungsobjekt ist und dann eine erweiterte Haftung des Grundstücks nicht davon abhängig gemacht werden kann, daß zuerst oder zugleich mit dem Eigentümer der persönliche Schuldner mit der Folge des § 1118 in Verzug gesetzt wird[7].

Ohne die Vorschrift des § 1146 haftet der Eigentümer nach § 1118 als Schuldner bei einem verzögerlichen Verhalten zwar persönlich[8], dies könnte jedoch keine Erweiterung der *dinglichen Haftung des Grundstücks* bewirken[9]. Der Bestimmung des § 1146 scheint den Eigentümer, der trotz Mahnung die Geldsumme nicht freiwillig leistet, als

---

[5] Teil III S. 790.

[6] So *Albert Wolf*, S. 18.

[7] So zutreffend *Ulrich Schwab*, S. 30.

[8] Sind persönlicher Schuldner und Eigentümer des Grundstücks nicht identisch, so ist fraglich, ob § 1118 auch dann anwendbar ist, wenn die Voraussetzungen des Verzugs in der Person des persönlichen Schuldners eingetreten sind. § 1146, der die Haftung des Grundstücks ausdrücklich für den Fall des Verzugs des Eigentümers bestimmt, würde dafür sprechen, eine Haftung des Grundstücks bei Verzug des vom Eigentümer verschiedenen Schuldners zu verneinen, da diese nicht ebenso ausdrücklich bestimmt ist wie die in § 1146 für den Verzug des Eigentümers (so *Westermann*, § 101 II 1 b). Bei einer solchen Auslegung des § 1118 aber würde dessen Anwendungsbereich erheblich eingeschränkt. Es ist eben Sache des Eigentümers, sich nur für einen solchen Schuldner mit seinem Grundstück einzusetzen, der seinen Verpflichtungen aus dem Schuldvertrag auch nachkommen kann. Tut er das nicht, so ist es sein Risiko. Deshalb wendet die heute h. M. § 1118 auch bei Verzug des vom Eigentümer verschiedenen Schuldners an (*Wolff-Raiser*, § 134 II 1; *Planck-Strecker*, 1 c zu § 1118; *Soergel-Siebert-Mühl*, RdNr. 2 zu § 1118; *Staudinger-Scherübl*, Anm. 1 b zu § 1118; *Ulrich Schwab*, S. 29).

[9] Dagegen ist in jedem Fall unabhängig von § 1146 eine schuldrechtliche und damit persönliche Schadensersatzpflicht des Eigentümers nach § 823 denkbar, wenn der Eigentümer die Befriedigung des Gläubigers schuldhaft verzögert (*Soergel-Siebert-Baur*, RdNr. 1 zu § 1146; *Staudinger-Scherübl*, RdNr. 1 zu § 1146; *Planck-Strecker*, Erl. 3 zu § 1146). Inwieweit dieser Schaden auch unter dem Gesichtspunkt des Verzugs vom Eigentümer als persönlichem Schuldner zu ersetzen ist, wird im folgenden noch zu erörtern sein.

säumigen Schuldner zwar nicht zu bezeichnen, aber zu behandeln[10]. Allein dem ist nicht so. Der Gesetzgeber wollte den Eigentümer nicht einem in Verzug geratenen Schuldner gleichstellen. Der Eigentümer soll *im Rahmen der §§ 1118, 1146* nur *eine* der möglichen Verzugsfolgen, nämlich die *Zinszahlungspflicht,* treffen[11].

Ob der Eigentümer außerdem dem Gläubiger den weiteren Verzugsschaden zu ersetzen hat, ist sehr umstritten. Wie bereits dargestellt worden ist, ist der Eigentümer nach § 1142 zwar berechtigt, den Gläubiger zu befriedigen, jedoch zur Zahlung einer bestimmten Geldsumme nicht verpflichtet. Die Verpflichtung des Eigentümers geht lediglich dahin, die Zwangsvollstreckung in das Grundstück zu dulden. Inwieweit es sich dabei um einen dinglichen *Anspruch* handelt, braucht hier keiner abschließenden Prüfung unterzogen zu werden[12]. Denn zahllose Male erklärt das Gesetz einen Verzug (ein schuldhaftes Zögern) auch eines Nichtschuldners für möglich[13].

Nach den allgemeinen Ausführungen zur Anwendbarkeit schuldrechtlicher Vorschriften im Sachenrecht ist im Grundsatz eine entsprechende Anwendung der Verzugsregeln dann möglich, wenn sich aus der besonderen Natur des dinglichen Rechtsverhältnisses und den hierfür gegebenen Vorschriften nichts anderes ergibt. Es erscheint zweifelhaft, ob die Duldungspflicht des (nicht persönlich haftenden) Eigentümers ein einem Schuldverhältnis ähnliches Beziehungsverhältnis ist, auf das sich die allgemeinen Vorschriften des Schuldrechts über Verzug anwenden lassen. Aus dem Gesetz selbst läßt sich dafür nichts entnehmen[14]. Dennoch sind m. E. über § 1146, 1118 hinaus die schuldrecht-

---

[10] *Schulz,* AcP 105, 1 ff., 228.

[11] Für Prozeßzinsen (§ 291) haftet dagegen das Grundstück nur, wenn der persönliche Schuldner verklagt wird, nicht aber, wenn der Eigentümer, der nicht zugleich der persönliche Schuldner ist, nur hypothekarisch haftet.

[12] Diese Frage ist streitig. *Westermann* (§ 94 II 4) spricht insoweit von dinglichen Ansprüchen. „Das Verwertungsrecht als dingliches Recht ordnet" nach seiner Ansicht „das Grundstück dem Gläubiger unmittelbar zu, ohne daß es auf eine Beziehung zu einer Person ankommt". Die aus diesem Verwertungsrecht folgenden Beziehungen zwischen Gläubiger und Eigentümer seien typische dingliche Ansprüche. Ähnlich wie Westermann *Cosack,* System Bd. II S. 221. Dem wird man jedoch entgegenhalten müssen, daß der Inhaber der belasteten Sache nichts schulde, sondern der Pfandgläubiger lediglich die Verwertungsbefugnis habe. So auch *Medicus,* Bürgerliches Recht, § 19 II 3 S. 177; *Wolff-Raiser,* § 131 III, insbes. FN 15, 16 und 21.

[13] Ein erstes Beispiel enthält bereits § 121 bei der Definition des Wortes „unverzüglich". Vgl. auch § 44 S. 2 BRAnwO. Wie hier *Wolff-Raiser,* § 131 V 3 FN 20; a. A. *Fuchs,* Grundbegriffe, S. 119, nach dem niemand schuldhaft zögern könne, wenn er nicht zu handeln verpflichtet sei.

[14] Die *Motive* (Teil III S. 790) wollten offenbar die Möglichkeit des Ersatzes des weitergehenden Verzugsschadens bejahen. Es erscheint jedoch zweifelhaft, wie weit der Hinweis in den *Motiven* noch dem Willen des historischen Gesetzgebers entspricht (siehe insbes. dazu *Mugdan* Teil III S. 902). Hiernach

lichen Verzugsregeln auf die dingliche Haftung des Eigentümers entsprechend anzuwenden. Denn das Pfandrecht weist auch *gewisse schuldrechtliche Züge* auf. Es ist darauf hinzuweisen, daß der mit dem Grundpfandrecht belastete Eigentümer diese Last als eine „Schuld" empfindet, die es zu tilgen gilt, um gerade die Verwertung zu vermeiden. Auch der Pfandgläubiger wird im allgemeinen die Verwertung nur als letztes, keineswegs erwünschtes Mittel empfinden. Demgemäß wird man unter Berücksichtigung der Interessenlage der Beteiligten davon ausgehen müssen, daß der Eigentümer der haftenden Sache in einer Stellung ist, die der eines Schuldners ähnelt: beide müssen zahlen, wenn sie die Realisierung der Haftung vermeiden wollen. Aus diesem Grunde sind die Befriedigungsrechte der Pfandgläubiger wie Ansprüche zu behandeln, mit deren Erfüllung der Eigentümer in Verzug kommen kann, wobei er für den gesamten Verzögerungsschaden einzustehen hat[15]. Das gilt um so mehr, als es nicht einzusehen ist, daß derjenige, der auf Grund eines obligatorischen Rechts die Duldung der Zwangsvollstreckung schuldet, anders behandelt werden soll als der, der auf Grund eines dinglichen Rechts zur Duldung der Zwangsvollstreckung verpflichtet ist[16].

Entscheidend ist allein, daß auch das dingliche Pfandrecht eine Rechtsposition sichert, die auf Erwerb eines in Geld verkörperten Wertes gerichtet ist. Der Pfandgläubiger hat ein Recht auf pünktliche Bezahlung seiner Forderung, und dieses Recht ist gesichert. Im Verzugsfalle wird unpünktlich bezahlt; darauf braucht er sich dem Eigentümer gegenüber nicht einzulassen. Vielmehr kann er den daraus entstehenden Verzögerungsschaden vom Eigentümer ersetzt verlangen.

Daran ändert sich auch nichts durch die Tatsache, daß in den §§ 1118 und 1146 nur auf eine mögliche Verzugsfolge, nämlich die Zinszahlungs-

---

hat die Mehrheit die Frage einer entsprechenden Anwendung der Verzugsvorschriften des Schuldrechts dahingestellt sein lassen.

15 So auch *Karl Blomeyer*, JW 1933, 1268; *von Tuhr*, Bd. 1 S. 116; *Westermann*, § 94 II 4 und § 101 II 1 b; *Baur*, Sachenrecht, § 36 II 2 c cc; *Heck*, Sachenrecht, § 109; vgl. auch *Rimmelspacher*, S. 85; dagegen sagt das OLG Köln JW 1933, 634 vorsichtig, daß die Fassung des § 1146 zumindest nicht erkennen lasse, daß schuldrechtliche Verzugsgrundsätze gegen den nur dinglich Verpflichteten anwendbar seien. A. A. *Wolff-Raiser*, § 131 III 3; *Planck-Strecker*, Erl. 1 zu § 1146; *Erman-Westermann*, Anm. 1 zu § 1146; *Ulrich Schwab*, S. 30, der allein mit dem begriffsjuristisch anmutenden Hinweis, daß der Eigentümer kein Schuldner i. S. d. Obligationenrechts sei, die Haftung des Eigentümers auch für den weiteren Verzugsschaden ablehnt; *Lent-Schwab*, § 52 I 3.

16 Darauf weist *Karl Blomeyer* (JW 1933, 1268, 1269) zu Recht hin, der im übrigen der Ansicht ist, daß die Lehrmeinung, die die Haftung auf die Verzugszinsen beschränken will, ein Schulbeispiel für Begriffsjurisprudenz darstelle.

pflicht Bezug genommen wird[17]. Tritt Verzug ein, so erweitert, d. h. ändert sich der Anspruchsinhalt. Gleichwohl besteht das *dingliche Verwertungsrecht* auch für den inhaltlich geänderten Anspruch *nur* bis zu einem bestimmten Grad fort, so weit nämlich, als gesetzliche Zinsen gefordert werden können. Diese Haftungsbeschränkung rechtfertigt sich im Interesse der nachrangigen dinglichen Berechtigten[18]. Insbesondere werden die Grundpfandrechtsbedingungen unter Beachtung der nominellen Höhe der vorrangigen Rechte ausgehandelt. Sie muß daher, wenn auch nicht auf Mark und Pfennig genau, so doch im wesentlichen abschätzbar feststehen[19]. Zu diesem Zweck wird die Höhe des gesicherten Wertes — ausgedrückt in einer bestimmten Geldsumme — für den Zeitpunkt festgelegt, zu dem der Gläubiger die Leistung erhalten soll. Man könnte diesen Wert als den aktuellen Wert bezeichnen, den zu erlangen der Berechtigte eine Anwartschaft besitzt. In seinem Umfang wird die Rechtsposition durch die Hypothek gesichert. Das gilt zunächst für den Zeitpunkt der Fälligkeit. Erlangt der Berechtigte die Leistung in diesem Zeitpunkt nicht, so kann er die ihm in der Rechtsposition zustehende Befugnis, das Geleistete zu nutzen, nicht wahrnehmen. Er hat damit auch keine Möglichkeit, dem bei Fälligkeit vorhandenen aktuellen Wert neuen aktuellen Wert zuzufügen, in den er den in der Nutzungschance liegenden potentiellen Wert hätte verwandeln können. Die Vorschrift des § 1118 sichert nun dem Hypothekengläubiger *hypothekarisch* nur einen Teil des aktualisierbaren Wertes, und zwar den Teil, der den Rahmen der *gesetzlichen* Verzugszinsen ausfüllt[20, 21]. Aus dem Schutzzweck des § 1118, wonach die nachrangigen Gläubiger wissen sollen, wieviel ihnen betragsmäßig höchstens vorgehen kann, folgt daher lediglich, daß der Anspruch des Pfandgläubigers gegen den Eigentümer auf den weitergehenden Verzögerungsschaden nicht mehr durch das Grundpfandrecht gesichert ist, nicht jedoch, daß ein derartiger Anspruch überhaupt nicht denkbar ist[22].

---

[17] Vgl. aber *Erman-Westermann*, Anm. 2 zu § 1118; *Planck-Strecker*, Erl. 1 c zu § 1118; BGB-RGRK-*Schuster*, RdNr. 2 zu § 1118; *Soergel-Siebert-Baur*, RdNr. 2 zu § 1118; *Staudinger-Scherübl*, RdNr. 1 b zu § 1118; *Wolff-Raiser*, § 134 II 1.

[18] Vgl. *Erman-Westermann*, Anm. 1 zu § 1118; *Staudinger-Scherübl*, Anm. 1 zu § 1118.

[19] Einen Unsicherheitsfaktor enthält allerdings § 1146. Aber einmal ist seine Bedeutung nicht allzu groß (vgl. dazu *Staudinger-Scherübl*, Anm. 1 c und f zu § 1146) und zum anderen können die nachrangigen Grundpfandgläubiger die Zuverlässigkeit des Eigentümers als ihres Vertragspartners jedenfalls besser beurteilen als die der nicht mit dem Eigentümer identischen Schuldner der vorrangigen Berechtigten und danach ihr Verhalten bei Abschluß des Hypothekenbestellungsvertrages und bei der Hypothekenbestellung einrichten.

[20] Eine weitere Sicherung bietet der bereits erwähnte § 1146.

[21] So zutreffend *Rimmelspacher*, S. 85 ff.

[22] In diesem Sinne *Westermann*, § 101 II 1 b; *Medicus*, Bürgerliches Recht,

Um den Eigentümer in Verzug zu setzen, müssen jedoch entsprechend wie bei §§ 985, 990 Abs. 2, 284 ff. und §§ 1004 Abs. 1, 990 Abs. 2, 284 ff. diesem gegenüber die allgemeinen Verzugsvoraussetzungen erfüllt sein. Die Fälligkeit der Pfandrechte tritt entweder mit Zeitablauf oder durch Kündigung gegenüber dem Eigentümer ein (§ 1141). Ist eine Zeit für die „Leistung" bestimmt, so ist eine Mahnung nicht erforderlich. Das folgt aus § 284 Abs. 2 Satz 1 („dies interpellat pro homine"). Andernfalls muß der Gläubiger den Eigentümer mahnen. Diese Mahnung muß die Aufforderung enthalten, den Gläubiger zu befriedigen, nicht etwa die Zwangsvollstreckung zu dulden[23]. Bis hierher wird der Eigentümer behandelt, als schulde er eine Geldsumme[24]. Die der Rechtsstellung des Eigentümers eigene Besonderheit zeigt sich erst im folgenden: der Eigentümer kommt — anders als der sonstige Schuldner einer Geldsumme — nicht allein dadurch in Verzug, daß er auf die Mahnung hin nichts tut, sondern einfach abwartet. Der Eigentümer ist eben nicht verpflichtet, zu zahlen oder seine Pflicht zur Duldung der Zwangsvollstreckung ausdrücklich anzuerkennen. Die Verzugsfolgen treten vielmehr erst ein, wenn der Eigentümer etwa einer Zahlungsaufforderung ausdrücklich widerspricht oder seine Duldungspflicht zu Unrecht ausdrücklich oder stillschweigend bestreitet und dadurch die Befriedigung des Gläubigers aus dem Grundstück unberechtigterweise hinauszögert, so daß er dem Gläubiger die Nutzung des diesem gebührenden Geldes entzieht. Aus diesem Grunde hat er für den daraus entstehenden Verzögerungsschaden nach § 286 Abs. 1 einzustehen, einschließlich der Zinsen, wobei diese unbeschadet einer höheren Verzinsung kraft Vereinbarung und Eintragung 4 % betragen[25, 26]. Zu er-

---

§ 19 III 2 b bb S. 180. Dagegen läßt *Karl Blomeyer* (JW 1933, 1268, 1269) das offen.

[23] BGB-RGRK-*Schuster*, Anm. 2 zu § 1146. Nach allgemeiner Meinung braucht sich der Gläubiger bei der Mahnung aber nicht zur Aushändigung der in § 1144 bezeichneten Urkunden zu erbieten. Siehe dazu OLG Kiel OLGE 23, 169.

[24] Vgl. in diesem Zusammenhang auch §§ 592, 688, 794 Nr. 5 ZPO, die sämtlich die Befriedigung des Gläubigers beschleunigen helfen.

[25] Zu Unrecht beruft sich *Ulrich Schwab* (S. 31) zur Rechtfertigung seiner Lösung, wonach der Gläubiger den über die Zinsen hinausgehenden Verzugsschaden nur unter dem Gesichtspunkt einer Schadensersatzpflicht nach § 823 wegen verzögerter Befriedigung erhalten soll, auf die *Motive* (Teil III S. 790). Dort heißt es indes wörtlich: „... Vielmehr ist der Gläubiger, sofern nicht das Gesetz eine besondere Bestimmung trifft, darauf beschränkt, den Eigentümer *persönlich* auf Ersatz des durch den *Verzug* ihm verursachten Schadens zu belangen ..." Diese Äußerung des historischen Gesetzgebers spricht nicht für die von *Ulrich Schwab* vertretene Lösung, sondern stützt die hier vertretene Ansicht. Das gilt um so mehr, als die *Motive* (Teil III S. 790) fortfahren: „... Steht dem Gläubiger *wegen des Verzugs* noch eine besondere Ersatzforderung zu, so haftet für sie das Grundstück nicht ...". Wie hier auch *Planck-Strecker*, Erl. 1 c zu § 1118. Daß *daneben* dem Gläubiger in einem solchen Fall auch ein Ersatzanspruch auf Grund des § 823 Abs. 1 zu-

wähnen ist noch, woraus die 4 % Verzugszinsen zu entrichten sind. Vom Eigentümer her gesehen würde es zwar naheliegen, von dem Betrag des eingetragenen Grundpfandrechts auszugehen, da er sich in dieser Höhe verpflichtet hat. Andererseits muß aber der Eigentümer, will er die Zwangsvollstreckung vermeiden, nur den Betrag bezahlen, bis zu dem die Forderung entstanden ist. Die Verzugszinsen nach §§ 1146, 1118 sind daher aus dem Betrag zu entrichten, für den im Einzelfall — abzüglich etwaiger Zinsforderungen (§ 289) — das Grundstück haftet[27].

2. Fristsetzung nach Verurteilung

Auch § 283 gilt bei den dinglichen Befriedigungsrechten, wobei Bezug genommen werden kann auf die Ausführungen im Rahmen der Eigentumsansprüche. Bei den Befriedigungsrechten gilt jedoch insoweit etwas Besonderes, als die Verurteilung des Eigentümers zur Duldung der Zwangsvollstreckung nach §§ 1113, 1147 keiner ausdrücklichen Annahme des Pfandgläubigers bedarf. Zwar spricht der Wortlaut des § 283 gegen die Anwendbarkeit dieser Norm auf derartige Duldungsansprüche. Entscheidend ist indes nicht der Wortlaut einer Vorschrift, sondern der Sinn und Zweck derselben. Sinn und Zweck dieser mehr prozeßrechtlichen als schuldrechtlichen Vorschrift ist, wie bereits eingehend dargelegt worden ist, dem Gläubiger die Möglichkeit zu geben, seinen Anspruch schneller durchzusetzen. Es ist kein sachlicher Grund ersichtlich, diese Bestimmung auf die dinglichen Befriedigungsrechte nicht anzuwenden. Nur geht in einem solchen Fall die Erklärung des Pfandgläubigers streng genommen nicht dahin, daß er nach dem Fristablauf die *Annahme* ablehne, sondern sinngemäß hat sie zu lauten, daß er die Leistung des Eigentümers nicht mehr als Erfüllung gelten lassen werde. Doch kommt es darauf wegen der Formlosigkeit der Erklärung nicht an[28].

---

stehen kann, wird durch die hier aufgezeigte Lösung nicht ausgeschlossen. Siehe dazu auch OLG Köln JW 1933, 634. Allein die Verzugshaftung verliert dann, wenn eine Haftung aus § 823 abgeleitet werden kann, an Bedeutung. Vgl. auch *Dimopoulos-Vosikis*, S. 167.

[26] Sofern den Eigentümer (neben der Verzugshaftung) noch eine Schadensersatzpflicht nach § 823 Abs. 1 wegen verzögerter Befriedigung trifft, kann der Gläubiger nicht Verzugszinsen nach § 1146 aus dem Grundstück und dazu noch die *volle* persönliche Schadenswiedergutmachung nach § 823 Abs. 1 verlangen. Ebensowenig kann der Gläubiger den Verzugsschaden doppelt geltend machen, wenn sowohl der Eigentümer als auch der von ihm verschiedene Schuldner in Verzug geraten sind. Vgl. dazu auch *Planck-Strecker*, Erl. 4 zu § 1146.

[27] So zutreffend *Ulrich Schwab*, S. 31/32.

[28] So auch *Planck-Siber*, Erl. 1 c zu § 283; *Schlegelberger-Vogels-Weitnauer*, RdNr. 8 und 12 zu § 283.

3. Gläubigerverzug

Dagegen sind die Vorschriften über den Verzug der Annahme durch den Gläubiger (§§ 293 ff.) auf die dinglichen Befriedigungsrechte nicht anwendbar. Wie bereits im Rahmen der Untersuchung des § 1004 Abs. 1 ausgeführt worden ist, kommt ein Verzug des Gläubigers dann nicht in Betracht, wenn für die Leistung weder eine Mitwirkung des Gläubigers noch dessen Annahme erforderlich ist. Aus diesem Grunde war bei § 1004 Abs. 1 das Ergebnis, daß in bezug auf den Unterlassungsanspruch Annahmeverzug undenkbar ist. Das gleiche hat auch hinsichtlich der dinglichen Befriedigungsrechte zu gelten. Denn diese Rechte gehen auf Duldung der Verwertung der Pfandsache durch den Gläubiger. Diese Pflicht des Eigentümers wird aber als Pflicht verstanden, sich nicht gegen diese Handlung zu wehren, mithin als Unterlassungspflicht[29]. Demgemäß ist die Anwendbarkeit der Vorschriften über Gläubigerverzug aus den gleichen Gründen wie bei dem Unterlassungsanspruch nach § 1004 Abs. 1 Satz 2 zu verneinen[30].

---

[29] Es ist hier nicht der Ort, auf die nicht nur rechtsdogmatisch interessante Frage einzugehen, ob die Pflicht zur Duldung eine dritte Kategorie einer Leistung anzusehen ist. In diesem Sinne *Planck-Siber*, Erl. 3 zu § 241 m. w. N.; gegen diese Differenzierung *Hammer*. Das Verhältnis der Unterlassungs- zur Duldungspflicht; BGB-RGRK-*Nastelski*, Anm. 11 zu § 241; *Oertmann*, Anm. 2 d zu § 241; *von Tuhr*, Bd. 1 S. 105 ff.; vgl. im einzelnen zu dieser Frage *Staudinger-Weber*, RdNr. 62 ff. zu § 241; vgl. *Stein-Jonas-Schumann/Leipold*, Anm. 1 vor § 253 ZPO m. w. N. in FN 25/26. Es kann jedoch davon ausgegangen werden, daß der historische Gesetzgeber selbst die Unterscheidung zwischen dem Unterlassen und dem Dulden nicht für notwendig befunden hat. Nach meiner Ansicht ist es auch sachgerecht, die Duldungspflicht als einen Unterfall der Unterlassungspflicht anzusehen. Dagegen spricht zwar die Erwägung, daß das der Duldungspflicht entsprechende Eingriffsrecht nicht ohne Zustimmung des Verpflichteten ausgeübt werden kann. Wenn jemand zum Zweck der Abholung nach § 867, 1005 ein fremdes Grundstück betreten würde, ohne sich an den Besitzer zu wenden, würde er trotz des ihm zustehenden Eingriffsrechts verbotene Eigenmacht begehen. Daraus folgt, daß die Verpflichtung des Besitzers bzw. bei den dinglichen Befriedigungsrechten des Eigentümers in solchen Fällen darin besteht, seine Zustimmung zum Eingriff zu geben. Indes hat der zur Duldung Verpflichtete dabei, nachdem der Eingriffsberechtigte sein Verlangen an ihn gestellt hat, nicht nur eine einmalige Erklärung abzugeben, sondern den Widerspruch *dauernd* zu unterlassen. Darum handelt es sich in den Fällen, wo das Gesetz von einer Duldungspflicht spricht, um Pflichten, welche wesentlich im Unterlassen einer Handlung bestehen und daher in § 890 ZPO mit Recht in bezug auf die Vollstreckung den Unterlassungspflichten gleichgestellt sind. So auch *von Tuhr*, Bd. 1 S. 105 ff.; *Soergel-Siebert-Reimer Schmidt*, RdNr. 8 zu § 241. Im übrigen hat diese Frage bei der Lösung des hier anstehenden Problems, ob nämlich auch bei den dinglichen Befriedigungsrechten Annahmeverzug des Gläubigers möglich ist, nur theoretische Bedeutung, weil es auch dann, wenn die Pflicht zur Duldung eine dritte Kategorie der Leistung darstellen sollte, eine Mitwirkung des Pfandgläubigers nicht erforderlich ist, mithin auch dann ein Annahmeverzug überhaupt nicht denkbar ist.

[30] Wie hier *Arwed Blomeyer*, Schuldrecht § 2 II 2; *Enneccerus-Lehmann*, § 4 I.

V. Sonstige dingliche Ansprüche nach §§ 1047, 1051 ff. BGB

Kurz soll noch auf die Rechte eingegangen werden, die der Eigentümer als solcher nach §§ 1047, 1051 ff. gegen den Nießbraucher hat. Nach § 1047 trägt der Nießbraucher die gewöhnlichen öffentlichen und privatrechtlichen Lasten, auch wenn nach außen nach wie vor der Eigentümer der Schuldner ist, wobei jedoch dann, wenn ein sorgloser oder gewissenloser Nießbraucher — aber auch ein solcher, der möglichst viel aus der Sache „herauswirtschaften" will — die vermögensrechtliche Stellung des Eigentümers erheblich gefährdet, der Eigentümer durch Ansprüche auf Sicherheitsleistung nach § 1051, ja sogar unter gewissen Voraussetzungen durch gerichtliche Sequestration nach §§ 1052, 1054 vorbeugen kann[1, 2]. Bei diesen Ansprüchen handelt es sich entsprechend dem Herausgabeanspruch nach § 985 und dem Beseitigungsanspruch nach § 1004 Abs. 1 um gesetzliche, nicht vertragliche Ansprüche. Da sie ihren Ursprung in dem dinglichen Nießbrauchrecht nach §§ 1030 ff. haben, werden diese ebenso wie die sonstigen Eigentumsansprüche als dingliche Ansprüche bezeichnet, wobei sie ebenfalls petitorischer Natur sind[3].

Aus dem Gesagten folgt, daß diese Ansprüche wie die bisher untersuchten Ansprüche durch die allgemeine Dogmatik des Schuldrechts zweckentsprechend ergänzbar sind. Weil die beiderseitigen Bindungen den Charakter von Leistungspflichten i. S. d. § 241 haben, finden auch hier die Vorschriften über Schuldnerverzug nach §§ 284 ff. Anwendung[4].

Im Gegensatz dazu ist § 283 nicht anwendbar, soweit der Nießbraucher entweder seiner Verpflichtung zur Tragung der öffentlichen und privatrechtlichen Lasten oder zur Leistung von Sicherheiten in Form der Hinterlegung von Geld (vgl. § 232) nicht nachkommt. Bei diesen Ansprüchen ist weder Unmöglichkeit noch ein Wegfall des Leistungsinteresses denkbar. Aus diesem Grunde ist bei derartigen einseitigen Geldansprüchen die Anwendung des § 283 in jedem Fall ausgeschlossen[5].

Dagegen kann jedoch der Eigentümer mit der Annahme der Leistungen des Nießbrauchers in Verzug nach §§ 293 ff. mit den sich daraus

---

[1] Siehe dazu *Westermann*, § 124 IV 2 d.

[2] Auf den dem Eigentümer gegenüber dem Nießbraucher nach § 1053 zustehenden Anspruch auf Unterlassung ordnungswidrigen Gebrauchs, ist bereits im Rahmen des allgemeinen Unterlassungsanspruchs nach § 1004 Abs. 1 Satz 2 hingewiesen worden und braucht daher an dieser Stelle nicht mehr in die Betrachtungen einbezogen zu werden.

[3] So zutreffend *Medicus*, Bürgerliches Recht, § 19 II 4 S. 177.

[4] So auch *Hedemann*, Sachenrecht § 38 III e 2 S. 257.

[5] So zutreffend *Schlegelberger-Vogels-Weitnauer*, RdNr. 10 zu § 283; *Planck-Siber*, Erl. 2 b zu § 283; *Erman-Erman*, Anm. 2 zu § 283.

ergebenden Haftungserleichterungen nach §§ 300 ff. kommen, wobei jedoch zu beachten ist, daß der Eigentümer, soweit die Sicherheitsleistung betroffen ist, andere als die in § 232 zugelassenen Sicherheiten nicht anzunehmen braucht[6].

VI. Das Recht der dinglichen Vormerkung

Als letzte von den am Anfang der vorliegenden Untersuchungen erwähnten Streitfragen harrt noch die Kontroverse um die Entscheidungen über die Vormerkung nach §§ 883 ff. ihrer Behandlung.

Das Grenzgebiet des Schuld- und Sachenrechts ist der Standort der Vormerkung[1, 2]. Der schuldrechtliche Anspruch unter sachenrechtlichem Schutz, das sachenrechtliche Institut streng abhängig von dem geschützten obligatorischen Anspruch und damit unter maßgeblichem Einfluß des Schuldverhältnisses, dem der geschützte Anspruch entstammt[3, 4]. Dieses Rechtsgebilde mit Januskopf *mußte* immer wieder zum Gegenstand dogmatischer Erörterungen werden und immer neuen Anlaß für Zweifel in der Rechtspraxis geben[5].

---

[6] Vgl. dazu *Palandt-Danckelmann*, Anm. 1 zu § 232.

[1] Nach der Terminologie des BGB umfaßt der Begriff „Vormerkung" nur den die vormerkungsfähige Forderung sichernden „Grundbucheintrag", also das Mehr an rechtlichen Befugnissen, das dem Anspruchsgläubiger aufgrund der Grundbucheintragung zusteht (§ 883 Abs. 1). Der Begriff „Vormerkung" umfaßt nicht auch die vormerkungsfähige Forderung selbst.

Entgegen der Übung der Praxis, die zum Teil unter dem Begriff „Vormerkung" oder „Rechten aus Vormerkung" „Vormerkung *und* Forderung" versteht, muß hier an der strengen Unterscheidung der Begriffe „Forderung" einerseits und „Vormerkung" andererseits festgehalten werden.

[2] Die folgenden Ausführungen gelten auch für das dingliche Vorkaufsrecht nach §§ 1094 ff. Denn auch der „vormerkungswidrig eingetragene Käufer" muß, weil beim Vorkaufsfall die Eigentumsübertragung vom Verkäufer auf ihn gegenüber dem Vorkaufsberechtigten unwirksam ist, gemäß § 888 Abs. 1 die Zustimmung zur Umschreibung des Eigentums auf den Vorkaufsberechtigten erteilen (§ 1098 Abs. 2). Insofern entspricht das Verhältnis demjenigen, das zwischen einem vormerkungswidrig Eingetragenen und dem durch die Auflassungsvormerkung Geschützten besteht. Vgl. im einzelnen dazu *Westermann*, § 125 5 b; *Palandt-Degenhart*, Anm. 4 zu § 1098; *Soergel-Siebert-Mühl*, RdNr. 4 zu § 1098; BayObLG NJW 1971, 809.

[3] Die Vormerkung dient nur dem Schutz von Forderungsrechten, dem Schutz dinglicher Rechte dient der Widerspruch. Vgl. dazu *Westermann*, § 84 II.

[4] Das ist einer der Fälle, wo Forderungsrechte (durch die Eintragung im Grundbuch) unstreitig mit absoluten Wirkungen ausgestattet werden. Wenn man diese grundbuchfähigen Rechte als reine Schuldrechte bezeichnet, besteht ein Widerspruch zum Grundsatz der bloßen Relativität von Forderungsrechten. Wollte man diesen vermeiden, bleibt nur die Möglichkeit, Mischformen zwischen dinglichen und obligatorischen Rechten anzuerkennen.

[5] Unabhängig von der Frage der Dinglichkeit der Vormerkung (siehe dazu die in FN 6 auf S. 31 Genannten; vgl. auch *Zärban*, S. 8 ff.; *Ulrich Weber*, S. 65 ff.; *von Krauthausen*, S. 9 ff.; jeweils mit weiteren Nachweisen) ist der

Aus diesem Grunde ist seit Inkrafttreten des Bürgerlichen Gesetzbuches die Vormerkung in der Rechtsprechung und Rechtslehre sowohl hinsichtlich der Einordnung in das System des Bürgerlichen Rechts als auch hinsichtlich der Vorschriften, welche auf sie Anwendung finden, heftig umstritten. Es scheint, daß die Vorhersage von *Fuchs*[6] zutrifft, daß es sich dabei um eine jener Kontroversen handelt, die nie sterben können.

Ursache des beim Rechtsinstitut der Vormerkung entstandenen Meinungsstreits ist insbesondere die Tatsache, daß im ersten Entwurf des Bürgerlichen Gesetzbuches aus dogmatischen Gründen die Vormerkung nicht aufgenommen worden war. Erst auf Drängen der Preußischen Regierung, die auf die große praktische Bedeutung der Vormerkung in den deutschen Partikularrechten hinwies, wurde die Vormerkung in den 2. Entwurf zum Bürgerlichen Gesetzbuch eingefügt. Durch diese nachträglich, nur von praktischen Gesichtspunkten bestimmte Aufnahme konnte eine dem System des Bürgerlichen Rechts entsprechende Einordnung der Vormerkung nicht erreicht werden[7]. Deshalb wurden im Bürgerlichen Gesetzbuch die Vormerkung und ihre Wirkungen nur in wenigen Vorschriften bestimmt, im übrigen aber viele offene Fragen der Rechtslehre und Rechtsprechung überlassen.

Ist zur Sicherung eines Übereignungsanspruchs eine Vormerkung eingetragen, äußert sich die Rechtswirkung der Vormerkung darin, daß sie nach allen Seiten[8] die Erfüllbarkeit des Anspruchs, so wie sie bei der Eintragung der Vormerkung bestand[9], gewährleistet und somit der Erwerb für den Gläubiger des Anspruchs gegen jedermann gesichert ist. Die Vormerkung sichert also den Eigentumserwerb des Käufers nicht nur gegen Verfügungen des Schuldners zugunsten Dritter, sondern auch gegen jedes andere Ereignis, das die Verwirklichung des Anspruchs vereiteln könnte[10]. Man kann sie daher als dingliche Erwerbsberechtigung[11] oder dingliches Erwerbsrecht bezeichnen. Das hat zur

---

persönliche Schuldner auch nach ihrer Eintragung *nur* auf Grund des schuldrechtlichen Anspruchs verpflichtet (vgl. dazu *Biermann*, Widerspruch und Vormerkung, S. 215; *Westermann*, § 84 IV 2). Demgemäß ist in dem Verhältnis zwischen Schuldner und Gläubiger die Anwendbarkeit der Normen über Verzug rechtlich unproblematisch.

[6] Grundbuchrecht, Erl. 8 zu § 888.

[7] Vgl. zur Entstehungsgeschichte der Vormerkung *Bendix*, Gruch 49, 288 ff.; *Biermann*, Widerspruch und Vormerkung, S. 58 ff.

[8] So zutreffend *Rosenberg*, Erl. I 3 zu § 883.

[9] *Wolff-Raiser*, § 48 III; *Rosenberg*, Erl. IV 1 zu § 883; *Westermann*, § 84 II 1 e und § 84 VII.

[10] Vgl. dazu *Müller*, S. 51; *Medicus*, AcP 163, 1 ff., 6.

[11] So zuerst *Enneccerus*, S. 601; weiterhin *Enneccerus-Nipperdey*, § 79 A II 5 S. 461; *Enneccerus-Lehmann*, § 1 II 1 c, S. 3; vgl. auch *Gustav Weber*, S.17; *Wieacker*, Bodenrecht, § 19 IV 2, S. 158; abweichend z. T. *Eichler*, Institutionen

Folge, daß die Vormerkung ein Unvermögen des Schuldners zur Leistung verhindert[12] und insofern auch auf das Verhältnis zwischen Gläubiger und Schuldner einwirkt. Die relative oder jedenfalls die besondere Unwirksamkeit anspruchswidriger Verfügungen nach § 883 Abs. 2 bewirkt gerade, daß der Schuldner zur Erfüllung des Anspruchs in der Lage und verpflichtet bleibt[13]. Der Anspruch aus § 888 tritt aus formalen Gründen hinzu (vgl. § 19 GBO[14]), jedenfalls nach der heute herrschenden Meinung.

1. Schuldnerverzug

Auf der Grundlage derartiger Gewährleistung künftigen Erwerbs durch den in § 888 eingeräumten Rechtsbehelf beruht die eingangs erwähnte Entscheidung des Bundesgerichtshofs[15] zu der hier aufgeworfenen Frage. In diesem Fall hatte der Bundesgerichtshof eine Schadensersatzhaftung des vormerkungswidrig eingetragenen Käufers wegen der Verzögerung der nach § 888 dem Vormerkungsberechtigten geschuldeten Umschreibungszustimmung verneint und deshalb die Klageabweisung bestätigt.

Nach dieser Entscheidung wird zwar die Geltung der Verzugsvorschriften des Schuldrechts auch im Sachenrecht grundsätzlich bejaht, aber mit Einschränkungen je nach Gesetzeszweck und Interessenlage, nach Natur und Eigenart des sachenrechtlichen Rechtsverhältnisses. Einen solchen Ausnahmefall hat der Bundesgerichtshof in der angeführten Entscheidung bejaht. Der Zustimmungsanspruch nach § 888 gegen den vormerkungswidrig Eingetragenen sei nur ein unselbständiger Hilfsanspruch zur Sicherung des Rechtseinräumungsanspruchs als Hauptanspruch, zu dessen Erfüllung sein Schuldner verpflichtet sei und bleibe; dem Zustimmungsanspruch komme des weiteren nur verfahrensrechtliche Bedeutung zu; schließlich gebiete es auch die Interessenlage nicht, den Zustimmungsanspruch ebenfalls den allgemeinen Verzugsvorschriften zu unterwerfen, weil sich der Gläubiger wegen

---

Teil I, S. 51; *Westermann*, § 84 I 1 b, S. 404: die Vormerkung als Ersatz für dingliche Erwerbsrechte

[12] So zutreffend *Seckel*, S. 205 ff., 250; *Strohal*, S. 6; *Dölle*, Gruch 68, 492 ff., 500; *Rheinen*, S. 62.

[13] Das Phänomen der „relativen Unwirksamkeit" begegnet in der konfliktreichen und experimentierfreudigen Literatur, die sich mit dieser Begriffsbildung befaßt (Schrifttumshinweise bei *Enneccerus-Nipperdey*, § 144 FN 2), auf Schritt und Tritt dem Tadel, daß diese oder jene Konstruktion eine Undenkbarkeit, eine theoretisch anstößige Vorstellung oder gar bloß eine Fiktion sei, aus der sich weder das Wesen der Sache erklären noch eine Folgerung ableiten lasse. Eine Auseinandersetzung mit dieser Inversionsmethode der Begriffsjurisprudenz und ihrer Demonstrationskunst „more geometrico" ist wohl wie bei kaum einem anderen Thema verlockend; deren Erörterung würde indes den hier gesetzten Rahmen sprengen und verbietet sich bereits aus diesem Grunde.

[14] *Fuchs*, Grundbuchrecht, Erl. 1 zu § 888; *Müller*, S. 31; *Rimmelspacher*, S. 136; *Baur*, Sachenrecht, § 20 IV 1.

[15] Siehe Ersten Abschnitt, I FN 1.

der Leistungsverzögerung beim Vorliegen der allgemeinen Voraussetzungen an den Schuldner des Hauptanspruchs wenden könne.

Es kann wohl kaum zweifelhaft sein, daß dieses Ergebnis nicht zu überzeugen vermag. Fraglich ist allein, auf welchem rechtskonstruktiven Weg man zu einer überzeugenden Lösung gelangt. Die Unausgegorenheit dieses Lösungsversuchs hat meines Erachtens ihren Grund darin, daß der Bundesgerichtshof die hier zu stellende Wertungsfrage durch eine bloße formalbegriffliche Subsumtion zu lösen versucht, nicht durch einen Vergleich der Interessenlage mit der Interessenbewertung in anderen ähnlich gelagerten Fällen. Bei einem derartigen Vorgehen zeigt sich, daß die Begründung nicht haltbar ist, mit welcher der Bundesgerichtshof die Anwendbarkeit der allgemeinen Verzugsregeln auf den Anspruch nach § 888 abgelehnt hat[16].

Zu Recht weist schon *Dietrich Reinicke*[17] darauf hin, daß *alle* dinglichen Ansprüche, insbesondere auch der Herausgabeanspruch nach § 985, auf ein dingliches Recht bezogen und kein eigenes, von diesem getrenntes Dasein führen[18]. Aus dem Dargelegten folgt insbesondere, daß sie alle im Gegensatz zu selbständigen Ansprüchen unselbständig sind. Auf die übrigen, rechtlich gleich strukturierten Ansprüche sind jedoch nach dem oben Gesagten die Vorschriften über Schuldnerverzug grundsätzlich anwendbar.

Selbst wenn dem Anspruch gegen den vormerkungswidrig eingetragenen Eigentümer lediglich verfahrensrechtliche Bedeutung zukommt[19], ändert auch dies nichts daran, daß die allgemeinen Verzugsvorschriften auf ihn Anwendung finden. Auch der Grundbuchberichti-

---

16 Auf die in der Literatur erörterte Streitfrage, ob der Anspruch nach § 888 seiner rechtlichen Natur überhaupt ein dinglicher Anspruch ist, geht der BGH in der angeführten Entscheidung überhaupt nicht ein. Vielmehr geht er stillschweigend davon aus, daß dieser Anspruch ein dinglicher sei. M. E. wird man dieser Ansicht deshalb folgen können, weil sich der Zustimmungsanspruch gegen *jeden* richtet, zugunsten dessen eine anspruchswidrige Verfügung vorgenommen worden ist, und nicht nur gegen ihn, sondern auch gegen seine etwaigen Sonderrechtsnachfolger in ihrer Eigenschaft als Inhaber des anspruchswidrigen Rechts. So zutreffend *Staudinger-Seufert*, RdNr. 4 zu § 888 m. w. N.; a. A. *Rosenberg*, Erl. I 4 zu § 888; *Konrad Hellwig*, Rechtskraft, S. 253, die in dem Anspruch aus § 888 einen rein persönlichen Anspruch sehen. Diese Gegenmeinung unterscheidet indes nicht genügend zwischen dem vorgemerkten Anspruch, der ein persönlicher Anspruch trotz Eintragung im Grundbuch bleibt, und dem Anspruch aus der Vormerkung nach § 888.

17 NJW 1968, 788 ff.

18 Vgl. dazu S. 29 FN 1.

19 Es ist hier nicht der Ort, auf diese Frage näher einzugehen. Die h. L. nimmt an, daß der in Frage stehende Anspruch lediglich verfahrensrechtliche Bedeutung habe. Vgl. dazu *Roloff*, NJW 1968, 484 ff.; *D. Reinicke*, NJW 1968, 788, 789; BGHZ 49, 263 ff.; a. A. *Jürgen Baur*, JZ 1967, 437 ff.; *Staudinger-Seufert*, RdNr. 4 b zu § 888.

gungsanspruch hat nur verfahrensrechtliche Bedeutung. Gleichwohl gelten in bezug auf ihn schuldrechtliche Vorschriften, insbesondere die Regeln über Schuldnerverzug[20].

Schließlich mag man mit dem Bundesgerichtshof den Anspruch aus § 888 als Hilfsanspruch bezeichnen. Der Vormerkungsberechtigte kann von seiner Vertragspartei, dem Verkäufer, nicht nur die Auflassung des Grundstücks, sondern auch verlangen, daß er dafür Sorge trägt, daß er als Käufer des Grundstücks in das Grundbuch eingetragen werden kann. Diese Verpflichtung kann der Verkäufer aber nicht erfüllen, wenn der Bucheigentümer der Eintragung nicht zustimmt; der Verkäufer hat gegen diesen aber *keinen* eigenen Anspruch. Aus diesem Grunde hat das BGB dem Vormerkungsberechtigten einen Anspruch gegen den vormerkungswidrig eingetragenen Eigentümer gegeben. Bei diesem Anspruch, der eine notwendige Ergänzung zu der in § 883 Abs. 2 angeordneten relativen Unwirksamkeit der Verfügung darstellt, handelt es sich, auch wenn es ein Nebenanspruch ist, um einen Ausfluß des Rechts, zu dessen Durchsetzung es dient. Seiner rechtlichen Qualität nach handelt es sich dabei um einen Durchsetzungsanspruch ähnlich § 1004[21]. Es stellt sich aus diesem Grunde die Frage, warum hier die für den Verzug getroffene Regelung nicht maßgeblich sein soll. Aus dem oben Dargelegten ergibt sich, daß nicht die rechtliche Qualifikation eines Anspruchs entscheidend ist, sondern allein, ob die Erfüllung der Verbindlichkeit schuldhaft verzögert wird und hierdurch ein Schaden eintritt. Es besteht kein innerer Grund dafür, die Schadensersatzverpflichtung an die nicht rechtzeitige Erfüllung einer Hauptverbindlichkeit zu knüpfen und von einer Verpflichtung zum Schadensersatz abzusehen, wenn eine Nebenverbindlichkeit dinglichen Ursprungs nicht rechtzeitig erfüllt und der Gläubiger hierdurch geschädigt wird[22]. Eine Unterscheidung zwischen der Verletzung einer Hauptpflicht und jener von Nebenpflichten erscheint deshalb nicht vertretbar, da keine darauf hindeutenden Unterschiede sichtbar sind. Das gilt um so mehr, als auf schuldrechtliche Nebenpflichten die allgemeinen Verzugsvorschriften anwendbar sind. Darin liegt also kein Wesensunterschied, sondern nur ein Unterschied in der Bedeutung im Rahmen des jeweiligen sachenrechtlichen Rechtsverhältnisses. Dies kann aber keine sachlich entscheidende Rolle spielen. Denn sonst käme man zu dem unhaltbaren Ergebnis, daß der Anspruch auf die *gleiche* Leistung in einem Falle

---

[20] Siehe dazu *Pohle*, JZ 1956, 53 ff.; *Westermann*, § 73 II 1 a; *D. Reinicke*, NJW 1968, 788, 789; vgl. insbesondere auch Zweiten Abschnitt, zweiten Teil, III 1 dieser Arbeit.

[21] So zutreffend *D. Reinicke*, NJW 1968, 788, 789.

[22] Auch dem Gläubiger eines Grundbuchberichtigungsanspruchs nach § 894 kann ein vertraglicher Hauptanspruch zustehen.

geschützt wäre, da er auf eine Hauptleistung gerichtet ist, im anderen aber nicht, da er hier nur einen Anspruch auf eine Nebenleistung darstellt[23].

Mit der Abwendung von der Begriffsjurisprudenz und der Bejahung eine ergänzenden und abändernden Rechtsfindung und -weiterentwicklung in der heutigen Rechtswissenschaft vermag der Umstand *allein*, daß der Zustimmungsanspruch nach § 888 ein dinglicher Hilfsanspruch mit nur verfahrensrechtlicher Bedeutung ist, die Nichtanwendbarkeit der allgemeinen Verzugsvorschriften nicht zu begründen. Eine moderne Rechtsdogmatik muß über ein derartiges begriffliches Denken hinauskommen. Das gilt um so mehr, als die Bestimmung als dinglicher Anspruch nun einmal kein Wert an sich ist. Das vom Bundesgerichtshof gefundene Ergebnis könnte jedoch unter Berücksichtigung der besonderen Interessenlage und Interessenbewertung im Rahmen des § 888 gerechtfertigt sein. Indes gebietet auch die Interessenlage nach dem Bundesgerichtshof hier nicht die Anwendbarkeit der Verzugsregeln, weil der Vormerkungsberechtigte sich wegen jeder Verzögerung der Erfüllung des durch die Vormerkung gesicherten Anspruchs an seinen Schuldner halten könne.

Auch dieses Argument vermag nicht zu überzeugen. Der Bundesgerichtshof verkennt dabei, daß die Voraussetzungen, die eine Schadensersatzpflicht des Verkäufers begründen, nicht stets vorzuliegen brauchen. Sie waren im oben geschilderten Fall auch nicht gegeben. Der Vormerkungsberechtigte hatte bereits in einem früheren Rechtsstreit die Firma B., die Verkäuferin, auf Schadensersatz in Anspruch genommen, war aber durch Urteil des Bundesgerichtshofs[24] mit der Klage abgewiesen worden, weil die Firma B. wegen der besonderen Umstände des Einzelfalles kein Verschulden traf, als sie, trotz des ersten Kaufvertrages, das Grundstück vormerkungswidrig an die eingetragene Eigentümerin weiterveräußerte.

Methodologisch sagt jedoch der Hinweis von *Dietrich Reinicke*[25] darauf, daß in diesem konkreten Fall die Schadensersatzpflicht des Verkäufers nicht gegeben war, nichts darüber aus, ob die Interessenlage die Anwendbarkeit schuldrechtlicher Vorschriften gebietet. Es kommt nämlich *primär* nicht auf die konkreten Interessen der Parteien des zu entscheidenden Rechtsstreits an, sondern auf die abstrakten, typischen, die der Normierung eines Rechtsinstituts zugrunde liegen[26, 27].

---

23 Vgl. dazu *Koziol*, S. 163.

24 Urteil vom 7. Oktober 1964 — V ZR 107/62 —.

25 NJW 1968, 788, 789.

26 *Wesenberg-Wegener*, § 26 III S. 178.

27 Dabei soll jedoch nicht verkannt werden, daß das Gesetz im Rahmen der gewerteten Interessen *auch* die Verwirklichung der Interessen des ein-

Demgemäß muß, um feststellen zu können, ob — wie der Bundesgerichtshof ausführt — die Interessenlage die Anwendung der allgemeinen Verzugsregeln hier nicht gebietet oder diese Wertung anfechtbar ist, die Frage untersucht werden, ob der Schaden, der ausschließlich durch die schuldhafte Verzögerung der Erfüllung einer sachenrechtlichen Verbindlichkeit des vormerkungswidrig eingetragenen Eigentümers entstanden ist, endgültig von dem Vormerkungsberechtigten getragen werden soll oder dieser den Schaden von dem Verkäufer bzw. vormerkungswidrig eingetragenen Erwerber des Grundstücks ersetzt verlangen kann. Nach meiner Ansicht ist es sachgerecht, dem Vormerkungsberechtigten einen derartigen Schadensersatzanspruch gegen den vormerkungswidrig Eingetragenen zu geben. Hierfür spricht die Wertung, die in § 286 zum Ausdruck gekommen ist. Wie jeder schuldrechtliche Anspruch zielt auch der Zustimmungsanspruch gegen einen *bestimmten* Anspruchsgegner, den vormerkungswidrig eingetragenen Eigentümer. Er ist auch, entsprechend den sachenrechtlichen Beziehungsverhältnissen, auf eine Leistung, die Abgabe der Zustimmungserklärung, gerichtet[28, 29]. Entscheidend ist aber für die Frage der Anwendbarkeit der allgemeinen Verzugsregeln, daß der Schuldner seine Leistung nicht rechtzeitig erbracht und er die Verzögerung der Leistung zu vertreten hat (§ 285). Es fehlt hier an einem sachlichen Grund, einen Unterschied zu machen, je nach dem, ob die Verpflichtung zur Leistung auf schuldrechtlichen oder sachenrechtlichen Vorschriften beruht.

Es fragt sich jedoch, wie die Interessenlage zu bewerten ist, wenn der Verkäufer durch die Veräußerung des Grundstücks an den zweiten Käufer den ersten Kaufvertrag schuldhaft verletzt hat. Der Vormerkungsberechtigte kann dann von dem Verkäufer Schadensersatz verlangen, und zwar auch Ersatz des Schadens, der dadurch eingetreten ist, daß der vormerkungswidrig eingetragene Eigentümer die Zustim-

---

zelnen anstrebt. Die vorliegende Arbeit muß jedoch auf eine eingehende Analyse dieser Fragen verzichten. Ein Eingehen auf diese Frage würde den Rahmen der Untersuchung sprengen.

28 So zutreffend *Rosenberg*, Erl. III 4 zu § 888; *Konrad Hellwig*, Rechtskraft, S. 256.

29 Soweit in dem Anspruch nach § 888 ein Berichtigungsanspruch entsprechend § 894 gesehen wird (vgl. *Wolff-Raiser*, § 48 III 1, sowie die bei *Rosenberg*, Erl. III 4 zu § 888 Genannten) ist die Anwendbarkeit der allgemeinen Verzugsregelung aus den oben angeführten Gründen in jedem Fall zu bejahen. Indes ist das Grundbuch nicht unrichtig i. S. d. § 894, so daß diese Parallelität m. E. nur bedingt verwertbar ist. Zudem kann die Rechtsnatur des § 888 stets nur in einem Sinn entschieden werden. Wenn aber z. B. der Anspruch auf Bestellung eines Rechts an einem Grundstück oder an einem Grundstücksrecht oder auf Inhalts- oder Rangänderung eines derartigen Rechts durch Übereignung des Grundstücks oder des Rechts auf einen anderen vereitelt wird, dann kann der Anspruch auf Zustimmung zu der Bestellung des Rechts oder der Vollziehung der Inhaltsänderung gegen diesen anderen in keinem Fall als Berichtigungsanspruch gedeutet werden.

mung nach § 888 verspätet erklärt hat[30]. Auch in diesem Fall besteht aber kein Grund, die Anwendbarkeit der allgemeinen Verzugsvorschriften gemäß §§ 284 ff. auf die Verpflichtung des Grundstückserwerbers zur Zustimmung der Eintragung des Vormerkungsberechtigten abzulehnen. Dieser ist andererseits nicht schutzwürdig, weil er die ihm obliegende Leistung schuldhaft nicht rechtzeitig erbracht und hierdurch dem Gläubiger einen Schaden zugefügt hat.

Auch wäre es für den vormerkungswidrig eingetragenen Eigentümer geradezu ein Anreiz, seine Leistung zu verzögern, wenn man ihm die Verpflichtung zur Schadensersatzleistung, wobei der Schaden durch die verzögerliche Abgabe der Zustimmung zur Eintragung des Vormerkungsberechtigten in das Grundbuch durch ihn, den vormerkungswidrig eingetragenen Eigentümer, entstanden ist, nicht auferlegen würde. Im übrigen wäre das auch wenig sachgerecht, denn der Vormerkungsberechtigte ist in jedem Fall dann schadensersatzpflichtig, wenn die Vormerkung nicht wirksam entstanden ist und er seine Verpflichtung aus § 894, der Löschung der Vormerkung zuzustimmen, trotz Mahnung schuldhaft nicht rechtzeitig erfüllt.

Die Anwendbarkeit der allgemeinen Verzugsvorschriften führt auch im Verhältnis zwischen dem Verkäufer und dem zweiten Käufer, dem neuen Eigentümer, zu sachgemäßen Ergebnissen. Schließt man sich den Ausführungen des Bundesgerichtshofs an, dann ist ausschließlich der Verkäufer schadensersatzpflichtig. Er muß den Schaden endgültig tragen. Denn er kann keinen Rückgriff gegen den zweiten Käufer nehmen, da dieser ihm gegenüber nicht verpflichtet ist, der Eintragung des Vormerkungsberechtigten zuzustimmen. Ein derartiges Ergebnis kann zu starken Unbilligkeiten führen. Es kann sein, daß den Verkäufer nur eine leichte Fahrlässigkeit trifft, weil beim Abschluß des zweiten Kaufvertrages die Annahme nahe lag, daß der erste unwirksam war. Das Verschulden des vormerkungswidrig eingetragenen Erwerbers kann dagegen schwer sein, weil später die Rechtslage geklärt war, der Erwerber jedoch gleichwohl, vorsätzlich oder grob fahrlässig der Eintragung des Vormerkungsberechtigten als Eigentümer nicht zustimmte. Ist aber sowohl der Verkäufer als auch der zweite Käufer schadens-

---

30 Normalerweise kann in derartigen Fällen des Doppelverkaufs der Gläubiger zwar wegen Vertragsverletzung Schadensersatz begehren, aber die Sache selbst ist ihm in der Regel verloren (Ausnahme: § 826). Allein der Käufer eines Grundstücks (oder eines Rechts an einem Grundstück) kann sich gegen die mißliche Konsequenz des Eigentumsverlustes dadurch sichern, daß er zur Erhaltung seines Anspruchs eine Vormerkung im Grundbuch eintragen läßt. Vgl. im einzelnen dazu *Dubischar*, JuS 1970, 6 ff. m. w. N.; siehe auch *Wüst*, Die Interessengemeinschaft, ein Ordnungsprinzip des Privatrechts, Frankfurt—Berlin 1958; *Fabricius*, ZFA 1972, S. 35 ff., insbes. S. 55 ff.; *Manfred Löwisch*, S. 109 ff

ersatzpflichtig, dann kann zwischen ihnen ein sachgemäßer Ausgleich stattfinden[31, 32]. Nach alledem ist es nicht gerechtfertigt, die Anwendbarkeit der schuldrechtlichen Vorschriften über Schuldnerverzug auf den Zustimmungsanspruch nach § 888 abzulehnen[33, 34]. Die von der Gegenmeinung[35] vorgebrachten Gründe sind nicht stichhaltig; die Interessenlage und die Interessenbewertung führen vielmehr dazu, die Regelung anzuwenden, die für den Leistungsverzug im Schuldrecht getroffen ist.

Bevor dieses Ergebnis als endgültig angesehen werden kann, bleibt noch die Frage zu erörtern, ob nämlich der in den §§ 990, 989 ausgesprochene Gedanke der Haftungsprivilegierung des redlichen Besitzers nicht auch im Rahmen des Zustimmungsanspruchs nach § 888 auf den redlichen (das Grundstück besitzenden) Käufer entsprechende Anwendung findet. Dieses Ergebnis erscheint prima facie der Interessenlage gerecht zu werden. Zwar sind in den §§ 990, 989 die Ansprüche für den Fall geregelt, daß der Gläubiger einen dinglichen Anspruch als *Eigentümer* hat. Das aber ist hier nicht der Fall. Dennoch würde m. E. die sich aus § 285 ergebende Verantwortlichkeit des redlichen, vormerkungswidrig eingetragenen Eigentümers auch hier zu unbefriedigenden Ergebnissen führen. Das ergibt sich bereits daraus, daß dieser Rechtsbehelf dazu dient, die endgültige Übertragung des Eigentums auch gegen Dritte durchsetzen zu können. Seiner rechtlichen Qualität nach handelt es sich aus diesem Grunde, wie bereits erwähnt, um einen Durchsetzungsanspruch ähnlich § 1004 Abs. 1, auf den die Haftungsprivilegierung der §§ 990, 989 Anwendung findet, auch wenn es sich insoweit nicht um einen Schadensersatzanspruch handelt[36].

---

[31] So auch *D. Reinicke*, NJW 1968, 788 f.

[32] Fraglich ist dann allein, ob für diesen Schaden der zweite Käufer und der Verkäufer als Solidarschuldner oder nur für Anteile haften. Da dies kein Problem ist, das unmittelbar die hier behandelte Thematik betrifft, ist es im Rahmen dieser Arbeit an dieser Stelle nur mit wenigen Worten zu streifen. Für die Anwendung der Gesamtschuldregeln besteht eine Schwierigkeit darin, daß die Ansprüche einmal auf der Verletzung einer gesetzlichen Verpflichtung, zum anderen auf der Verletzung eines vertraglichen Rechtsverhältnisses beruhen. Da hier jedoch Identität des Leistungszweckes vorliegt und außerdem jeder der beiden durch die Leistung des anderen befreit wird, liegt m. E. nichts im Wege, ein Gesamtschuldverhältnis anzunehmen (§ 421). Vgl. zu der hier angeschnittenen Gesamtschuldproblematik BGH VersR 1956, 160 f.

[33] Für das hier gewonnene Ergebnis spricht auch die Entstehungsgeschichte des § 888. In den *Protokollen* Teil III, S. 747 wird als selbstverständlich davon ausgegangen, daß der Grundstückserwerber schadensersatzpflichtig sei, wenn er seiner Verpflichtung gegenüber dem Vormerkungsberechtigten schuldhaft nicht nachkomme.

[34] Wie hier die im Ersten Abschnitt, I FN 8 dieser Arbeit Genannten; vgl. auch *Lent-Schwab*, § 15 IV S. 60 FN 2.

[35] BGHZ 49, 263 ff.

[36] Vgl. S. 159 ff.

Fragt man angesichts dieser Ausgangslage nach den rechtlichen Gründen, die die Ablehnung der Analogie zur Haftungsprivilegierung der §§ 990, 989 tragen, so bleibt allein die bereits erwähnte ausdrückliche oder unausgesprochene selbstverständliche Berufung auf die interpretationstheoretische Parömie: „Singularia non sunt extendenda", die jede analoge Anwendung der §§ 990, 989 verbiete[37]. Nach dem oben Dargelegten ist diese Auslegungsregel indes ein typisches Produkt begrifflich formalen Denkens, das methodologisch völlig antiquiert ist. Der Ausnahmecharakter einer Vorschrift ist also kein Hindernis für eine Analogie. Ob eine Ausnahmebestimmung wirklich abschließend gelten soll, kann nur der Gesetzes*zweck* unter Berücksichtigung der Interessen- und Wertlage ergeben. Ausnahmevorschriften (sofern man die §§ 987 ff. überhaupt als solche einstufen kann) sind daher sinngemäß auch auf solche Sachverhaltstypen anzuwenden, die zwar keine völlige, wohl aber eine essentielle Strukturgleichheit mit dem Sachverhaltstyp aufweisen, für den die Ausnahmevorschrift nach dem Wortlaut des Gesetzes unmittelbar gilt: „In den Grenzen des Grundgedankens der Ausnahmevorschrift ist sehr wohl eine Analogie statthaft[38]."

Das Problem, ob auch der redliche Bucheigentümer bei Verzögerung der nach § 888 geschuldeten Umschreibungszustimmung für den sich daraus ergebenden Schaden einzustehen hat, darf demgemäß nicht schon begrifflich-formal abgeschnitten, sondern muß unter Beachtung des funktionellen Sinngehalts der §§ 990, 989 gelöst werden. Es erscheint dabei billig, denjenigen, der im Verhältnis zum Vorkaufsberechtigten „nur Bucheigentümer" geworden ist, auf Grund seiner Redlichkeit wenigstens gegen sonstige Nachteile, insbesondere wegen leicht fahrlässigen Vorenthaltens der zu erbringenden Leistung, hier der Zustimmung, zu schützen. Die Bejahung der aufgeworfenen Frage, ob die Verpflichtung des vormerkungswidrig eingetragenen Käufers zum Ersatz des Verzögerungsschadens grundsätzlich von unredlichem Verhalten abhängt, findet ihre Rechtfertigung darin, daß dieser an „sein Eigentum" glaubt und sich für berechtigt hält, seine Leistung in Form der Umschreibungszustimmung zumindest bis zur Entscheidung im Klagewege zu verweigern, wobei dieser, wie bereits dargelegt worden ist, durch die bloße Klageerhebung als solche nicht zum bösgläubigen Besitzer i. S. d. § 990 wird. Die Klageerhebung hat für den besitzenden Käufer lediglich die Funktion des „Warnsignals", das ihn darauf hinweist, daß er eventuell der Umschreibung des Eigentums zustimmen müsse. Einer derartigen Rechtslage hat der Gesetzgeber aber durch die „Sonderregelung" der §§ 987 ff. Rechnung getragen. Sie sieht, wie bereits erwähnt,

---

[37] *Heck*, AcP 112, 1 ff., S. 186 ff.
[38] *Engisch*, Einführung, S. 148.

vor, daß ein solcher Besitzer dem Eigentümer nur haftet, wenn der Glaube *an sein Recht* beim Erwerb des Besitzes mindestens auf grober Fahrlässigkeit beruht; ist dies nicht der Fall, so kann ihm später lediglich die positive Kenntnis seiner Nichtberechtigung zum Schaden gereichen. Dieser Wille des Gesetzes trifft auch hier zu. Es ist nicht gerechtfertigt, den vormerkungswidrig eingetragenen Käufer als Eigentümer schlechter zu stellen als einen unberechtigten, aber gutgläubigen Besitzer. Die Ausgangslage entspricht vielmehr der im Rahmen des Eigentümer-Besitzer-Verhältnisses. Der besitzende Käufer haftet demnach gemäß §§ 990, 989 ab Bösgläubigkeit hinsichtlich der Besitzberechtigung; diese Bösgläubigkeit tritt spätestens mit Kenntnis von der Ausübung des durch die Vormerkung gesicherten Anspruchs ein[39]. Allein in diesem Fall ist die Ansicht des Bundesgerichtshofs[40] interessengerecht, wenn der Vormerkungsberechtigte, falls die allgemeinen Voraussetzungen hierfür gegeben sind, sich wegen der Verzögerung der Erfüllung des durch die Vormerkung gesicherten Anspruchs *nur* an seinen Schuldner halten kann[41, 42].

Im übrigen ergeben sich die Voraussetzungen des Schuldnerverzugs aus §§ 284, 286. Mit dem Verzug des vormerkungswidrig eingetragenen Eigentümers treten jedoch nicht alle Verzugsfolgen ein. Der zu Unrecht im Grundbuch eingetragene Erwerber, der schuldhaft die Zustimmungserklärung nach § 888 verzögert, macht sich entsprechend § 286 schadensersatzpflichtig. Dagegen besteht für den Dritten keine Verpflichtung zur Zinszahlung nach §§ 288, 289, denn diese sind nur bei Geldschulden zu entrichten, und zu einer Geldschuld ist der vormerkungswidrig eingetragene Eigentümer nicht verpflichtet.

---

39 Insoweit handelt es sich nicht nur um eine „dogmatisch notwendige", sondern auch um eine „praktisch bedeutsame Erkenntnis". Der vormerkungswidrig eingetragene Eigentümer muß jedoch, wenn er sich nicht dem Vorwurf der groben Fahrlässigkeit und damit der Unredlichkeit aussetzen will, geeignete Nachforschungen zur Klärung des Eigentums anstellen, *es sei denn*, daß sich der Untergang oder das Nichtentstehen des durch die Vormerkung gesicherten Anspruchs aus sonstigen Umständen ergibt. A. A. *Westermann*, § 84 IV 4 c, der die Ansicht vertritt, daß der vormerkungswidrig Eingetragene, falls nicht die Art des vorgemerkten Rechts das Gegenteil nahelegt, *gutgläubiger* Besitzer ist. Siehe dazu *Meyer*, NJW 1971, 1317, 1318 m. w. N.; vgl. auch BGH BB 1967, 10.

40 BGHZ 49, 263 ff., 267.

41 Dieses Ergebnis widerspricht nicht der zutreffenden Ansicht des BGH (BGHZ 49, 263, 264 ff.), wonach in § 990 Abs. 2 kein allgemeiner Rechtsgedanke dahin zum Ausdruck kommt, daß jedenfalls die Verzugsvorschriften des Schuldrechts auch auf dem Gebiet des Sachenrechts anwendbar sind. Bei der Einführung der §§ 989, 990 hier geht es nämlich nicht um die grundsätzliche Frage der Anwendbarkeit der schuldrechtlichen Verzugsvorschriften im Sachenrecht. Diese ist bereits entgegen der Ansicht des BGH im Rahmen des Zustimmungsanspruchs bejaht worden. Es geht an dieser Stelle *allein* um die Begrenzung der Verzugshaftung des redlichen besitzenden Käufers.

2. Fristsetzung nach der Verurteilung

Dagegen ist § 283 auf den Zustimmungsanspruch nach § 888 nicht anwendbar. Hier kommt wie beim Grundbuchberichtigungsanspruch nach § 894 ein Schadensersatzanspruch wegen Unmöglichkeit nicht in Betracht, da die Zustimmung durch das zu ihrer Abgabe verurteilende rechtskräftige Urteil ersetzt wird[43], wobei jedoch nicht ein Urteil gegen den ursprünglichen Schuldner genügt[44].

3. Gläubigerverzug

Aus den gleichen rechtlichen Überlegungen scheidet auch die Anwendbarkeit der §§ 293 ff. auf den Zustimmungsanspruch nach § 888 aus. Aus dem oben Dargelegten folgt, daß das die Verpflichtung aussprechende rechtskräftige Urteil die notwendige Zustimmung des vormerkungswidrig Eingetragenen ohne Mitwirkung des Vormerkungsberechtigten nach 894 ZPO ersetzt. Ist aber für eine Leistung, wie z. B. hier bei Abgabe einer Willenserklärung, weder eine Mitwirkung des Vormerkungsberechtigten noch dessen Annahme erforderlich, kommt ein Verzug der Annahme des Vormerkungsberechtigten niemals in Betracht[45].

---

[42] Dagegen sollen nach *D. Reinicke* (NJW 1968, 788 f.) die Verzugsregeln uneingeschränkt auf den vormerkungswidrig eingetragenen Käufer Anwendung finden.

[43] Vgl. dazu Zweiten Abschnitt, Zweiten Teil, III 2 dieser Arbeit.

[44] RGZ 53, 27 ff., 34; RGZ 67, 375 ff., 377; RG JW 1906, 165.

[45] Vgl. dazu BGB-RGRK-*Nastelski*, Anm. 7 zu § 293.

Schlußbetrachtung und Ergebnis

In der vorliegenden Untersuchung sollte versucht werden aufzuzeigen, in welchem Umfang die Verzugsvorschriften des allgemeinen Teils des Schuldrechts auf dingliche Ansprüche anwendbar sind. Ausgangspunkt dieser Arbeit war dabei, daß das geltende Recht keine Bestimmung darüber enthält, ob und inwieweit Normen des allgemeinen Schuldrechts auf dingliche Ansprüche anwendbar sind. Der Gesetzgeber hat vielmehr die Prüfung und Abgrenzung dieser Frage der Wissenschaft überlassen.

Die Prüfung und Abgrenzung der Rechtsprechung und Literatur hat zu dem allgemeinen Satz geführt: Schuldrechtliche Normen sind auf dingliche Ansprüche anwendbar, soweit nicht die *dingliche Natur* dieser Ansprüche entgegensteht. Dieser Satz ist nicht praktikabel. Er bedarf daher eines Ergänzungssatzes, der angibt, *wann* die dingliche Natur der Ansprüche die Anwendbarkeit der schuldrechtlichen Normen hindert.

Der Ergänzungssatz konnte nur gewonnen werden auf Grund einer Untersuchung des Anwendungsgebiets der einzelnen Verzugsvorschriften auf die einzelnen dinglichen Ansprüche. Diese Untersuchungen haben gezeigt, daß die Verzugsregeln auf alle im Sachenrecht geregelten *petitorischen* Beziehungsverhältnisse *entsprechend* angewendet werden können, allerdings nur mit besonderer Vorsicht[1].

Nachdem bereits *Horstmann*[2] die heute nicht mehr bestrittene Behauptung aufgestellt hat, daß die Bestimmungen des allgemeinen Teils des Schuldrechts nicht in dem Sinne *allgemeine* Leistungsrecht darstellen, daß sie für alle Fälle gelten, in denen jemand auf Grund eines *schuldrechtlichen* Rechtsverhältnisses eine Leistung verlangen kann, andererseits der Geltungsbereich dieser Normen sich nicht auf den Bereich des Schuldrechts beschränkt, sondern grundsätzlich auch in anderen Teilen des BGB, wie z. B. im Sachenrecht, Anwendung finden, hat die vorliegende Untersuchung zu dem Ergebnis geführt, daß der Anwendung jedenfalls der Verzugsregeln auf sachenrechtliche Rechts-

---

1 Insofern hat der von der herrschenden Lehre entwickelte Grundsatz seine Funktion als „Warnzeichen“ bei der Übertragung schuldrechtlicher Normen auf dingliche Rechtsverhältnisse. So auch *Horstmann*, S. 84.

2 S. 9 f.

verhältnisse kein *gemeinsames*, auf der besonderen dinglichen Natur dieser Ansprüche beruhendes Hindernis entgegensteht[3].

Die Einzeluntersuchungen haben weiter ergeben, daß im Schrifttum und in der Rechtsprechung in bezug auf diese Streitfrage Meinungsverschiedenheiten und Unklarheiten darüber bestehen, *ob* und *inwieweit* schuldrechtliche Normen im Sachenrecht Anwendung finden. Da sowohl die Idee, das Recht in einem logisch geschlossenen System zu fassen, in einer künftigen, wenn auch vorerst nicht einmal diskutierten Kodifikation des Privatrechts nicht aufgegeben werden wird als auch aus Schuldrecht und Sachenrecht nicht *ein* System der subjektiven Rechte (oder ein einheitliches Vermögensrecht) gebildet werden wird[4], wäre es de lege ferenda wünschenswert, im Allgemeinen Teil des BGB[5] durch eine Verweisungsnorm klarzustellen, daß die Verzugsregeln auch in den übrigen Teilgebieten, wie z. B. im Sachenrecht, Anwendung finden[6]. Das würde dem Systemgedanken eines allmählichen Ansteigens vom Allgemeinen zum Besonderen gerecht werden, so daß die Prinzipien des jeweils vorangegangenen Buches zumindest im Bereich des Verzugsrechts auch das gesamte Folgende umfassen. Daher sollte im Allgemeinen Teil des BGB eine allgemeine Verzugsbestimmung folgenden Inhalts vorangestellt werden:

I. Auf Pflichten aus nicht schuldrechtlichen Rechtsverhältnissen sind die Vorschriften über Verzug, einschließlich der Bestimmung über die Fristsetzung nach Verurteilung, entsprechend anwendbar.

II. Hinsichtlich der näheren Ausgestaltung des Verzugs finden die im 2. Buch des BGB — Recht der Schuldverhältnisse — geltenden Vorschriften entsprechende Anwendung, soweit nicht etwas anderes bestimmt ist.

---

[3] Soweit die Anwendbarkeit der Verzugsvorschriften auf die dinglichen Ansprüche Einschränkungen erfahren hat, entsprangen diese nicht der besonderen dinglichen Natur der in Frage stehenden Rechtsverhältnisse, sondern der zu erbringenden Leistungen, wie z. B. Unterlassungen, Duldungen.

[4] Siehe dazu *Eichler*, Gesetz und System, S. 101 ff.; vgl. auch *Raiser*, Die Zukunft des Privatrechts, Berlin-New York, 1971, insbes. S. 19 ff., 30 ff.

[5] Es ist hier nicht der Ort, auf die Frage nach der Notwendigkeit und Zweckmäßigkeit eines vorausgeschickten allgemeinen Teils näher einzugehen. Diese Frage ist seit langem umstritten; die Gründe und Gegengründe sind hinreichend bekannt. Geschichtlich betrachtet ist er, wie bereits erwähnt, nicht etwa durch das ältere Pandektensystem vorgegeben, sondern dem „Grundriß eines Systems des gemeinen Civilrechts" entnommen, den auch *Heise* seinen Pandektenvorlesungen zugrunde legte. Dieses System hat später die Kodifizierung des Zivilrechts übernommen, womit auch der allgemeine Teil gleichsam vor die Klammer gesetzt wurde.

[6] Eine derartige allgemeine Bestimmung findet sich in bezug auf die allgemein gültigen Bestimmungen im Schweizerischen Zivilgesetzbuch in Art. 7. Diese Bestimmung hat folgenden Wortlaut: „Die allgemeinen Bestimmungen des Obligationenrechts über die Entstehung, Erfüllung und Aufhebung der Verträge finden auch Anwendung auf andere zivilrechtliche Verhältnisse." Nach allgemeiner Ansicht sind dabei die im Gesetzestext angeführten Normgruppen nur „exempli gratia", so daß auch die Regelung über Verzug allgemein Anwendung findet.

Eine derartige Norm bringt zwar eine Selbstverständlichkeit zum Ausdruck. Auch beim Fehlen derartiger Verweisungsvorschriften müßten die allgemeinen Bestimmungen über Verzug auf andere zivilrechtliche Rechtsverhältnisse angewendet werden, wie dies gegenwärtig in unserer Rechtsordnung auch geschieht. Sie würde indes dieses bislang schon vielfach geübte Verfahren auf eine sichere gesetzliche Grundlage stellen. Aus diesem Grunde ist eine derartige Vorschrift nicht überflüssig. Sie ist dazu bestimmt, außer Zweifel zu stellen, daß die fundamentalen Regeln des Schuldrechts, wozu auch die Normen über den Verzug zu rechnen sind, auf die anderen zivilrechtlichen Verhältnisse anzuwenden sind, wobei diese Übertragung analog („entsprechend"), unter Berücksichtigung der Besonderheiten eines jeden Rechtsgebiets, zu erfolgen hat. Die Fälle, bei denen die Frage der Anwendbarkeit schuldrechtlicher Vorschriften, insbesondere der Normen über Leistungsstörungen, auf dingliche Ansprüche eine Rolle spielt, tragen nämlich keineswegs ein so einheitliches Gepräge, daß aus Gründen der Rechtsklarheit und Rechtssicherheit die Normierung einer starren einheitlichen Regel geboten wäre. Ein derartiger Rechtssatz, wie er im Rahmen der Schlußbemerkung dieser Arbeit aufgestellt worden ist, ist präzise genug, aber auch hinreichend „elastisch", um den Besonderheiten aller Spezialbereiche genügenden Raum zur Entfaltung zu lassen[7]. Er ermöglicht es, eine Vielzahl verschiedenartiger Phänomene und heterogener Materien nach einheitlichen, dem Rechtsstoff immanenten Gesichtspunkten zu beurteilen und behutsam Lücken auszufüllen, wobei auch klargestellt ist, daß eine sorgfältige Ermittlung und Abwägung der tangierten Interessenlagen und Normzwecke stattzufinden hat. Im übrigen schließt eine derartige Norm wenigstens unfruchtbare Erörterungen aus allgemeinen Prinzipien oder gar der äußeren Systematik aus.

---

[7] Daß die Rechtsprechung das Problem der *richtigen* Übertragung dieser Rechtssätze zu lösen in der Regel imstande ist, zeigt die Tatsache, daß das schweizerische Bundesgericht sich nur in verhältnismäßig wenigen Fällen mit dem bereits erwähnten Art. 7 ZGB zu befassen hatte. Im einzelnen vgl. *Gmür*, S. 19 ff., insbes. S. 52/53 m. w. N.

Literaturverzeichnis

Bloß beiläufig zitierte Werke wurden in dieses Verzeichnis nicht aufgenommen; sie werden nur in den Fußnoten zum Text angeführt. Die häufig zitierten Veröffentlichungen sind in den Fußnoten allein durch den Verfassernamen — sowie den jeweiligen Bearbeiter — und die Fundstelle bezeichnet. Kommentare und Lehrbücher werden, soweit möglich, nach Paragraphen, Monographien nach Seiten zitiert. Sind jedoch Verwechslungen mit anderen verwendeten Arbeiten desselben Autors zu befürchten, dann werden neben dem Namen auch eines oder mehrere Titelworte angegeben. Diese Kennzeichnung wird im Literaturverzeichnis in Klammern im Anschluß an den Titel angegeben. Soweit zur Unterscheidung notwendig, wird von den Autoren auch der Vorname angegeben. Bei Aufsätzen wird nur die Fundstelle zitiert.

Sofern nicht ausdrücklich etwas anderes angegeben ist, ist von mehrfach aufgelegten Werken jeweils die letzte Auflage benutzt worden.

Adomeit, Klaus: Gestaltungsrechte, Rechtsgeschäfte, Ansprüche; Zur Rechtsstellung der Privatautonomie im Rechtssystem, Berlin 1969.

Affolter, Friedrich Xaver: Das römische Institutionensystem, sein Wesen und seine Geschichte, Berlin 1897 (zitiert Institutionensystem).

— System des deutschen bürgerlichen Übergangsrechts, Leipzig 1903 (zitiert System).

— Die celsinische Actio und der Anspruch des Bürgerlichen Gesetzbuchs, ZZP 31 (1903), 453 ff.

Arlt, R.: Freiheit und Recht, StuR 1961, 795 ff. und 987 ff.

Bachof, Otto: Auslegung gegen den Wortlaut und Verordnungsgebung contra legem?, JZ 1963, 241 ff.

— Reflexwirkungen und subjektive Rechte im öffentlichen Recht, Gedächtnisschrift für Walter Jellinek, München 1955, S. 287 ff.

Bähr, Peter: Rechtsprechungsübersicht, JuS 1967, 90, Nr. 7.

Bälz, Ulrich: Eingriffsschutz und Opfersicherung im Haftungssystem des Zivilrechts, Diss. Tübingen 1970.

Bärmann, Johannes: Gesetz über das Wohnungseigentum und das Dauerwohnrecht, Kommentar, München—Berlin 1958.

Ballerstedt, Kurt: Anmerkung zu OLG Frankfurt SJZ 1948, Sp. 385 ff., ebenda Sp. 388 ff.

Bartholomeyczik, Horst: Die Kunst der Gesetzesauslegung, 4. Aufl., Frankfurt 1967.

Bauernfeind, Heinz: Herausgabe des Erlangten Zug um Zug gegen Genehmigung der Verfügung des Nichtberechtigten, NJW 1961, 109 f.

Baumbach-Lauterbach: Zivilprozeßordnung, 30. Aufl., München 1970, unter Mitarbeit von Jan Albers.

Baur, Fritz: Besprechung der Sachenrechtslehrbücher von Hedemann, Westermann und Lent, JZ 1952, 58 f.
— Besprechung von Gerhard Dulckeit, Die Verdinglichung obligatorischer Rechte, JZ 1952, 381 f.
— Entscheidungssammlung für junge Juristen — ESJ —, Sachenrecht, München 1970 (zitiert ESJ-Sachenrecht).
— Lehrbuch des Sachenrechts, 6. Aufl., München 1970 (zitiert Sachenrecht).
— Der Beseitigungsanspruch nach § 1004, AcP 160 (1961), 465 ff.
— Zu der Terminologie und einigen Sachproblemen der „vorbeugenden Unterlassungsklage", JZ 1966, 381 ff.
— Entwicklungstendenzen im Sachenrecht, Juristen-Jahrbuch Bd. 8, Köln—Marienburg 1967/68, S. 19 ff.
— siehe Schönke-Baur.

Baur, Jürgen F.: Die Durchsetzung einer gutgläubig erworbenen Auflassungsvormerkung, JZ 1967, 437 ff.

Bender, Bernd: Zur Methode der Rechtsfindung bei der Ausbildung und Fortbildung gesetzten Rechts, JZ 1957, 593 ff.
— Inhalt und Grenzen des Gebots der verfassungskonformen Gesetzesauslegung, MDR 1959, 441 ff.

*Bendix**: Die Vormerkung des neuen Rechts. Gruch 49 (1905), 288 ff.

Berg, Hans: Ansprüche aus dem Eigentümer-Besitzer-Verhältnis, JuS 1971, 522 ff., 636 ff.
— Der Verwendungsanspruch des Werkunternehmers bei Reparatur einer bestellerfremden Sache — Entscheidungsrezension von BGHZ 51, 250, JuS 1970, 12 ff.

Betti, Emilio: Zur Grundlegung der allgemeinen Auslegungslehre, Festschrift für Rabel, Bd. II, Tübingen 1954, S. 79 ff.

Beyerle, Franz: Die Treuhand im Grundriß des deutschen Privatrechts, Weimar 1932.

BGB-RGRK (Bearbeiter): Das Bürgerliche Gesetzbuch. Kommentar von Reichsgerichtsräten und Bundesrichtern, 11. Aufl., I. Bd. 1. Teil Berlin 1959, I. Bd. 2. Teil Berlin 1960, II. Bd. 1. Teil Berlin 1960, III. Bd. 1. Teil Berlin 1959, III. Bd. 2. Teil Berlin 1963.

Biedenkopf, Kurt: Über das Verhältnis wirtschaflicher Macht zum Privatrecht, Wirtschaftsordnung und Rechtsordnung, Festschrift zum 70. Geburtstag von Franz Böhm, Karlsruhe 1965, S. 113 ff.

Biermann, Johannes: Sachenrecht, 2. Aufl., Berlin 1905.
— Bürgerliches Gesetzbuch, 3. Buch Sachenrecht, 3. Aufl., Berlin 1914.
— Widerspruch und Vormerkung nach dem Deutschen Grundbuchrecht, Jena 1901 (zitiert Widerspruch und Vormerkung).

Birk, Ludwig: Bösgläubiger Besitzdiener — gutgläubiger Sachherr, JZ 1963, 354 ff.

Blanke, Ernst: Der Besitzerwerb im Sinne des § 990 I 1 BGB-BGHZ 31, 129, JuS 1968, 263 ff.

Bloch, Ernst: Naturrecht und menschliche Würde, Frankfurt 1961.

Blomeyer, Arwed: Zivilprozeßrecht, — Erkenntnisverfahren —, Berlin—Göttingen—Heidelberg 1963 (zitiert Zivilprozeßrecht).
— Allgemeines Schuldrecht, 4. Aufl., Frankfurt 1969 (zitiert Schuldrecht).

* Ohne Angabe des Vornamens.

Blomeyer, Karl: Anmerkung zu OLG Köln JW 1933, 634 f., JW 1933, 1268 ff.

Bochenski, I. M.: Die zeitgenössischen Denkmethoden, 4. Aufl., Bern und München 1969.

Böcking:* siehe Gaii Institutionen Commentarii.

Böhle-Stamschräder, Alois: Konkursordnung, 10. Aufl., München 1971.

Boehmer, Gustav: Grundlagen des Bürgerlichen Rechts; Dogmengeschichtliche Grundlagen des bürgerlichen Rechtes, Tübingen 1951 (zitiert Grundlagen II 1).

— Einführung in das Bürgerliche Recht, 2. Aufl., Tübingen 1965 (zitiert Einführung).

Bohnenberg, Heinrich: siehe Warneyer-Bohnenberg.

— siehe Rosenthal-Bohnenberg.

Bolze, A.: Die Bestimmungen des Entwurfs eines bürgerlichen Gesetzbuches für das deutsche Reich über die Steigerung des vindikatorischen Eigentumsanspruchs, AcP 74 (1889), 97 ff.

— Der Anspruch Gruch 46 (1902), 753 ff.

Brecher, Fritz: Vertragsübergang, Betriebsnachfolge und Arbeitsnachfolge. Eine Studie zur Struktur der Schuld- und Organisationsverhältnisse, Festschrift für Schmidt-Rimpler, Karlsruhe 1957, S. 181 ff.

Brox, Hans: Die Einschränkung der Irrtumsanfechtung, Karlsruhe 1960 (zitiert Irrtumsanfechtung).

— Die Haftung des Besitzers für Zufallsschäden, JZ 1965, 516 ff.

Brunner, Heinrich: Deutsche Rechtsgeschichte, Bd. II, 2. Aufl., bearbeitet von Ch. Frh. v. Schwerin (Systematisches Handbuch der deutschen Rechtswissenschaft, 2. Abt. 1. Teil, Bd. I und II) München—Leipzig 1928.

Bruns, Rudolf: Recht und Pflicht als Korrespondenzbegriffe des Privatrechts, Festschrift für Hans Carl Nipperdey, Bd. I, München—Berlin 1965, S. 3 ff.

Bucher, Eugen: Was ist Begriffsjurisprudenz?, Zeitschrift des Berner Juristenvereins, 1966, S. 274 ff.

— Traditionale und Analytische Betrachtungsweise im Privatrecht, Rechtstheorie, Bd. 1 (1970), S. 23 ff.

— Das subjektive Recht als Normsetzungsbefugnis, Tübingen 1965 (zitiert Subjektive Rechte).

Buchner, Herbert: Die Bedeutung des Rechts am eingerichteten und ausgeübten Gewerbebetrieb für den deliktsrechtlichen Unternehmensschutz, München 1971.

Büren, Bruno von: Schweizerisches Obligationenrecht, Allgemeiner Teil, Zürich 1964.

Bunsen, Friedrich: Der Schutz des Eigentums im Bürgerlichen Gesetzbuche, Beiträge zur Auslegung des Bürgerlichen Gesetzbuches von Bernhöft-Binder, 6. Heft, Leipzig 1905, S. 419 ff.

Bunte, Klaus: Verbindung von Herausgabeanspruch und evtl. Schadensersatzanspruch — OLG Schleswig, NJW 1966, 1929 —, JuS 1967, 206 ff.

Burckhardt, Walter: Einführung in die Rechtswissenschaft, 2. Aufl., Zürich 1948.

— Methode und System des Rechtes, Zürich 1936.

Buschendorf:* Recht-Sinn-Glauben. Vorstudien zu einer Hermeneutik des Rechts, Diss Hamburg 1961.

* Ohne Angabe des Vornamens.

Caemmerer, Ernst von: Bereicherung und unerlaubte Handlung, Festschrift für Rabel Bd. 1, Tübingen 1954, S. 333 ff.

— Der privatrechtliche Persönlichkeitsschutz nach deutschem Recht, Festschrift für F. von Hippel, Tübingen 1967, S. 27 ff.

Cahn, Hugo: Anmerkung zu KG JW 1928, 239 ff., ebenda.

Canaris, Claus-Wilhelm: Die Feststellung von Lücken im Gesetz, Berlin 1964 (zitiert Lücken).

— Systemdenken und Systembegriff in der Jurisprudenz, Berlin 1969 (zitiert Systemdenken).

Caro, F.: Vormerkung und guter Glaube, JR 1928, 117 ff., 132 ff.

Cicero, Marcus Tullius: Topica, Ciceronis Opera Omnia ex rec. Schützii, Tom.tertius, Augustae Taurinorum 1824.

Coing, Helmut: Zur Geschichte des Begriffs „subjektives Recht", in: Coing-Lawson-Grönfors: Das subjektive Recht und der Rechtsschutz der Persönlichkeit, Frankfurt 1959 (zitiert Subjektives Recht).

— Zur Geschichte des Privatrechtssystems, Frankfurt 1962 (zitiert „Zur Geschichte des Privatrechtssystems").

— Bemerkungen zum überkommenen Zivilrechtssystem, Festschrift für Hans Dölle, Tübingen 1963, S. 1 ff.

Conrad, Hermann: Deutsche Rechtsgeschichte, Bd. I, 2. Aufl., Karlsruhe 1962.

Corpus Juris Civilis: Volumen Primum: Institutiones recognotiv Paulus Krueger, Digesta recognotivit Theodorus Mommsen, rectractavit Paulus Krueger, 16. Aufl., Heidelberg 1954.

Cosack, Konrad: System des Deutschen Privatrechts, 17. Aufl., Jena 1895 (zitiert System).

— Lehrbuch des Deutschen bürgerlichen Rechts, 2. Bd., 3. Aufl., Jena 1901, 6. Aufl., Jena 1913.

Cosack-Mitteis: Lehrbuch des Bürgerlichen Rechts; 2. Bd. (Sachenrecht, Recht der Wertpapiere, Gemeinschaftsrecht, Familienrecht, Erbrecht), 7./8. Aufl., Jena 1924.

Crome, Carl: System des Bürgerlichen Rechts, Bd. I, 2. Teil, Tübingen 1900, Bd. III 1. Teil, Tübingen 1905.

Dahm, Georg: Deutsches Recht 2. Aufl., Stuttgart 1963.

Dallinger, Peter: Die Pflichten des Buchbesitzers, Diss. Tübingen 1959.

Darmstaedter, Friedrich: Der Eigentumsbegriff des Bürgerlichen Gesetzbuches, AcP 151 (1950/51), 311 ff.

David, Albert: siehe Siméon- David.

Dernburg, Heinrich: Pandekten, Bd. I: Allgemeiner Teil und Sachenrecht, 5. Aufl., Berlin 1896 (zitiert Pandekten).

— Das bürgerliche Recht des Deutschen Reiches und Preußens Bd. III, Sachenrecht, 4. Aufl., Halle 1908 (zitiert Sachenrecht).

Derleder, Peter: Zum Herausgabeanspruch des Eigentümers gegen den mittelbaren Besitzer, NJW 1970, 929 ff.

Deubner, Karl G.: Bemerkungen zur analogen Anwendung des § 281 auf den Eigentumsherausgabeanspruch, MDR 1958, 197 ff.

Diederichsen, Uwe: Das Recht zum Besitz aus Schuldverhältnissen, Hamburg 1965.

Diederichsen, Uwe: Topisches und systematisches Denken in der Jurisprudenz, NJW 1966, 697 ff.

Dietz, Rolf: Anspruchskonkurrenz bei Vertragsverletzung und Delikt, Bonn und Köln 1934.

Dimopoulos-Vosikis, Haralambos: Die bereicherungs- und deliktsrechtlichen Elemente der §§ 987—1003 BGB; Köln—Berlin—Bonn—München 1966.

Dölle, Hans: Theoretische Jurisprudenz in Nordamerika, Gruch 68 (1927), 492 ff.

— Eigentumsanspruch und Ersatzherausgabe, Die Reichsgerichtspraxis im deutschen Rechtsleben, 3. Bd., Berlin—Leipzig 1929, S. 22 ff.

Donellus, Hugo: Commentarii de Jure Civili, Opera Omnia, cum notis O. Hillgeri, Lucae 1762.

Drabik, Erich: Vormerkung und öffentlicher Glaube des Grundbuchs, Diss Köln 1936.

Drews-Schumann: Zu den Diskussionen über die Fragen des Wirtschaftsrechts, Notwendige Schlußfolgerungen für die Zivilrechtswissenschaft der DDR, StuR 1962, 1566 ff.

Dröschel, Wilhelm: siehe Glaser-Dröschel.

Dubischar, Roland: Doppelverkauf und „ius ad rem", JuS 1970, 6 ff.

— Über die Grundlagen der schulsystematischen Zweiteilung der Rechte in sogenannte absolute und relative. Ein dogmengeschichtlicher Beitrag zur Lehre vom subjektiven Privatrecht. Diss. Tübingen 1961 (zitiert Schulsystematische Zweiteilung).

— Grundbegriffe des Rechts, Eine Einführung in die Rechtstheorie, Stuttgart —Berlin—Köln—Mainz 1968 (zitiert Grundbegriffe).

Dürig, Günter: Das Eigentum als Menschenrecht, ZgesStW 109 (1953), 326 ff.

Dulckeit, Gerhard: Die Verdinglichung obligatorischer Rechte, Tübingen 1951.

Eccius, M. E.: siehe Förster-Eccius.

— Besprechung von Crome, System des deutschen Bürgerlichen Rechts, Gruch 47 (1903), 151 ff.

Eckhardt, Karl August: Das Landrecht des Sachsenspiegels, Göttingen—Berlin—Frankfurt 1955.

— siehe Planitz-Eckhardt.

Edelmann, Johann: Die Entwicklung der Interessenjurisprudenz, Bad Homburg v. d. H.—Berlin—Zürich 1967.

Ehmke, Horst: Prinzipien der Verfassungsinterpretation, VVDStRL 20, Berlin 1963, S. 53 ff.

Eichler, Hermann: Gesetz und System, Berlin 1970 (zitiert Gesetz und System).

— Institutionen des Sachenrechts, Lehrbuch Bd. I Allgemeiner Teil Grundlagen des Sachenrechts, Berlin 1954, Bd. II 1. Halbbd. Eigentum und Besitz, Berlin 1957, Bd. II 2. Halbbd. Besonderer Teil, Die dinglichen Rechte, Berlin 1960 (zitiert Institutionen Bd. ...).

Eisler, Max: Wörterbuch der philosophischen Begriffe, 4. Aufl., 1. Bd., Berlin 1927.

Elsass, Arthur: Anmerkung zum Urteil des RG vom 19. 10. 1927 — 465/26 V — JW 1928, 499.

Eltzbacher, Paul: Die Handlungsfähigkeit nach deutschem bürgerlichen Recht, 1. Bd.: Das rechtswirksame Verhalten, Berlin 1903.

Endemann, Friedrich: Lehrbuch des Bürgerlichen Rechts, 1. Bd., 9. Aufl., Berlin 1903, 2. Bd., 8. u. 9. Aufl., Berlin 1905.

— Anspruch, Handwörterbuch der Rechtswissenschaft, hrsg von Fritz Stier-Somlo und Alexander Elster, 1. Bd., Berlin—Leipzig 1926, S. 215 ff. (zitiert HdwbRWiss., Bd. I).

Engisch, Karl: Einführung in das juristische Denken, 4. Aufl., Stuttgart 1968 (zitiert Einführung).

— Die Einheit der Rechtsordnung, Heidelberg 1935 (zitiert Einheit).

Enneccerus, Ludwig: Rechtsgeschäft, Bedingung und Anfangstermin, Marburg 1889.

Enneccerus-Nipperdey: Allgemeiner Teil des bürgerlichen Rechts, 1. Halbbd.: Allgemeine Lehren, Personen, Rechtsobjekte, 15. neubearbeitete Aufl., Tübingen 1959, 2. Halbbd., Entstehung, Untergang und Veränderung der Rechte, Ansprüche und Einreden, Ausübung und Sicherung der Rechte, 15. Aufl., Tübingen 1960.

Enneccerus-Lehmann: Recht der Schuldverhältnisse, 15. Bearbeitung, Tübingen 1958.

Entwurf eines bürgerlichen Gesetzbuches für das Deutsche Reich. Erste Lesung. Ausgearbeitet durch die von dem Bundesrathe berufene Kommission. Amtliche Ausgabe, Berlin 1888 (zitiert E 1 bzw. erster Entwurf).

Entwurf eines Bürgerlichen Gesetzbuches für das Deutsche Reich. Zweite Lesung. Nach den Beschlüssen der Redaktionskommission. Auf amtliche Veranlassung. Berlin 1895 (zitiert E 2 bzw. zweiter Entwurf).

Entwurf einer Zivilprozeßordnung. Veröffentlicht durch das Reichsjustizministerium, Berlin 1931.

Erdmann, Fritz: Die Verwirkung. Diss. Jena 1933.

Erichsen, Hans-Uwe: siehe Menger-Erichsen.

Erman, Walter (Bearbeiter): Handkommentar zum Bürgerlichen Gesetzbuch, 1. Aufl., Münster 1952 (zitiert Erman-Peters).

— Handkommentar zum Bürgerlichen Gesetzbuch, 4. Aufl., Münster 1967.

Esser, Josef: Einführung in die Grundbegriffe des Rechtes und Staates, Wien—Heidelberg—New York 1949 (zitiert Einführung).

— Zur Entwicklung der Lehre von der Vorteilsausgleichung, MDR 1957, 522 ff.

— Schuldrecht, Allgemeiner und Besonderer Teil, 2. vollkommen neu bearbeitete Aufl., Karlsruhe 1960; Bd. I: Allgemeiner Teil des Schuldrechts, 4. völlig neu bearbeitete Aufl., Karlsruhe 1970 (zitiert Schuldrecht AT); Bd. II: Besonderer Teil des Schuldrechts, 4. völlig neu bearbeitete Aufl., Karlsruhe 1971 (zitiert Schuldrecht BT).

— Vorverständnis und Methodenwahl in der Rechtsfindung, Frankfurt 1970 (zitiert Vorverständnis).

Eyermann-Fröhler: Verwaltungsgerichtsordnung, 5. Aufl., München 1971.

Fabricius, Fritz: Zur Dogmatik des „sonstigen Rechts“ gemäß § 823 Abs. 1 BGB, AcP 160 (1961), 273 ff.

— Zur Theorie des stückelosen Effektengiroverkehrs mit Wertrechten aus Staatsanleihen, AcP 162 (1963), 456 ff.

— Der Rechtsanfall im Privatrecht, Wiesbaden 1965 (zitiert Rechtsfall).

— Kollision von Beschäftigungspflichten aus Doppelarbeitsverhältnissen, ZFA 1972, S. 35 ff.

Falk, Hermann: Die Übertragung der schuldrechtlichen Bestimmungen auf die rei vindicatio, Diss. Köln 1929.

Felgentraeger, Wilhelm: siehe Stoll-Felgentraeger.

Fikentscher, Wolfgang: Wettbewerb und gewerblicher Rechtsschutz, München 1958 (zitiert Wettbewerb).

— Schuldrecht, 3. Aufl., Berlin—New York 1971 (zitiert Schuldrecht).

Firsching, Karl: Der Verwendungsersatzanspruch des Unternehmers gegen den Eigentümer, AcP 162 (1963), 440 ff.

Fischer, Otto Christian: Die Verletzung des Gläubigerrechts als unerlaubte Handlung nach dem Bürgerlichen Gesetzbuch für das Deutsche Reich, Jena 1905.

Flach, Julius Albert: Die Anwendung der §§ 281 und 283 BGB auf den dinglichen Herausgabeanspruch des § 985 BGB, Diss. Frankfurt 1928.

Flume, Werner: Richter und Recht, Schlußvortrag zum 46. Deutschen Juristentag in Essen 1966, in Bd. II der Verhandlungen des 46. Deutschen Juristentages (Sitzungsberichte) Teil K, München—Berlin 1967.

Förster, K.: siehe Turnau-Förster.

Förster-Eccius: Preußisches Privatrecht, I. und II. Bd., 7. Aufl., Berlin 1896.

Forsthoff, Ernst: Die Umbildung des Verfassungsgesetzes, in Festschrift für Carl Schmitt, Berlin 1959, S. 35 ff.

— Recht und Sprache, Prolegomina zu einer richterlichen Hermeneutik, Halle 1940, Sonderdruck der wissenschaftlichen Buchgesellschaft, Darmstadt 1964.

— Lehrbuch des Verwaltungsrechts 1. Bd.: Allgemeiner Teil, 9. Aufl., München und Berlin 1966 (zitiert Verwaltungsrecht).

Friedrichs, Karl: Ausnahme. in Handwörterbuch der Rechtswissenschaft, hrsg. von Fritz Stier-Somlo und Alexander Elster, Bd. 1, Berlin—Leipzig 1926, S. 453 (zitiert HdwbdRWiss. Bd. I).

— Bürgerliches und öffentliches Sachenrecht, AöR 40 (1921), 257 ff.

Fröhler, Ludwig: siehe Eyermann-Fröhler.

Fröhner:* Die Anwendbarkeit des § 254 auf „Ansprüche aus dem Eigentum" (§§ 985 ff. BGB), Recht 1920, Sp. 141.

Fuchs, Ernst: Zur juristischen Neuorientierung. II. Vertragsauslegung, Gute Sitten und Revisionsfeindschaft, JW 1917, 504.

Fuchs, Eugen: Probleme des Sachenrechts, Gruch 46 (1902), 549 ff.

— Das Wesen der Dinglichkeit. Ein Beitrag zur allgemeinen Rechtslehre und zur Kritik des Entwurfs eines Bürgerlichen Gesetzbuches für das Deutsche Reich, Berlin 1889 (zitiert Wesen der Dinglichkeit).

— Zur Lehre der Vormerkung, LZ 1914, Sp. 3 ff. und Sp. 139 ff.

— Grundbuchrecht, Bd. 1: Materielles Grundbuchrecht, Berlin 1902 (zitiert Grundbuchrecht).

— Grundbegriffe des Sachenrechts, Berlin 1917 (zitiert Grundbegriffe).

Furtner, Georg: Steht dem von einem Dritten beauftragten Werkunternehmer auch dem Eigentümer gegenüber ein Anspruch auf Wertersatz zu?, MDR 1962, 95 ff.

— Gutgläubiger Erwerb einer Vormerkung, NJW 1963, 1484 ff.

Gadamer, Hans-Georg: Wahrheit und Methode, Grundzüge einer philosophischen Hermeneutik, 2. Aufl., Tübingen 1965.

---

* Ohne Angabe des Vornamens.

Gaii Institutionum Commentarii Quattour, recognovit Böcking, *, Bonn 1841.

Gaul, Hans Friedhelm: Die Grundlagen des Wiederaufnahmerechts und die Ausdehnung der Wiederaufnahmegründe, Bielefeld 1956.

Geny, Francois: Méthode d'interprétation et sources en droit privé seconde édition revue et mise an courant, Paris 1919 (zitiert Méthode).

Georgiades, Apostolos: Die Anspruchskonkurrenz im Zivilrecht und Zivilprozeßrecht, München—Berlin 1968.

Germann, O. A: Probleme und Methoden der Rechtsfindung, 2. Aufl., Bern 1967.

Gernhuber, Joachim: Testierfreiheit, Sittenordnung und Familie, FamRZ 1960, 326 ff.

— Lehrbuch des Familienrechts, 2. Aufl., München 1971.

Gierke, Julius von: Die Einheit des Rechts, ZHR 111 (1948), 39 ff.

— Das Sachenrecht des bürgerlichen Rechts, 4. Aufl., Berlin—Frankfurt 1959 (zitiert Sachenrecht).

Gierke, Otto von: Deutsches Privatrecht, Bd. 1, Allgemeiner Teil und Personenrecht, Leipzig 1895 (zitiert Deutsches Privatrecht Bd. 1).

— Grundzüge des deutschen Privatrechts, Enzyklopädie der Rechtswissenschaft, hrsg. von Franz von Holtzendorff und Josef Kohler, Bd. 1, 7. Aufl., München—Leipzig—Berlin 1915, S. 177 ff.

Giessler, Hans: Zur begrifflichen Abgrenzung des Vermögensrechts, Diss. Marburg 1964.

Glaser-Dröschel: Das Nachbarrecht in der Praxis, Herne—Berlin 1961.

Glück, Christian Fr.: Ausführliche Erläuterung der Pandekten (66 Bände, seit 1790), Serie der Bände ..., Erlangen.

Gmür, Rudolf: Das Schweizerische Zivilgesetzbuch verglichen mit dem Deutschen Bürgerlichen Gesetzbuch, Bern 1965.

Golde, Max: Nachträgliche Unmöglichkeit oder Verzug bei Unterlassungsverbindlichkeiten, AcP 99 (1906), 306 ff.

Götz, Volkmar: Verzinsung öffentlich-rechtlicher Geldforderungen, DVBl. 1961, 433 ff.

Goldmann-Lilienthal-Sternberg: Das Bürgerliche Gesetzbuch systematisch dargestellt, 2. Bd. Sachenrecht, Berlin 1912 (zitiert Goldmann-Lilienthal).

Gygi, Fritz: Verwaltungsrecht und Privatrecht, Bern 1956.

Güthe-Triebel: Grundbuchordnung für das Deutsche Reich und die preußischen Ausführungsbestimmungen, 6. Aufl. von Franz Triebel, Berlin 1936.

Gudian, Gunter: Die Haftung für anfängliches Unvermögen, NJW 1971, 1239 ff.

Gursky, Karl-Heinz: Bereicherungsausgleich bei Selbsterfüllung, NJW 1971, 782 ff.

Habscheid, Walther J.: Der nicht rechtsfähige Verein zwischen juristischer Person und Gesellschaft, AcP 155 (1956), 375 ff.

Hachenburg, Max: Das Bürgerliche Gesetzbuch für das Deutsche Reich, Vorträge, 2. Aufl., Mannheim 1900.

Häberle, Peter: Unmittelbare staatliche Parteifinanzierung unter dem Grundgesetz, JuS 1967, 64 ff.

Haesart, Jean Polydare: Théorie générale du droit, Brüssel 1948.

Hager, Lothar Wilhelm: Schikane und Rechtsmißbrauch im heutigen bürgerlichen Recht, München 1913.

Hamburger, Max: Treu und Glauben im Verkehr, Mannheim 1930, Neudruck Aalen 1970.

— Anmerkung zu Urteil RG JW 1932, 1041, Nr. 4, JW 1931, 3434.

Hammer, Walter: Das Verhältnis der Unterlassungs- zur Duldungspflicht, Diss. Göttingen 1931.

Haymann, Franz: Zuwendung aus fremdem Vermögen, IherDogJb 77 (1927), 188 ff.

Heck, Philipp: Gesetzesauslegung und Interessenjurisprudenz, AcP 112 (1914), 1 ff.

— Gesetzesauslegung und Interessenjurisprudenz, Tübingen 1914 (zitiert Gesetzesauslegung).

— Grundriß des Schuldrechts, Tübingen 1929 (zitiert Sachenrecht).

— Grundriß des Sachenrechts, Tübingen 1930 (zitiert Schuldrecht).

Hedemann, Justus Wilhelm: Schuldrecht des Bürgerlichen Gesetzbuches, 3. Aufl., Berlin 1949 (zitiert Schuldrecht).

— Sachenrecht des bürgerlichen Gesetzbuchs, 2. Aufl., Berlin 1950 (zitiert mit Zusatz 2. Aufl.), 3. Aufl., Berlin 1960 (zitiert Sachenrecht).

Hellwig, Hans: Ermächtigung zur Prozeßführung über fremde Rechte im eigenen Namen, Gruch 55 (1911), 607 ff.

Hellwig, Konrad: Anspruch und Klagrecht, Jena 1900 (zitiert Anspruch). Wesen und subjektive Begrenzung der Rechtskraft, Leipzig 1901, Neudruck Aalen 1967 (zitiert Rechtskraft).

— Die Verträge auf Leistung an Dritte, Leipzig 1899 (zitiert Leistung an Dritte).

— Lehrbuch des Deutschen Zivilprozeßrechts, 3. Bd., 1. Abt., Leipzig 1909 (zitiert Lehrbuch).

Helm, Johann Georg: Besprechung von Haralambos Dimopoulos-Vosikis. Die bereicherungs- und deliktsrechtlichen Elemente der §§ 987—1003 BGB, Köln—Berlin—Bonn—München 1966, AcP 168 (1968), 71 ff.

Henkel, Heinrich: Einführung in die Rechtsphilosophie, München—Berlin 1964.

Henckel, Wolfram: Prozeßrecht und materielles Recht, Göttingen 1970.

Heusler, Andreas: Institutionen des Deutschen Privatrechts, Bd. II, Leipzig 1886.

Herschel, Wilhelm: Gefahren der systematischen Auslegung, BB 1966, 791 ff.

Hesselberger, Dieter: Die Lehre vom Streitgegenstand, Köln—Berlin—Bonn—München 1970.

Hiersemann, Walter: Die wettbewerbsrechtliche Abmahnung und ihre Kosten, NJW 1971, 777.

Himmelmann, Werner: Die Ersatzherausgabe nach § 281 Abs. 1 BGB, Diss. Münster 1965.

Hirsch, Ernst E.: Zu einer „Methodenlehre der Rechtswissenschaft", JZ 1962, 329 ff.

Hirsch, Hans Joachim: Richterrecht und Gesetzesrecht, JR 1966, 334 ff.

Hodes, Fritz: siehe Meisner-Stern-Hodes.

Hoffmann, Paul: Subjektives Recht und Wirtschaftsordnung, Untersuchungen zum Zivilrecht in der BRD und SBZ, Stuttgart 1968.

Horstmann, Horst: Untersuchungen über die Anwendbarkeit schuldrechtlicher Normen auf dingliche Ansprüche, Abhandlungen aus dem gesamten Handelsrecht, Bürgerlichen Recht und Konkursrecht, Stuttgart 1938.

Huber, Ulrich: Besprechung von Bucher, Das subjektive Recht als Normsetzungsbefugnis, Tübingen 1965, und Jürgen Schmidt, Aktionsberechtigung und Vermögensberechtigung, Köln—Berlin—Bonn—München 1969, Rechtstheorie Bd. 2 (1971), S. 246 ff.

Hubmann, Heinrich: Das Persönlichkeitsrecht, 2. Aufl., Köln—Graz 1967.

Hübner, Heinz: siehe Lehmann-Hübner.

Hübner, Rudolf: Grundzüge des Deutschen Privatrechts, 5. Aufl., Leipzig 1930.

Hufeland, Gottlieb: Institutionen des gesamten positiven Rechts oder systematische Enzyklopädie der sämtlichen allgemeinen Begriffe und unstreitigen Gegenstände aller in Deutschland geltenden Rechte, 2. Aufl., Jena 1803.

Ihering, Rudolf von: Der Geist des römischen Rechts auf den verschiedenen Stufen seiner Entwicklung, 9. Aufl., Leipzig 1894—1907, Neudruck Aalen 1968 (zitiert Geist des römischen Rechts).

— Der Zweck im Recht, 1. Bd., 4. Aufl., Leipzig 1904 (zitiert Zweck im Recht).

— Über den Grund des Besitzschutzes, Jena 1869 (zitiert Besitzschutz).

Imlau, Erich: Der Verwendungsersatzanspruch des unrechtmäßigen Fremdbesitzers gegen den Eigentümer, MDR 1957, 263 ff.

Jaeger, Ernst: Konkursordnung mit Einführungsgesetzen, 8. Aufl., fortgeführt von Friedrich Lent und Friedrich Weber, 1. Bd., Berlin 1958 (zitiert Lent-Jäger).

Jahresbericht 1968/1969 für den BGH, NJW 1970, 1304.

Jakobs, Horst Heinrich: Eingriffserwerb und Vermögensverschiebung in der Lehre von der ungerechtfertigten Bereicherung, Bonn 1964.

Jakobs, Otto-Wilhelm: Eigentumsbegriff und Eigentumssystem des sowjetischen Rechtes, Köln—Graz 1965.

Jayme, Erik: Die Familie im Recht der unerlaubten Handlung, Frankfurt/Main—Berlin 1971.

Jellinek, Georg: System der subjektiven öffentlichen Rechte, 2. Aufl., Tübingen 1905.

Jesch, Dietrich: Auslegung gegen den Wortlaut und Verordnungsgebung contra legem, JZ 1963, 697 ff.

Jenks, Edward: The book of English Law, 5. Aufl., London 1953.

Jonas, Martin: siehe Stein-Jonas.

Jörs-Kunkel-Wenger: Römisches Recht Bd. II (Römisches Privatrecht) und Bd. III (Abriß des römischen Zivilprozeßrechts), 3. Aufl., Berlin—Göttingen—Heidelberg 1949.

Josef, Eugen: Die Rechtsstellung des besitzenden Käufers gegenüber dem dritten Erwerber des Grundstücks, Gruch 51 (1907), 531 ff.

Kant, Immanuel: Logik, Akademieausgabe, Berlin 1912 (zitiert Logik).

— Die Metaphysik der Sitten, I. Teil: Metaphysische Anfangsgründe der Rechtslehre, 2. Aufl., Königsberg 1798 (zitiert Metaphysik).

Kaser, Max: Das römische Privatrecht, in Rechtsgeschichte des Altertums, 3. Teil, 1. Abschnitt: Das altrömische, das vorklassische und klassische Recht, München 1955, 2. Abschnitt: die nachklassischen Entwicklungen,

München 1959 (zitiert Römisches Privatrecht Teil ... Bd. ...), 3. Abschnitt. das römische Zivilprozeßrecht, München 1966 (zitiert Römischer Zivilprozeß).

Kaser, Max: Römisches Privatrecht, Studienbuch, 3. Aufl., München—Berlin 1964 (zitiert Studienbuch).

— Der römische Anteil am deutschen bürgerlichen Recht, JuS 1967, 337 ff.

Kasper, Franz: Das subjektive Recht — Begriffsbildung und Bedeutungsmehrheit, Karlsruhe 1967.

Kaysers, Hans Henning: Der Verwendungsersatzanspruch des Besitzers bei vertraglichen Leistungen, Bielefeld 1968.

Keller, Adolf: Die Kritik, Korrektur und Interpretation des Gesetzeswortlautes, Winterthur 1960.

Kellmann, Christof: Grundsätze der Gewinnhaftung (Rechtsvergleichender Beitrag zum Recht der ungerechtfertigten Bereicherung), Berlin 1969.

Kelsen, Hans: Hauptprobleme der Staatsrechtslehre, Tübingen 1911. Nachdruck der 2. (um die Vorrede vermehrten) Aufl., 1923 Neudruck Aalen 1960 (zitiert Hauptprobleme der Staatsrechtslehre).

— Reine Rechtslehre mit einem Anhang: Das Problem der Gerechtigkeit, 2. vollständig neubearbeitete und erweiterte Aufl., Wien 1960 (zitiert Reine Rechtslehre).

Kempff, L.: Zur Rechtsnatur der Vormerkung — BGHZ 25, 16 —, JuS 1961, 22 ff.

Kipp, Theodor: siehe Windscheid-Kipp.

Klapproth, Ulrich: Zur analogen Anwendung des § 281 BGB auf den Eigentumsherausgabeanspruch (bei zufälligem Untergang der Sache), MDR 1965, 525 ff.

Kleindienst, Bernhard: Der privatrechtliche Immissionsschutz nach § 906 BGB, Tübingen 1964.

Klug, Ulrich: Juristische Logik, 3. Aufl., Berlin—Heidelberg—New York 1966.

Köbl, Ursula: Das Eigentümer-Besitzer-Verhältnis im Anspruchssystem des BGB, Berlin 1971.

König, Wilhelm: siehe Reinhardt-König.

Kohler, Josef: Lehrbuch des Bürgerlichen Rechts, 1. Bd.: Allgemeiner Teil, Berlin 1906, 2. Bd.: Vermögensrecht, 2. Teil: Sachenrecht, Berlin 1919.

Kommission zur Ausarbeitung des Entwurfs eines bürgerlichen Gesetzbuches. Entwurf eines bürgerlichen Gesetzbuches für das Deutsche Reich. Drittes Buch: Sachenrecht. Vorlage des Redaktors R. Johow. Entwurf Berlin 1880. Begründung Berlin 1880.

Kommission zur Ausarbeitung des Entwurfs eines bürgerlichen Gesetzbuches. Protokolle der Kommissionssitzungen, Berlin 1881/87.

Koziol, Helmut: Die Beeinträchtigung fremder Forderungsrechte, Wien und New York 1967.

Krause, Walter Erich: Die Haftung des Besitzers nach den §§ 989—993 BGB, Berlin 1965.

Krauthausen, Udo: Gutgläubiger Erwerb einer Vormerkung, Diss. Mainz 1963.

Kriele, Martin: Theorie der Rechtsgewinnung, Berlin 1967.

Kronstein, Heinrich: Besprechung der Sachenrechtslehrbücher von Wolff-Raiser und Westermann, FamRZ 1959, 171 ff.

Krückmann, Paul: Sachbesitz, Rechtsschein in der Theorie des Gemeinen Rechts, AcP 108 (1912), 179 ff.

Krüger, Paul: siehe Georg Friedrich Puchta, Geschichte des Rechts bei dem Römischen Volk.

— siehe Corpus Juris Civilis.

Kruse, Hermann: Der deutschrechtliche Anteil an der heutigen Privatrechtsordnung, JuS 1970, 313 ff.

Kübler, Friedrich Karl: „Eigentum verpflichtet" — eine zivilrechtliche Generalklausel, AcP 159 (1960/61), 236 ff.

Kühne, Eberhard: Versprechen und Gegenstand (Ein Beitrag zum System der Belastung), AcP 140 (1935), 1 ff.

Kühne, Gunther: Anmerkung zu BGH JZ 1970, 187 ff. (= BGHZ 53, 29 ff.), JZ 1970, 189 ff.

Kuhlenbeck, Ludwig: Von den Pandekten zum Bürgerlichen Gesetzbuch — eine dogmatische Einführung in das Studium des Bürgerlichen Rechts, 2. Teil, Berlin 1899 (zitiert Einführung).

— Das Bürgerliche Gesetzbuch für das deutsche Reich nebst dem Einführungsgesetz, 2. Bd., 2. Aufl., Berlin 1903 (zitiert Bürgerliches Recht).

Kunkel, Wolfgang: Das römische Recht am Vorabend der Rezeption, in „L'europa e il diritto romano" Studi in memoria di Paolo Koschaker, Milano 1954, Bd. 1, S. 1 ff.

— siehe Jörs-Kunkel-Wenger

Kurz, Isolde: Der Besitz als möglicher Gegenstand der Eingriffskondiktion, Tübingen 1969.

Kussi, Viktor: Die privatrechtlichen Wirkungen der Rechtshängigkeit, in: Leipziger Rechtswissenschaftliche Studien, Heft 13, Leipzig 1925.

Laband, Paul: Die vermögensrechtlichen Klagen. Nach den sächsischen Rechtsquellen des Mittelalters dargestellt. Neudruck der Ausgabe 1869, Aalen 1970.

Lahtinen, Osri: Zum Aufbau der rechtlichen Grundlagen, Helsinki 1951.

Landsberg, Ernst: siehe Stintzing-Landsberg.

Lange, Heinrich: Zum System des deutschen Vermögensrechts, AcP 147 (1941), 290 ff.

— Boden, Ware und Geld, 1. Teil, Grundfragen, 3. Aufl., Tübingen 1944 (zitiert Boden, Ware und Geld, 1. Teil, Grundfragen).

— Sachenrecht, Stuttgart—Berlin—Köln—Mainz 1967 (zitiert Sachenrecht).

— Allgemeiner Teil des Bürgerlichen Gesetzbuches, 10. Aufl., München 1968 (zitiert Allgemeiner Teil).

Lange, Hermann: Verzugshaftung des Bereicherungsschuldners und des Besitzers, JZ 1964, 640 ff.

Langenheineken, Paul: Anspruch und Einrede, Leipzig 1903.

Larenz, Karl: Anm. zu LG Frankenthal, NJW 1955, 263.

— Gemeinschaft und Rechtsstellung, DRW 1936, 31 ff.

— Methodenlehre der Rechtswissenschaft, 2. Aufl., Berlin—Göttingen—Heidelberg 1969 (zitiert Methodenlehre).

— Richterliche Rechtsfortbildung als methodisches Problem, NJW 1965, 1 ff.

— Allgemeiner Teil des deutschen bürgerlichen Rechts — ein Lehrbuch — München 1967 (zitiert Allgemeiner Teil).

Larenz, Karl: Lehrbuch des Schuldrechts, Allgemeiner Teil, 10. Aufl., München 1970 (zitiert Schuldrecht AT).

— Lehrbuch des Schuldrechts, Besonderer Teil, 10. Aufl., München 1972 (zitiert Schuldrecht BT).

Lauterbach, Wolfgang: siehe Baumbach-Lauterbach.

*Ledermann**: Anmerkung zu RG LZ 1926, Sp. 1071/1972 ebenda.

Lehmann, Heinrich: Die positiven Vertragsverletzungen, AcP 96 (1905), 60 ff.

— Die Unterlassungspflicht im Bürgerlichen Recht, München 1906 (zitiert Unterlassungspflicht).

— Anmerkung zu Urteil RG JW 1935, 2619 ebenda.

— siehe Enneccerus-Lehmann.

— Allgemeiner Teil des Bürgerlichen Gesetzbuches, 14. Aufl., Berlin 1963.

Lehmann-Hübner: Allgemeiner Teil des Bürgerlichen Gesetzbuches, 16. Aufl., Berlin 1966.

Lent, Friedrich: Die Gesetzeskonkurrenz im bürgerlichen Recht und im Zivilprozeß, 1. Bd.. Leipzig 1912.

— Anmerkung zu KG JR 1951, 375 ebenda.

— siehe Ernst Jaeger.

Lent-Schwab: Sachenrecht, 13. Aufl., München 1972.

Leonhard, Franz: Allgemeines Schuldrecht des BGB, München und Leipzig 1929.

Leonhard, Rudolf: Der Anspruchsbegriff des Entwurfs eines bürgerlichen Gesetzbuches für das deutsche Reich, ZZP 15 (1891), 327 ff.

Lieberich, Heinz: siehe Mitteis-Lieberich.

Lilienthal, L.: siehe Goldmann-Lilienthal-Sternberg.

Liver, Peter: Der Wille des Gesetzes, Bern 1954.

Löbl, Rudolf: Geltendmachung fremder Forderungsrechte im eigenen Namen, AcP 129 (1928), 257 ff. und 130 (1929), 1 ff.

Löning, Georg: Die Grundstücksmiete als dingliches Recht, Jena 1930.

Löwisch, Gottfried: Die Zufallshaftung im Eigentümer-Besitzer-Verhältnis unter besonderer Berücksichtigung der Haftung aus Verzug. Diss. Münster 1968.

Löwisch, Manfred: Der Deliktsschutz relativer Rechte, Berlin 1970.

Lottig, Hans: Marx und das Recht, Hamburg 1961.

Lübtow, Ulrich von: Grundfragen des Sachenrechts, zugleich eine Besprechung des „Bodenrechts“ von Arthur Nikisch, JR 1950, 491.

— Die Struktur der Pfandrechte und Reallasten, Festschrift für Heinrich Lehmann zum 80. Geburtstag. (Das Deutsche Privatrecht in der Mitte des 20. Jahrhunderts) I. Bd., Tübingen—Frankfurt 1956, S. 328 ff.

— Das Grundpfandrecht am Vorbehaltseigentum — BGHZ 35, 85, JuS 1963, 171.

Lüderitz, Alexander: Auslegung von Rechtsgeschäften, Karlsruhe 1966.

Luhmann, Niklas: Zur Funktion der subjektiven Rechte, in: „Die Funktion des Rechts in der modernen Gesellschaft“, hrsg. v. Rüdiger Lautmann, Werner Maihofer und Helmut Schelsky, Bd. 1 des Jahrbuchs für Rechtssoziologie und Rechtstheorie, Gütersloh 1970, S. 321 ff.

---

* Ohne Angabe des Vornamens.

Lutter, Marcus: Die Grenzen des sogenannten Gutglaubensschutzes im Grundbuch, AcP 164 (1964), 122 ff.

Lutter-Overath: Der Vermieter als Störer nach § 1004 BGB, JZ 1968, 345 ff.

Maas, Udo: Verwaltungsakt und Rechtssatz, Köln—Berlin—Bonn—München 1970.

Markovits, Inga: Sozialistisches und bürgerliches Zivilrechtsdenken in der DDR, Köln 1969.

*Marquardt**: Der Antrag bei Klagen auf Herausgabe, JW 1909, 37 f.

Medicus, Dieter: Vormerkung, Widerspruch und Beschwerde, AcP 163 (1963), 1 ff.

— Besitzschutz durch Ansprüche auf Schadensersatz, AcP 165 (1965), 115 ff.

— Bürgerliches Recht, 5. Aufl., Köln—Berlin—Bonn—München 1971 (zitiert Bürgerliches Recht).

Meier-Branecke, H.: Die Anwendbarkeit privatrechtlicher Normen im Verwaltungsrecht, AöR 50 (1926), 230 ff.

Meisner-Stern-Hodes: Nachbarrecht (im Bundesgebiet [ohne Bayern] und in West-Berlin), 5. Aufl., Berlin 1970 (zitiert M.-S.-Hodes).

Menger-Erichsen: Höchstrichterliche Rechtsprechung zum Verwaltungsrecht, VerwArch. 57 (1966), 175 ff.

— Höchstrichterliche Rechtsprechung zum Verwaltungsrecht, VerwArch. 60 (1970), 82 ff.

Mennicken, Axel: Das Ziel der Gesetzesauslegung, Bad Homburg v. d. H.—Berlin—Zürich 1970.

Meyer, Dieter: Anm. zu OLG Hamburg NJW 1971, 1317 ff. ebenda.

Mitteis, Heinrich: Die Lehre von den Vindikationen und dem unredlichen Besitz, KrVjSchr. 31 (1889), 40 ff.

— siehe Cosack-Mitteis.

Mitteis-Lieberich: Deutsches Privatrecht, 5. Aufl., München 1968.

Mommsen, Friedrich: Beiträge zum Obligationenrecht, 2. Abteilung: Die Lehre von der mora nebst Beiträgen zur Lehre von der culpa, Braunschweig 1855.

Mommsen, Theodor: siehe Corpus Juris Civilis.

Motive zu dem Entwurf eines Bürgerlichen Gesetzbuches für das Deutsche Reich. Amtliche Ausgabe. Bd. I—IV, Berlin und Leipzig 1888 (zitiert Motive Teil ...).

Mugdan, B.: Die gesamten Materialien zum Bürgerlichen Gesetzbuch für das Deutsche Reich, Bd. I—IV, Berlin 1899 (zitiert Mugdan Teil ...).

Mühl, Otto: Treu und Glauben im Sachenrecht, NJW 1956, 1657 ff.

— Die Lehre von Gutachten und Urteil, Frankfurt—Berlin 1970 (zitiert Gutachten).

Müller, Hildegard: Der gutgläubige Erwerb einer Vormerkung, Diss. Breslau 1932.

Müller-Freienfels, Wolfram: Die Vertretung beim Rechtsgeschäft, Tübingen 1955.

Münzel, Karl: Ansprüche des Werkunternehmers auf Verwendungsersatz gegen den Eigentümer?, NJW 1961, 1377.

---

* Ohne Angabe des Vornamens.

Münich, Dieter: Untersuchungen zum Verhältnis des Vindikationsanspruchs zu den übrigen Herausgabeansprüchen des bürgerlichen Rechts. Diss. München 1964.

Nawiasky, Hans: Allgemeine Rechtslehre als System der rechtlichen Grundbegriffe, 2. Aufl., Einsiedeln—Zürich—Köln 1948.

Neussel, Julius: Anspruch und Rechtsverhältnis, Mainz 1952.

Nipperdey, Hans Carl: Fristversäumnis bei der Anmeldung von Versorgungsansprüchen, NJW 1962, 321 ff.

— siehe Enneccerus-Nipperdey.

*Nissen**: Ein Beitrag zur Struktur der Ansprüche an den Dritten aus §§ 556 und 604 BGB, JW 1903, 201 ff.

Oberländer, Helmut: Zur Regelung der Pflichten des sozialistischen Handelns im künftigen Zivilgesetzbuch, NJ 1961, 13 ff.

Oberneck, Hermann: Das Reichsgrundbuchrecht, 4. Aufl., 1. Bd., Berlin 1909.

Oertmann, Paul: Der Dinglichkeitsbegriff, IherDogJb 31 (1892) 415 ff.

— Das Problem der relativen Rechtszuständigkeit, IherDogJb 66 (1916), 130 ff

— Einrede und Verzug, ZHR 78 (1916), 1 ff.

— Zur Struktur der subjektiven Privatrechte, AcP 123 (1925), 129 ff.

— Bürgerliches Gesetzbuch, Zweites Buch, Recht der Schuldverhältnisse. 5. Aufl., Berlin 1928.

— Ist der Anspruch auf Ersatzherausgabe (§ 281) auf dingliche Ansprüche anwendbar?, JR 1931, 1 ff.

Offtermatt, Gerhard: Dinglicher Beseitigungsanspruch und Duldungsanspruch, Tübingen 1937.

Olivecrona, Karl: Gesetz und Staat, Leipzig 1940.

Ost, Wolfgang: Die Zuordnung als Kriterium des subjektiven Rechts, Diss. Tübingen 1965.

Othmer, Wilhelm: Die rechtliche Wirkung der Vormerkung nach Reichsrecht, Breslau 1902.

Otte, Gerhard: Schadensersatz nach § 823 Abs. 1 BGB wegen Verletzung der „Forderungszuständigkeit"?, JZ 1969, 253 ff.

Otto, Hansjörg: Die Präklusion, Berlin 1970.

Overath, Hans Peter: siehe Lutter, Marcus.

Paech, P.: Der Leistungsverzug, Berlin 1902.

Palandt, Otto (Bearbeiter): Bürgerliches Gesetzbuch, 31. Aufl., München 1972.

Papier, Hans-Jürgen: Die Forderungsverletzung im öffentlichen Recht, Berlin 1969.

Paulus, Gotthard: Die Behelfe des Sicherungseigentümers gegen den Vollstreckungszugriff, ZZP 64 (1951), 169 ff.

*Pawlowski**: Problematik der Interessenjurisprudenz, NJW 1958, 1561 ff.

Pernice, Alfred: Labeo, Römisches Privatrecht, II. Bd., Abt. II./I., 2. Aufl., Halle 1900.

Peters, Casjen: Die Ansprüche aus dem Eigentum, AcP 153 (1954), 454 ff.

Pflüger, H. H.: Über das Wesen der Dinglichkeit, AcP 79 (1892), 406 ff.

Philipsen, Kurt: Die Vormerkung nach Bürgerlichem Gesetzbuch, Diss. Jena 1903.

* Ohne Angabe des Vornamens.

Pikart, Heinz: Die Rechtsprechung des BGH über das Verhältnis des Eigentümers zum Besitzer, WM 1966, 1239.

Pisko, Oskar: Handelsgesetze als Quelle des bürgerlichen Rechts. Ein Beitrag zur Lehre von der Analogie, Wien 1935.

Planck, G. (Bearbeiter): Kommentar zum Bürgerlichen Gesetzbuch nebst Einführungsgesetz, II. Bd. (Recht der Schuldverhältnisse), 3. Aufl., Berlin 1907.

— Kommentar zum Bürgerlichen Gesetzbuch nebst Einführungsgesetz, Berlin I. Bd., 4. Aufl. 1913, II. Bd., 4. Aufl., 1. Hälfte 1914, 2. Hälfte 1928, III. Bd. 5. Aufl., 1. Hälfte 1933, 2. Hälfte 1938.

Planck, Justus-Wlhelm: Das deutsche Gerichtsverfahren im Mittelalter, Braunschweig 1879.

Planitz-Eckhardt: Deutsche Rechtsgeschichte, 2. Aufl., Graz 1961.

Plath, Karl-Heinz: Ergänzung der Ansprüche aus dem Eigentum durch Anwendung schuldrechtlicher Bestimmungen, Diss. Jena 1929.

Pleyer, Klemens: § 1004 BGB und das „nachbarschaftliche Gemeinschaftsverhältnis", JZ 1959, 305 ff.

Pohle, Rudolf: Der materiellrechtliche und der prozessuale Verzicht auf den Grundbuchberichtigungsanspruch, JZ 1956, 53 ff.

Polak, K.: Über die weitere Entwicklung der sozialistischen Rechtspflege in der DDR, StuR 1961, 607 ff.

Polay, Elemér: Beiträge zu Iherings Besitztheorie, in: Iherings Erbe, hrsg. von Franz Wieacker und Christian Wollschläger, Göttingen 1970, S. 132 ff.

Posch, M. Das Rechtsverhältnis im Zivilrecht, StuR 1961, 15 ff.

— Neugestaltung des Kaufrechts, Berlin 1961 (zitiert Kaufrecht).

Prager:* Die Sitte im Sachenrecht, AcP 138 (1934), 301 ff.

Protokolle der Kommission für die zweite Lesung des Entwurfs eines Bürgerlichen Gesetzbuches. Im Auftrage des Reichs-Justizamtes bearbeitet von Achilles, Gebhard, Spahn, Bd. II: Schuldrecht, Berlin 1880 (zitiert Protokolle Teil II), Bd. III: Sachenrecht, Berlin 1899 (zitiert Protokolle Teil III).

Puchta, Georg Friedrich: Von dem Verhältnis des Eigentums zu den Servituten, in :Rheinisches Museum für Jurisprudenz, 1. Jg., Bonn—Göttingen 1827, S. 286 ff. (zitiert Verhältnis).

— Pandekten, besorgt von Adolph August Friedrich Rudorff, 9. Aufl., Leipzig 1863 (zitiert Pandekten).

— Geschichte des Rechts bei dem Römischen Volk mit einer Einleitung in die Rechtswissenschaft und Geschichte des römischen Civilprozesses, 10. Aufl. nach dem Tode des Verfassers, besorgt von Paul Krüger, Leipzig 1893 (zitiert Geschichte des Rechts).

Putzo, Hans: siehe Thomas-Putzo.

Raape, Leo: Das gesetzliche Veräußerungsverbot des Bürgerlichen Gesetzbuchs, Berlin 1908

— Aneignungsüberlassung. Zugleich ein Beitrag zum Begriff des sonstigen Rechts (§ 823 I), IherDogJb 74 (1924), 179 ff.

Radbruch-Zweigert: Einführung in die Rechtswissenschaft, 11. Aufl., Stuttgart 1964.

Raiser, Ludwig: Eigentumsanspruch und Recht zum Besitz, Festschrift für Martin Wolff, Tübingen 1952, S. 122 ff.

* Ohne Angabe des Vornamens.

Raiser, Ludwig: Besprechung von Harry Westermann: Lehrbuch des Sachenrechts, 2. Aufl., Karlsruhe 1953, JR 1955, 118.
— siehe Wolff-Raiser.
— Verwendungsansprüche des Werkunternehmers, JZ 1958, 681 ff.
— Anmerkung zu BGH JZ 1961, 540, JZ 1961, 124 f.
— Die Subsidiarität der Vindikation und ihrer Nebenfolgen, JZ 1961, 529 ff.
— Dingliche Anwartschaften, Tübingen 1961.
— Der Stand der Lehre vom subjektiven Recht im Deutschen Zivilrecht, JZ 1961, 465 ff.
— Rechtsschutz und Institutionenschutz im Privatrecht, in: Summum ius summa iniuria — Individualgerechtigkeit und der Schutz allgemeiner Werte im Rechtsleben — Ringvorlesung gehalten von Mitgliedern der Tübinger Juristenfakultät im Rahmen des Dies academicus, Wintersemester 1962/63, Tübingen 1963, S. 145 ff. (zitiert Summum ius summa iniuria).
— Rechtswissenschaft und Rechtspraxis, NJW 1964, 1201 ff.

Ramdohr, Hermann: Das Rechtsprinzip zum Schutze mangelhafter menschlicher Erkenntnisfähigkeit im BGB, Gruch 44 (1900), 324 ff.

Regelsberger, Ferdinand: Pandekten, 1. Bd., Leipzig 1893.

Reichel, Hans: Die Vormerkung im Deutschen Bürgerlichen Gesetzbuche, IherDogJb 46 (1904), 59 ff.
— Unklagbare Ansprüche, IherDogJb 59 (1911), 408 ff.
— Gutgläubigkeit beim Fahrniserwerb, Wien 1915 (zitiert Gutgläubigkeit).
— Gesetz und Richterspruch, Zürich 1915 (zitiert Gesetz und Richterspruch).

Reinicke, Dietrich: Der Schutz des guten Glaubens beim Erwerb einer Vormerkung, NJW 1964, 2373 ff.
— Anmerkung zu BGH NJW 1968, 788 ff. ebenda.
— siehe Reinicke G. und D.

Reinicke, G. und D.: Die Bedeutung des Wortlauts bei der Auslegung von Gesetzen nach der Rechtsprechung des Bundesgerichtshofes, NJW 1952, 1033.
— Die Auslegungsgrundsätze des Bundesarbeitsgerichts, NJW 1955, 1370.

Reinhardt-König: Richter und Rechtsfindung, München und Berlin 1957.

Reinhardt, Rudolf: Das subjektive Recht in § 823 I BGB, JZ 1961, 713 ff.

Rheinen, Fritz: Ist die Vormerkung eine Verfügungsbeschränkung?, Diss. Bonn 1929.

*Riehl**: Über Immissionsprozesse, Gruch 51 (1907), 142 ff.

Rimmelspacher, Bruno: Materiellrechtlicher Anspruch und Streitgegenstandsprobleme im Zivilprozeß, Göttingen 1970.

Roellecke, Gerd: Grundfragen der juristischen Methodenlehre und die Spätphilosophie Ludwig Wittgensteins, Festschrift für Gebhard Müller, Tübingen 1970, S. 323 ff.

Roloff, Wolfgang: Die Durchsetzbarkeit der gutgläubig erworbenen Vormerkung gegenüber dem wahren Berechtigten, NJW 1968, 484 ff.

*Romeick**: Zur Technik des Bürgerlichen Gesetzbuches, Heft 1: Fristbestimmung, Stuttgart 1901.

---

* Ohne Angabe des Vornamens.

Roquette, Hermann: Das Mietrecht des Bürgerlichen Gesetzbuches, Tübingen 1966.

Rosenberg, Leo: Sachenrecht, 1. Halbbd., München 1919.

Rosenberg-Schwab: Zivilprozeßrecht, 10. Aufl., München 1969.

Rosenthal-Bohnenberg: Bürgerliches Gesetzbuch, 15. Aufl., Köln—Berlin—Bonn—München 1965.

Roth-Stielow, Klaus: Das Ärgernis vom „historischen Gesetzgeber" in der Rechtsprechung, NJW 1970, 2057 ff.

Rudorff, Friedrich: siehe Georg Friedrich Puchta, Pandekten.

Rümelin, Gustav: Obligation und Haftung, AcP 68 (1885), 151 ff.

Rüthers, Bernd: Der Arbeitskampf und die Gesellschaftsordnung des Grundgesetzes, Der Staat 1967, S. 101.

— Die unbegrenzte Auslegung. Zum Wandel der Privatrechtsordnung im Nationalsozialismus, Tübingen 1968 (zitiert Die unbegrenzte Auslegung).

Rupp, Hans Heinrich: Grundfragen der heutigen Verwaltungsrechtslehre, Tübingen 1965.

Sack, Rolf: Gibt es einen spezifisch kartellrechtlichen Lauterkeitsbegriff?, BB 1970, 1511 ff.

Säcker, Franz Jürgen: Rechtsfragen der außerordentlichen Kündigung von Betriebsratsmitgliedern, DB 1967, 2027 ff. und 2072 ff.

— Grundprobleme der kollektiven Koalitionsfreiheit, Düsseldorf 1969 (zitiert Koalitionsfreiheit).

— Zur demokratischen Legitimation des Richter- und Gewohnheitsrechts, ZRP 1971, 145 ff.

Savigny, Friedrich Carl von: System des heutigen Römischen Rechts, Bd. I, Berlin 1840, Bd. V, Berlin 1841.

Schade, Werner: Die actio (quasi) negatoria im öffentlichen Recht, Diss. Bochum 1970.

Scherer, Emil: Die Rechtsprechung des Bundesgerichtshofs zum nachbarlichen Gemeinschaftsverhältnis und zum Immissionsrecht, DRiZ 1963, 49 ff.

Scheuerle, Wilhelm: Finale Subsumtionen — Studien über Tricks und Schleichwege in der Rechtsanwendung, AcP 167 (1967), 305 ff.

Schindler, Karl-Heinz: Die aufgedrängte Bereicherung beim Ersatz von Impensen, AcP 165 (1965), 499 ff.

Schlegelberger-Vogels (Bearbeiter): Erläuterungen zum Bürgerlichen Gesetzbuch, Bd. II und III, Berlin 1939.

Schlossmann, Siegmund: Über den Begriff des Eigentums, IherDogJb 45 (1903), 289 ff.

Schluep, Walter: Das Markenrecht als subjektives Recht, Basel 1964.

Schmidt, Eberhard: Anm. zu OHG BritZ MDR 1950, 499 und DOG MDR 1950, 564, MDR 1950, 624 ff.

Schmidt, Jürgen: Aktionsberechtigung und Vermögensberechtigung, Köln—Berlin—Bonn—München 1969 (zitiert Aktionsberechtigung).

— Ein soziologischer Begriff des subjektiven Rechts, in: „Die Funktion des Rechts in der modernen Gesellschaft", hrsg. v. Rüdiger Lautmann, Werner Maihofer und Helmut Schelsky, Bd. 1 des Jahrbuches für Rechtssoziologie und Rechtstheorie, Gütersloh 1970, S. 299 ff. (zitiert: Die Funktion des Rechts in der modernen Gesellschaft).

Schmidt, Jürgen: Zur Funktion der subjektiven Rechte, ARSP 1971, 383 ff.

Schmidt, Rudolf: Die Gesetzeskonkurrenz im bürgerlichen Recht, München 1915 (zitiert Gesetzeskonkurrenz).

— Der negatorische Beseitigungsanspruch, Stuttgart 1924 (zitiert Beseitigungsanspruch).

— Bürgerliches Gesetzbuch — ein Lehrbuch seiner Grundzüge, 3. Bd.: Sachenrecht, 2. Aufl., Berlin 1954 (zitiert Bürgerliches Recht).

Schmitt, Carl: Gesetz und Urteil, Eine Untersuchung zum Problem der Rechtspraxis, 2. Aufl., München 1969.

Schmitt, Rolf: Die Subsidiarität der Bereicherungsansprüche, Bielefeld 1969.

Schneider, Egon: Ersatz „vorgerichtlicher Mahnkosten", MDR 1959, 899 ff.

— Die Methode der Rechtsfindung, MDR 1963, 276.

Schnitzer, Adolf F.: Handbuch des Internationalen Privatrechts, Bd. II, 4. Aufl., Basel 1958.

Schönke-Baur, Zwangsvollstreckungs-, Konkurs- und Vergleichsrecht, 8. Aufl., Karlsruhe 1969.

Schönke-Schröder: Strafgesetzbuch, 16. Aufl., München 1972.

Schreiber, Otto: Gemischte Verträge im Reichsschuldrecht, IherDogJb 60 (1912), 106 ff.

Schreiber, Rupert: Die Geltung von Rechtsnormen, Berlin 1966.

Schröder, Horst: siehe Schönke-Schröder.

Schulz, Fritz: System der Rechte auf den Eingriffserwerb, AcP 105 (1909), 1 ff.

Schulz-Schaeffer, Rudolf: Das subjektive Recht im Gebiet der unerlaubten Handlung, Marburg 1915.

Schumann, Kurt: siehe Drews-Schumann.

Schwab, Karl-Heinz: siehe Lent-Schwab.

— siehe Rosenberg-Schwab.

Schwab, Ulrich: Das Recht der Hypothekenzinsen und der sonstigen Nebenleistungen einer Hypothek, Diss. Tübingen 1968.

Schwerdtner, Peter: Fürsorgetheorie und Entgelttheorie im Recht der Arbeitsbedingungen, Heidelberg 1970 (zitiert Fürsorgetheorie).

— Noch einmal: Der Verwendungsanspruch des Werkunternehmers bei Reparatur einer bestellerfremden Sache — BGHZ 51, 250, JuS 1970, 64 ff.

— Rechtswissenschaft und Kritischer Rationalismus, Rechtstheorie Bd. 2 (1971), S. 67 ff. und 224 ff.

Seckel, Emil: Die Gestaltungsrechte des bürgerlichen Rechts, Festgabe der Juristischen Gesellschaft zu Berlin für Richard Koch, Berlin 1903, S. 205 ff.

*Seegebarth**: Anmerkung zum Urteil des RG vom 19. 10. 1927 — 465/26 V —, JW 1928, 499.

Siber, Heinrich: Der Rechtszwang im Schuldverhältnis nach Deutschem Reichsrecht, Leipzig 1903 (zitiert Rechtszwang).

— Die Passivlegitimation bei der rei vindicatio als Beitrag zur Lehre von der Aktionenkonkurrenz, Leipzig 1907 (zitiert Passivlegitimation).

— Interpellatio und Mora, ZSSt 29 (1908), 47 ff.

---

* Ohne Angabe des Vornamens.

Siber, Heinrich: Grundriß des deutschen Bürgerlichen Rechts, Schuldrecht, Leipzig 1931 (zitiert Schuldrecht).

— Eigentumsanspruch und schuldrechtliche Herausgabeansprüche vom Standpunkt der Rechtsneuordnung, IherDogJb 89 (1941), 1 ff.

Siebert, Wolfgang: Subjektives Recht, konkrete Berechtigung, Pflichtenordnung, DRW 1936, 23 ff.

— Die Verpflichtung des Käufers zur Herausgabe von Nutzungen bei nichtigem Kaufvertrage, DGWR 1940, 241.

— Die Methode der Gesetzesauslegung. Erläutert an § 34 des Niedersächsischen Arbeitsschutzgesetzes für Jugendliche, Heidelberg 1958 (zitiert Methode).

— siehe Soergel-Siebert.

Sigwart, Christoph: Logik, 1. Bd.: Die Lehre vom Urteil, vom Begriff und vom Schluß, 3. Aufl., Tübingen 1904.

Siméon-David: Lehrbuch des Bürgerlichen Rechts, 2. Hälfte, 14./15. Aufl., Berlin 1929.

Sobernheim, Franz: Das ungünstige Parteivorbringen als Urteilsgrundlage im Zivilprozeß, Berlin 1916.

Soergel-Siebert (Bearbeiter): Bürgerliches Gesetzbuch mit Einführungsgesetz und Nebengesetzen, Bd. 2: Schuldrecht I, 10. Aufl., Stuttgart—Berlin—Köln—Mainz 1967; Bd. 4: Sachenrecht, 10. Aufl., Stuttgart—Berlin—Köln—Mainz 1969.

Sponer, Wolfdieter: Das Anwartschaftsrecht und seine Pfändung, Bielefeld 1965.

Stälin, G.: Über die dinglichen Ansprüche des BGB hinsichtlich der Anwendbarkeit des Allgemeinen Teils des Rechts der Schuldverhältnisse auf dieselben, Diss. Tübingen 1902.

Stammler, Rudolf: Das gesamte Deutsche Recht, Erster Band, Berlin 1931.

Staub, Hermann: Die juristische Konstruktion der dinglichen Rechte nach geltendem Recht und dem Entwurf eines bürgerlichen Gesetzbuchs, ArchBürgR 5 (1891), 12 ff.

Staudinger, J. von (Bearbeiter): Kommentar zum Bürgerlichen Gesetzbuch mit Einführungsgesetz und Nebengesetzen, Berlin, 1. Bd. 11. Aufl. 1957, II. Bd. Teil I 9. Aufl. 1930, Teil 1 a 11. Aufl. 1967, Teil 3 11. Aufl. 1958, Teil 4 11. Aufl., 1958 ff., III. Bd. Teil 1 11. Aufl. 1956, Teil 2 10. Aufl. 1936, 11. Aufl. 1963, IV. Bd. Teil 1, 10./11. Aufl. 1964 ff., Teil 2 10./11 Aufl. 1965 ff., V. Bd. Teil 1 11. Aufl. 1954, Teil 2 10./11. Aufl. 1960.

Stein-Jonas (Bearbeiter): Kommentar zur Zivilprozeßordnung, 19. Aufl., bearb. von Rudolf Pohle, seit 1967 fortgeführt von Wolfgang Grunsky, Dieter Leipold, Wolfgang Münzberg, Peter Schlosser, Ekkehard Schumann, Tübingen 1964 ff.

Sternberg, Th.: siehe Goldmann-Lilienthal-Sternberg.

Stinzing-Landsberg: Geschichte der Deutschen Rechtswissenschaft, 3. Abt., 2. Halbbd., bearb. von Ernst Landsberg, München und Berlin 1910, Neudruck Aalen 1957.

Stösser, Hansjörg: Zur Frage der Abtretbarkeit des dinglichen Herausgabeanspruchs, Diss. Tübingen 1966.

Stoll, Heinrich: Rechtsstaatsidee und Privatrechtslehre, IherDogJb 76 (1926), 134 ff.

Stoll, Heinrich: Wandlungen der Eigentumsverfassung, Besprechung der gleichnamigen Schrift Wieackers, DJZ 1935, 1163.

Stoll-Felgentraeger: Vertrag und Unrecht, 2. Halbbd., 3. Aufl., Tübingen 1943

Strohal, Emil: Kommt dem Vorgemerkten der öffentliche Glaube des Grundbuchs zustatten?, Dekanatsprogramm zur Gedächtnisfeier für B. F. R. Lauhn, Leipzig 1904.

Stučka, Petr I.: Die revolutionäre Rolle von Recht und Staat, Frankfurt 1969.

Stutz, Heinrich: Die Rechtsbeziehungen des Eigentümers zum nichtberechtigten Besitzer, Diss. Heidelberg 1934.

Thibaut, Anton Friedrich Justus: System des Pandektenrechts, 1. Bd., 8. durchaus vermehrte, verbesserte Aufl., Stuttgart 1934, (zitiert System).

— Versuche über einzelne Theile der Theorie des Rechts, 2. Bd., 2. verbesserte Aufl., Jena 1817 (zitiert Versuche).

Thomas-Putzo: Zivilprozeßordnung, 5. Aufl., München 1971.

Thon, August: Rechtsnorm und subjektives Recht. Untersuchung zur allgemeinen Rechtslehre. Neudruck der Ausgabe Weimar 1878, Aalen 1964.

Timm, Hans: Zur Frage der Anwendbarkeit des § 242 BGB im Sachenrecht des Bürgerlichen Gesetzbuches, Diss. Hamburg 1954.

Topitsch, Ernst: Sprachlogische Probleme der sozialwissenschaftlichen Theorienbildung, in: Logik der Sozialwissenschaften, Köln—Berlin 1966, S. 17 ff.

Triebel, Franz: siehe Güthe-Triebel.

Tuhr, Andreas von: Der Allgemeine Teil des Deutschen Bürgerlichen Rechts, Bd. I: Allgemeine Lehren und Personenrecht, Leipzig 1910, Bd. II: Die rechtserheblichen Tatsachen, insbesondere das Rechtsgeschäft, 1. Hälfte, Leipzig 1914; 2. Hälfte, Leipzig 1918.

Turnau-Förster: Das Liegenschaftsrecht nach den Deutschen Reichsgesetzen und den Preußischen Ausführungsbestimmungen Bd. I: Das Sachenrecht des Bürgerlichen Gesetzbuchs, 2. Aufl., Paderborn 1902.

Vangerow, Karl Adolph von: Lehrbuch der Pandekten, 1. und 3. Bd., 7. Aufl., Marburg—Leipzig 1876.

Verwaltungsrechtsordnung für Württemberg. Entwurf eines Gesetzes mit Begründung, Stuttgart 1931 (zitiert Württ. EVRO).

Viehweg, Theodor: Topik und Jurisprudenz, 4. Aufl., München 1969.

Villey, Michel: Le droit subjectif cher Ihering, in Ihering Erbe, hrsg. von Franz Wieacker und Christian Wollschläger, Göttingen 1970, S. 217 ff.

Vogel, Klaus: Der räumliche Anwendungsbereich der Verwaltungsrechtsnorm, Frankfurt 1965.

Vogels, Werner: siehe Schlegelberger-Vogels.

Vonlanthen, Albert: Zum rechtsphilosophischen Streit über das Wesen des subjektiven Rechts, Zürich 1964.

— Zu Hans Kelsens Anschauung über die Rechtsnorm, Berlin 1965.

Wahl, Eduard: Anmerkung zu RG JW 1933, 202 ebenda.

Waldow, Erich: Welche Ansprüche erwachsen dem Berechtigten aus Verfügungen eines Unberechtigten gegen der Verfügenden?, Diss. Rostock 1911.

Wallerath, Maximilian: Zur Anwendbarkeit des § 283 BGB auf den Herausgabeanspruch nach § 985 BGB, JR 1970, 161 ff.

Warneyer-Bohnenberg: Das Bürgerliche Gesetzbuch für das Deutsche Reich erläutert durch die Rechtsprechung und das neuere Schrifttum, 12. Aufl., Detmold 1951.

Weber, Gustav: Begriff und Rechtswirkungen der Vormerkung, Diss. Köln 1936.

Weber, Hermann: Beitragsrückgewähr nach irrtümlich angenommener Mitgliedschaft in Zwangsverbänden — OVG Hamburg, MDR 1968, 1068 — JuS 1970, 169 ff.

Weber, Ulrich: Die Anwendung der Vorschriften über Rechte an Grundstücken auf die Vormerkung, Diss. Tübingen 1963 (zitiert Anwendung).

Weitnauer, Hermann: Besprechung von Fritz Baur: Lehrbuch des Sachenrechts, 4. Aufl., 1968, DNotZ 1968, 706 ff.

Welzel, Hans: Zur Problematik der Unterlassungsdelikte, JZ 1958, 494 ff.

Wendt:* Die exeptio doli generalis im heutigen Recht oder Treu und Glauben im Recht der Schuldverhältnisse, AcP 100 (1906), 1 ff.

— Unterlassungen und Versäumnisse, AcP 92 (1902), 1 ff.

Wenger, Leopold: siehe Jörs-Kunkel-Wenger.

Wesenberg, Gerhard: Neuere deutsche Privatrechtsgeschichte im Rahmen der europäischen Rechtsentwicklung, neu bearbeitet von Gunter Wesener, 2. Aufl., Lahr 1969 (zitiert Wesenberg-Wesener).

Wesener, Gunter: siehe Gerhard Wesenberg.

Westermann, Harry: Die Konstruktion des Rechts an der eigenen Sache im Gebiet des BGB, Diss. Göttingen 1933 (zitiert Westermann, Diss.).

— Person und Persönlichkeit als Wert im Zivilrecht, Köln und Opladen 1957 (zitiert Person und Persönlichkeit).

— Wesen und Grenzen der richterlichen Streitentscheidung im Zivilrecht, Münster 1955 (zitiert Wesen und Grenzen der richterlichen Streitentscheidung).

— Lehrbuch des Sachenrechts, 5. Aufl., Karlsruhe 1966.

Weyl, Richard: Das „Verschulden" und die verwandten Begriffe im Bürgerlichen Gesetzbuch, ArchBürgR 14 (1898), 79 ff.

— System der Verschuldensbegriffe im Bürgerlichen Gesetzbuche für das Deutsche Reich, München 1905 (zitiert Verschuldensbegriffe).

Weyreuther, Felix: Empfiehlt es sich, die Folgen rechtswidrigen hoheitlichen Verwaltungshandelns gesetzlich zu regeln(Folgenbeseitigung, Folgenentschädigung), Gutachten für den 47. Deutschen Juristentag, in Bd. I (Gutachten), Teil B, München 1968 (zitiert Gutachten).

— Die Klage auf Unterlassung einer Amtshandlung, Diss. Hamburg 1953 (zitiert Weyreuther, Diss.).

Wieacker, Franz: Bodenrecht, Hamburg 1938 (zitiert Bodenrecht).

— Zum System des deutschen Vermögensrechts, Leipzig 1942 (zitiert System).

— Die Forderung als Mittel und Gegenstand der Vermögenszuordnung, DRW 1941, 49 ff.

— Griechische Wurzeln des Institutionensystems, ZSSt 70 (1953), 93 ff.

— Privatrechtsgeschichte der Neuzeit, 2. Aufl., Göttingen 1967 (zitiert Privatrechtsgeschichte).

---

* Ohne Angabe des Vornamens.

Wieacker, Franz: Buchbesprechung von Claus-Wilhelm Canaris: Systemdenken und Systembegriff in der Jurisprudenz, entwickelt am Beispiel des deutschen Privatrechts, Berlin 1969, Rechtstheorie Bd. 1 (1970), S. 107 ff.

— Wandlungen der Eigentumsverfassung, Hamburg 1935 (zitiert Wandlungen der Eigentumsverfassung).

Wiedemann, Herbert: Die Übertragung und Vererbung von Mitgliedschaftsrechten bei Handelsgesellschaften, München und Berlin 1965.

Wilburg, Walter: Entwicklung eines beweglichen Systems im bürgerlichen Recht, Graz 1951.

Wilckens, Uwe: Ist der Rückgriff des Bestohlenen auf den Veräußerungserlös notwendig endgültiger Verzicht auf das Eigentum?, AcP 1957 (1958/1959), 399 ff.

Windscheid, Bernhard: Die Actio des römischen Civilrechts vom Standpunkt des heutigen Rechts, Düsseldorf 1856, Neudruck Aalen 1969.

— Die Actio, Abwehr gegen Dr. Theodor Muther, Düsseldorf 1857, Neudruck Aalen 1969.

— Lehrbuch des Pandektenrechts, 3. Aufl., Düsseldorf 1870, 7. Aufl., Frankfurt 1891 (zitiert Pandekten).

Windscheid-Kipp: Lehrbuch des Pandektenrechts, Frankfurt 1906, Neudruck Aalen 1963.

Wolf, Albert: Die Behandlung der Hypothekenzinsen im Falle der Verkehrshypothek des Bürgerlichen Gesetzbuches, Diss. Leipzig 1908.

Wolf, Ernst: Zum Rücktritt des Käufers einer gestohlenen Sache, NJW 1953, 164 ff.

— Der Begriff Familienrecht, FamRZ 1968, 493 ff.

— Lehrbuch des Sachenrechts, Köln—Berlin—Bonn—München 1971.

Wolf, Manfred: Die Klagebefugnis der Verbände, Tübingen 1971.

Wolff, Hans J.: Verwaltungsrecht, 7. Aufl., Bd. 1, München—Berlin 1968.

Wolff, Martin: Reichsverfassung und Eigentum, Festgabe für Wilhelm Kahl, Tübingen 1923, S. 1 ff.

Wolff-Raiser: Sachenrecht, 10. Bearbeitung, Tübingen 1957.

Würdinger, Hans: Das subjektive Recht im Privatrecht, DRW 1936, 15 ff.

Wunner, Sven Erik: Gutglaubensschutz und Rechtsnatur der Vormerkung, NJW 1969, 113 ff.

Zärban, Michael: Möglichkeiten des gutgläubigen Erwerbs einer Vormerkung, Diss. Mainz 1966.

Zeuner, Albrecht: Die objektiven Grenzen der Rechtskraft im Rahmen rechtlicher Sinnzusammenhänge, Tübingen 1959 (zitiert Rechtskraft).

— Gedanken zur Unterlassungs- und negativen Feststellungsklage, Festschrift für Hans Dölle, Bd. 1, Tübingen 1963, S. 295 ff.

— Zum Verhältnis zwischen Vindikation und Besitzrecht, Festschrift für Wilhelm Felgentraeger, Göttingen 1969, S. 423 ff.

Zimmermann, H. O.: Die sachenrechtlichen Beziehungen in der rechtsgeschäftlich begründeten Treuhand nach englisch-amerikanischem Rechte, Leipzig 1930.

Zimmermann, Theo: Der Wortlaut des Gesetzes im Spiegel höchstrichterlicher Rechtsprechung, NJW 1956, 1262.

Zorn, Walter Wilhelm: Die Anwendung der allgemeinen schuldrechtlichen Bestimmungen auf den Eigentumsanspruch, Bonn 1937.

Zweigert, Konrad: siehe Radbruch-Zweigert.

Sachverzeichnis*

* Seitenzahlen in Kursivdruck verweisen auf die Hauptfundstellen.

Kolibri 360 GmbH
Ferdinand-Jühlke-Straße 7
99095 Erfurt, Deutschland
produktsicherheit@kolibri360.de

Druck:
CPI Druckdienstleistungen GmbH
im Auftrag der
Kolibri 360 GmbH
Ferdinand-Jühlke-Str. 7
99095 Erfurt